Prioritizing Education Pursuing Excellence

崇尚教学 追求卓越

2022 年高等教育（本科）国家级教学成果奖
浙江省获奖项目汇编

浙江省高等教育学会教学管理分会　主编

ZHEJIANG UNIVERSITY PRESS
浙江大学出版社
·杭州·

图书在版编目（CIP）数据

崇尚教学 追求卓越：2022年高等教育（本科）国家级教学成果奖浙江省获奖项目汇编 / 浙江省高等教育学会教学管理分会主编 . -- 杭州：浙江大学出版社，2024. 11.（2025.6重印）-- ISBN 978-7-308-25513-4

Ⅰ. G642.0

中国国家版本馆CIP数据核字第202455S9N9号

崇尚教学 追求卓越

——2022年高等教育(本科)国家级教学成果奖浙江省获奖项目汇编

浙江省高等教育学会教学管理分会　主编

策划编辑	李　晨　郑成业
责任编辑	郑成业
责任校对	诸寅啸　王钰婷
封面设计	春天书装
出版发行	浙江大学出版社
	（杭州市天目山路148号　邮政编码310007）
	（网址：http://www.zjupress.com）
排　　版	杭州晨特广告有限公司
印　　刷	杭州高腾印务有限公司
开　　本	787mm×1092mm　1/16
印　　张	25.25
字　　数	495千
版 印 次	2024年11月第1版　2025年6月第4次印刷
书　　号	ISBN 978-7-308-25513-4
定　　价	79.00元

前　言

　　教育是立国之本、强国之基,承载着人才培养、文化传承、创新发展的重任,教育兴则国家兴,教育强则国家强。当下,教育、科技、人才三位一体统筹发展,更加迫切地需要教育为全面建成社会主义现代化强国、实现高水平科技自立自强、促进全体人民共同富裕培育时代新人。在教育教学改革浪潮中,国家级教学成果奖评选表彰了一批具有独创性、新颖性、实用性的优秀教学成果,为高校教学水平和教学质量提升提供了示范和经验借鉴。

　　近年来,浙江深入实施高教强省战略,落实立德树人根本任务,坚持内涵式发展,从建好世界人才中心和创新高地战略支点的"主阵地"和勇担高教强省"答卷人"等维度持续发力,努力打造中国式现代化教育先行省域。2022年,浙江省共评选出省级教学成果奖高等教育类本科获奖项目174项,其中特等奖20项、一等奖66项、二等奖88项。根据教育部发布的文件,2022年高等教育(本科)国家级教学成果奖浙江省推荐名额66项,最终获得一等奖4项、二等奖34项。

　　国家级教学成果奖是对各高校深耕教学一线多年的广大教育工作者的最高荣誉表彰,也是对整个浙江省高等教育改革发展的肯定与激励。为深入总结推广教学成果经验,在浙江省教育厅、浙江省高等教育学会指导下,我们编辑出版了《崇尚教学追求卓越——2022年高等教育(本科)国家级教学成果奖浙江省获奖项目汇编》。本书详细介绍了浙江省获得国家级教学成果奖(本科)一等奖和二等奖高校的有效做法和成功经验,同时收录了2022年国家级高等教育教学成果奖获奖项目名单和浙江省2021年省级教学成果奖评选表彰高等教育项目名单。

　　愿此书如春风化雨,润物无声,为浙江省高等教育事业改革方向提供有益借鉴和启示,激发更多教育工作者积极投身于高等教育教学改革,着力打造新时代高等教育的新教改、新质量、新体系,不断提升拔尖创新人才自主培养能力,推动教育强国建设行稳致远。

　　在此,向所有获奖单位和个人致以崇高的敬意,对参与编撰工作同仁的辛勤付出和浙江大学出版社的大力支持表示衷心的感谢。愿我们携手同行,在教育的广阔天地中,书写更加绚丽的篇章。

浙江省高等教育学会教学管理分会

2024年9月

1

目 录

附　录

2022年高等教育(本科)国家级教学成果奖

一 等 奖

(浙江省获奖项目)

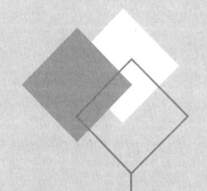

"力学3.0"导向的工程科学人才培养体系构建与实践

主要完成单位：浙江大学

主要完成人：杨卫、赵沛、李振华、曲绍兴、王惠明、王宏涛、王高峰、俞自涛、刘振宇、许贤、王永、吴昌聚、许月萍、金肖玲、高翔

一、成果简介及主要解决的教学问题

1947年7月28日晨，钱学森先生来到浙江大学工学院，在国内首次讲演了"工程和工程科学"，并强调"工程活动的主要领域必然涉及力学，由此工程科学的基础研究自然被简称为'应用力学'"。分别以蒸汽机、电动机、生产线等为代表的前三次科技革命，其革命的内驱力均来自力学的推动。进入21世纪，人类步入新科技革命时代，这一新的形势必然要对以力学为基础之一的工程科学高等教育提出新的要求。2006年8月，本成果第一完成人杨卫院士担任浙江大学校长。2007年1月，时任浙江省委书记习近平在浙江大学调研时指出，要瞄准国际科技前沿和国家战略需求，充分发挥浙大多学科优势，促进学科汇聚和交叉融合。这一指导方针使得工程学科之间的交互更加频繁，并促使浙江大学成立了工学部。考虑到力学的基础作用，"力学3.0"理念开始萌芽。2007年1月，浙江大学以力学系为基础成立航空航天学院；2007年6月，力学、机械、能源与土木开始实行本科大类招生；2008年，发起全国大学生节能减排社会实践与科技竞赛，其目前是教育部确定的全国十大大学生学科竞赛之一；2009年，杨卫院士牵头中国科学院技术科学学部咨询项目"科学与工程教育创新"，为工程科学人才培养提供理论指导，课题研究组负责人邹晓东后任浙江大学党委书记、中央统战部副部长；2018年，航空航天学院联合教育部高等教育航空航天类专业教学指导委员会共同发起航空宇航科学与技术教材出版工程，由杨卫院士担任专家委员会主任。2018年9月，杨卫院士在多年凝练的基础上开设"力学导论"课程，也代表着"力学3.0"理念导向的工程科学本科人才培养体系的正式构建。

"力学3.0"理念具有高度的时代特征,其中"力学1.0"反映了力学的奠基,指以伽利略、牛顿、柯西等科学家的工作为代表的经典力学体系建构;"力学2.0"反映了力学的辐射,指经典力学体系向各个工程与科学学科的辐射应用,其代表为普朗特及其领导下的哥廷根应用力学学派;"力学3.0"则反映了力学的嬗变,追求在新科技背景下力学作为桥梁和主线对工程科学的多学科交叉融合。工程科学人才培养体系中目前存在两方面主要问题:一方面是全新对象涉及的知识领域高度交叉,而力学的基石与连接作用有所弱化,各专业单一入口与宽口径人才出口之间矛盾凸显;另一方面是工程科学类专业的基础课程体系相对固化,各专业自身壁垒较高,阻碍了学生交叉思维和解决问题能力的培养。"力学3.0"理念革新的本质是对力学基础教育和相关学科工程科学教育体系进行全面优化和重构,在培养人才时侧重于将力学思维向现代工程科技前沿领域迁移,以蓬勃发展的航空航天、机械电子、新型能源、智慧土木等为重点育人方向,以工程智能化、航空航天与先进制造、"双碳"与可持续发展等领域为重点就业方向。

当今世界正面临百年未有之大变局,在这一关键时刻,国家再次把"工程科学"放在突出位置。习近平总书记在2021年两院院士大会上强调,"要大力加强多学科融合的现代工程和技术科学研究,带动基础科学和工程技术发展,形成完整的现代科学技术体系"[①]。浙江大学工程科学教育以"力学3.0"为导向,聚焦于具有战略性、批判性和创新性思维能力的研究型工程师和工程科学家这一人才培养目标,从课程体系变革、实践环境构设、保障机制强化三方面入手,经过16年的探索与实践,构建了以"知行纵横交互、师生多维谐振"为特征的人才培养体系,演绎了"新工科"教学改革中专产融合、学科交叉、创新创业、以生为本、全球视野、家国情怀的教育学内涵,在工程科学人才培养体系构建与实践中取得了丰硕成果,并多次在全国各类人才培养研讨会和著名高校得到推广。由胡海岩、谢和平、韩杰才、何雅玲、丁汉、郑泉水等院士组成的专家组一致认为本成果"处于国内领先水平,为以力学为基础、多学科交叉融合的工程科学本科人才培养探索了一条新路径,具有很强的示范作用和推广价值"。

二、成果解决教学问题的方法

本成果注重教学改革的整体性、系统性和协同性,主要措施如下。

(一)以"力学导论"为引领,构建工程科学"通识植根、力学强基、专业交融"的新课程体系

(1)开设全景式力学通识课程"力学导论",阐述"力学3.0"的交叉与嬗变特征,搭建新语境下工程科学人才培养完整架构,并在内容凝练的基础上出版了相应教材《力

[①]习近平.在中国科学院第二十次院士大会、中国工程院第十五次院士大会、中国科协第十次全国代表大会上的讲话[M].北京:人民出版社,2021:11.

学导论》;积极吸收机械、土木等学科优秀教师,为力学专业学生提供通识课程资源,全方位强化工程科学人才的人文与多学科基础素养。

(2)推进力学为主体的工程科学基础课程一流化,实现经典教材的创新式传承。建设"材料力学""工程力学"等工程科学基础课程的在线开放课程,修订多本国家级规划教材,其中《材料力学》现发行总量360余万册。

(3)实现工程力学专业课程的模块化与开放化。调整工程力学专业"强基计划"培养方案,设置28学分的模块必修课程,已建成工程力学和飞行器设计与工程两大模块;实现以力学为牵引、多学科交叉为特征的课程体系转型,全面巩固从事"从0到1"原始创新及"大国工匠"工程实践的育人基础。

(二)以"力学3.0"创新实践平台为核心,进行兴趣驱动、研创结合、产学一体的结构化学生实践

(1)推进课程体系理论与实验协调发展,建设一流实验课程。对于力学为主线的各阶段理论性课程,配置了对应的实验课堂来进行知行合一强化。在通识课程中,开设"工程科学与创新"课程,内容涵盖机器人、航空发动机等多个领域;打造"魔术力学"第二课堂,通过有趣手段吸引低年级本科生对力学和工程科学产生兴趣;建设教学实验室4200多平方米,拥有实验设备1610多台(套),教学设备总资产约4320万元,基础力学实验课程年均工程科学专业学生课时量近3万学时,并设置"探究性实验"项目;对"材料力学"与"材料力学实验"两门课程实施联合教改,完成"理论力学实验"在线开放课程建设。

(2)以专业科研关联教学与创新创业活动,探索"在创新创业中学习"的工程科学育人方式,提高学生对专业知识的综合运用能力和对新结构与新系统的研发能力。将课程、科研、竞赛、创业和产业共熔于一炉,在学生大一伊始即开设"大学生素质训练项目(student quality training program,SQTP)",大二、大三开设"大学生科研训练项目(student research training program,SRTP)",并以创新创业综合性竞赛贯穿本科育人全过程。

(3)建成工程导论课与工程实习相辅相成的实践体系,使学生的学习方式由被动学习改为以工程为导向的主动学习。每学期固定邀请多位航空、航天等国防与工程领域的院士、总师等进行工程导论课程讲述,并配套建成"认识实习"与"生产实习"两门力学专业必修实践课程。若干对工程具有浓厚兴趣的学生则进一步被邀请进入实际工程项目进行短期实习,最终实现"学习—科研—工程"一体化。

(三)以学生为中心,拓展师生共同体至人才培养所有维度,建设"专业内外、国内外、工程科学上下游"三谐振的保障体系

(1)设置德育、专业、工程、国际四大导师组,邀请具有国际声望的一流科学家和工程领域领军者担任首席导师。德育导师组挖掘思政点,将三观教育、责任意识、解决工程问题的方法论、辩证统一思想等与育人活动有机融合;专业导师组在"导师十策"理念下实行"本科生导师制",全面而高效地为工程科学育人事业提供理论指导;工程导师组以指导实习和毕业设计等方式,有意识地启蒙学生的工程素养;国际导师通过线上与线下课程、邀请访问、国际会议、毕业设计等方式,为学生提供拓宽工程科学视野的机会,并为学生创造进一步去往国际一流大学深造的渠道。通过四大导师组,力学与相关工程科学专业完成"传道"和"授业"的无缝对接,以及全员育人、全程育人、全方位育人的目标。

(2)丰富四大导师组主导下的师生谐振方式,对四大导师组进行多种组合,从不同侧面开展育人活动。例如,德育和专业导师组合作"马兰工作室""践行社会主义核心价值观示范团支部"等,德育和工程导师组合作"将军报告会",专业与国际导师组合作毕业设计,专业和工程导师组合作"工学大讲堂",德育、专业和工程导师组合作"未来总师训练营",等等。

(3)提供全方位师生共同体建设资源保障,实现多学科资源共建、共享、共创、共赢。共建航天科工等科教协同实践基地、莫斯科航空学院等联合培养项目,实现了本科生国际化培养全覆盖;完善工程科学人才质量评价体系,建立"工学部—学院—专业—课程"四层次管理模式,成立就业指导中心,加强基于在校和就业大数据的动态质量监控和统计分析机制。

三、成果的创新点

本成果以交叉融通为核心,实现课程孕育交叉、实践强化交叉、师资保障交叉,其主要创新点如下。

(一)理念创新,重塑新科技革命时代力学在工程科学人才培养中的内涵与定位

凝炼出"力学3.0"理念,将力学的基础性与连接性和工程科学的育人使命密切结合,明晰了多学科交叉人才的培养目标,实现了力学基础教育和相关学科工程科学教育体系的优化和重构,打造了开放式人才培养的新范式,为国内工程建设重大布局奠定育人基础。

(二)模式创新,建立以力学为基石和主线的专业交融型课程体系

以"力学导论"课程为育人出发点和课程主线,使工程科学课程体系在该基础上不断完善和发展,以深根粗干保证大树之高耸;推进以力学为主体的工程科学专业基础课一流化和专业课模块化与交叉化;修订一系列国家规划教材并出版一系列前沿力学教材,实现经典教材的创新式传承。

(三)实践创新,重构知行合一育人环境,实现课程向科研、竞赛与工程的实践拓展

研发设计型、研究型、自主型力学基础类和工程科学类实践项目,为学生提供多

元化、多学科交叉的科研资源;以创新实践平台为媒介,实现基础课、竞赛培训课、研修课、实验课、学生科研训练计划、学科竞赛和创新创业活动的有机结合;以工程实习为切入点,为学生创造亲身感受国家建设成就的机会。

（四）生态创新,创设"四大导师组",使"全员育人、全程育人、全方位育人"可落地、可操作、可评估

提出了德育、专业、工程与国际"四大导师组",为育人提供全方位的师资保障;"四大导师组"进行多维组合,使育人活动更加多样化,涵盖工程科学的所有维度;打造多平台支撑体系,建设多个思政基地、校外工程实践基地、国际本科生教育合作项目,为学生培养提供强大支撑;完善基于大数据的多层次人才质量评价体系。

四、成果推广应用效果

（一）教学改革成果丰硕

获2021年浙江省高等教育教学成果奖特等奖,育人体系涵盖工程力学、机械工程、能源与环境系统工程、土木工程、过程装备与控制工程、飞行器设计与工程、车辆工程和土木、水利与交通工程8个国家级一流本科专业建设点,工程力学专业入选教育部基础学科拔尖学生培养计划2.0与基础学科招生改革试点;"力学导论"等8门课程入选国家级一流本科课程,《材料力学》等28本(套)教材入选国家级规划教材,发行量超360万册;基础力学实验教学改革获国家级实验教学示范中心十年建设成果一等奖。

（二）学生培养质量提升

工程科学专业招生人数稳中有升,力学专业招生占比年均提升22%;本科生获IEEE-ICRA软体机器人大赛金奖、国际大学生工程力学竞赛亚洲赛区特等奖、"挑战杯"金奖等国家级与国际级奖项550余项;应届毕业生深造率达51.4%,就业者87.7%服务于工程类企业,266名学生携笔从戎或主动赴西部就业;孟详东(2018届)获全国优秀共青团员,王金亮(2019届)获中国大学生自强之星,李铁风(2007届)获中国青年五四奖章、科研成果入选中国科学十大进展,聂鑫(2008届)获中国青年科技奖,陈伟星(2007届)创办"快的打车"、获中国青年五四奖章,干勇(2013届)获公安部一等功;11位毕业生在海外任教或入选"青年千人""海外优青"。

（三）示范、引领和辐射效果显著

完成"力学导论"慕课,目前已有超4000人选课,被天津大学等选为线上线下混合课程资源,国际版首批上线iCourse国际平台;建成"材料力学""工程力学""应用理论力学实验"等力学基础课慕课,已有27000余人选课;"以玩具和魔术为载体的基础力学教育教学"获2021年中国力学学会科普教育奖。

牵头组织航空宇航科学与技术教材出版工程，已出版《振动力学——研究性教程》等7本教指委推荐教材；牵头建设教育部"能源与动力工程专业虚拟教研室"；发起全国大学生节能减排竞赛，第15届总参赛人数超20万，2005年发起的全国大学生结构设计竞赛，成果期国赛3633人参赛；与美国土木工程师学会共建浙江大学国际学生分会，获2018年度学会总部表彰。

成果以《新科技革命时代的工程力学创新人才培养》为题由人民网进行推介，并在教育部高等学校教学指导委员会、清华大学、北京大学等宣讲百余次，被《新闻联播》等媒体报道；教改论文《新语境下力学本科课程体系的重塑与实践》发表于2021年《力学与实践》期刊。

以乡土为学院
——扎根中国大地的艺术教育实践

主要完成单位：中国美术学院

主要完成人：陈正达、高世名、曹晓阳、杭间、韩绪、邵健、姜珺、李梅、刘智海、佟飚、刘益红、王宁逸、曾颖、高文、马旭东

一、成果的背景和提出过程

（一）时代背景

2011年，艺术学升格为学科门类，艺术学科的学科体系、学术体系、话语体系和人才培养体系的建设都进入了新的阶段。在艺术学晋升为学科门类的研讨会中，中国美术学院提出了遵循艺术学科特色、深入社会前沿、培养艺术人才的育人理念和方法。

（二）实践基础

2012年前后，中国美术学院升级下乡采风课程，策划"最前线——与时代同行"的大型采风创作活动，派出多支队伍奔赴浙江各建设领域的"最前线"，以艺术创作展现时代精神和人民力量，深度参与当代社会生活成为教学改革的重要议题。同时，学校在一年级推出"上山下乡"社会实践课程；在建筑学专业，引导学生关注乡村，以主题性调研与创作开展艺术赋能乡村振兴的教学实践，形成"浙江文化礼堂"等一大批实践成果。

（三）理念酝酿

在2013年的一次采访中，高世名教授提出了对"乡土学院"的思考：一是向乡土学习，以乡土为学院，改造自身；二是运用自己的方法，真正为乡土社会、为中国乡村重建做点事情。乡土学院首先是一个自我教育的系统，至于对乡土社会的建设，要先找到一个个试点，从星星点点做起。

(四)启动推出

2014年,习近平总书记在北京主持召开文艺工作座谈会并发表重要讲话。讲话强调"人民是文艺创作的源头活水""文艺创作方法有一百条、一千条,但最根本、最关键、最牢靠的办法是扎根人民、扎根生活"①。中国美术学院以习近平总书记文艺工作座谈会讲话精神作为艺术创作和艺术教育的指引,迭代升级"下乡采风"教学,构建"以乡土为学院"的艺术实践教学体系,把文艺价值论、文艺源泉论和人民本位的创作导向论潜移默化地融入常态教学系统。美术学、设计学、戏剧与影视学、建筑学和艺术学理论等学校所有学科都建立起一种面向乡土和社会的教学和创作导向(图1)。

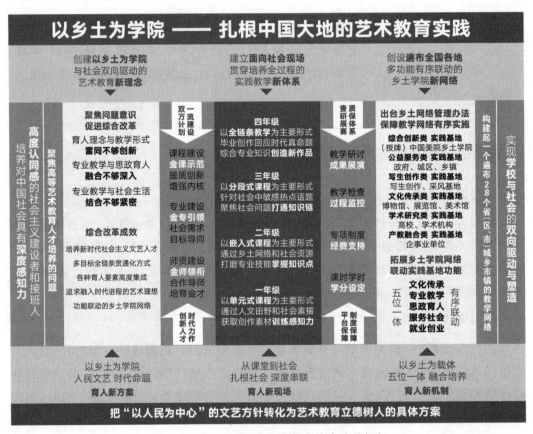

图1 "以乡土为学院"艺术教育综合改革框架

①习近平.在文艺工作座谈会上的讲话[M].北京:人民出版社,2015:15,19.

二、成果的主要内容和具体实施

(一)改造"一门"课程的教学方法

接续延安文艺传统,将中国高等艺术院校以创作素材收集和形色写生为主的"下乡采风"课程,拓展为通过社会调查、田野工作进行"社会素描"的开放课堂。以"一生一本"为载体,通过"在地性"研究方法,建立学生个体与社会的连接,培养学生的艺术态度与工作方法,在课程主题性教学与社会服务中塑造学生对"乡土"与"家国"的深度理解。

(二)打通"一门"课程的教学现场

持续推出"最前线"系列教学活动,引导学生走出校园,进入生产生活的最前线,在社会大课堂中通过身心高度参与,提升艺术感受的敏锐度和丰富度。如2017年学校启动"五水共治最前线"实践活动,1500多名师生奔赴浙江八大水系,在一个月的时间内分赴治水核心现场,创制了治水人物、治水事迹等优秀作品千余件。学生通过身心的深度介入,体察、感知人与自然、社会和谐发展的规律,见证和诠释生态文明的发展理念。

(三)拓展"一门"课程的文化内涵

在每年"下乡采风"课程中,通过地缘文化、红色文化、器物文化、风土文化等多种形式的主题设计,考察不同地域多样性的文化艺术风貌,增进学生对国家和民族的文化认同感,提升其以家国情怀为依托的文化自信。如浙东唐诗之路文化考察、红旗渠时代精神追溯考察、西部少数民族地区服饰文化考察、义乌城市记忆与再造考察等。

(四)打磨一批示范引领的实践课程

把专业核心课程开设到教学内容所对应的生产实践和社会生活的现场,利用现场教学情境化、直观化的优势,激发学生学习热情,提升授课效果。如油画的"色彩——油画写生语言",中国画的"写生——中国画的自然观和方法论",摄影的"纪实摄影",设计的"设计人文田野",建筑的"民居测绘",风景园林的"进入现场——景观建筑学初步",美术教育的"社会调研与美育实践"等,其中17门精心打磨的实践课程获得了国家级和省级一流课程立项。

(五)建立一个面向社会的教学体系

围绕社会现场中的实践教学的新要求,重塑培养目标,更新课程组织形式,以新时代鲜活的新场景和新经验拓展学院教育的现实语境与知识内涵。一年级以单元式课程为主要形式,通过人文田野和社会素描,获取创作素材,训练感知力;二年级以嵌入式课程为主要形式,围绕实际乡土夯实专业核心基础,打磨专业技能,掌握知识点;

三年级以分段式项目制课程为主要形式，针对社会中敏感性和热点性话题，明确聚焦问题，打通知识链；四年级以全学年全链条社会实践为主要形式，面对社会真实问题，综合专业知识，创造新作品。在四年的培养全过程中，从创作素材的获取、创作经验的训练、创作主题的设定，到最终创作一幅完整的作品，实现培养路径与艺术家创作实践路径的拟合。

（六）创立一个遍布全国的教学网络

整合提升全国各地的各类基地，梳理在地资源，聚焦问题意识，构建起一个遍布全国的教学网络。依托这个四通八达的网络，各学科结合自身专业优势，造乡境、培众魂、塑形象、创格物、写诗影，打通人才培养、文艺创新与社会高质量发展的多向关系。经过数年建设，已形成国家级、省级、校级、院级四个层次，写生创作、文化传承、学术研究、产教融合、公益服务五种类型的基地200余个，并在此基础上打造了一批兼具地方特色与专业契合度的综合创新类基地——乡土学院，包括以江南手工艺复兴为特色的"上海金泽工艺社"，以乡野艺校为特色的福建"宁德乡土学院"，以少数民族地区艺术师资培训为特色的四川"凉山乡土学院"，以基层干部乡建培训为特色的浙江"仙居乡村振兴学院"，以传统工艺创新为特色的江西"景德镇艺创中心"等，使乡土学院成为艺术人才培养的重要载体和联动学院内外的重要节点（图2）。

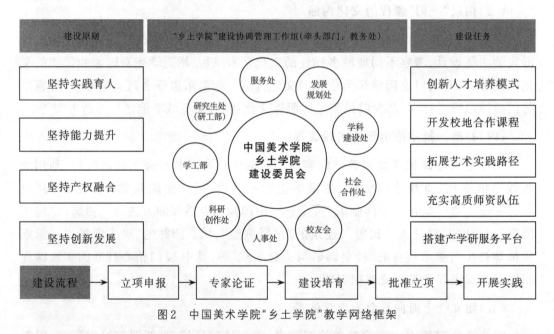

图2　中国美术学院"乡土学院"教学网络框架

（七）建立一套多维支撑的保障体系

在培养方案修订过程中，明确"以乡土为学院"的教学导向，加大面向社会现场类课程的建设力度，以专任教师、专门时段、专项经费保障下乡实践教学的全员参与和有效开展。在"双万""新文科""全面学分制"建设中,要求每个专业以名师为引领,打磨一批实践类示范金课。出台《乡土网络管理办法》,全力支持乡土学院网络建设。完善"查研展赛"的质量保障体系,在实践教学的各环节形成质量管理的闭环结构。

三、成果的特色与创新点

(一)提出了"以乡土为学院"的艺术教育新理念

坚决贯彻落实"文艺创作扎根人民""扎根中国大地办教育"的要求,直面艺术教育感受力退化、与社会现实隔膜、失去乡土文化滋养的问题,首倡"以乡土为学院"的育人理念,在西方化的高等教育包围之中,开辟出一条中国高等教育理论和实践的新路,标显艺术教育的人民性,回应艺术教育的时代性,彰显艺术教育的中国性。创造性地将艺术教学置于社会进程中,把"以人民为中心"的文艺方针转化为艺术教育立德树人的具体方案,引导青年学子将自我充分投入到生活的现场、现实的深处,在当代人的生活现实中树立艺术教育的社会关怀,培养学生"读懂中国、感知中国"的朴素情感,助力其"中国情怀、中国立场、中国精神"的养成。

(二)营造了"从课堂到社会"的艺术育人新现场

践行"每个学科专业的战场在哪里,教学现场就深扎在哪里"的教学观,将专业核心课程开设到教学内容所对应的生产实践和社会生活的现场,搭建"乡土学院"网络,建构起感知社会、参与社会的教学毛细血管,使学院与社会互为智库。以扎根社会的深度和广度,对当代社会生活进行全景式感知和显微式剖析,深度串联课堂、社会、田野、乡村,利用现场教学情境化、直观化的优势,激发学生学习热情,提升专业兴趣,精准掌握专业技能与方法,将中国社会发展的"最前线"作为艺术人才培养和自我实现的大现场。

(三)形成了以乡土为载体的"五位一体"综合育人新机制

在中国乡土社会的大网络中,激活教学与研创能量,构建动态更新、活力创新的"内外双循环"教学系统,造就了一批文化传承、专业教学、思政育人、服务社会、就业创业的特色育人品牌。如围绕地方文化与地方知识,涵养中华文化根性的"唐诗之路";在社会现场开展直面时代的专业教学;开展下乡实践的同时嵌入鲜活生动的思政教育——"星空下的思政课";在乡土社会的实践现场培养社会服务意识和责任担当的"千生千村";通过深入接触乡土社会开启创新创业路径的"乡野艺校"等。文化传承、专业教学、思政育人、服务社会、就业创业在乡土实践中"五位一体"、相互融合,共同迭代升级(图3)。

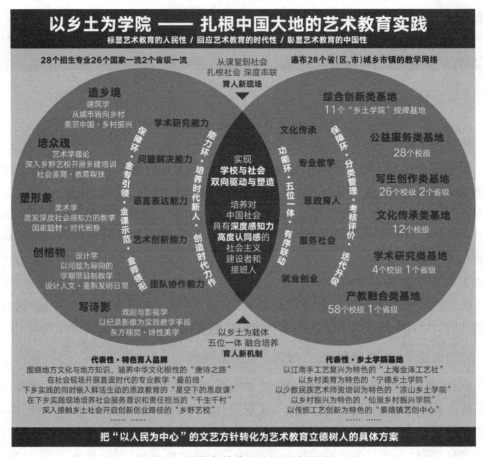

图3 学校与社会双向驱动与塑造

四、成果的推广应用效果

(一)树立艺术教育时代标杆,获得高度肯定

在文艺工作座谈会上,中国美术学院的许江教授作为美术界唯一代表向习近平总书记作了"关注视觉中国,弘扬核心价值观,铸造国家形象"的专题汇报,建议构建立足本土、面向时代的"视觉中国学"系统,打造乡土学院网络,得到了总书记的高度肯定。时任国务院总理李克强来浙江考察期间,视察了学校陶艺系毕业生蒋琦的创业工坊并给予充分肯定。时任国务院副总理刘延东参观中国美术学院时对学校艺术教育的综合性改革给予高度肯定:"以立德树人为办学宗旨,通过校园育人、生活育人、学术育人、实践育人等方面,将中华优秀传统文化深刻地体现在教育当中,形成了很好的教育框架。"

(二)开创艺术教育时代风气,育人效果突出

"以乡土为学院——创新艺术人才培养"项目入选教育部高校思想政治工作精品

项目;西昌凉山乡土学院"美美与共 助力凉山"获评教育部脱贫攻坚项目;助力小凉山彝族精准扶贫的"地方特色品牌设计与传播"项目成果亮相伦敦设计展。连续9年出版"一生一本"实践教学成果集,"社会调研与美育实践"等17门实践类课程获国家级和省级一流课程立项,10本社会实践教材出版,一大批论文发表,教改项目获得立项。学校连续多年为全国劳模、守岛官兵、港口工人、抗战老兵、河长河工、少数民族、抗疫工作者等平民英雄造像,举办百余次下乡成果展、"最前线"系列主题教学展,部分作品被国家博物馆、中国美术馆等收藏。面向时代主题并向全社会开放的毕业成果集中展示,2022年度线下吸引20余万人观展,线上阅读量累计6.25亿次,《泰晤士报》以"Art for Life's Sake"为题整版刊文报道。

(三)塑造艺术教育时代新人,学生成果丰硕

学生各项能力稳步提升,培养质量得到各界认可。参与出版大型摄影文献集《中国》,被作为新中国成立70周年国庆招待会赠礼用书。参与全国城市美学、特色小镇、美丽乡村建设提升服务项目500余项,被《人民日报》评价为"一所学院的担当"。学生主创或参与的作品获威尼斯国际电影节、柏林国际电影节、法国昂西国际动画电影节等国内外顶级奖项120余项。在五年一届、代表国家最高水平的全国美术作品展览上,学生参与创作作品共获得奖项75项,其中金奖6项,获奖数量在全国美术院校中稳居第一。学生获"全国道德模范""中国大学生自强之星"等各级荣誉50余人次,毕业后积极奔赴边远地区和基层一线工作和支教的数量逐年递增。

(四)引发社会各界广泛关注,示范效应显著

教学改革成果获主流媒体报道百余次:新华社全网播发《把作品写在大地上——中国美术学院"以乡土为学院"助力乡村振兴》;央视《焦点访谈》专题关注学校全国最佳志愿服务项目"千村千生""美美讲堂";《人民日报》介绍学校开设"星空下的思政课"的经验;学生参与的富文乡中心小学改造被《人民日报》誉为"最美乡村小学";《光明日报》报道了学校践行文艺座谈会讲话精神《深耕中国社会 再兴乡土生活》;《新闻联播》关注报道了浙江省首个乡土学院"仙居乡村振兴学院"落成。《学习时报》《中国文化报》等先后专题报道学校"以乡土为学院"的教学改革举措与成果。

五、成果的总结和意义

"以乡土为学院"的改革思考和实践历经10年,先后有8万余学子参与了此项成果,学生们以艺术劳作参与乡土重建,以社会美育滋养国民心性,完成了心灵塑造与专业精进的同构。经过十余年综合改革与实践,学校实现了新时代艺术教育的五大转变:教学目标从"艺术技能的单项训练"向"培养新时代社会主义文艺人才"转变;教学流程从"零散断联的单一化方式"向"多目标全链条贯通化方式"转变;育人体系从"实践、专业、思政的分散割裂"向"各种育人要素高度集成"转变;学生行为从"囿于一己悲欢的自我表达"向"追求融入时代进程的艺术理想"转变;校外基地从"功能单一的实践实习基地"向"功能联动的乡土学院网络"转变,综合性改革取得显著成效。

"以乡土为学院"的艺术教育倡导在共同生活、共同经验、共同命运中创造与人民身心相应的艺术,推进深度融入社会生活、与人民感同身受的艺术教育,在新时代伟大历史进程中培养大写的人,在人民生产生活的社会大现场中开启大写的心灵,培养对中国社会具有深度感知力、高度认同感的社会主义建设者和接班人,为世界高等艺术教育的发展贡献一种"中国智慧"和"中国经验"。

标准引领、机制重塑、数字赋能：
高质量师范生培养的探索与实践

主要完成单位：浙江师范大学

主要完成人：周跃良、林一钢、张家华、舒志定、牟凌刚、黄晓、蒋永贵、陈伟鸿、黄昌勤、唐恒钧、徐展斌、徐建华

一、成果形成背景

习近平总书记指出"教师是立教之本、兴教之源"[①]，高质量教师是高质量教育发展的中坚力量，而高质量师范生培养是高质量教师队伍建设的源头和基础。党的十八大以来，党中央高度重视教师队伍建设，如何培养高质量师范生成为一个重要的时代课题，需要开展持续深入的探索与实践。

2006年以来，浙江师范大学率先在全省组建教师教育学院，建成数字微格教学实验室，成立全国首个教师教育实训中心，设计现代教师教育研究、心理教育和教育技术（research，psychology，technology，RPT）实践教学体系，构建"三习一训一考核"的教育实践模式，逐步形成师范生教育实践标准，初步解决了师范生实践课程的目标定位模糊、实施过程经验化问题，但仍然存在体系不健全、改革力度不够等问题。

2010年，国务院发布《关于开展国家教育体制改革试点的通知》，其中赋予浙江"创新教师教育体系和培养模式"的重任，从体系和机制层面对浙江教师教育改革提出了新要求。为此，浙江师范大学牵头并联合省内主要师范院校成立浙江省卓越教师培养协同创新中心，探索师范生培养的系统化改革。2014年，浙江师范大学研制并推动省教育厅发布深化教师教育改革的实施意见，提出构建具有浙江特色的现代教师教育体系、推广"三位一体"招生改革、开展教师发展学校建设等思路，着力进行师范生培养改革的顶层设计与系统规划。

在具体落实过程中，作为教师队伍建设主体的地方政府和中小学校对教师队伍

---

①中共中央宣传部.习近平总书记系列重要讲话读本[M].北京:人民出版社,2014:113.

源头建设的主体责任缺乏认识,参与度低。为此,学校研制并推动发布浙江省教师发展学校建设实施方案和建设标准,构建刚性约束制度和责权利相匹配的共同体协同机制,有效落实地方政府、高校和中小学师范生培养的三方主体责任。随着基础教育改革的快速推进,师范生原有培养目标已无法适应新时代教师队伍建设的要求,且存在过程监控规范缺失、管理手段落后等问题。为此,学校研制《浙江省高校师范生教育实践规程(试行)》等系列标准,成立浙江省教师教育质量监控中心,自主研发"浙师智慧教师教育平台""浙江省教师发展学校管理平台""师范生教学技能竞赛平台"等平台,推动师范生培养"教学管评"的数字化转型。

以上探索(图1)有效解决了师范生培养过程中长期存在的三大瓶颈问题:一是标准体系不够健全,时代性、系统性与操作性不强;二是协同机制运行不畅,相关方参与缺乏规范和有效约束;三是培养过程监控不力,难以支撑师范生全面个性化发展。这些是长期困扰全国师范生培养院校的普遍问题,也是近年来陆续发布的《教育部关于加强师范生教育实践的意见》《教师教育振兴行动计划(2018—2022年)》《新时代基础教育强师计划》等国家政策文件中提到的主要问题。

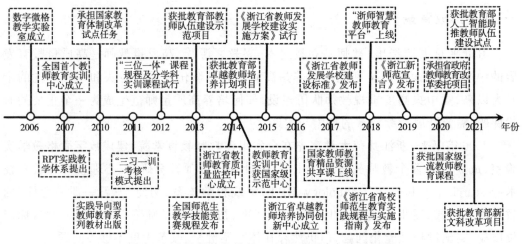

图1 高质量师范生培养16年改革探索与实践历程

二、成果主要内容

本成果以国务院开展国家教育体制改革试点任务为总目标,研制师范生培养标准体系、协同机制和服务体系,以浙江实践经验系统地回答了教师教育中"培养什么人、怎样培养人"的核心问题(图2)。

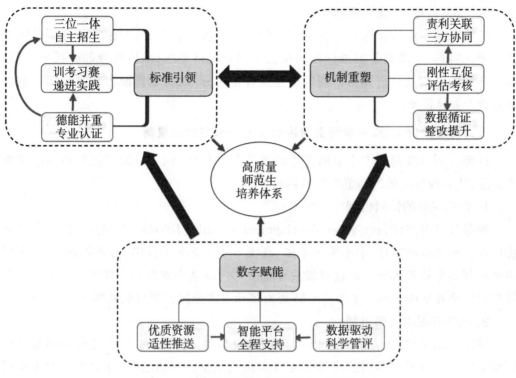

图2　高质量师范生培养理论与实践体系

（一）构建高质量师范生及其培养的标准体系

以国家标准为基础,研制自主招生、教育实践、专业认证等标准规范,形成富有浙江特色的师范生培养标准体系。

1."三位一体"自主招生标准

全国唯一的"三位一体"师范生招生试点方案将考生发展性评价和总结性评价相结合,设计了融学业水平测试和综合素质评价为一体的多元化招生流程与考核标准(其中学前教育、小学教育等专业"三位一体"招生占比超85%);承担全国首批高素质复合型硕士层次教师培养试点并设计了完整实施方案,培养能够胜任高中双学科教学的复合型卓越教师。

2."训—考—习—赛"递进式实践标准

设计"三习一训一考核"实践模式,研制分学科教学技能训练标准,规定师范生必须通过技能考核方可进入实习;结合十余年省赛实施经验,发布全国首个师范生教学技能竞赛规程;联合研制并发布了首个省域师范生教育实践规程,基于实践导向理念重构教师教育课程新体系,将师德养成和德育能力培养纳入师范生理论学习与教育实践的必修内容。

3.“德能并重”专业认证标准

以教育部专业认证标准为基础,在实践教学、协同育人、经费保障等方面增加了具有浙江特色、适度高于国家标准的师范生培养规格要求;承接教育部委托项目“教师德育能力结构及其培养”,研制师范生德育能力标准,将德育能力与师德践行纳入师范类专业认证要求。

(二)构建政府主导、立规问责的协同培养约束与激励机制

以确立地方政府和中小学师范生培养主体地位为核心,研制可操作的约束和激励办法,建立顺畅高效的师范生培养协同机制。

1.责利关联的协同机制

颁布教师发展学校(teacher development school,TDS)建设实施方案,根据三方协议明确地方政府主导、中小学为主体、高校与中小学分工合作,构建职责分明、深度协同的师范生培养机制。通过省级教育行政部门推动全省各县市建成1209所TDS,将师范生培养从传统单一主体参与转变为多元主体分担的责权利共同体。

2.刚性互促的考核机制

研制内涵明确、多方协同监督的TDS建设与评估标准,将TDS建设和师范生协同培养纳入全省教育和谐县市年度考核和现代化学校评估细则,并交由专业机构组织实施,建立可操作、系统化、发展性的评价指标体系,显著提高了TDS三方共建的主动性、自觉性和贡献度。

3.数据循证的提升机制

成立全国首家省级教师教育质量监控中心,定期组织师范生培养专项督查并发布年度报告,将相关结果纳入师范生培养三方主体绩效考核,形成数据驱动的科学整改意见,建立基于循证的迭代改进路径,发布师范生培养常态数据分析报告和中小学教师培训质量分析年度报告11份,有效推动全省师范生培养及职后发展工作的持续改进。

(三)构建“教—学—管—评”数字化转型服务体系

以推进师范生教与学、评与管全程数字化转型与效率提升为目标,着眼未来教育环境、方法与实践服务趋势,研发数字化支撑平台和服务体系(图3)。

1.服务全程的智能支持平台

以服务在线教与学全过程为目标,研发“浙师智慧教师教育”等四大平台,建构理论学习、见习观摩、微格实训、教育实习、教学能力评测与反馈的服务体系。基于过程数据跨平台汇聚、经验逐级点评提炼与跨年度积累共享,将传统全过程支持经验匮乏的面对面教学与指导转变为数据与经验双驱动的线上线下可随时转换型混合教学与指导;基于TDS协同系统化发展性机制、数据分析与伴随式辅助,实现学习与实践、就业与发展的全程数字化支持。

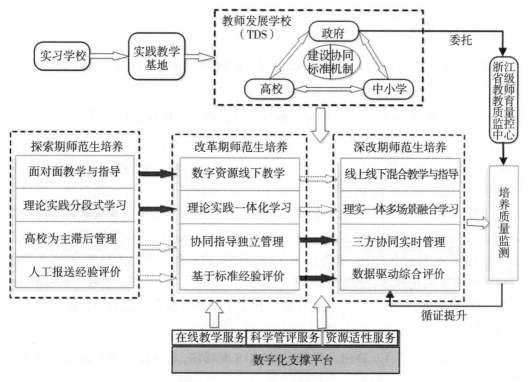

图3 "教—学—管—评"数字化转型示意

2. 优质资源的适性推送服务

为提高在线教学的有效性,浙江师范大学特别注重高质量教师教育资源的建设,早在2009年便建成全国首门基于"线上线下混合式"教学理念的国家级精品课程,现已建成100余门省级以上一流教师教育课程和1000余门外部链接课程,形成良好的课程资源生态;积累16届师范生教育实践案例和教学技能竞赛视频等生成性资源,支持师范生跨课程学习与教育实践等多场景的自主选择;基于师范生基础数据和培养过程特征,建立师范生的资源数字画像,利用主动推送机制实现优秀教学范例和学习资源的个性化供给。

3. 数据驱动的科学管评服务

针对师范生培养过程难以动态监测、评价滞后低效的管评问题,以落实培养质量监管、过程数据量化为抓手,改变传统"高校为主滞后管理"为政府、高校与中小学"三方协同实时管理";通过过程性数据采集与分析实现较为完善的师范生数字画像、典型经验知识获得和支持,改变传统"人工报送经验评价"模式,逐步实现从"基于标准经验评价"到"数据驱动综合评价"。实现平台化的数据自动报送,由浙江省教师教育质量监控中心进行数据处理,动态生成全省质量监测报告,指导并开展师范生培养的循证提升实践。

三、成果的创新点

本成果立足于立德树人根本任务,遵照国家政策并结合浙江教育特点,形成可复制推广并具备一定理论创新的师范生培养"浙江经验"。

(一)理论创新、标准引领:制定了面向未来教育工作场景的高质量标准

师范生培养的浙江方案"为谁培养人"这一问题在不同类型教育中有共同的答案;与此不同,"培养什么人、怎样培养人"在教师教育中有其独特性。立足新时代对教师提出的新要求,围绕师范生培养中存在的关键问题,本成果系统地阐释了新时代师范生培养中"培养什么人、怎样培养人"两个根本问题,界定了适应未来教育需要的高质量师范生基本内涵,提出了面向未来教育工作场景、德能并重的师范生培养理念,针对师范生培养入口、过程及出口等关键环节,构建包括师范生招生、教育实践和专业认证等系列化标准;提出三方主体协同的新型TDS理念,研制责利关联、刚性约束的TDS建设与评估标准,落实地方政府和中小学校在教师队伍源头建设中的主体责任。

(二)机制创新、三方协同:构建了以TDS为载体、三方协同参与师范生培养的浙江模式

如何更有效地发挥地方政府与中小学在师范生培养中的主体作用?这是师范生培养中的主体困境。本成果以地方政府主导、中小学为主体、高校与中小学分工合作的新型TDS为载体,建立多主体协同培养机制及责权利共同体,规范责任义务及约束机制。从组织与管理、课程与教学、队伍与保障、服务与成效、特色项目等五个一级维度开展TDS建设等级评估,将TDS建设情况纳入三方主体培养绩效考核和省级现代化学校评估细则,形成了省教育厅指导、省质量监控中心监督、各师范生培养院校自觉实施、中小学主体联动参与的实践教学动态管理与绩效驱动的质量保障机制。

(三)实践创新、省域推进:打造了省域师范生培养数字化支持服务体系的浙江范本

如何在省域层面全面落实标准体系、实现三方协同育人?这是省域层面推进师范生培养改革中面临的现实问题。本成果研发了具有首创意义的省域师范生教育实践平台、TDS管理平台和教师教育质量监控平台,以数据与知识共享为基础,在全省实现师范生培养全过程的数字化支持服务;设置"师德养成"精品在线课程、"寻找最美教师"等教育实践专项任务,推动师德践行和德育能力培养的数字化;搭建首个师范生教学技能竞赛平台,以标准体系+数字化服务建构教学技能竞赛模式,应用于浙江省及全国师范技能大赛;基于过程性数据分析实现师范生实践教学成效量化评估,实现全省教师教育质量实时监测和循证迭代实践。

四、成果的推广应用效果

(一)育人成效显著(图4)

在七届全国师范生教学技能竞赛中,浙江所获一等奖占全国总数的23%;2015—2019年全国师范类本科院校大学生竞赛排行榜中浙江师范大学位居全国第一。全省师范类毕业生用人单位满意度超90%,显著高于全国平均水平。全省获首批国家一流本科专业建设点中师范类专业占19.87%(占全国的7.14%),浙江首批"双万计划"师范类专业入选率为48.97%(占全国的18.06%)。建成国家级教师教育资源共享课20门,居全国第一;承担全国首批高素质复合型硕士层次教师培养试点;获批4项教育部卓越教师培养计划项目,居全国第二。培养了以"时代楷模"陈立群、全国模范教师张赛芬为代表的优秀校长,高质量师范生培养有效支持了全国领先的浙江基础教育。

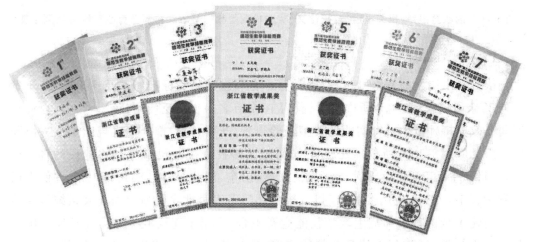

图4 七届全国师范院校师范生教学技能竞赛获奖证书、相关省级教学成果奖证书

(二)理论成果丰硕

在教师教育权威报刊发表《教师发展学校的性质与建设思路》《从浙江探索看"新师范"逻辑转向》《面向人机协同教育的教师教育变革研究》《过程本位:教师教育质量监测的路径选择》等国内论文100余篇,以智能时代教师协作反思(collaborative reflection)能力提升为代表的国际论文9篇(ESI高引或热点2篇);出版了《教育实习手册》《课堂教学技能训练》等10本教改教材;编写了"教师发展学校建设的理论与实践""教师教育质量监控理论与浙江实践"等系列丛书(图5);主持或参与起草了浙江省教师教育"攀登计划"、浙师省高校师范生教育实践规程、浙江省教师发展学校建设等标准或政策,理论研究成果有力支持了相关政策标准的顺利出台。

图5 《中国教育报》等相关报道、教研论文、实践导向型教材与浙江教师教育改革经验系列专著

(三)经验应用广泛

依托自主研发的"浙师智慧教师教育平台",融合相关标准体系及理论,服务于省内外30余所高校、6000余所中小学,获得10余万名师生广泛使用,该平台在新冠疫情期间有效支持师范生教育实践的典型经验得到《光明日报》推介。立规问责三方协同机制广泛应用于1209所教师发展学校,形成了多校争相加入推进TDS建设的喜人局面。组织3届TDS建设研讨会,广东、江苏、山东、湖北、海南、四川等10余省份来浙江省考察学习TDS应用经验,广州市教育部门组织两批次教师专程前来系统接受培训。搭建了全国首个师范生教学技能竞赛平台,应用于连续16届省级和8届全国师范生教学技能竞赛,创立的师范技能竞赛"浙江模式"推广应用于全国各省(区、市)223所师范类院校。数字赋能方面,"浙师智慧教师教育平台"被浙江省发改委和教育厅列为高校数字化改革典型范例。

(四)社会认可度高

《教育部简报》2012年第177期、2015年第59期专题推介浙江师范大学"积极构建教师教育实践教学体系""深化教师教育改革,培养造就高素质专业化教师队伍";人民网2018年4月专题报道"走向协同创新的浙江教师教育改革";《光明日报》2020年8月报道浙江师范大学师范生教育实践改革经验;《中国教育报》2020年5月以专题报道浙师大推进教师教育改革与"新师范"工程的建设成果,2019年12月、2021年1月和2022年9月头版头条介绍浙江教师教育改革和教师队伍建设成果,将其作为"教育这十年"专题的浙江经验总结。改革相关成果获国家级教学成果奖二等奖2项,省级教学成果奖一等奖4项、二等奖2项。时任浙江省委书记车俊见证"浙师智慧教师教育平台"在四川省推广应用。分管省长批示本成果"经验宝贵，值得持续实践推进"（图6）。

图6　浙川省委书记见证"浙师智慧教育平台"助力西部教育、分管省长批示、省外高校推广应用证明

2022年高等教育（本科）国家级教学成果奖

二 等 奖

（浙江省获奖项目）

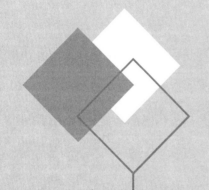

多学科交叉驱动"医学+"复合型拔尖创新人才培养的探索与实践

主要完成单位：浙江大学

主要完成人：罗建红、徐凌霄、柯越海、韩魏、马振秋、李晓明、徐骁、许正平、方向明、王建安、范骁辉、富祯祯、阮恒超、王兆品、陈俭、巴德年

　　教育是国之大计、党之大计。把医学教育摆在关系教育和卫生健康事业优先发展的重要地位，以"大国计、大民生、大学科、大专业"的新定位推进医学教育改革创新发展，服务教育强国和健康中国建设，是党中央、国务院做出的重大决策部署。习近平总书记指出："要用好学科交叉融合的'催化剂'，加强基础学科培养能力，打破学科专业壁垒，对现有学科专业体系进行调整升级，瞄准科技前沿和关键领域，推进新工科、新医科、新农科、新文科建设，加快培养紧缺人才。"[①]21世纪以来，医学正从以生命科学为主的支撑模式向生命与工学、信息等多学科交叉融合的支撑模式快速转变。因此，如何通过多学科交叉驱动复合型医学人才培养，已成为新医科建设亟待解决的关键课题。

　　浙江大学立足高远，准确识变、科学应变、主动求变，积极融入党和国家新发展战略，深入贯彻高等医学教育新发展理念，坚持以立德树人为根本任务，历经二十余年探索与实践，形成了复合型医学人才培养的浙大方案，即锚定"医学＋"复合型拔尖创新人才培养目标，创建了"X＋医"和"医＋X"本博贯通培养双路径，构建了"交叉课程、交叉项目、交叉团队"促融合机制，打造了"体制创新、平台融合、评价科学"一体化保障体系，回答了如何自主培养新医科人才的时代之问(图1)。

---

① 编写组.新时代党员干部学习关键词[M].北京:党建读物出版社,2022:157.

图1 "医学+"复合型拔尖创新人才培养模式

下面从成果的发展历程、主要实施内容、创新点、人才培养成效和推广应用等五个方面对本成果进行总结。

一、成果的发展历程

自1998年新浙江大学成立,我校依托基础医学国家理科人才培养基地以及医工信等学科实力雄厚、门类齐全的优势,开启了综合性大学培养复合型医学人才的道路。

2005年,时任浙江省委书记习近平要求浙大"要推动学科的交叉融合、优势互补,从而发挥综合优势、整体优势,包括在文史哲或理工农医等一些学科上达到国内顶尖,甚至世界一流。要把'培养什么样的人'的问题作为根本问题,既要有一方面或多方面'专'的要求,又要有复合的、交叉的'全'的素养"。同年,我校创设"4(非医)+4(医)"本博贯通八年制临床医学专业,通过4年完整的非医本科教育,强化自然科学、人文科学和社会科学教育,为医学生的全面发展奠定宽厚的交叉学习基础,探索多元复合背景的"X+医"本博贯通培养模式改革。2012年,为加快推进临床医学教育综合改革,教育部、原卫生部组织实施"卓越医生教育培养计划",我校"拔尖创新医学人才培养模式改革"入选首批试点项目。2015年,我校获全国博士后管理委员会办公室批准,启动国家首个临床医学博士后培养项目,将拔尖医学人才培养路径从院校教育延伸到毕业后教育,形成"4+4+3"先宽后窄再深化的"X+医"人才培养路径。

2011年,我校获国家教育体制改革领导小组办公室批准设立医学领域唯一的国家试点学院,开启医学创新人才培养试验。2012年,为响应教育部"2011计划"实施方案的精神,我校联合香港大学、清华大学、中国疾病预防控制中心牵头成立"感染性疾病诊治协同创新中心",通过导师协同、资源协同和转化协同,试行跨校跨学科联盟式"医+X"博士研究生培养;中心于2014年通过教育部、财政部认定成为国家协同创新中心。2016年,为贯彻落实国家"双一流"建设部署,促进医工信等多学科交叉融合,满足国家对复合型创新人才需求,我校启动实施"多学科交叉人才培养卓越中心"建设试点;同年,以"医+X"多学科交叉人才培养卓越中心为载体,全面推进以医学五年制为主体、医工信等多学科交叉的"医+X"本博贯通培养,形成"5+5"先窄后宽重交叉的"医+X"人才培养路径(图2)。

图2 "医学+"复合型拔尖创新人才培养历程

二、成果的主要实施内容

(一)成果主要解决的教学问题

围绕培养"医学+"复合型拔尖创新人才,本成果主要解决以下教学问题。

(1)传统的医学人才培养模式不能有效满足国家对复合型医学人才的迫切需求,亟需改革以单一医学学科为核心的培养模式。

(2)既往的医学人才培养机制不适合复合型医学人才的跨学科培养,课程体系、师资团队、科研实践项目缺乏多学科交叉的内在属性,亟需进行系统性重塑,以解决学生培养过程中学科交叉度不高、跨学科实践能力不强、多学科理论思维不足等关键问题。

(3)现有的医学人才培养保障体系不利于复合型医学人才的培养,亟需解决多学科交叉人才培养过程中管理壁垒多、平台融合不够、评价单一等老大难问题。

(二)成果解决教学问题的方法

为解决上述三大教学问题,我校综合实施了"双路径、促融合、一体化保障"等举措。

1.构建"X+医"和"医+X"育人双路径

(1)"X+医"路径:以非医本科为基础,实施"4+4+3"本博贯通专业学位培养。

前4年依托竺可桢荣誉学院、爱丁堡大学联合学院完成非医本科专业学习,实现完整的以"宽基础"为特色的本科教育,并通过实施"非医＋医"双班主任制、开设医学预修课程群等,为后续培养打下交叉学习基础;后4年通过医学院审核选拔,招收立志学医者进行医学专业培养,并通过整合式课程贯通基础和临床,以创新性研究训练催化学科交叉;再接续3年临床医学博士后培养,通过临床研究项目推动多学科融合,提升学生解决临床复杂问题本领(图3)。

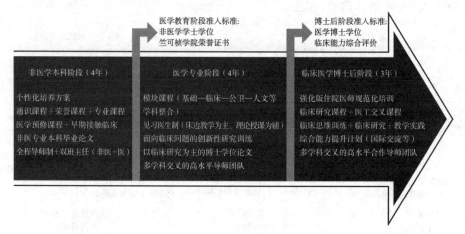

图3 "X＋医"复合型拔尖创新人才培养路径

(2)"医＋X"路径:以医本科为基础,实施"5＋5"本博贯通学术学位培养。前5年完成医本科专业学习,设置必修跨专业模块,通过微辅修、辅修进行交叉培养;后5年研究生阶段依托专项计划单列名额,通过推荐免试等方式选拔优秀生源进入"医＋X"多学科交叉人才培养卓越中心培养,聚焦重大健康问题设置若干医学与工学、信息、理学、人文社科等交叉培养方向,组建跨学科高水平导师团队,以交叉项目的形式培养学生跨学科团队合作精神和实践能力,提升学生解决健康前沿问题本领(图4)。

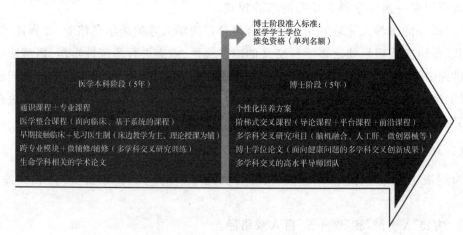

图4 "医＋X"复合型拔尖创新人才培养路径

2. 形成"交叉课程、交叉师资、交叉项目"三融合机制

(1)交叉课程：打破本科生、研究生课程壁垒，形成本研贯通、跨院校互选的高水平课程群。基于学生差异化知识背景，设置阶梯式创新平台课程，开设"未来医学""医工结合与创新""医学人工智能""医学人类学"等35门交叉课程；构建以胜任力为导向、围绕疾病系统、整合基础—临床—公卫—人文社科等多学科内容的八大模块课程；推进海外教师主导国家化课程，与普林斯顿大学等世界一流院校共建共享29门"前沿性"全英文课程。全面推进"融入式"课程思政，出台《浙江大学医药类课程思政建设指南》，获国家首批课程思政示范课程，实现课程思政高质量全覆盖。

(2)交叉项目：依托精准医学、脑科学与人工智能等会聚学科计划，以脑与脑机、器官移植与生物材料、微创器械、数字医疗等一批重点交叉项目为载体，有针对性地组建导师团队，个性化设置培养方案，开展多学科交叉轮训，实施精准育人。

(3)交叉团队：通过院内双聘、校内外兼聘等形式，与多伦多大学、爱丁堡大学等世界一流大学开展教授互聘，汇聚海内外不同学科顶尖人才，推动高水平师资的共享共建，构建由18名院士领衔、跨33个学科、包含502名教师的高水平国际化师资队伍。设立教师交叉学习培养计划，提升师资跨学科指导能力。与不同学科背景学生组成研学共同体，通过"共编教案、共上课堂、共研课题、共申项目"实现教学相长、互学互鉴。

3. 打造"体制创新、平台融合、评价科学"一体化保障体系

(1)创新学科交叉的管理体制：加强顶层设计，成立交叉学位评定委员会，创建交叉人才培养中心，制定交叉培养实施细则，组建脑科学与脑医学等11个跨学科、跨院系新型基层教学组织，从宏观统筹、中观推进、微观落地三个层面推动交叉课程建设、交叉人才培养。

(2)搭建医教研融合的育人平台：依托首批"辅导类"国家医学中心创建单位、国家公立医院高质量发展试点单位等一批高水平附属医院(3家综合性医院国考A++，2家专科性医院获评最优等级A)，打造国家临床教学培训示范中心3个(数量居全国高校第一)和国家虚拟仿真实验教学中心1个，脑机智能全国重点实验室、微创器械创新和应用国家工程研究中心等国家创新基地10个，以及系统医学与精准诊治浙江省实验室、浙大—阿里未来数字医疗联合研究中心等交叉平台115个，一体化推进交叉项目研究、交叉团队建设、交叉人才培养。

(3)建立交叉创新的评价体系：组建多学科专家评价组，通过学术墙报展、学术沙龙、项目进展报告、中期考核/年度考核等环节，对学生科研训练项目、创新性交叉研究项目等进行形成性评价和终结性评价相结合的评价反馈。通过政策系统集成、举措破立结合，实现评价"三转变"，即从论文数量和分数的单纯评价向注重成果创新性与关键技术前沿性的综合评价转变；从单一学科或学科类评价向跨学科、多视阈评价转变；从简单结果性评价向过程与结果、个人与项目、目标与发展结合的评价转变。

三、成果的创新点

(一)模式创新：率先创建"医学＋"复合型拔尖创新人才培养"双路径"

面向健康中国战略亟需的大批复合型医学拔尖创新人才，我校充分发挥学科交叉"催化剂"作用，创建了"X＋医"和"医＋X"人才培养双路径。"X＋医"首创"4(非医)＋4(医)"本博贯通八年制临床医学专业，衔接全国首个临床医学博士后项目，形成先宽后窄再深化的培养路径；"医＋X"构建以医学五年制为主体、医工信等多学科交叉的"5＋5"本博贯通培养路径，形成先窄后宽重交叉的培养路径，致力于培养汇多元学科、通临床研究、强实践能力、善协同攻关的复合型医学拔尖创新人才，为我国医学教育创新发展探路。

(二)机制创新：构建"医学＋"复合型拔尖创新人才培养交叉融合机制

学科交叉既是重大科学发现和原始创新的重要源泉，也是培养拔尖复合人才的关键路径，我校构建了"交叉课程＋交叉项目＋交叉团队"高度融合的育人机制。创建思政课程、课程思政与社会实践相结合的大思政模式，创新医学核心课程，建立本研贯通、整合式、前沿性的多学科交叉课程体系；聚焦健康科学前沿和"卡脖子"问题，以产生重要交叉性创新成果为导向设置项目，在实践中推动不同学科内在知识结构的融会贯通；以创新性平台为载体，组建医教协同、科教融合育人共同体，强化需求导向的浸染式思维与实践能力，构建多学科师生互学互鉴交叉融合的新范式。

(三)体系创新：建立以评价为核心的"医学＋"复合型拔尖创新人才培养保障体系

基于多学科交叉人才培养的复杂性、开拓性、综合性和不确定性，我校从需求侧和供给侧双向发力，以评价改革为核心，在组织架构、育人平台、综合评价等方面进行创新迭代，建立了能适应"医学＋"复合型拔尖创新人才培养和成长规律、学科发展逻辑的一体化保障体系。树立了科学的教育评价导向，开展学生综合能力评价，以交叉的广度与深度作为成果分类评价的重要依据，用探索前沿知识的广度来拓展实践创新的宽度，以凝炼科学问题的深度来解决临床问题的难度，求科学之真、遂人才之愿，建立了充分尊重交叉学科特点和规律、鼓励创新、宽容失败的全方位评价体系，打造了保障"医学＋"复合型拔尖创新人才培养的良好生态。

四、成果的人才培养成效

自项目实施以来，我校共培养"医学＋"毕业生805名，目前在校生798名。八年制临床医学专业成为我校本科招生"金名片"，吸引大批优秀生源。90.9％毕业生就职于以三甲医院为主的医疗机构或出国深造，用人单位对我校"医学＋"毕业生总体满意度为98.3％，尤其对毕业生"跨学科解决临床问题能力""跨学科科研创新能力"

"跨学科团队合作和沟通能力"给予高度评价。执业医师资格考试年均首次通过率94.9％（全国68.4％），最终通过率100％（图5）。

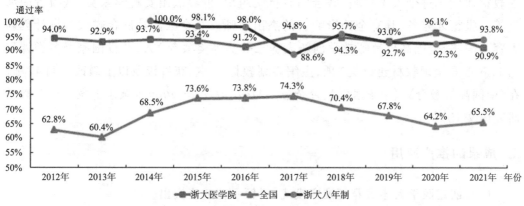

图5 近十年毕业生执医考试平均通过率

近5年来，一批"医学＋"复合型拔尖创新人才脱颖而出：周飞飞等人研发"智能"超速光响应生物胶水等，获全国"互联网＋"大学生创新创业大赛金奖3项、全国"挑战杯"大学生课外学术科技作品竞赛特等奖2项，以及国际级、国家级各类学科竞赛获奖30项；张玉琴等21人赴西部、国防军工单位就业；刘倩等13人赴国家临床医学研究中心、临港实验室等国家级创新基地就业；郭静等人在新发传染病防治体系、人工心脏瓣膜、脑机接口等重大研究中作出重要贡献，成为国家科技进步特等奖等17项省部级一等奖及以上科技奖励获得者；竺爱琴等人以第一（含共同第一）作者在《细胞》《自然》《科学》等顶刊上发表学术论文8篇；陈鸣宇等人参与研发可降解空腔脏器吻合支架等获国家发明专利授权77项；周静怡等人参加的新冠疫情救治青年突击队获"中国青年五四奖章集体"；徐唯玮等人参编28语种新冠肺炎防治手册（表1）。

表1 "医学＋"复合型拔尖人才培养代表性成果（近五年）

成果类别	成果名称	成果数量	学生代表
奖项荣誉	全国"互联网＋"金奖	3	周飞飞
	全国"挑战杯"特等奖	2	陈杰
	国际级、国家级各类学科竞赛获奖	30	丁一敏
	中国青年五四奖章集体	1	周静怡
	全国优秀共青团员	1	陈瑞雪
	全国高校"百个研究生样板党支部"	1	周梦豪
科研创新	国家科技进步奖特等奖等省部级一等奖及以上奖项	17	郭静
	以第一（或共一）作者在《细胞》《自然》《科学》等期刊发表学术论文	8	竺爱琴
	国家发明专利授权	77	陈鸣宇
	参编新冠肺炎防治手册（28语种，惠及231个国家和地区）	1	徐唯玮

成果实现教学相长,推动我校医学教育创新发展。近5年来,涌现了全国道德模范姚玉峰、全国高校"黄大年式"教师姚克团队、国家级课程思政教学名师张晓明、全国教材建设先进个人李兰娟、联合国教科文组织"世界杰出女科学家奖"获得者胡海岚等一批德才兼备、具有全国影响力的杰出教师。获全国高校混合式教学设计创新大赛一等奖、全国高校教师教学创新大赛二等奖等奖项者9人,获批国家级各类课程9门,获首届全国教材建设奖1项,主编规划教材28本,获省级及以上教改项目40项。在《中国高等教育》、《中华医学教育杂志》、*Medical Education*等杂志上发表相关教学研究论文159篇。

五、成果的推广应用

(一)创建医学人才培养可推广模式,引领示范效应突出

20余载探索与实践,我校创建"X+医(4+4+3)"和"医+X(5+5)"路径,开创了"医学+"复合型拔尖创新人才培养先河。2015年,中国工程院"卓越系列人才培养计划实施情况中期评估"报告将我校"4+4"八年制本博贯通培养列为唯一"拔尖创新医学人才培养模式改革试点项目"典型案例。2018年,教育部来校调研时充分肯定我校"医学+"人才培养模式,要求在全国推广示范。2020年,全国博士后管委会办公室发文肯定项目取得的成效并在全国推广;同年国务院办公厅发文"推进基础与临床融通的整合式八年制临床医学教育改革""支持八年制医学专业毕业生进入博士后流动站"。我校牵头召开首届全国临床医学博士后论坛、首届全国医学院校教师教学发展联盟会议、首届长三角医学教育联盟大会、全国高等学校八年制及"5+3"一体化临床医学专业规划教材论证会等会议,推广"医学+"人才培养新模式,并在北京协和医学院、上海交通大学、中山大学、四川大学等21所高校广泛应用。2022年,时任第十三届全国人大常委会副委员长陈竺在浙大医学院建院110周年之际,充分肯定我校"探索创新拔尖医学人才培养新模式"。成果获得教育部医学教育专家委员会鉴定组高度肯定:该成果是医学教育改革的一项重大突破,处于国内领先水平,为我国复合型医学拔尖创新人才培养提供了具有借鉴和推广价值的典型模式。

(二)传播医学人才培养经验,全球声誉不断彰显

《人民日报》、《光明日报》、《中国青年报》、《央视新闻》、新华社等媒体报道我校医学人才培养成效与经验217次,《光明日报》专题报道《看浙大如何培养"医学+"人才》(图6);北京协和医学院、四川大学等108所兄弟院校来校调研学习。先后与多伦多大学、爱丁堡大学、加州大学洛杉矶分校等世界一流大学共同探索"医学+"人才培养模式,获批国家留学基金委创新型人才国际合作培养项目;获教育部批准设立首个生物医学类国际联合学院和"一带一路"国际医学院,成为教育部来华留学英语师资培训中心(全国仅2家)、中国教育国际交流协会国际医学分会副理事长单位。"扩大交叉

复合型高层次人才培养规模"被写入国家发改委、教育部、科技部国际合作教育样板区建设方案，吸引全球58个国家1869名留学生来校攻读学位。

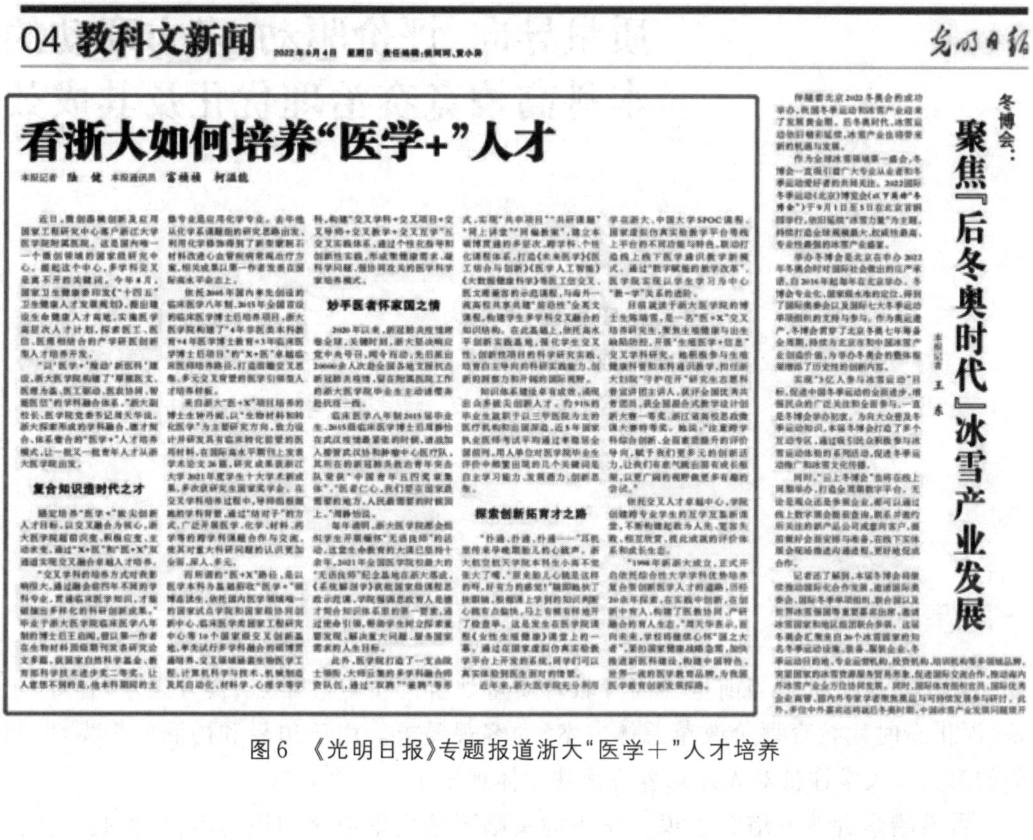
04 教科文新闻

光明日报

看浙大如何培养"医学+"人才

复合知识造时代之才

妙手医者怀家国之情

探索创新拓育才之路

冬博会：聚焦『后冬奥时代』冰雪产业发展

图6 《光明日报》专题报道浙大"医学＋"人才培养

质量导向、评价驱动、多方联动的
本科高校竞赛治理优化及其成效

主要完成单位：浙江大学

主要完成人：陆国栋、吴英策、何钦铭、赵春鱼、颜晖、阚阅、
陈临强、张克俊、张聪、魏志渊、李基拓、张炜、朱琦、赵燕、
孙永乐

一、成果简介

人才培养质量是当前世界高等教育质量评价的重点和难点，提升人才培养质量是《深化新时代教育评价改革总体方案》的客观要求。由于边界和内涵的模糊性，目前的第三方大学评价对人才培养方面往往体现不足。

古希腊学者普罗塔戈曾说："学生的头脑不是用来填充知识的容器，而是一支需要被点燃的火把。"我们认为竞赛就是点燃火把的"火种"，是激活学生学习的有效手段，是目前大学生自愿地夜以继日投入其中的为数不多的学习活动之一。在众多的人才培养证据链中，竞赛成果是大学生重要的学习成果，是高校的重要产出，是高校创新人才培养成效的重要侧面。

大学生竞赛自20世纪80年代萌芽以来，历经1991—2005年的初兴期和2006—2016年的发展期，本成果于2017年推进的竞赛评价或可被认为将大学生竞赛发展引入深化期。10多年，来各类竞赛迅猛发展，几乎涵盖了所有学科门类，竞赛主办单位日渐多样化，参与竞赛的学生与日俱增，每年以数千万计。但在竞赛表面繁荣的背后，问题的苗头日渐呈现：部分竞赛功利意味渐浓，教育功能渐微；部分竞赛内涵乏力，屡触底线；高校对高质量竞赛选择感到困惑，创新培养力度不一；等等。竞赛治理正处于发展的十字路口。

近20年来，本成果团队成员一直从事大学生竞赛组织、模式和方法的研究（图1），以2012年10月发表于《中国大学教学》期刊的《基于主题、时间、空间和模式分类的学

科竞赛研究与实践》论文为起点,以2012年数据为源头开展竞赛评价,成立"中国高等教育学会竞赛评估与管理体系研究"专家工作组,以竞赛为抓手的创新人才培养从研究逐步走向评估实践。

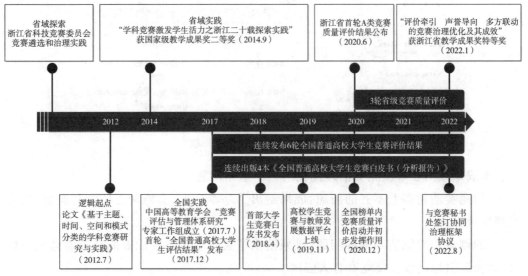

图1 成果发展重要时间节点

本成果基本思路:动态遴选竞赛,形成竞赛清单,以清单中竞赛大数据刻画高校学生群体创新能力,并发布评估结果(榜单),推进"质量导向、评价驱动、多方联动"的竞赛治理优化。方法概括为:(1)基于内涵发展,构建含基础、过程和综合质量的竞赛"三维质量"模型,遏制功利性,激发成长性;(2)基于公平公正,开展竞赛发展态势监测,榜单中的竞赛有进有出,动态调节,倒逼质量持续改进;(3)基于育人效能,构建高校群体创新能力"三重贡献"评价模型,突出竞赛育人成效、组织努力和研究成果;(4)基于开放服务,汇聚海量数据,绘制高校竞赛创新"画像",发挥智库作用,服务高校创新人才培养;(5)基于互动共赢,发挥榜单枢纽作用,形成竞赛多主体联动的治理体系并持续优化。

自2017年首轮评价结果发布,至今已发布6轮,连续出版4本《全国普通高校大学生竞赛白皮书(分析报告)》。目前,经动态调整纳入全国评估的竞赛达56项,覆盖高校持续增加;许多高校将评价结果作为创新人才培养成效的第三方数据。每次竞赛评估结果均引起数十万人关注,获上百篇新闻报道,得到了高校和社会总体认可,产生非常积极的成效。竞赛质量分析引起主办方高度关注,由此推动相关秘书处主动调整办赛战略,更加关注育人质量。先后发表CSSCI论文10篇(一级8篇),SSCI/SCI/EI等论文3篇;根据第三方查新,本项目提出的竞赛效能评价方法为国内首创;获7项软件著作权(图2)。

图2 科技查新、软件著作权

本成果致力于解决竞赛治理优化的三个基本问题:

(1)竞赛质量参差不齐的问题:成果给出了基本标准,实施动态监测与调整,倒逼竞赛质量提升。

(2)创新培养赋能不强的问题:成果给出了聚焦学生竞赛成效的高校群体创新能力"画像",引导高校提高竞赛育人强度。

(3)多方联动合力不足的问题:成果构建了榜单核心枢纽,成为推进大学生竞赛治理的有效抓手,形成多方联动的局面。

二、成果的主要实施内容(图3)

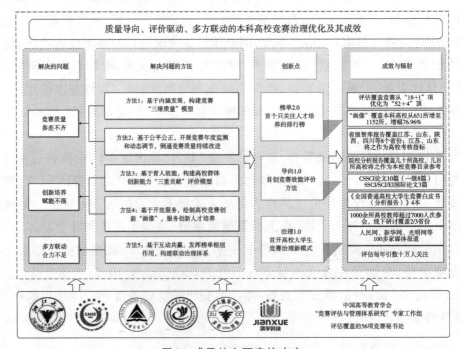

图3 成果的主要实施内容

（一）基于内涵发展，构建竞赛"三维质量"模型

以推动竞赛内涵发展为目标，构建"三维质量"模型（图4）。

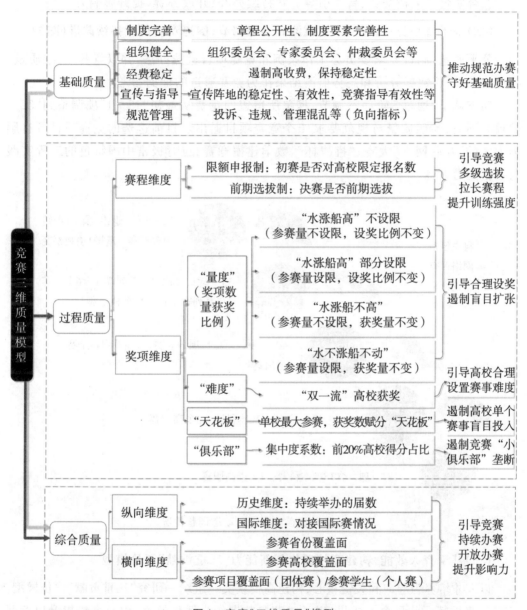

图4　竞赛"三维质量"模型

基础质量：含竞赛制度、组织、经费、指导、管理等维度，旨在倒逼主办方"按章办赛"，过程"有法可依"，结果"公开公正"，守牢质量底线。

过程质量：含赛程和奖项维度，赛程维度引导竞赛通过校赛扩大参赛面，提高参与度；奖项维度设立"量度""难度""天花板""俱乐部"四类调节机制。"量度"机制按照

奖项数量和比例遏制竞赛奖项盲目扩张,使"水涨船不高";"难度"机制引导竞赛合理设置难度;"天花板"机制抑制盲目投入;"俱乐部"机制遏制垄断倾向。

综合质量:纵横交错,旨在引导竞赛持续办赛、开放办赛,提升影响力。

(二)基于公平公正,开展年度监测和动态调节,倒逼竞赛质量持续改进(图5)

公平遴选:制订专家委员会工作条例和竞赛项目遴选办法,并以竞赛"三维质量"模型为工具,将数据分析和态势监测结果作为竞赛遴选的证据参考。

动态调节:通过5轮动态调节,榜单所覆盖的竞赛从最初"18+1"项调整到"52+4"项。同时,参照质量与规范要求,3个竞赛项目退出。目前遴选的竞赛项目既有影响力大的"互联网+"大赛、"挑战杯"、数学建模竞赛,也有极富中国特色的工程实践与创新能力大赛。

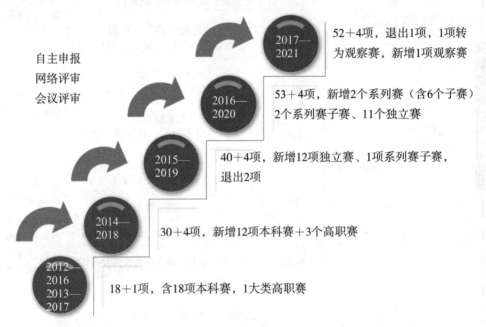

自主申报
网络评审
会议评审

2017—2021 52+4项,退出1项,1项转为观察赛,新增1项观察赛

2016—2020 53+4项,新增2个系列赛(含6个子赛)2个系列赛子赛、11个独立赛

2015—2019 40+4项,新增12项独立赛、1项系列赛子赛,退出2项

2014—2018 30+4项,新增12项本科赛+3个高职赛

2012—2016
2013—2017 18+1项,含18项本科赛,1大类高职赛

图5 评估覆盖竞赛项目动态调整情况

(三)基于育人效能,构建高校群体创新能力"三重贡献"评价模型

以人才培养为导向和关键核心,构建高校获奖—组织—研究"三重贡献"评价模型。

获奖贡献:凸显育人成果,以学生获奖数据作为评价要素,引导高校提升以竞赛为抓手的创新人才培养水平。

组织贡献:凸显育人努力,既包括竞赛创设和主办,强化竞赛项目供给,也包括竞赛具体承办高校及优秀指导教师。

研究贡献:凸显育人研究,引导高校以竞赛为载体开展创新人才培养研究。目前纳入竞赛相关国家级教学成果奖15项、教学论文400余篇。

(四)基于开放服务,绘制高校竞赛创新"画像",服务高校创新人才培养能力提升

分类榜单:服务"四新"建设,构建理工类、农林类、医药类、人文社科类等分类榜单。

数据开放:采集各级各类学生竞赛数据千万条,上亿数据点,通过平台开放,目前已有近千所高校和竞赛主办单位注册使用。

数据画像:以海量数据为基础,根据"三重贡献"评价模型,绘制高校竞赛创新"画像",为高校提供基于竞赛数据的创新人才培养情况查询、分析和对比服务。

(五)基于互动共赢,发挥榜单枢纽作用,构建联动治理体系(图6)

多方联动:以榜单为枢纽,每年按照"征集—遴选—分析—研讨—发布—宣讲"流程,促进竞赛主办方、参赛方、管理方多主体联动;2017年起共发布6轮"五年"和"当年"榜单。

质量提升:组织"全国大学生竞赛质量提升行动",推进赛校沟通;建设大类竞赛管理团体标准,给出办赛参考;提炼"赛项直管""清单管理""委托管理"三大省域竞赛管理模式,给出管理参考;推动多方互动共赢,竞赛治理体系持续优化。

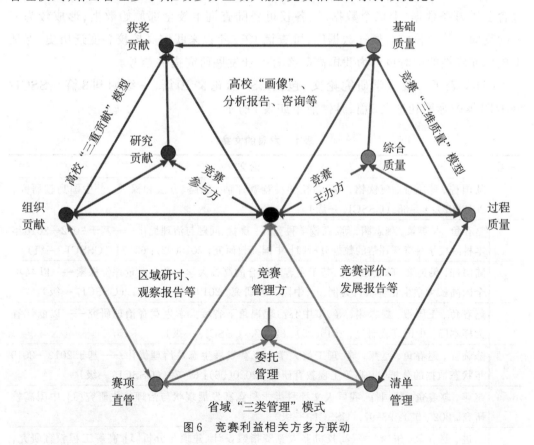

图6 竞赛利益相关方多方联动

三、标志性成果与创新点

(一)标志性成果

(1)形成了2012—2021年全国普通高校学科竞赛评估结果,包括10轮当年评估结果和6轮五年评估结果,并构建了稳定的发布机制,既体现历史积累,也鼓励当下努力。

(2)遴选了一批影响范围广、口碑好、质量高的全国大学生竞赛:榜单覆盖的竞赛从最初的19项到2018年的34项、2019年的44项、2020年的57项和2021年的56项,动态调节,有进有出,确保榜单覆盖竞赛质量,以供高校创新人才培养选择参考。

(3)凝结出版4本白皮书:每年将研究成果进行总结、凝练,目前已出版《全国普通高校大学生竞赛白皮书(2012—2017)》《全国普通高校大学生竞赛白皮书(2014—2018)》《全国普通高校大学生竞赛分析报告(2020版)》和《全国普通高校大学生竞赛分析报告(2021版)》。

(4)形成2个全国数据库:形成并上线"全国高校学生竞赛与教师发展数据平台",包含上千万条数据、上亿个数据点,各校可登陆查询本校全部原始数据;形成较为完整的我国高等学校校名变迁数据库,可查询1952年以来我国高校校名变迁历史,保证本成果准确性的同时也可为我国高等教育变迁发展研究提供参考。

(5)发表了一批教学研究论文,包括CSSCI论文10篇(一级期刊8篇)、SSCI/SCI/EI等国际期刊论文3篇,具体清单如表1所示。

表1 发表的文章

序号	论文
1	陆国栋,陈临强,何钦铭,等.高校学科竞赛评估:思路、方法和探索[J].中国高教研究,2018(02):63-68.(CSSCI,一级)
2	赵春鱼,吴英策,魏志渊,等.高校学科竞赛:现状、问题与治理优化——基于2012—2016年本科院校学科竞赛评估的数据分析[J].中国高教研究,2018(02):69-74.(CSSCI,一级)
3	陆国栋,吴英策,陈临强,等.基于主客观综合的高校大学生竞赛质量评价探索——以44项全国高校大学生竞赛项目为例[J].中国高教研究,2019(05):76-81.(CSSCI,一级)
4	赵春鱼,王国银,魏志渊,等.多中心治理视角下省域大学生竞赛治理研究——以浙江省为样本[J].中国高教研究,2019(05):82-87.(CSSCI,一级)
5	陈临强,赵春鱼,赵燕,等.理工类大学生竞赛发展生态及治理优化——基于2012—2019年状态数据的分析[J].高等工程教育研究,2020(06):67-72.(CSSCI,一级)
6	赵燕,赵春鱼,陆国栋.我国人文社科类学科竞赛发展现状与治理优化研究[J].中国高教研究,2020(07):93-97.(CSSCI,一级)
7	王进,赵春鱼,朱琦,等.高校机器人竞赛指数设计、建模与分析[J].高等工程教育研究,2022(05):25-31.(CSSCI,一级)

续表

序号	论文
8	吴维东，张晓然，叶雨晴，等.基于竞赛数据画像的双创教育评价——中国国际"互联网＋"大学生创新创业大赛数据分析[J].高等工程教育研究，2022(02)：155-159.(CSSCI，一级)
9	罗恒，李美清，陆国栋.省域大学生竞赛管理模式研究[J].中国高等教育，2021(22)：44-46.(CSSCI)
10	郭伟.学科竞赛评估的实践与创新——访浙江大学机器人研究院常务副院长陆国栋[J].世界教育信息，2018，31(08)：52-56.(CSSCI)
11	Haiyang Hou, Chunyu Zhao*. A Novel Integration Method for D Numbers Based on Horizontal Comparison[J]. Axioms, 2021, 10(04): 312. (SCI收录)
12	Chunyu Zhao, Guodong Lu, Yingce Wu, Yan Zhao and Dan Xu*. A Case Study in Zhejiang: A Study on the Evaluation of Provincial Academic Competitions for College Students[C]. ICCE, 2022. (EI收录)
13	Chunyu Zhao*, Haiyang Hou, Qiongying Gu. The Types of Learning Approaches Used by Engineering Students in Three Scenarios: An Adaptation of the R-SPQ-2F to China[J]. Frontiers in Psychology, 2022(13): 944588. (SSCI收录)

(二)创新点

教育评价专家斯塔费尔比姆(Stufflebeam)指出，评价最主要的意图不是证明(prove)，而是改进(improve)，而改进作用的发挥关键在于评价结果的使用。本成果通过"榜单2.0""导向1.0"和"治理1.0"创造性地解决目前高校大学生竞赛治理面临的困境。

1.研制我国首个高校创新人才排行榜，从"科研""学科"到"教学""学生"

(1)研制了我国第一个广受关注的高校创新人才排行榜，成为对目前过于关注科研的大学排行榜的有效补充，从而打造"榜单2.0"，这是最为重要的创新。

(2)从易于量化、备受关注的科研与学科走向难以量化、少受关注的教学与学生，向社会呈现我国高等学校发展的另一个面貌，特别是为一批潜心创新人才培养的高校提供了一个全新的展示窗口。

(3)据文献检索，类似做法在国际上未见相关报道。

2.首创竞赛效能评价方法，排行是手段，人才培养才是核心点

(1)排行是一个有效手段，声誉是高校的特别关注点，也是竞赛主办方的核心诉求点，以此为导向往往事半功倍，称之为"导向1.0"，这是最有意义的创新。

(2)以推进创新人才培养为初心，以层次分析法、系统定义模型等综合评价方法构建竞赛"三维质量"模型和高校"三重贡献"模型，通过第三方评估的引领和导向，一方面倒逼竞赛主办方提升办赛质量，另一方面引导高校创设和承办竞赛，提高参赛质量,最终使竞赛更好地服务于创新人才培养。

(3)据科技查新,该方法系国内首创。

3.首开高校大学生竞赛治理新模式,从自发自主到多元多边

(1)以数据为基础、榜单为枢纽,搭建多方主体互动平台,构建了竞赛主办方、参赛方和管理方多利益主体共同参与的竞赛多元治理新模式,是一种崭新的"治理1.0",是最具特色的创新。

(2)竞赛主办方通过申请纳入排行榜和参与质量评估主动接受质量规制;管理部门通过区域数据分析、分享和竞赛等级划定推动竞赛健康发展;高校自主自发地以竞赛成果作为创新人才培养的亮点,榜单为其提供了相互对标借鉴的参照系。

(3)如此大规模的竞赛多主体联动是国内首次出现。

四、成果的推广应用效果

成果得到教育主管部门、高校、主办方及师生认同,有效推动了竞赛质量提升,有力推进了创新人才培养。

(一)引导作用持续发酵

总榜单起引领作用,覆盖高校从2012年的651所增长到2021年的1152所;先发优势高校持续发力,原985高校自2018年起全部进入前300;分类榜单起引导作用,学科禀赋相似的高校之间又有了一个新的联动模式;分省榜单起导向作用,引起相关主管部门关注,有力推动竞赛不断发展。

超80%本科高校以及竞赛主办方注册使用本成果研发的"高校学生竞赛与教师发展数据平台"(免费),根据需要提取数据"自诊"学校发展。

(二)省/校推广初见成效

在省域层面,已为江苏、山东、陕西、四川、广西、吉林、浙江、重庆8个省(区、市)提供分省竞赛发展观察报告。江苏省、山东省、河南省以政府发文方式,明确采用榜单数据考核省内本科高校,有力促进了省域层面的本科高校学生竞赛治理。

在高校层面,已为几十所本科院校提供院校分析报告,在学校自我诊断基础上,通过常模参照和对标分析,帮助高校精准"选赛"、有效"育赛"、积极"创赛",提升创新人才培养能力。

(三)治理效用日渐彰显

与竞赛秘书处签订协同框架协议,建立了稳定联系;形成了竞赛质量年度发布机制,并得到主办方认可;形成了常态互动研讨机制,助力竞赛质量改进。近3年,榜单内竞赛平均决赛参赛校从245所增长到386所,获奖比例从36.39%下降至24.51%。创设新型竞赛模式并不断拓展,特别是向人文社科类竞赛拓展,榜单内人文社科类竞赛数量增幅达 325%;机器人类竞赛数量增幅达 500%;从创新创业拓展到创意与创造,创意类竞赛类型不断涌现。

(四)辐射影响明显增强

竞赛评价活动被列入中国高等教育学会"十四五"发展规划;在 20 多个省(区、市)组织研讨,累计千余所高校、数十万教师参与;通过举办创新教育专题报告会影响了中西部一批高校。

人民网、新华网、光明网等 100 多家媒体单位对本成果进行了积极报道。中国高等教育学会公众号发布的"竞赛分析报告"点击量每年过 10 万。

(五)衍生效应开始显现

项目组从学生竞赛出发关注教师教学竞赛,于 2018 年 2 月 2 日发布首轮教师教学竞赛状态数据,至今已发布 4 轮,有力推动了教师教学竞赛进程,许多学生大赛开始设立教师赛,项目组作为主要成员创设了教师教学创新大赛。在此基础上,项目组又创造性地于 2019 年 11 月 1 日首次发布"6+1"教师教学发展指数,已发布 3 轮,在高教界产生很大影响,获"学习强国"平台专题报道两次,被"科学网"列为 2019 年 11 月四大高教关键词之一。

思创融汇 专创融合 师创融通
——师范院校创新创业教育体系的探索与实践

主要完成单位:浙江师范大学

主要完成人:郑孟状、王淑娉、温建明、魏梦璐、郑文哲、叶志雄、马莉、陈海峰、陈乃启、朱哲成、徐展斌、陈佳伟

一、成果背景、简介与解决的问题

习近平总书记在党的二十大报告中指出:"人才是第一资源、创新是第一动力。"[①]创新的关键在人才,人才的培养靠教育。深化高校创新创业教育改革是国家实施创新驱动发展战略的需要,也是中国高等教育综合改革的需要。师范院校承担着"同铸两代师魂、共树两代师表"的重要职责,师范院校创新创业教育关系到创新基因传承,关系到人的全面发展,关系到国家和民族发展的未来。

浙江师范大学一直高度重视创新人才培养,于2009年成立创新创业学院,在人才培养方案中单列创新创业模块,确立具有创新创业素养的新时代卓越教师("双创之师")的培养目标,探索形成思创融汇、专创融合、师创融通("三创三融")的创新创业教育体系。构建思创融汇大思政平台,形成学工牵头、教务联动的协同管理机制,培养创新创业意识,激发想创动力;开辟专创融合全实践路径,实现课程学分、课题研究、竞赛参与和实训体验100%覆盖,提升创新创业能力水平,奠定会创基石;打造师创融通新师范格局,推广应用创新工作室、教师发展学校等举措,推动创新精神培育和基因传承,形成教创特色。首次提出想创、会创、教创新理念,回答了师范院校双创教育"从哪里来、到哪里去"的问题;系统建构"三融三创"新体系,师创融通是关键环节;率先打造大中小学一体化新范式,创新基因传承是核心要义(图1)。

---

①习近平.高举中国特色社会主义伟大旗帜 为全面建设社会主义现代化国家而团结奋斗——在中国共产党第二十次全国代表大会上的报告[M].北京:人民出版社,2022:33.

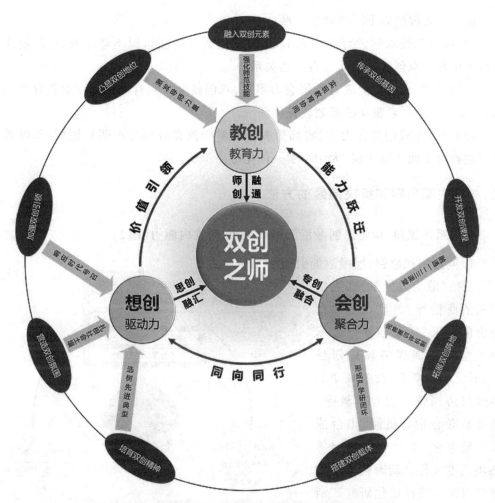

图1 浙江师范大学"三融三创"创新创业教育体系逻辑

经过13年的探索与实践,师范生创新素养显著提升。根据中国高教学会的统计,2017—2021年全国师范类本科院校大学生竞赛排行榜位列全国师范院校第二;中国国际"互联网＋"创新创业大赛历届金奖总数位列全国师范院校第一;近3年获金奖11项,分别位列全国高校第九、第八、第六;2020年全国"挑战杯"创业计划大赛总积分位列全国师范院校第一、全国高校第九;2021年全国"挑战杯"课外学术科技作品竞赛总积分位列全国师范院校第一、全国高校第九,红色专项总积分位列全国高校第二;毕业生成为基础教育界骨干力量,支撑浙江省在基础教育五大学科竞赛中金牌数、总排名全国第一。

成果服务国家战略和区域社会经济发展。承办中非暨中南青年创新创业论坛,发布《新时代中非青年创新创业共同倡议书(浙江倡议)》。实施包括双创教育在内的中西部教育援助和《服务浙江山区26县教育发展行动计划(2022—2025)》,助力乡村振兴。

成果主要解决以下三个教学问题：

(1)师范院校双创教育内驱力不足，对双创教育内涵认识不够深刻，狭隘地认为师范生培养与双创教育之间没有必然关系。

(2)双创教育与专业教育的聚合力不够，双创教育未能有机融入专业教育教学体系，未能形成全要素驱动的双创教育闭环。

(3)师范生双创教育力不强，高等教育与基础教育协同存在明显短板，基础教育在双创教育方面相对薄弱，大中小学一体化链路不畅。

二、成果主要内容和解决问题的方法

(一)系统谋划，构建思创融汇大思政平台，激发内驱力(图2)

1.响应时代感召，加强双创引领

弘扬"敢为人先"的红船精神和浙商精神，彰显双创教育的价值追求，把双创教育改革纳入学校发展战略和规划目标，形成学工牵头、教务联动的多部门协同管理和专业教师、辅导员联合指导机制，出台成果奖励办法、学分管理规定等15项制度文件。"新时代劳动教育观现状与路径优化研究""浙籍共产党人100封红色书信整理研究"获全国"挑战杯"特等奖。

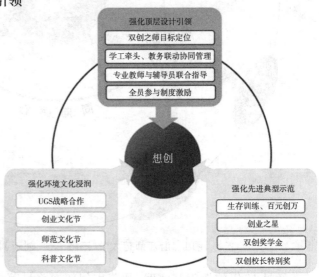

图2 浙江师范大学思创融汇大思政平台逻辑

2.扎根社会土壤，营造双创氛围

发挥长三角区位优势和非洲研究特色，承办中非暨中南青年创新创业论坛；与海康威视、科大讯飞等100余家龙头企业和21个市区县政府签署战略合作协议，确定智能制造、电子商务、公益创业等7大特色发展方向和校地合作区域智库平台、国际合作双创支持平台等4大平台13项重点工程；创新田野思政和融媒思政，打造创业文化节、师范文化节、科普文化节等校园文化品牌。

3.选树先进典型，培育双创精神

连续23年赴北京、上海、深圳、义乌等17座城市开展生存训练、百元创万创业实践；连续22年赴广西龙州支教，阻断贫困代际传递；连续12年开展流动科技馆下乡活动，普及科技知识。每年评选创业之星、双创奖学金和双创校长特别奖，连续16年开

展十佳学子、学风特优班评选,培育和选树一批创新创业先进典型。生存训练是全国高校开展时间最长、影响最广、成果最丰硕的创业实践,"生存训练"获评国家级一流课程。

(二)多措并举,开辟专创融合全实践路径,培育聚合力(图3)

1.融通"一二三"课堂,开发双创课程

2010年起设置2~4个创新创业教育必修学分,开设9门通识一创业教育核心课程、27门通识二创业教育选修课程以及202门创新创业研究性学习课程,在全国率先深化双创类社团学分制改革,共建线上线下双创研学实践基地,实现课程学分100%覆盖。

2.完善赛训评机制,拓展双创阵地

每年设立国家级课题70项、省级课题220项、校级课题300项、院级课题约1000项,实现课题研究100%覆盖。开发"竞赛啦·学科在线"等数字化应用场景,形成"国—省—校—院—班"五级竞赛体系,实现A类学科竞赛参与100%覆盖。历年我校入围中国国际"互联网+"大赛本科生项目占比达75%以上。开辟浙江省"互联网+"大赛国际赛道非洲专场,我校国际项目获中国国际"互联网+"大赛金奖3项、银奖8项。

3.形成产学研闭环,搭建双创载体

打造创新工作室—创客空间—众创空间—孵化器四级平台,实现实训体验100%覆盖。校地共建研发平台21个,共享大型仪器设备1067台(套),近3年承担企业委托课题800余项,重点打造网络经济创业园和智慧儿童创业园。我校双创实践训练体系建设研究获评国家级产学合作协同育人项目。

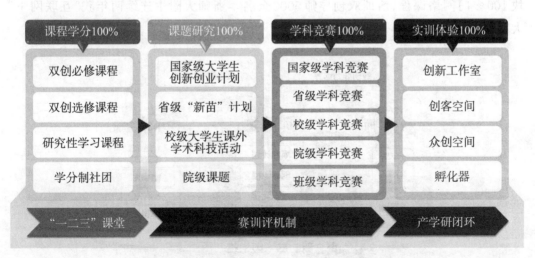

图3 浙江师范大学专创融合全实践路径逻辑

(三)内外协同,开创师创融通新师范格局,提升教育力(图4)

1. 激发导师力量,凸显双创地位

依托20个师范类国家级一流专业,加快8个交叉学科建设,盘点"四新"增长点,推动基础研究与应用研究(特别是基础教育领域)教创共促、融通发展。成立95个大学生创新工作室,遴选564位高层次人才导师;结合优秀企业家进校园、访企拓岗专项行动,外聘157位双创导师,促进学术成果应用。实施青蓝计划,在对新教师的学术引领和岗位培训中强化双创教育。

2. 强化师范技能,融入双创元素

实施卓越教师培养计划,把双创素养作为现代教师核心素养,开设一系列与基础教育接轨的创新型桥梁课程。研制人人参与、人人过关的全国师范生教学技能竞赛标准,落实教育力核心指标,辐射全国130余所高校。研制《浙江省师范生教育实践规程》,将创新性作为重要评价指标,在全省范围推广应用。依托智慧教师教育平台和智能教育重点实验室,建设虚拟教研室、5G+联合创新教室和AI智慧课堂,实现沉浸式、互动式、体验式教育教学体验。

3. 实现教育协同,传承双创基因

加强全国相关师范院校和中小学的合作交流,与地方教育行政部门共建53所附属学校、347所教师发展学校。依托卓越教师培养2011协同创新中心,构建高等教育与基础教育协同培养师范生和在职教师的新机制,有效促进职前—职后双创教育一体化发展。建设特级教师工作流动站,31名基础教育界优秀教师进站研修,促进教育力双向提升。参与义务教育课程标准修订,打造智慧教育样板区县。承担国培省培项目264个,培训学员2万余名;承接省级创业导师培育工程,5年来提供5类课程模块100多门网络课程,培训双创导师5000余名。浙师大附中连续两年获"互联网+"大赛创新潜力奖。

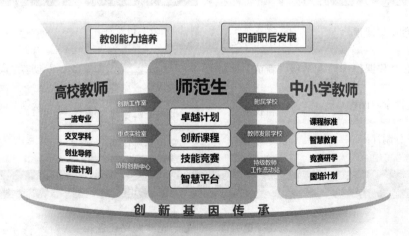

图4 浙江师范大学师创融通新师范格局逻辑

三、成果特色与创新点

(一)首次提出想创、会创、教创新理念

围绕创新创业人才培养目标,对标"中国金师",从师范院校双创教育的重要性、迫切性和特殊性出发,把根本目的定位在培养"双创之师"上,并明确提出想创、会创、教创理念,回答了师范院校创新创业教育"从哪里来、到哪里去"的问题,回应了教育者要先受教育、创新教育从娃娃抓起、教育教学本身就是一种创造性活动等命题,将想创、会创、教创落实到培养创新创业意识、提升创新创业能力水平、推动创新精神培育和基因传承的实践中去,绽放"双创之花",结出"双创之果",探索出师范院校双创人才培养的新思路,为全国师范院校双创教育提供了先进理念和生动案例。

(二)系统建构"三融三创"新体系

"三融三创"体系紧紧围绕内驱力、聚合力、教育力问题,师创融通是关键环节,思创融汇提供价值引领,专创融合实现能力跃迁,三者相互支撑、协同发力,共同指向"双创之师"培养目标。思创融汇契合时代新人培养要求和师德为本原则,以大思政、大视野、大情怀引领双创教育,强化了师范生培养与双创教育的必然联系。专创融合通过课程学分、课题研究、竞赛参与和实训体验100%覆盖,形成和加强了全要素驱动的双创教育闭环。师创融通探索了创新工作室、智慧教育、教师发展学校等创新举措,打通了大中小学创新创业教育链路,成为培育"双创之师"的重要引擎。

(三)率先打造大中小学一体化新范式

创新基因传承是双创教育大中小学一体化范式的核心要义。教师是双创人才培养的决定力量。师范院校双创教育从高校教师,到师范生,再到中小学教师,具有鲜明的一贯性和传承性。大中小学一体化范式把创新精神与职业素养相结合,贯通"高等教育—基础教育"和"职前—职后"双创教育,最大程度上实现了教、学、研、赛、创相互促进的良性循环和金专、金课、金师全面提升,为培养富有创新素养的下一代奠定坚实基础,使创新创业精神赓续和基因传承从理论变成了现实,从根本上实现了师范院校双创教育的独特价值和意义。

四、成果的推广应用效果

(一)育人成效显著,学生满意度高

近5年,本科生以第一作者发表核心刊物论文215篇,其中被SCI录取156篇,国家级学科竞赛获奖536项、省级2169项。据统计,2017—2021年,我校师范生创新素养显著提升,国家级、省级竞赛获奖人次数增长趋势明显(图5),国家级竞赛获奖人次

数年均增幅达73％左右,学生屡获全国大学生年度人物、国家奖学金特别奖和"创业英雄"荣誉。近3年创新创业三项主要赛事金奖数或总积分多次位列全国师范院校第一、全国高校前列,"挑战杯"红色专项总积分位列全国高校第二。历届全国师范生教学技能竞赛一等奖总数位列全国高校第一。根据浙江省教育评估院数据,毕业生对我校双创教育满意度呈逐年上升趋势,近3年满意度位列全省本科院校第二。生源质量显著提升,就业创业举措获中央电视台《新闻联播》《朝闻天下》等栏目报道。

图5　浙江师范大学2017—2021年省级以上竞赛获奖人次数

(二)师创特色鲜明,引领作用强

加强双创教育研究,发表《抓住协同创新"牛鼻子"》《地方师范院校"双创"教育难题何解》《如何推动大中小学"双创"教育一体化》等理论文章(图6),主持"青年发展型省份视域下大学生创新创业教育改革研究"等国家级、省部级课题。主持制定省委、省政府规范性文件《浙江教育现代化2035行动纲要》,研制发布《浙江新师范宣言》,《关于新时代深化浙江教师教育改革的思考与建议》获省领导肯定性批示。我校一直以来注重创新人才培养,造就了"浙派名师"群体(浙江省50％以上的特色示范学校中学校长、85％以上的示范幼儿园园长、近50％的特级教师、近50％的学科竞赛金牌教练),成果建设以来持续为基础教育界输送大批具有创新素养和奋斗精神的卓越教师,得到了社会各界的充分肯定。杭州外国语学校和镇海中学等学校认为,我校毕业生具备"强烈的创新意识、突出的教学能力和优秀的管理水平",正在成为基础教育界的骨干力量、金牌教练和领军人才,为"浙派名师"群体注入新血液、增添新活力。

图6 《人民日报》《光明日报》《经济日报》《中国教育报》等刊载的理论文章

（三）推广应用广泛，社会效应好

坚持特色化、国际化、区域化、协同化发展，主动服务国家战略和区域经济社会发展，搭建中非国际经贸论坛和中非青年创新创业论坛，推进包括创新教育和公益创业在内的区域教育支援合作。我校赴贵州"生存训练"创业实践得到时任贵州省委书记陈敏尔回信鼓励（图7）。

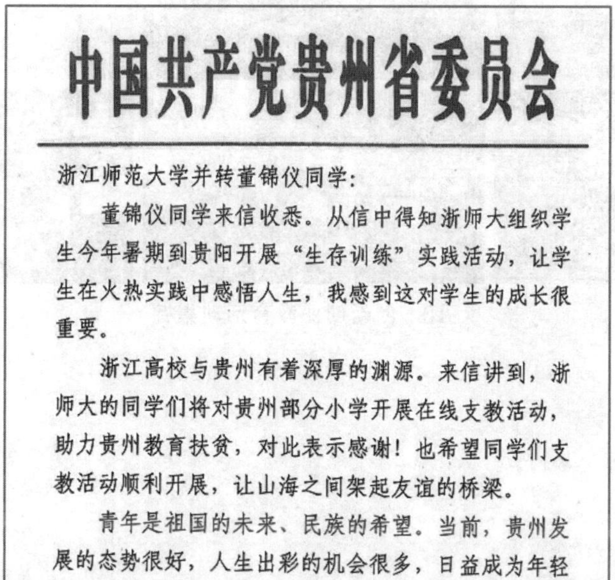

中国共产党贵州省委员会

浙江师范大学并转董锦仪同学：

董锦仪同学来信收悉。从信中得知浙师大组织学生今年暑期到贵阳开展"生存训练"实践活动，让学生在火热实践中感悟人生，我感到这对学生的成长很重要。

浙江高校与贵州有着深厚的渊源。来信讲到，浙师大的同学们将对贵州部分小学开展在线支教活动，助力贵州教育扶贫，对此表示感谢！也希望同学们支教活动顺利开展，让山海之间架起友谊的桥梁。

青年是祖国的未来、民族的希望。当前，贵州发展的态势很好，人生出彩的机会很多，日益成为年轻人干事创业的一片热土。我们热情欢迎更多青年学子来到贵州体验生活、创新创业。

新学期即将开始，祝愿浙江师范大学越办越好，祝愿同学们学习更进一步！

图7 时任贵州省委书记陈敏尔回信鼓励我校"生存训练"实践队员

校友陈立群以卓著的公益创业精神被评为"时代楷模",鼓舞了一批又一批浙师学子。"智慧云"公益教育在线平台培训中西部地区师生20余万人次,入选国务院志愿者扶贫案例五十佳。2018年承办"创青春"全国大学生创业大赛MBA专项赛,共有包括清华大学、浙江大学等143所高校来校参赛交流。在2020年第六届中国国际"互联网+"创新创业大赛工作交流会、2021年创新创业创造高峰论坛、2022年高教博览会创新创业论坛等做主旨报告。举办浙江省师范类大学生教育创新创业大赛,创立全国首个师范生教育双创赋能平台(图8)。获评国家级大学生创新创业训练计划高校、省级创新创业示范基地,双创教育举措得到《人民日报》《光明日报》《中国教育报》《中国青年报》等媒体关注。

图8 创新创业教育活动集锦

中国特色基层全科医学人才培养体系的二十年探索与实践

主要完成单位：温州医科大学

主要完成人：吕帆、曹建明、朱雪波、李章平、林瑾、黄陈平、王世泽、苏强、许冬武、周健民、金伟琼、季国忠、李思进、谢协驹、叶军明

时任国务院副总理李克强在2010年召开的全国深化医疗卫生体制改革工作会议上指出，要把"保基本、强基层、建机制"作为新医改工作的重心，全科医生制度建设是破解新医改难题的关键。加快以全科医生为重点的医疗卫生队伍建设，是把人民健康放在优先发展战略位置的重要保障。我国基层全科医生数量不足、质量不高、队伍不稳定、发展不好的问题依然存在。

一、成果简介

本成果依托教育部、原卫生部卓越医生教育培养计划项目，教育部、国家中医药管理局卓越医生（中医）教育培养计划项目、国家社科基金项目、全国教育科学规划项目等，专注于培养数量足、质量高且能扎根基层的全科医学人才，通过深化医学院校人才培养体系改革，构建涵盖招生、培养、就业、使用、发展的全链条育人模式，创建了具有中国特色的"国标省统、县管乡用"的基层全科医学人才培养体系，为健康中国建设提供基层人才支撑。

本成果在体系构建上，以面向基层培养质量高、有情怀的全科医学人才为目标，以"国标省统"创新人才培养模式，按临床医学专业标准，由省级政府统筹教育资源来保障高质量培养。在人才发展机制上，创新性地提出"县管乡用"，实现培养与职业发展一体化，即通过县级层面统筹流动、培养来保障人才职业发展。在实施路径上，以"保基层"为价值导向重塑"医学与人文并重"的育人标准，强化全科素养的塑造；以"强质量"为核心构建"5＋3＋X"全周期的人才培养模式，保证了职前职后贯通培养；以"促发展"创新培养与职业发展一体化机制，优化了发展路径，助力以新医科为统领

的医学教育创新改革(图1)。

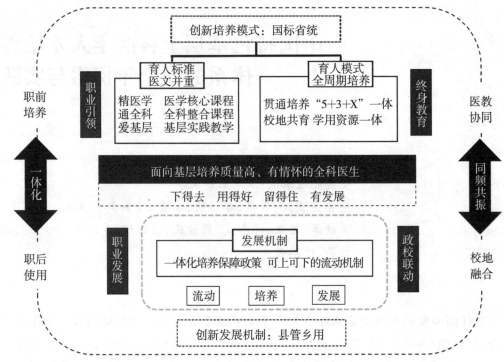

图1　基层全科医学人才培养体系

成果形成了"国内示范、国际影响"的基层全科医学人才培养方案,获得政府、学界和社会的高度认可。温州医科大学和联盟院校为基层培养了6万余名全科医生,纾解了基层卫生人才短缺问题;培养的学生质量高、评价好,毕业生执业医师资格考试通过率居全国前10%,用人单位对于学生总体满意度达97.14%;培育出国家卓越医生培养计划项目2项,获省级教学成果奖7项、国家级一流课程13门,在《教育研究》《新华文摘》等权威刊物发表论文15篇;依托成果,在全国人民代表大会中提出议案8次,获国家、省领导人批示6次,在全国医学教育改革发展工作会议等重要会议上作典型发言36次;核心理念被全国医教协同文件采纳,在32个省(区、市)推广应用。

本成果主要解决以下教学问题:

(1)全科医学生在培养过程中存在思想引领和岗位能力要素缺失,学生下不去。传统的育人标准过度强调专业能力而忽视思想教育,过早进行专科教育而忽视全科思维的养成。

(2)院校教育、住培教育与继续教育培养和培训内容脱节,学生用不好。职前职后分阶段的育人模式存在教学内容与岗位需求脱节现象。

(3)职业发展与政策保障机制不健全,学生留不住、难发展。由于缺乏行之有效的职业发展通路和政策保障机制,学生毕业后基层留任率不高。

二、成果研究历程

（一）初步探索阶段（1999—2009年）

从1999年开始，学校就以"提升基层医生水平提升"为目标，对在职基层全科医生开展执业环境、岗位能力和发展通道的研究，基于基层全科医生现状与需求调研，探索培养与使用相融合的路径，并尝试职业培训、定向培养等改革。

（二）改革实践阶段（2010—2014年）

2010年，学校以国家政策为依托，围绕"促进基层医学人才有效培养、合理使用和良性发展"的目标，全面实施本科层次农村订单定向医学人才培养工作，并确立人才培养的标准与模式。2012年，为解决定向培养保障政策落实问题，积极为省级层面出台按需培养、财政与编制保障、招录和招聘并轨的政策机制提供建议。2014年，在调研毕业生的基层留任现状后，推动"县管乡用"试点工作，创新人才发展机制。研究获2014年浙江省高等教育教学成果奖二等奖。

（三）研究完善阶段（2015年至今）

在实践探索基础上，学校创建并逐步完善了具有中国特色的"国标省统、县管乡用"的基层全科医学人才培养新体系。2017年，成果核心理念被写入国务院办公厅的医教协同文件，在32个省（区、市）推广应用。2020年，学校承办全国农村订单定向医学生培养十周年工作会议并牵头成立培养院校联盟，标志着我校人才培养经验得到了广泛认同和有效推广。研究获2016年浙江省高等教育教学成果奖二等奖、2022年教学成果奖一等奖。

三、成果解决教学问题的方法

（一）重塑"医学与人文并重"的育人标准，强化全科能力培养（图2）

实施临床医学专业基础上的全科趋同培养，强化"精医学、通全科"的能力塑造。以国家临床医学专业标准为指引设置核心课程，以常见病、多发病为切入点，强化基础与临床相衔接的融合课程教学，确保学生掌握执业医师所要求的知识和能力，使学生精医学。以胜任力为导向构建全科整合课程，突出全科特色培养，从分学期开设全科导论、社区康复、健康教育、社区急救、医患沟通等课程，到建设全科整合课程，更好地促进系统化全科思维的形成，使学生通全科。

打造五年不断线的实践教学体系，强化"重人文、爱基层"的价值引领。以社区胜任力和职业价值观两条主线并进设计，形成了第一学年"走基层看民生""听——医路医家"，第二学年"访基层懂公卫""读——医心医意"，第三学年至第五学年"进基层践全科""行——医言医行"的全学程实践体系，强化基层服务意识。

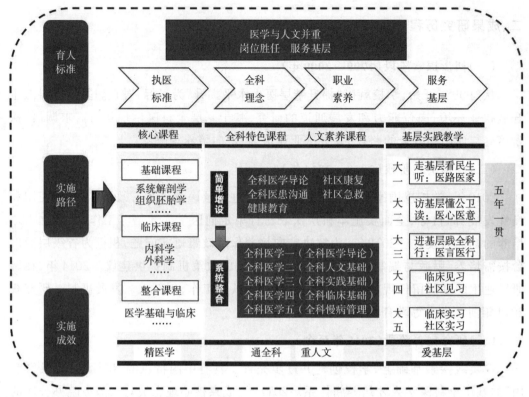

图2　全科医学人才培养课程与实践体系

(二)构建"5+3+X"全周期的培养模式,保证职前职后贯通培养

以能力系统递升为主线,实施全周期贯通培养。5年本科教育以"岗位胜任力"为导向,在国家执医标准基础上,强化全科思维和能力的塑造;3年住培教育以"基层服务力"为衔接,强化全科医生的预防保健、健康促进与临床服务等能力的提升;X年的继续教育以"职业发展力"为宗旨,根据在县域内X年的轮转岗位需求有针对性地设计配套回炉再教育。该模式以分阶段全科知识及能力的螺旋式上升设置,促进了院校教育与毕业后教育的有效衔接。

以校地共育为保障,建设学用一体的教学资源。建立协同育人组织:联合省内69个定向培养县市区卫计局、112家社区卫生服务中心以及境内外高校组建全科医学教育联盟。建立多元化教学基地:依托5所直属附属医院、27所教学医院和15家全科教学医院、65个社区构建全科实践教学基地。建立混合式教学团队:外方专业教师10人、社区兼聘教师45人,与校内教师132人组成教学团队,联合开展教育教学。

(三)形成培养与职业发展一体化的机制,实现保障政策创新

完善人才培养保障路径,助推政府出台人才培养与使用政策。主动对接政府部门,促成适合行业特点的全科医学人才培养省级统筹保障制度的建立,探索县域内人

才使用的"县管乡用"政策实施,保障全科医学人才从需求、培养到职业发展的一体化。思路为国务院办公厅全科医生培养与使用激励机制文件所采纳。

优化职业发展通路,建立"可上可下"的人才发展与保障机制。建立乡县贯通的共用机制和评估标准,强化"县管乡用"人才流动使用机制,同时,形成了特岗管理计划、薪酬待遇优化、职称评聘倾斜等配套保障政策。该机制在浙江省全面推广,已成为浙江省县域医共体建设范例。2017年,成果核心理念被国务院办公厅医教协同文件采纳,在32个省(区、市)推广应用。各省(区、市)积极开展"县管乡用"实践,并认为该机制在提高基层工作满意度和人才队伍稳定性上发挥了重要作用。

四、成果的创新点

(一)体系创新:形成了具有中国特色的"国标省统、县管乡用"基层全科医学人才培养体系,破解了全科医学人才培养与发展的难题

成果经过二十年的实践研究,以"国标省统"的架构实施基层全科医学人才高标准高质量的培养模式;实施"县管乡用"政策,重塑全周期的人才发展机制。成果重构了招生、培养、就业、使用到发展的一体化培养体系,促进了全科医学人才培养省级统筹政策的制定和实施,推动了以解决基层全科医生发展难的县管乡用政策出台和落实,有效破解了基层全科医学人才培养和发展中的难题。成果的核心理念被《国务院办公厅关于深化医教协同 进一步推进医学教育改革与发展的意见》(国办发〔2017〕63号)采纳。

(二)模式创新:形成了"5+3+X"全周期培养模式,模式的"十六字"方针成为教育部指导新时期培养全科医学人才的范式要求

"5+3+X"的全周期培养模式将"防治结合"核心素养贯穿培养全过程。在理念上从关注"疾病救治"转变为"健康促进与诊断治疗并重";在内容上以能力递升为核心来强化三个阶段的衔接融合;在路径上探索"公共卫生、社区诊疗、健康管理"知识能力的递进培养;在能力上促进慢性病管理、基层防病治病和健康管理能力的提升。该模式总结出"小病善治,大病善识,重病善转,慢病善管"的"十六字"核心素养方针,被写入《国务院办公厅关于加快医学教育创新发展的指导性意见》(国办发〔2020〕34号)。

(三)机制创新:形成了具有温医特色的人才培养与职业发展一体化的教育发展新机制(图3),为新医改提供了全科医生培养的有效路径

新机制以可持续发展为目标,形成了全科医学人才培养"从高校到基层再到高校"的闭环,即规范培养、使用反馈、回炉培训。实施过程中,高校协同地方实施基于基层岗位需求的标准化和规范化培养,地方协同高校开展职业发展的轮转及培训。以此实现高校培养和单位使用的育人主体一体化、育人过程一体化和育人机制一体化。新机制为国家层面制定全科医生使用激励政策提供了思路,时任国务院副总理

刘延东在2017年全国医学教育改革发展工作会议上对该创新工作给予了充分肯定。

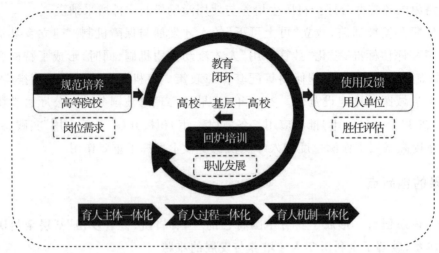

图3 成果创新机制

五、成果的推广应用

(一)成果的创新实践为基层输送了急需的高质量全科医学人才

学生质量好:学校全科办学十余载,累计招收定向医学生6157名,已培养2956名医生扎根基层和海岛。毕业生在国家临床类别执业医师资格考试中,平均分和通过率位居全国医学院校前10%。工作满意度高:调研数据显示,毕业生履约率从2013年的69%提升到2020年的89.32%,学生对基层工作满意度从42%提升到80%。用人单位评价高:第三方评价机构调研数据显示,定向培养地区对于学生总体满意度达97.14%,认为定向培养学生能胜任岗位工作并缓解了当地卫生人才紧缺的问题。

(二)成果的研究积淀形成了系列标志性的理论与实践

建成了高水平的教学资源:培育出国家卓越医生培养计划项目2项,获省级教学成果奖7项;建设国家级一流课程13门、省级一流课程36门;由高等教育出版社、人民卫生出版社等出版相关教材及专著10本。培育了高质量的育人品牌:专业文化育人品牌获全国样板党支部等荣誉称号,学生实践活动连续五年获得全国百强暑期实践服务团,124名学生在"挑战杯""互联网+"等创新创业、学科竞赛中获奖。形成了高水平的论文报告:承担国家、省级教科研项目26项,发表相关论文49篇,其中在《教育研究》《新华文摘》等国家权威刊物发表相关论文15篇,基于研究撰写的成果要报获国家、省市领导人批示6次。

(三)成果的核心理念得到国家领导人和上级主管部门的高度认可(图4)

成果核心理念被写入国务院办公厅的医教协同文件(国办发〔2017〕63号)、全科医生培养与使用激励机制政策(国办发〔2018〕3号)和医学教育创新发展文件(国办发〔2020〕34号)。实践成果在历届全国人大递交提案8次,形成相关成果要报获国家、省市领导人批示6次,得到时任国务院总理李克强、副总理刘延东的高度肯定。教育部、国家卫健委先后8次赴温州专题调研,对该模式给予充分肯定。

图4　教育成果获认可

(四)成果凝练形成的中国特色教育方案在国内外产生重要影响(图5)

学校承办教育部全国农村订单定向培养十周年工作会议,并应邀在全国农村订单定向培养十周年工作会议、全国医学教育改革发展工作会议等作典型发言36次。中央电视台《新闻直播间》、凤凰网等对于十周年会议进行专题报道,《光明日报》《健康报》《中国青年报》等媒体和教育部门户网站对成果的特色教育方案进行了72次相关报道。2017年,学校受联合国教科文组织邀请介绍人才培养经验。同时,在澳大利亚西澳大学、蒙纳什大学,美国新英格兰大学、纽约州立大学,加拿大阿尔伯塔大学、多伦多大学,英国伯明翰大学、利物浦大学等高校进行经验交流,获同行及专家、学者广泛赞誉。

图5　教育成果获推广

三跨协同、四教融合、三链递进：
新时代纺织"三创"人才培养模式改革与实践

主要完成单位：浙江理工大学

主要完成人：陈文兴、周赳、于斌、陈建勇、许慧霞、盛清、傅雅琴、祝成炎、邹奉元、王尧骏、苏淼、冯荟、陈敏之、朱茹华、胡毅

一、成果背景与理念

2012年，党的十八大开启中国特色社会主义新时代。一方面，纺织新科技、新经济、新业态不断涌现，人才需求呈现多样性的特征；另一方面，我国高等教育从大众化进入普及化阶段，大学生个体差异逐步扩大，学生发展和成才呈现多元化态势。因此，如何以产业需求为导向、以学生为中心，培养适应和引领新时代纺织产业发展的高质量人才，成为纺织高等教育面临的艰巨任务和巨大挑战。

浙江理工大学是一所以纺织为特色的省属重点建设高校，纺织学科起源于1897年创建的蚕学馆。针对纺织人才需求多样性、学生发展多元化与人才培养高质量"两多一高"的趋势，学校研析纺织人才培养过程中主要存在以下问题：

(1)知识构建囿于单一学科知识逻辑，多学科交叉融合和产业需求导向不足，不利于学生形成合理的知识结构。

(2)培养机制囿于单纯专业教育逻辑，与科研、产业、思政等有效融合不足，不利于学生综合能力素质提升。

(3)实践教学囿于理论课程从属逻辑，系统性和多渠道实践平台建设不足，不利于学生实践创新能力培养。

学校牢记"为党育人、为国育才"使命，从2013年起积极承担教育部"本科教学工程"专业综合改革试点项目和首批"新工科"研究与改革实践项目，对已有纺织专业按照"新工科"建设要求内涵再深化、改革再突破，并根据时任浙江省省长李强的批示精神，向教育部申请新设丝绸设计与工程专业，精确把握纺织产业向新材料、智能制造、

绿色生产、数字赋能和时尚消费发展的内在逻辑,创新提出具有新时代纺织内涵的科技创新、艺术创意、营商创业"三创"人才的培养目标定位,着力改革人才培养模式,9年来培养了大批适应和引领新时代纺织产业高质量发展的"三创"人才。纺织专业群8个专业全部入选"双万计划"国家级一流本科专业建设点(图1)。教育部首批"新工科"研究与实践项目结题获得优秀,"时尚产业个性化定制产教融合典型案例"获国务院副总理孙春兰的肯定性批示,成果获2021年浙江省高等教育教学成果奖特等奖。纺织"三创"人才培养质量显著提升,毕业生彰显实力,并培养出包括中国工程院院士和教育部特聘教授在内的高水平跨界师资队伍,在纺织高等教育领域影响广泛,为我国纺织产业高质量发展及建设纺织强国提供智力支持。

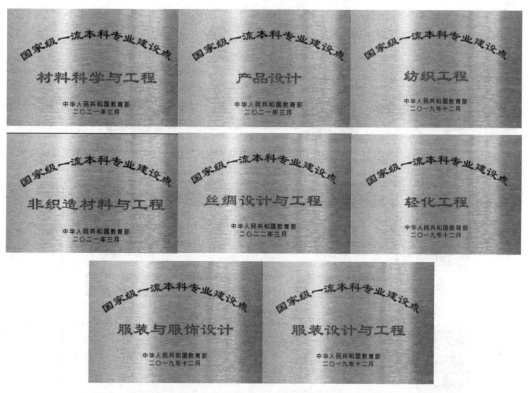

图1 纺织专业群8个专业全部入选国家级一流本科专业建设点

二、改革整体设计

成果锚定纺织行业特色高校的办学定位,针对"两多一高"的趋势,确立"产业导向、宽专结合、能力为重、追求卓越"的人才培养理念,在行业内率先提出培养具有科技创新、艺术创意、营商创业"三创"知识、能力和素质的纺织人才目标。在"三创"目标指引下,通过改革创新和实践检验,形成了新时代纺织"三创"人才培养模式(图2)。(1)创新知识构建方式。改变依托单一学科的专业知识构建方式,将纺织产业链8个专业(8M)组成"纺织专业群",将3个主干学科(3S)组成"纺织学科群",以"纺织学科群"支撑"纺织专业群"的"3S-8M"为内涵,创建跨院系、跨学科、跨专业的"三跨协同"教学模式,按产业发展需要设置"三跨"课程群,构建学生"三创"知识体系。(2)创新人才培养机制。改变以知识传授为主的培养方法,坚持立德树人,创建思政教育、专业教育、科研教育、产业教育"四教融合"培养机制,为学生"有意义学习"创设要素关联的教学环境,提升学生"三创"综合能力素质。(3)创新实践教学体系。构建覆盖纺织全产业链的专业链教学实验室、创新链科研实验室、产业链实践基地立体化"三链递进"实践体系,学生全员全程进行专业实验、科研实训、产业实战的训练,强化专业知识应用、转化、迁移和价值塑造,增强学生"三创"实践创新能力。

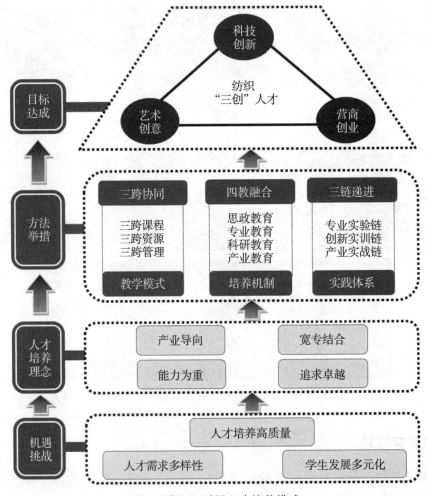

图2 纺织"三创"人才培养模式

三、主要方法与举措

(一)创建"三跨协同"教学模式,构建学生"三创"知识体系

创建以"3S-8M"为内涵的跨院系、跨学科、跨专业"三跨协同"教学模式。将分属工学和艺术学2个门类的3个主干学科会聚成纺织学科群,将纺织产业链6个工科专业和2个艺术类专业组成纺织专业群,实施跨学科协同教育,培养学生"三创"跨学科的知识结构、思维能力和综合素养(图3)。(1)三跨课程:设置产业发展所需的科技创新、艺术创意、营商创业三类课程,每类课程包含若干课程模块,构建学生"三创"知识体系。(2)三跨资源:利用省一流学科建设经费建立三跨资源建设机制,共建共享师资队伍、教学科研平台、设施条件和学生科研项目。(3)三跨管理:成立跨院系、学科、专业的纺织教学委员会,共商共管培养方案、课程建设、课程思政和教学质量评价。

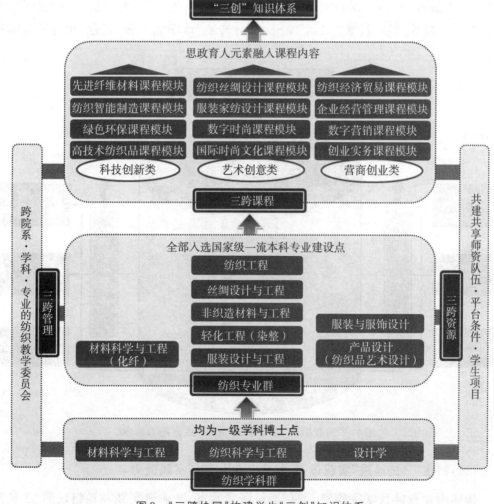

图3 "三跨协同"构建学生"三创"知识体系

(二)创建"四教融合"培养机制,提升学生"三创"综合能力素质

坚持立德树人,构建思政教育、专业教育、科研教育、产业教育"四教融合"人才培养机制(图4)。(1)四教融合于课堂:打造融合思政元素、专业知识、学科前沿和营商管理知识的丰富课堂,构建学生"三创"所需的知识体系。(2)四教融合于项目:学生全员全程参与劳育项目、实验项目、科研项目、设计项目或竞赛项目训练,在创新实践中培养学生科学家精神和家国情怀。(3)四教融合于平台:建设融合人才培养、科技创新、社会服务、学生创业等功能的启新学院(荣誉学院)、创业学院、现代产业学院,打造"三创"复合人才和特长人才。

提供四教融合制度保障。(1)学生个性发展:在"三位一体"招生中招收"三创"特质学生,大一选拔优秀学生进入启新学院强化基础学习和科研训练,培养创新创意拔尖人才;大三选拔有创业潜力的学生进入创业学院,设立"创业致远班""创业精英班",培养营商创业人才。(2)教师跨界培养:推行教师人人进学科方向、人人进教学团队、一人服务一企业,课程思政全覆盖,打造"四教融合"师资。(3)教学柔性管理:实施全员全程导师制,设置"三创"学分、学分转换、休学创业和"三创"优秀学生本硕一贯制。

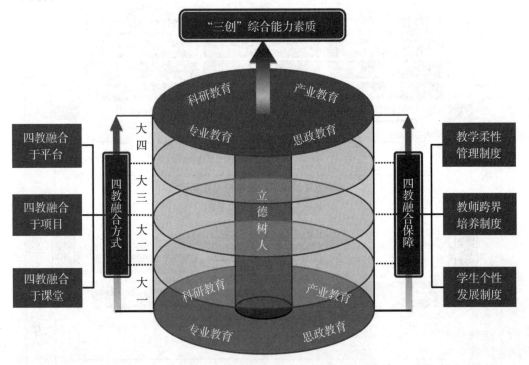

图4 "四教融合"提升学生"三创"综合能力素质

(三)创建"三链递进"实践体系,强化学生"三创"实践能力

构建由专业链教学实验室、创新链科研实验室、产业链实践基地组成的"三链递

进"实践体系,融合"三创"内容,强化学生价值塑造,实践育人(图5)。(1)专业实验:建设国家级实验教学示范中心、虚拟仿真实验教学中心等14个前后衔接的专业链教学实验室,通过专业导论、专业基础、专业综合依次递进的课程实验,培养学生专业知识融会贯通的专业创新能力。(2)科研实训:建设国家地方联合工程实验室、教育部重点实验室等16个科研实验室,通过科研项目、竞赛项目、毕业课题项目依次递进的创新训练,培养学生专业知识进阶拓展的科研创新能力。(3)产业实践:建设国家级工程实践教育中心、地方实体产业研究院等17个产业实践基地,通过企业认知、工程实习、产品设计依次递进的产业实践,培养学生专业知识应用迁移的产业创新能力。

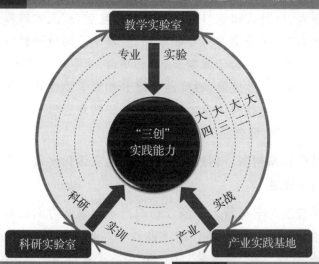

图5 "三链递进"强化学生"三创"实践能力

四、成果的创新点

(一)知识构建方式创新:创建"三跨协同"教学模式,多学科交叉融合构筑新时代纺织"三创"知识体系

打破院系、学科和专业壁垒,首创以"3S－8M"为内涵的纺织"三跨协同"教学模式,从单一学科"知识导向"向跨学科"三创导向"的教学方式转变,形成覆盖纺织全产业链的教育范式,在全国纺织院校中独具特色。通过"纺织学科群"和"纺织专业群"共建共享机制,实施三跨管理,共享三跨资源,实现优质多元教学资源集约高效利用。根据新时代纺织科技和产业变革需求,设置科技创新、艺术创意、营商创业三类跨学科课程模块,构建"三创"知识体系,培养跨学科思维方式。

(二)人才培养机制创新:创建"四教融合"培养机制,实现学生立德、储知、创智与提能的有机统一

坚持立德树人,丰富认知学习内涵,创建"四教融合"人才培养新机制,将分属于浸润学习的思政教育、接受学习的专业教育、发现学习的科研教育、迁移学习的产业教育深度融合,将"四教"融合于课堂、项目和平台,为学生提供多样学习体验和丰富学习经历,并通过学生个性发展、教师跨界培养和教学柔性管理等保障制度,以思政教育为学生立德、以专业教育为学生储知、以科研教育为学生创智、以产业教育为学生提能,提升学生"三创"综合能力素质。

(三)实践教学体系创新:创建"三链递进"的立体化实践体系,破解学生实践创新能力不足的共性难题

充分发挥学校纺织学科特色和浙江纺织产业集聚两方面优势,创建纺织全专业链、全创新链、全产业链"三链递进"的实践教学体系,在纺织特色高校中独树一帜。教科产优势互补,让学生在"做中学",在"做"中善于思考,在"学"中提升能力,实现知行合一。学生在专业实验室培养专业知识融会贯通的专业创新能力,在科研实验室培养专业知识进阶拓展的科研创新能力,在产业实习基地培养专业知识应用迁移的产业创新能力,通过依次递进、联动对接、螺旋上升的专业实验、科研实训和产业实践环节的锻炼,补强学生实践创新能力不足的短板。

五、成果的推广与应用效果

(一)"三创"人才培养质量好

纺织专业群9年共培养"三创"人才6208人。根据浙江省教育评估院用人单位满意度调查结果,近五年纺织专业群毕业生专业水平、创新能力和实践动手能力百分制评分分别从85、77、81分提高到97、96、95分,近两年毕业生综合素质评分均超95分(图6)。

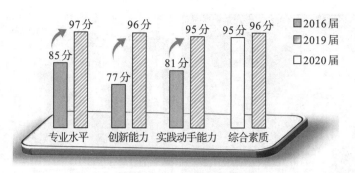

图6 纺织专业群毕业生相关指标评分增值

学生在学期间，100％选学"三创课程"、参加科研或学科竞赛、接受"三链"实践锻炼，超20％学生发表论文或获得授权专利；获"互联网＋"和"挑战杯"大赛国奖21项，其中金奖3项、一等奖2项(图7)，2017年"挑战杯"竞赛成绩位列全国第27位；多人获服装设计新人奖、汉帛杯、美国IDEA、德国红点等国内外设计大奖；学生参与G20杭州峰会、世界互联网大会礼仪服装设计和数码织锦国礼设计(图8)。毕业生社会美誉度高，8名毕业生获"中国十佳时装设计师"称号，1人获中国服装设计最高奖金顶奖；刘佳文获得全国五一劳动奖章。学生创业率近5％，培养出多名产值过亿的90后创业典型；近70％"杭派女装"品牌由我校毕业生创立；多位学生获"全国励志成长成才优秀学生典型""教育部大学生创业人物"等多种荣誉称号；2020年学校位列中国公办大学创新创业竞争力排行榜第47位。新设立的丝绸设计与工程专业是全国唯一，为丝绸产业高质量发展、延续中国丝绸千年辉煌培养了人才。

图7 "挑战杯"和"互联网＋"大赛国奖证书

图8 学生参与设计世界互联网大会礼仪服装和数码织锦国礼设计

(二)教师跨界教学能力提升快

9年共引进教师216名,通过制度化的教学、科研和企业锻炼快速提升其跨界教学能力。纺织工程教工支部入选全国党建工作样板支部。教授100%为本科生开课,青年教师全员参加教学竞赛,在教育部微课比赛和省教学技能竞赛中获多个一等奖。教师全部参与各类教学改革项目和教学研究工作,承担国家本科专业综合改革试点项目1项和教育部新工科项目2项,入选"国一流"等国家级课程15门,出版国家级规划教材9部。在《中国高等教育》等期刊发表教改论文68篇(其中C刊论文15篇)。成果负责人当选党的二十大代表,近三年3位教师分别入选中国工程院院士、日本工程院院士和教育部特聘教授(图9)。

2019年11月陈文兴教授入选中国工程院院士,2022年当选党的二十大代表

2019年5月倪庆清教授入选日本工程院院士

2019年11月郭玉海教授入选教育部特聘教授

图9 近3年纺织专业群教师获得的突出荣誉

(三)"三跨"教学资源平台建设强

通过"纺织学科群"和"纺织专业群"共建共享机制,近五年学校投入经费1.5亿元,建设14个"三跨"共享教学实验室(含国家级实验教学示范中心和国家级虚拟仿真实验教学中心)和16个科研实验室。地方政府5年投入2.5亿元,建成了9个全产业链地方产业研究院。国家和部级"三跨"教学资源平台已达17个(图10)。

图10　17个国家和部级"三跨"教学资源平台

（四）"三创"人才培养模式影响广

"三创"人才培养模式在校内外快速复制与推广，为纺织人才培养提供了新范式，为行业特色高校"新工科"建设提供了新选择。接待高校访问团200余次，在全国教育教学研讨会上作主题报告10余次（图11）。

图11　陈文兴院士在国际国内高等教育会议上作"三创"人才培养模式主旨演讲

成果在东华大学、江南大学和苏州大学等高校纺织类专业推广应用；通过"专业共建、慕课西行"辐射到广西科技大学、黔南民族师范学院和新疆科技学院等中西部高校；通过国际慕课平台向印度尼西亚等东南亚高校捐赠课程2门；通过校际交流将纺织"三创"人才培养经验推广到美国北卡州立大学、英国利兹大学和天津工业大学等国内外高校；受益学生超6万人。成果被中央电视台、《人民日报》和《光明日报》等媒体报道100余次（图12），首届"新工科"项目结题优秀，并入选全国"四新"建设工作网站"新工科"优秀案例推送，"时尚产业个性化定制产教融合典型案例"获国务院副总理孙春兰肯定性批示。

专家组一致认为：该成果理念先进、创新性强、特色鲜明、成效显著，为纺织产业高质量发展培养了大批人才,成为纺织"新工科"人才培养的新范式,在纺织类高校中影响广泛,具有可复制、可推广的应用价值,整体水平处于同类高校国内领先。

图12　成果推广和媒体报道

结构设计竞赛20年促进大学生创意创新创造能力培养的改革和实践

主要完成单位:浙江大学

主要完成人:金伟良、袁驷、李国强、陈云敏、徐世烺、李宏男、范峰、王湛、张川、方志、熊海贝、丁阳、曹双寅、吴涛、陆国栋、段元锋、赵羽习、肖岩、刘峥嵘、吕朝锋、丁元新、毛一平、姜秀英、张威、邹道勤、余世策

一、成果简介

习近平总书记指出:"当今世界的竞争说到底是人才竞争、教育竞争。要更加重视人才自主培养,更加重视科学精神、创新能力、批判性思维的培养培育。"[①]随着我国经济社会的快速发展,以及长三角一体化、新型城镇化、"一带一路"等重大建设项目的实施,以超高层建筑、大跨桥梁、高速铁路等为代表的国家重大工程迫切需要一大批富有创意、创新和创造(简称"三创")能力的高素质创新型人才。面对国家需求,浙江大学联合同济大学、清华大学等高校,创办了全国大学生结构设计竞赛,2007年被列为教育部、财政部联合发文资助的首批九大学科竞赛项目之一。以结构设计竞赛促进大学生"三创"能力培养的改革与实践历时20年,对全国土建类创新型人才培养产生了重要而深远的影响,竞赛已发展为土建类影响最大、水平最高的全国性赛事,实现了以赛促学、促教、促改、促建的初心,推动形成了多校联动、师生互促、校企合作、科教协同的育人生态(图1)。

---

①习近平.在中国科学院第二十次院士大会、中国工程院第十五次院士大会、中国科协第十次全国代表大会上的讲话[M].北京:人民出版社,2021:15.

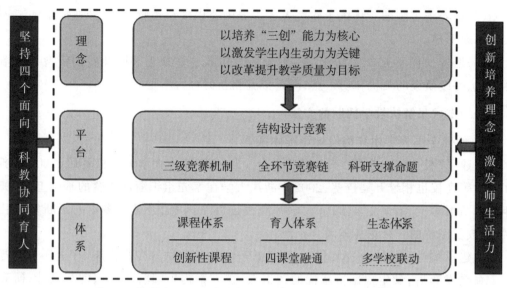

图1 以培养"三创"能力为核心的土建类创新型人才培养体系

本成果通过"理念、模式、机制"创新，突破了刻板、单向的传统课堂育人模式，以创办和完善竞赛体系为源头，构建了突出"三创"能力培养的课程体系、育人体系和生态体系，探索形成了以"三创"能力为核心的创新型人才自主培养新模式。在竞赛体系上，科学设计竞赛环节和命题，激发学生创造活力和内生动力，实行"校—省—全国"三级竞赛、校企合作和办赛申报等制度，激发校企办赛积极性；在课程体系上，开设创新性课程，编写相关教材，形成教学与竞赛双向促进局面；在育人体系上，强化思政引领、科教融合、校企协同，建立科教实验平台和校内外创新实践基地，突出面向国家重大需求的工程实战创新能力培养；在生态体系上，充分发挥竞赛秘书处作用，规划指导、组织协调全国和省级竞赛，形成多校联动教育生态，推动高校开展竞赛理论研究与人才培养。

浙江大学历任校长十分重视该竞赛，并担任历届全国竞赛委员会主任。作为全国和浙江省秘书处单位，浙江大学携手各承办高校，构建了完善的"校—省—全国"三级竞赛体系，营造了多校联动的教育生态环境，为学生搭建了培养"三创"能力的平台，呈现了"百所高校、万支队伍、万名学生"参赛的新局面，走在了全国学科竞赛的前列。

二、成果主要解决的教学问题及方法

（一）本成果主要解决的教学问题

（1）培养形式单一固化：传统土建类人才培养中课程教学、实验、实习等设定性环节固化，以第一课堂为主，学生内生动力和创新思维激发不足。

(2)培养内容陈旧：传统土建类人才培养内容以学科逻辑为主,产业需求和工程实践体现不足。

(3)培养协同不充分：校校、校企、校地等培养主体缺乏共同开展创新型人才培养深入、持续研究的契机和切入点,沟通交流和互促合力不足。

(二)本成果解决教学问题的方法

1. 创建全国大学生结构设计竞赛体系

搭建了"校—省—全国"三级竞赛平台。1994年清华大学举办校赛后,2000年浙江大学等高校也相继开展校赛,2002年浙江大学在率先组织浙江省赛的基础上,2005年又牵头并联合清华大学、同济大学等高校创办全国赛,经过十多年的不断发展壮大,形成了完整的三级竞赛体系。

构建了"方案设计—模型制作—现场答辩—加载测试—专家讲座"等全环节竞赛链。命题发布后,学生根据所掌握的知识点,在方案构思、理论分析、创意设计、研究材料性能和模型制作以及加载测试等整个竞赛环节中,得到了从创意构思、创新设计到创造性制作的全过程综合训练(图2)。

图2 全国大学生结构设计竞赛体系

面向国家重大需求和国际科技发展前沿,以科研支撑竞赛。将最新科研成果融入竞赛命题,如模拟汶川地震波下的西安仿古楼阁结构抗震、重庆吊脚楼抵抗泥石流等实际工程问题,将3D打印、装配式建筑等新技术、新材料引入竞赛命题,赋予竞赛更多的创新性和挑战性。

每届竞赛的最佳创意奖和制作奖都是从一批构思新颖、结构创新、造型独特、制作精巧的作品中产生。正如担任浙江大学首届竞赛评委的张继尧总工点评时说的：

"结构设计竞赛是一个很好的创造性教学活动,学生的作品相当有创意,有的可能在工程上至今还没有见过,但我认为是符合力学性、工程性和可行性的,学生的每一件作品都是创造性思维的具体表现。"

2. 建立和完善创新性课程体系

竞赛驱动了一批高校创新性课程的改革和创新(图3),如浙江大学2009年开设的"创造性设计"、同济大学的"创新实践与案例分析"、东南大学的"竹木结构创新实践"等30多门课程。清华大学大力加强课题型实践训练,把课程教学和训练的主要环节导向研究型教学方式。浙江大学对"五层次"创新性课程体系进行了结构性优化,更突出"三创"能力比重,原有设计课程体系不断迭代升级,形成了以创新性课程为主线、以主干专业课程设计为框架、以毕业设计为目标的创新性课程体系(表1)。

图3 创新性课程的改革和创新

表1 浙江大学"五层次"创新性课程体系

层次	课程	培养要素	成效
导论	土木工程导论	通过专业导论与课程思政,涵养"三创"意识与精神	入选首批省级思政课程教学项目;近3年,获批国家级一流课程2门、省级一流课程19门
课程设计	基础课之课程设计 专业课之课程设计	通过课程设计训练,强化"三创"所需知识的应用能力培养	
	创造性设计 探究性实验	全方位塑造创新思维、设计能力、创造实践的"三创"综合能力	
综合设计	专题设计	深化基于综合专业知识的设计思维和实践能力	
科研训练	大学生科研训练计划学科竞赛	培养创新思维、创新研究、创新实践能力	
毕业设计	毕业设计(论文)	培养支持"三创"综合能力的系统思维、设计思维和实践能力	

3. 建立"四课堂"融通的育人体系

创建了第二课堂育人平台。各校都建立了校内以竞赛引领的创新实践基地和多个以大科学装置等高能级科研平台支撑的科教创新基地(图4至图5),在竞赛合作企业建立实践基地、工程教育实践中心等,为学生开展创新性活动创造条件。

图4 以竞赛引领的创新实践基地

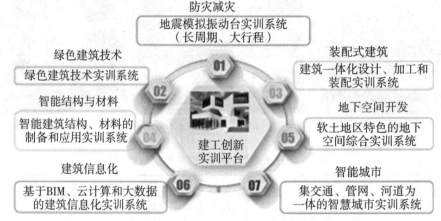

图5 以高能级科研平台支撑的科教创新基地

建立思政引领的第三课堂社会实践和第四课堂国际交流(图6)。竞赛引导学生进一步拓展视野,走出教室、校门、国门,开展社会实践,支持社会公益,参与国际比赛。如浙江大学开展支援边远地区的"无止桥"公益项目和响应国家重大战略的"致远行动""大国工匠"等社会实践项目;参加美国土木工程师协会举办的土木工程竞赛和组织国际大学生混凝土龙舟赛和现代竹结构竞赛,吸引了全球百所高校,包括伊利诺伊大学、帝国理工学院等200多支队伍,近千人参赛。

图6　第三课堂社会实践和第四课堂国际交流

4. 构建"竞赛驱动,多校联动"的教育生态体系

实施轮流承办竞赛和多校协同教改。由秘书处牵头,以"申请——遴选——指导"的方式选出竞赛承办单位,形成了可持续的、良性互动的竞赛体系。创新性课程实施多校教师联合授课、多校学生共同参与的协同教学模式,形成了围绕竞赛开展教学改革的浓厚氛围以及多校联动的良好教育生态。

5. 竞赛与思政相结合,发挥"三全育人"作用

竞赛作为高校教育教学改革、人才培养的一个载体,发挥了价值引领作用,实现了全过程育人、全员育人和全方位育人。如竞赛过程与竞赛命题不仅考虑专业性,同时也兼顾与社会需求和思政教育相结合,引导学生关注社会需求,加强爱国主义教育、诚信教育和价值引领。每届竞赛的开、闭幕式都安排了唱国歌的环节。昆明理工大学承办竞赛时,适逢抗战胜利70周年,赛题选用在抗日战争期间有着非凡意义的"生命线"——滇缅公路作为背景,以"传承——山地桥梁结构设计及手工与3D打印装配制作"为题,实现了历史纪念日、承办地历史事件和赛题的有机结合。西安建筑科技大学承办第十三届全国竞赛时,以"山地输电塔模型设计与制作"这一命题为出发点,主动聚焦国家西部开发和"一带一路"倡议,积极服务区域发展需求,具有鲜明的时代特点与国情特色。此外,竞赛也是一个很好的校企合作与师生交流的机会和平台,可以在人才培养、继续教育、实习基地、科技攻关、产学研融合等多方面开展校企合作,共同落实"卓越工程师教育培养计划"。组织专家教授科研学术报告、专业实验室、校史馆参观交流等,将思政教育融入竞赛,充分发挥其思想引领、文化传承和社会服务的积极作用。

习近平总书记曾勉励青年要"扎根中国大地了解国情民情,在创新创业中增长智慧才干,在艰苦奋斗中锤炼意志品质,在亿万人民为实现中国梦而进行的伟大奋斗中

实现人生价值,用青春书写无愧于时代、无愧于历史的华彩篇章"①。中停村无止桥项目是浙大建工学院"无止桥"公益服务实践团作为主办团队发起的第一个项目(图7),彰显了求是学子"海纳江河,启真厚德,开物前民,树我邦国"的浙大精神,更体现了青年一代对习近平总书记希冀嘱托的深刻领悟和亲身实践。

图7 中停村无止桥项目

三、成果创新点

(一)理念创新:率先提出"以培养学生'三创'能力为核心,以激发学生活力和提升教学质量为目标"的人才培养理念

结构设计竞赛激发学生内生动力,驱动教学改革,实现了四个转变:培养目标从"学习知识为核心"向"提升'三创'能力为核心"转变;授课方式从"以教师为主体单向传授、学生被动学习"向"以学生为主体、师生双向互动"转变;育人方式从"课堂单一方式育人"向"四课堂全方位协同育人"转变;育人生态从"单所高校封闭式育人"向"全国高校开放式育人"转变。

(二)模式创新:创建了"科研支撑竞赛—全环节竞赛链"的竞赛模式和"四课堂融通"的育人模式

在竞赛命题上,面向国家重大需求和国际科技前沿,以科研为支撑,科教协同、精心命题,在结构类型、制作材料、建造方法、临场参数、思政与工程背景等方面统筹设计,为激发创意、培养创新创造能力和确保竞赛质量提供优质赛题;在竞赛环节上,构建了"方案设计—模型制作—现场答辩—加载测试—专家讲座"等全环节竞赛链。构建了"设计课程—学科竞赛—社会实践—国际交流"四课堂融通育人体系(图8),开展多学科交叉的创意创新创造能力培养,实施教学科研协同育人。

---

① 刘建伟.红色文化融入高校社会主义核心价值观教育研究[M].北京:人民出版社,2018:223.

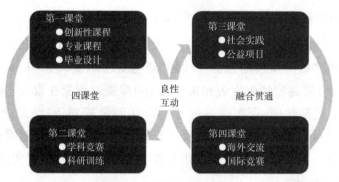

图8 四课堂融通育人体系

（三）机制创新：创建了"校—省—全国"三级竞赛机制、"学生—教师"双侧激励机制和产学研协同基地保障机制

构建了"校赛普及—省赛做大—国赛做精"的三级竞赛机制，强化统筹指导、组织协调与保障，实现竞赛全过程科学、规范、公开、公平、公正，确保竞赛质量和可持续发展。创建了师生双侧激励机制，在学生培养方案制定、学生评奖评优等方面和教师职称晋升、岗位评聘、教改支持等方面制定激励政策，提升学生和教师的双侧积极性。创建了产学研协同基地保障机制，企业深度参与，从单纯的赞助方转变为实际需求方，进而建立实践基地，成为实践育人方。创新、健全而又充满活力的机制建设扩大了竞赛受益面，激发了全员积极性，形成了跨校育人新生态，保障了"三创"能力培养效果。

四、成果应用效果

（一）竞赛成为土建类规模最大和影响力最强赛事

全国竞赛从最初只邀请通过专业评估的几十所高校、几十支队伍、几百人参加，逐步发展为31个省（区、市）分区赛和全国决赛相结合的"百所高校、万支队伍、万人参赛"新局面（图9）。仅2021年，"校—省—全国"三级竞赛参与高校达549所，参赛队伍14229支，师生52518人次，涉及专业（方向）198个。

图9 分区赛和全国决赛相结合的新局面

(二)竞赛引领师生参与教学改革,形成了一批优质教学资源

浙江大学、上海交通大学、哈尔滨工业大学等开设"探索性与创新性实验""结构模型设计与制作""结构体系的创意与构建"等创新性课程30余门,自编成果集、教材20多本(图10),引领高校师生发表相关论文180多篇。"创造性设计"课程作为浙江省教改项目以优秀成绩结题,课程网站运行9年,访问量超15万次,发表8篇研究论文,同时相关人员应邀在第十四届全国混凝土结构教学研讨会作专题报告,介绍教学改革的实践与成效。创建了校内外国家级创新实践基地、工程教育实践中心和科教平台等(仅浙江大学就达12个)。

图10 自编成果集、教材等

(三)竞赛促进国际竞赛交流与发展,提升了学生的国际竞争力(图11)

竞赛提振了我国高校自主办赛和参与国际比赛的信心和能力,全国结构设计竞赛和浙江大学组织的国际混凝土龙舟赛和现代竹结构设计邀请赛,吸引了美国、日本、加拿大、英国和港澳台等国家和地区参赛。积极主动融入国际大学生学科竞赛,如浙江大学连续7年参加美国土木工程师协会举办的土木工程竞赛,荣获冠军7项;获日内瓦国际发明展银奖2次。国际竹结构建筑设计竞赛吸引了全球百所高校200多支队伍近千人参赛。

图11 竞赛提升学生的国际竞争力

(四)竞赛培养了一批优秀卓越人才,成为重大工程建设的栋梁

历届获得一等奖以上的学生中,90%以上获得保研或出国深造机会,有的成为杰出领军者和国家重大工程建设的栋梁。如获全国首届结构设计竞赛特等奖的浙江大学张琳校友,毕业后参与设计500米口径球面射电望远镜主体结构、北京大兴机场航站楼等重点项目,获北京市科技进步一等奖、全国优秀建筑结构设计一等奖,入选北京第一批"青年人才托举工程"。20多位参赛者成长为国家高层次人才和高校校长及大型国企、科研院(所)的技术负责人。如浙大校友吕朝锋获国家杰出青年基金,现担任宁波大学副校长。

(五)竞赛创新成果辐射影响广泛

竞赛多次得到央视等40多家媒体报道(图12);创建的全国结构竞赛成果展馆每年接纳国内外院校、社会各界参观和交流。浙江大学、同济大学、哈尔滨工业大学、华南理工大学、东南大学等高校还将竞赛拓展到中国科协青少年夏令营和中学生邀请赛等。秘书处组织出版竞赛作品集,创编竞赛通讯、竞赛简报,创建全国与分区赛网站和"创造性设计"课程网站,汇编赛题、全国和各分区赛年度质量报告等(图13)。

图12 央视多次报道竞赛情况

图13 中学生参加结构设计竞赛和中学生夏令营参观全国大学生结构设计竞赛成果展示

"中国近现代史纲要"课程推进"五个一工程"建设的创造性探索与实践

主要完成单位：浙江大学

主要完成人：段治文、任少波、尤云弟、赵晖、刘召峰、张立程、董海樱、程早霞、庞毅

一、成果内容简介及主要解决的问题

（一）成果简介

培养什么人、怎样培养人、为谁培养人——这是我国教育事业发展必须回答的根本问题。青少年阶段是人生的"拔节孕穗期"，最需要精心引导和栽培。思政课是落实立德树人根本任务的关键课程，思政课的作用不可替代，思政课教师责任重大。办好中国特色社会主义教育，就是要理直气壮地讲好思政课，用新时代中国特色社会主义思想铸魂育人，引领学生把握时代脉搏、适应时代之变、思考时代之题、回答时代之问。

习近平总书记于2019年3月主持召开学校思想政治理论课教师座谈会并发表重要讲话，强调思政理论课教师要通过"创造性工作"和"多样化探索"，推动思政课的教学创新。

2013年开始，浙江大学"中国近现代史纲要"课程团队根据党中央办好思政课的要求，深入研究实际问题，确立了"问题导向、创新引领、多维探索、铸魂育人"的新理念，依托本成果团队负责人段治文教授领衔的四个国家级平台——国家精品在线开放课程、国家一流本科课程、教育部思想政治理论课名师工作室、全国高校"中国近现代史纲要"课程教学创新中心，全面推进了专题理论教学体系创新工程、网络优质教学工程、智能化本土教材工程、现场化实践教学工程、特色化研讨教学工程等"五个一工程"的建设，实现了思政课教学革命性的成效。

在对影响思政课教学实效的问题进行深入调查的基础上，"五个一工程"建设与

实践团队做到了精准施策,实现了从教学内容到教学方法、从线上课堂到线下教学、从理论教学到社会实践、从课堂教学到课外研讨等多样化的创造性探索和实践,不仅极大地提升了本校教师团队的教学能力,提升了教学实效性和教学影响力,而且为全国高校"中国近现代史纲要"课程教师提供了优质的教学资源和可供借鉴的教学实践经验,实现了"浙大品牌,全国引领"的应用成效。

新华社、《光明日报》、《中国教育报》、中国教育新闻网、《浙江日报》、《浙江教育报》等媒体对该成果作了大量的深度报道,称赞这是"思政课的教学革命"。教育部网站也多次予以宣传推广。"学习强国"平台转载了全部59集慕课视频,总播放量已超500万次。

(二)成果主要解决的教学问题

(1)解决了"中国近现代史纲要"课程专题教学内容体系上主题不清、主线不明、课程性质把握不准的问题,实现了"中国近现代史纲要"作为思政课的准确定位和科学规范。

(2)解决了"中国近现代史纲要"全国教师对精品优质课程资源需求迫切的问题,实现了优质名师课程资源的全面引领和全国共享。

(3)解决了"中国近现代史纲要"课程地方特色智能化教材不足的问题,实现了课堂教学和课后拓展学习的无缝衔接。

(4)解决了"中国近现代史纲要"课程实践教学开展难的问题,实现了理论课堂与社会实践的深度融合。

(5)解决了"中国近现代史纲要"课堂长期存在的"满堂灌"、缺少特色、学生兴趣不足的问题,实现了教师与学生的全面联动。

二、成果解决教学问题的方法

(一)通过专题理论教学体系的构建,解决主题不清、主线不明、课程性质把握不准的问题,实现了"中国近现代史纲要"作为思政课的准确定位和科学规范

教学中普遍存在两个问题:一是对课程性质把握不准,把"中国近现代史纲要"课程讲成了纯粹历史课而不是思政课;二是过度讲授历史细节,导致课时不够、内容覆盖不符合思政课要求。这两个问题都与教师对教学内容把握不够有关,其结果是无法达到思政理论教育的目的。成果团队紧扣"实现中华民族伟大复兴"的主题,紧紧围绕历史选择马克思主义、选择中国共产党、选择社会主义、选择改革开放等重大理论问题,构建了包含12个专题的理论教学体系,出版了《中国近现代史基本问题通论》教材,制作了全套课件,从根本上规范了"中国近现代史纲要"作为思政课的内容要求,实现了其作为思政课的准确定位和科学规范。

(二)通过国家精品在线开放课程建设,解决全国对精品优质网络课程资源需求迫切的问题,实现了优质课程资源的全国共享

多年来,全国本课程教师对具有示范性的、有指导意义的线上课程有强烈的需求。成果团队于2013年开始录制慕课课程,2014年上线以来,已经开设了17轮,同时建设SPOC课程,实现线上线下混合式学习,成为互联网课程典范。本成果通过国家首批精品在线开放课程和国家首批一流本科课程的建设和使用,有效地解决了全国对精品优质互联网课程资源需求迫切的问题,为全国课程教师提供了精品课程样板。2018年入选国家首批精品在线开放课程,2020年入选国家一流本科课程。

(三)通过智能化本土教材的开发,解决具有地方特色的新形态教材不足的问题,实现了课堂教学和课后延伸学习的无缝衔接

全国各高校都在探索开发基于本土资源的辅助教材,以拓展教学内容。2013年,段治文教授主编了浙江省德育统编教材《浙江精神与浙江发展》,后又进行了智能化改版。基于"立方书"融媒体云平台,开发了大批诸如"绿水青山就是金山银山"的案例,通过互联网移动终端入口,实现线上线下交互式的O2O学习模式。2020年,成功入选教育部首批教育信息化优秀创新案例。教材不仅满足了全省高校的需要,而且为全国高校开发本土化智能化教材提供了借鉴。

(四)通过现场化展示的实践教学推进,解决思政课实践教学开展难的问题,实现了理论课堂与社会实践的深度融合

思政课选课学生数量多且具有多种学科背景,最困扰老师的是不知如何开展实践教学。本成果通过三种形式全面推进现场化展示的思政课实践教学:一是开发多条红色根脉线路,打造"行走的思政课堂";二是开展实践的体验学习,打造"实践体验的思政课堂";三是组织学生讲思政课比赛,打造"学生讲思政的思政课堂",并取得全国一、二等奖的好成绩。多线路推进,解决了思政课实践教学难的问题,为全国高校提供了有示范意义的实践教学模式。

(五)通过特色化研讨教学的全面开展,解决课堂千篇一律"满堂灌"、学生兴趣不足的问题,实现了教师与学生的全面互动

学生对思政课学习兴趣不高,其中一个重要原因就是课堂教学千篇一律和"满堂灌",缺乏特色。本成果通过发挥教师的各自优势,全面开展了诸如荐书读书活动、学生讲思政比赛、课堂情景展演、"史学浙里秀"、访谈与口述史、学术沙龙、"抗战家书"等教学活动,形成了一系列特色研讨教学的品牌,极大提升了学生的学习兴趣和自主学习能力。

三、成果的创新点

(一)提出了"问题导向、创新引领、多维探索、铸魂育人"的思政课教学改革新理念

本成果坚持"问题导向",认为只有精准把握影响思政理论课实效的问题,才能做到科学施策和开展有针对性的改革。本成果坚持"创新引领",认为思政课教学实效性的提高,唯有改革创新。只有从传统教学模式中走出来,才能更好地引领学生把握时代脉搏、适应时代之变、思考时代之题、回答时代之问。本成果坚持"多维探索",就是要从以往那种小打小闹式的,"头痛医头、脚痛医脚"的改革方式中解放出来,实现全方位多维探索的综合型改革创新。本成果坚持"铸魂育人"的目标导向,用科学的理论、创新的方法做到"理直气壮地讲好思政课",坚决服务于立德树人的根本任务,用新时代中国特色社会主义思想铸魂育人。本成果取得思政课教学革命性的成效,就源于这一崭新理念。

(二)实现了从教材体系到教学体系的科学转换,构建了专题理论创新的教学内容体系

思政课教学改革必须坚持"以内容为大"的改革思路,只有既依据教材又跳出教材,用准确科学的专题理论体系展开教学,才能更好地实现从教材体系到教学体系的完美转换,才能更好地做到用科学的理论说服人、用正确的理论引领人,才能真正达到"为学生一生的成长奠定思想基础"的目标。本成果建构了由12个专题组成的专题理论教学体系,实现了思政课的精准定位和科学规范,制作了全套课件,通过全国高校"中国近现代史纲要"教学创新中心向全国推广,这是一个在教学体系建设上具有创造性贡献的成果。

(三)创设了思政课教学改革全方位推进、多样化落实的方式方法

本成果坚持全方位推进、多样化探索的方法,精准施策、多管齐下、综合推进。从教学内容体系上的创新设计和科学规范,到实践教学上"行走的思政课堂""实践体验的思政课堂""学生讲思政的思政课堂"等"三个课堂"的建设和实践;从线上的国家精品开放课程和国家一流本科课程建设,到线下的众多特色化研讨教学;从思政课主体内容的教学到地方特色本土教材的开发;从课堂的理论学习到课外的问题研讨等,充满了综合性、多样化的方式方法。

(四)实现了教学成果的先进性、可操作性和可推广性

专题理论教学工程建设形成的教学体系紧扣主题和主线、紧密围绕思政课要求展开,具有独到性和可推广性;融合线上线下的优质教学工程,使本成果成为全国高校"中国近现代史纲要"课程典范;新形态的智能化教材是全省乃至全国思政类教材的首创;实践教学工程打造的"三大实践"教学课堂并进,具有鲜明的独创性;发挥多

方优势、全面探索的特色化研讨教学更是实现教学实效的创新之举。

四、成果的推广应用效果

(一)极大提升了教学实效性和教学影响力

专题理论教学体系的应用引起了强烈的反响。学生网上教学质量评价:"精彩! 精彩! 太精彩了! 几乎无法用语言来形容那一堂堂令人拍案叫绝的课!"慕课课程学习者留言说:"本课程让我有'相见恨晚'的感觉!""原来思政课还可以这么丰富和精彩。""感谢该课程团队,点燃了我对思政课程的喜爱。""真心希望能有更多的优秀老师录制慕课,这样我们就有机会学习更多的精彩的知识了!"

(二)"浙大品牌,全国引领"的示范性影响

精品在线开放课程2014年11月上线至今已开设17个学期,选课总人数达26万余人。慕课课程上线后还应用于社会服务,"学习强国"平台转载了全部59集慕课视频,总播放量已超500万次。同时,与杭州市图书馆合作,通过为社会学习者开设讲座等方式,成功将"中国近现代史纲要"慕课课程引入杭州市图书馆主办的社会教育课程项目。

智能化本土教材《浙江精神与浙江发展》走在全国思政课教学改革的前沿。该教材实现了与课堂的相互关联,学生只要扫描二维码即可得到教学资源进行自学,营造了教材、课堂、教学资源三位一体的教学环境,实现了师生之间线上线下相结合的O2O模式和自主化、社交化的学习。该教材已推广应用至浙江省53所本科院校,每年有7万余册销量,受益学生累计达50余万人。

全面现场化展示"行走的思政课堂""实践体验的思政课堂""学生讲思政的思政课堂"实施以来,在浙江大学校内,已有近6000余名学生参与了"三大课堂"的实践教学。全面现场化展示的思政课实践教学通过各种途径在全国产生了示范性影响。

特色化研讨教学普遍展开,惠及浙江大学全部本科生,8年来有4万余名学生通过各类特色化教学研讨,建立起了对思政课学习的兴趣,能力和水平也因此获得锻炼和提升。

(三)得到媒体的广泛赞誉

新华社、《光明日报》、《中国教育报》、中国教育新闻网、《浙江日报》、《浙江教育报》等媒体对该成果作了大量的深度报道,称赞这是"思政课的教学革命",教育部官网也多次予以宣传推广。特别是《光明日报》2021年7月28日整版报道了《浙江大学学好党史必修课,种好思政"责任田"》;此外还有《光明日报》2018年4月17日的《把历史讲"活"实现价值引领——记浙江大学教授段治文的慕课课程》,新华社2019年6月28日的《浙大"段王爷"的思政教学之道:让学生认识可爱的中国》,《中国教育报》

2018年4月21日的《套餐＋定制,让"思政菜"可口有味》,等等。

(四)出版与发表一批教材和论文,获得一批荣誉奖项

通过本成果实践,不仅出版了《中国近现代史基本问题通论》《浙江精神与浙江发展》等影响广泛的教材,还在《思想理论教育》等刊物上发表了《提高"中国近现代史纲要"课程教学质量的思考》等一批重要论文。同时获得了国家首批精品在线开放课程、国家首批一流本科课程、教育部首批思政课名师工作室、全国高校唯一的"中国近现代史纲要"教学创新中心等四大国家级荣誉奖项。

数智驱动的以学生成长为中心全链路一体化教学支撑体系构建与实践

主要完成单位:浙江大学

主要完成人:陈文智、董榕、张紫徽、江全元、李艳、黄苹、杨玉辉、张宇燕、卜佳俊、董世洪、李敏、张宏、黄健、李萌、袁书宏、云霞、翟雪松、陈默、沈丽燕、留岚兰、刘多、陈亮、周泓

一、成果背景与意义

(一)成果背景

数字技术正以新理念、新业态、新模式全面融入人类经济、政治、文化、社会、生态文明建设各领域和全过程,给人类生活带来广泛的影响。《中华人民共和国国民经济和社会发展第十四个五年规划和2035年远景目标纲要》强调"要加快数字化发展,建设数字中国"①。数字技术与教学的融合不断深入,推动了全球教学模式变革与生态重构。2018年以来,《中国教育现代化2035》《教育信息化2.0行动计划》《关于推进教育新型基础设施建设构建高质量教育支撑体系的指导意见》等战略性文件陆续发布,推进了教育数字化转型,以教育信息化支撑教育高质量发展。

浙江大学立足新时代以教育信息化引领教育现代化的国家战略,以教育数字化战略行动为指引,大力推进高等教育数字化转型,以教育高质量发展为思路,以数智技术为教学系统性变革内生变量,部门学院协同联动,创新构建数智驱动的全链路一体化教学系统,形成了以学生成长为中心全过程融合、无边界触达的教学支撑体系,为数字化教育发展、数字中国建设贡献智慧和力量。

(二)成果意义

本成果将数智化贯穿到以学生成长为中心的育人全过程,以数智思维引领为理

---

①中华人民共和国国民经济和社会发展第十四个五年规划和2035年远景目标纲要[EB/OL]. (2021-03-13)[2024-11-25]. https://www.gov.cn/xinwen/2021-03/13/content_5592681.htm.

念、模式融合重塑为目标、生态群智共建为支撑,积极推动教学模式变革和生态重构,实现了多模态融合教学模式创新,以及教学资源的海量汇聚与无边界触达。经过五年实践检验,尤其是疫情期间强韧支撑了学校的"不停教,不停学",灵活实现了线上线下多模态教学的实时切换,赢得全校师生好评,最终形成数智驱动的以学生成长为中心全链路一体化教学支撑体系。在高校层面,全面支撑学校更加智能、高效、精准服务学生从入学到就业的多跨融合育人全过程;在国家层面,示范性呈现了数智技术支持的高校教学改革引领案例,为中国高校系统推进教育数字化转型、全面提升中国高校师生数字素养提供了可行路径;在国际层面,赋能国内高等教育在新一轮国际竞争中,下好先手棋、抢占制高点、提升话语权、扩大影响力,服务国家战略需求,以教育信息化引领教育现代化,实现迈入教育强国行列的总体目标。

二、成果解决的主要问题和解决问题的方法

(一)问题一:传统教学思维框架难以全面支撑数智驱动的以学生成长为中心的高质量教学架构

解决方法:本成果运用数智化思维提出数智驱动的 K-CPS 技术框架模型,研发建设弹性众筹"浙大云计算"、韧性高速网络、智能网络防御、便捷高效移动端"浙大钉"等数字新基建,"学在浙大""智云课堂""智慧教室"等智慧教学环境,以及众筹群智的"政产学研用"融合新生态,构筑全方位教学服务保障,打造数智驱动的全链路一体化教学支撑体系,高效、智能、精准支撑以学生成长为中心的育人全过程。

(二)问题二:分散式教学场景建设难以赋能育人全过程,难以形成全过程融合、资源汇聚、评价智能的教学一体化融合模式

解决方法:本成果将数智化贯穿于学生从入学到就业的成长全过程。智能支撑学生快速入学并开展全员思政教育,实现入学高效智办;贯通第一至第四课堂,支撑线上线下混合教学、同屏跨域教学、元宇宙教学等,实现多模态融合教学模式创新;支撑在线考试、答辩、云就业,实现毕业就业顺畅衔接;通过"学在浙大""学在浙江""全球暑期学校"等校内、国内乃至国际的多跨融合探索,推动海量教学资源汇聚;构建了以学生成长为中心的多元智能教学评价指标体系,以全过程、多模态教学数据为核心,基于数智平台、数字驾驶舱以及学业预警系统,开展学前诊断、学中预警、学习分析等多元智能教学评价。

(三)问题三:封闭式教学数字化建设难以保障教学创新有效实施,难以持续推动教学支撑体系迭代优化

解决方法:本成果通过构建"一中心两部三院"为核心的教学组织体系,打造"制度、荣誉、服务、技术、交流"五维一体教学保障体系,激发教改热情,全方位保障教学

创新有效实施。通过群智、众筹、共建思维,联合教学科研机构、业界顶级信息化企业、兄弟高校等,群智共建教学生态创新圈,为教育教学数字化全场景破题,推动教学支撑体系持续迭代优化(图1)。

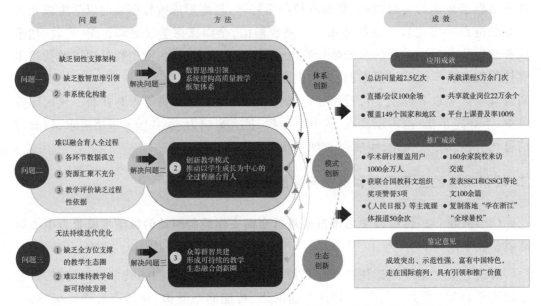

图1 数智驱动的以学生成长为中心的全链路一体化教学支撑体系

三、成果的主要内容

(一)数智思维引领,系统建构高效韧性技术体系

1.构筑数智教学框架模型

运用数智化技术、思维、认知,创新构建以知识图谱(knowledge graph)为核心,贯通智慧教室(smart classroom)、数智平台(learning platform)、云服务(cloud service)的K-CPS技术框架模型(图2)。构建知识图谱系统,依托课程大纲、视频流和PPT流自动生成知识图谱2000余万条,智能分析学习数据,个性关联教学资源;建设智慧教室800余间,覆盖各校区所有公共教室,支撑讲授、研讨、实验等多类教学实践;建设"学在浙大""智云课堂",承载在线课程5万余门次,整合招生、教务、教学、教室、教研、思政、就业等资源,实现业务一体化,日均直录播课程1200余学时,支撑海量教学资源无障碍共享。

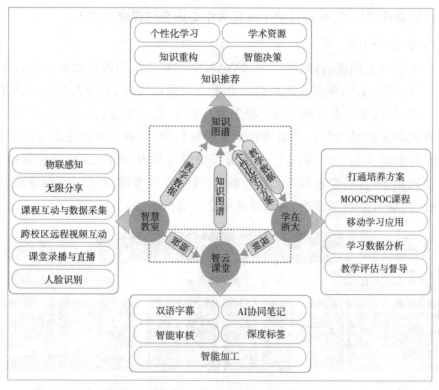

图2　数智驱动的K-CPS技术框架模型

2. 研建高速韧性数字新基建

研发建设弹性可扩展、百万级并发、亿级在线的众筹式"浙大混合云";建设泛在高速教学专网,部署4万余个无线接入点,实现校园无线网络全覆盖,提供高速韧性网络环境、DNS数据传输,实现教学资源全球快速分发;建设精准网络防御系统、安全态势感知平台,提供精准智能安全防御;建设统一汇聚移动端"浙大钉",提高师生教学办事效率;形成结构优化、集约高效、安全可靠的全链路教学新型基础设施体系(图3)。

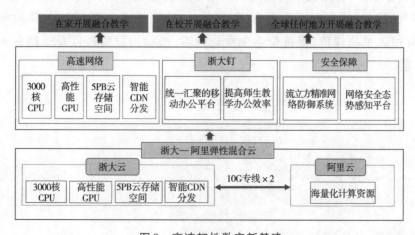

图3　高速韧性数字新基建

(二)创新教学模式,推动以学生成长为中心的全过程融合育人

1. 教学模式重塑

遵循学生成长规律,将数智化、一体化贯穿于从入学到就业的学生成长全过程。智能支撑10万余名本/研学生入学以及开展全员思政教育,实现入学高效智办;贯通第一至第四课堂,支持第一课堂线上线下混合教学、第二课堂AR/VR实验教学、第三课堂大规模同屏跨域教学以及第四课堂元宇宙教学,实现了多模态融合教学模式创新;开展"学在浙大"、"学在浙江"、全球暑期学校等校内、省内、国内及国际的多跨融合教学模式创新实践,实现教学无边界触达;支撑在线考试、答辩6万余场次,数智赋能云就业,共享岗位23万余个,实现毕业就业顺畅衔接(图4)。

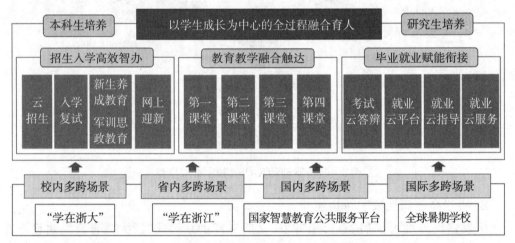

图4 以学生成长为中心的全过程融合育人

2. 教学评价多元智能

构建数智驱动的教学评价指标体系与模型,以全过程、多模态教学数据为核心,基于数智学习平台、教师数字驾驶舱以及学业预警系统,开展学前诊断、学中预警、学习分析等数据驱动的多元评价活动,容纳学生互评、集成在线考试、关联教师和督导评价、增量用人单位评价,促进学生个性化学习、教师因材施教以及学科全面优化专业培养方案(图5)。

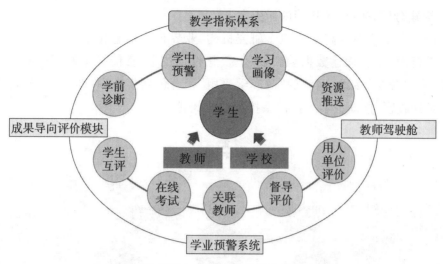

图5 数据导向的多元主体综合教学评价

(三)众筹群智共建,形成可持续的教学生态融合创新圈

1. 构建高效协同的教学组织保障体系

构建以"一中心两部三院"为核心的教学组织体系,打造"制度、荣誉、服务、技术、交流"五维一体的教学保障体系,制定教学管理制度,推动在线教学规范化;颁布教学奖励荣誉办法,设立教学职称、卓越教学岗、永平奖教金等政策,激发教师教学热情;组织教师培训80余场,在线答疑100余万次,实现在线建课、生成钉群、培训师生100%覆盖;线上线下开展研讨和报告320余场次,保障了一体化融合教学的有效推进(图6)。

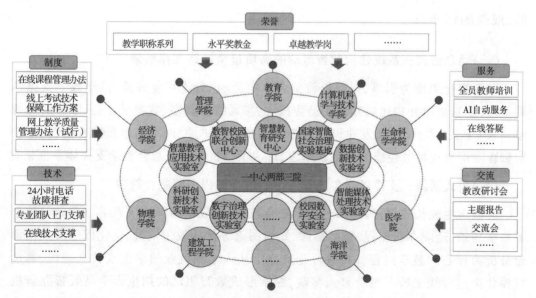

图6 高效协同的教学组织保障体系

2. 构建分层、多维、网状的创新生态

联合百余家校内外高水平教学研究机构、业界顶级信息化企业、兄弟院校,整合各方优质资源,全新构建数据创新技术、智慧教育技术、智能媒体处理技术等十余个实验室,构建分层、多维、网状的"政产学研用"融合创新生态圈(图7),为教育教学数字化全场景破题,推动教学支撑体系持续迭代优化。

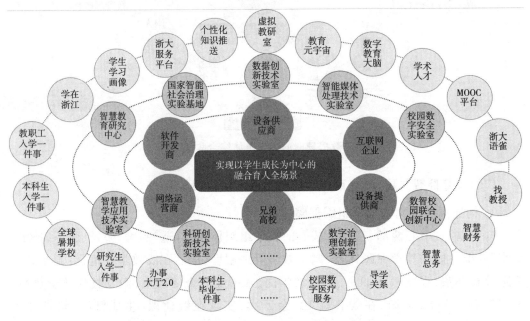

图7 "政产学研用"融合创新生态圈

四、成果的创新点

(一)理念创新:系统建构数智驱动的高质量全链路支撑框架

以数智化思维为引领,以数据流整合决策流、执行流和业务流,推动教学支撑体系重构,创新提出并构建以知识图谱为核心,贯通智慧教室、数智平台、云服务的数智驱动K-CPS技术框架;研发建设云服务智慧弹性可扩展、网络高速便捷有韧性、安全防御智能精准且高效便捷的数字新基建,形成了全链路数智融合教学支撑体系框架。

(二)模式创新:支撑以学生成长为中心的全过程多跨融合教学

遵循学生成长规律,构建线上线下融合教学、大规模同屏跨域教学、AR/VR教学等教学场景,适配在线课程、精品慕课、知识图谱等优质教学资源,优化以学习数据评价分析为核心的教学过程。将数智化贯穿于从入学到就业的学生成长全过程,通过规模化全过程线上线下融合育人实践,探索形成数智驱动的招生入学高效智办新机制,贯通校内课堂教学、校内学习实践、校外国内学习实践和国际化学习实践的无边

界触达教学新路径。学生互评、集成在线考试、关联教师和督导评价、增量用人单位评价,形成以学生成长为导向的多元智能教学评价新方式,以及加速毕业就业衔接的新方法,形成了以学生成长为中心的一体化全链路教学融合创新模式。

(三)生态创新:众筹群智形成可持续的教学生态融合创新圈

构建以"一中心两部三院"为核心的教学组织体系,全方位保障教学创新有效实施。打造"制度、荣誉、服务、技术、交流"五维一体的教学保障体系,激发教师教改热情,提升师生信息素养,促进教学创新。运用众筹、群智、共建理念,多部门学院协同联动,以数智技术作为教学系统性变革的内生变量,联合业界顶级信息化企业、兄弟高校等,整合校内外多方资源,全新打造各类数智化技术应用实验室,形成"政产学研用"融合新生态,研发、迭代、更新数智驱动教学全场景,为教学支撑体系的可持续发展提供动力。

五、成果的推广应用效果

(一)学生学习素养能力显著增强

"学在浙大"在线活跃学生占比100%,应用频次持续上升,日均访问量22万余次、课程互动33万次、观看课堂录播27.8万人次,数字化学习已成为常态;抽检1740门课程,与同期比较70%课程学生平均成绩有所提高,76%课程通过率得到提升,73%课程优秀率得到提升;通过数智云就业、云指导、云服务平台向毕业生共享岗位22.5万余个,推动赴国家科研院所就业同比增长77.24%,重点单位就业同比增长76.71%。

(二)教师教学技能水平显著提升

组织开展教师教改研讨、培训160场次,助力建设校内一流慕课1000门、国家精品公开课240门、精品慕课330门和一流课程24门。调研显示,"学在浙大""智云课堂"等平台在教师中普及率达100%。经过多样化创新教学实践,教师信息素养和教学技能显著提升。

(三)资源汇聚应用国际领先

该成果总访问量超2.5亿次,承载在线课程5万余门次;产生智能热词145余万条,PPT智能提取2250余万页,语音识别78余万小时;建设智慧教室800余间,覆盖各大校区所有公共教室,日均直播课程1200余学时,支持师生开展直播/会议100余万场(约1500余万小时);用户遍及149个国家和地区,实现了资源无边界共享;与全球院校同类平台相比,教学资源汇聚数量、应用互动广度深度均处于国际领先水平。

(四)教研成果丰硕影响深远

参与制定数字化教育相关国家标准3项,获教学荣誉15项,出版专著15本,申请专利2项,承担国家级、省部级等课题40余项,发表SSCI、CSSCI等论文100余篇,主办"京杭论坛""智云学堂""典学论坛"等学术会议130余场次,累计覆盖1000余万人。在亚太经合组织高等教育合作大会、世界公众科学素质促进大会等国内外会议上作主题报告180余场。

(五)创新实践成果成效卓越

成果由教育部推荐申报联合国教科文组织"哈马德国王奖";获批工信部"5G＋智慧教育"示范试点;教育部简报进行专题介绍;获评浙江省数字化改革成果;作为试点接入教育部智慧教育公共服务平台;团队入选国家智能社会治理实验基地(教育);培养学生获联合国教科文组织全球媒体和信息素养竞赛优胜奖(中国首次)。

(六)社会效应引领示范推广

成果被《人民日报》、《光明日报》、《中国教育报》、中国教育电视台等主流媒体报道50余次,在2021世界慕课大会上由教育部向全球推介。开展浙江研究生联盟慕课平台、"学在浙江",以及覆盖81个国家和地区学生的全球暑期学校等多跨融合教学创新实践,160余家院校多次来访交流。国际组织官员、教育部领导给予高度肯定。该模式成功推广应用到30余所院校,正在走向全球。

六、专家组鉴定意见

成果鉴定专家组一致评价:该成果在理论创新、模式融合、体系重构、技术架构等方面成效突出,系统性和示范性强,成果推广应用广泛,取得了重大的社会效益,对进一步推进教育数字化转型、升级做出突出贡献,产生了重大影响,富有中国特色,已经走在全球高校教育数字赋能教学变革的前列,具有重要的引领作用和推广价值。

"四课融通、六措并举"农科实践
实训教学体系的构建与成效

主要完成单位：浙江大学

主要完成人：陈学新、马忠华、喻景权、张国平、陈云、孙崇德、叶庆富、吴佳雨、汪以真、张颖、邱慧、马永芳、吴琼、李肖梁、张建英、蒋梦汝、王涛、潘鹏路

一、实施背景与成果简介

中国的现代化离不开农业农村现代化，农业农村现代化关键在科技、在人才。习近平总书记强调，涉农高校要"继续以立德树人为根本，以强农兴农为己任，拿出更多科技成果，培养更多知农爱农新型人才"[①]。但是，目前农科学生服务"三农"的使命感不强，学生实践实训能力不足，相关的教学保障措施还不完善。因此，通过实践实训教学的改革，推动高等教育转型升级，培养现代农业亟需的新型拔尖人才，是我国新农科教育面临的迫切任务。

2014年以来，在31项国家和省部级教改与建设项目支持下，我们开展了农科实践实训教学改革和探索。以8个涉农专业(农学、园艺、植物保护、茶学、农业资源与环境、动物科学、动物医学、园林)为依托，以第一课堂(课程实验实习)、第二课堂(校内科研实练)、第三课堂(校外生产社会实践)、第四课堂(海外实践实训)为载体，全面开展了"四课融通、六措并举"的实践实训教学改革，实施了"躬行乐践"的思政新模式，创建了"多方协力"的育人新队伍，构建了"八位一体"的教学新体系，开创了"一人一案"的小班教学组织新形式，创设了"三层多维"的开放教学新平台，创立了"优势叠加"的协同教学新途径。

在多年的探索和实践过程中，我们提出了"志存高远、求是创新、强农兴农"的农科耕读教育新理念，全面激发"教"与"学"的积极性和主动性，有效提升了农科拔尖人

① 习近平.习近平回信寄语全国涉农高校广大师生 以立德树人为根本 以强农兴农为己任[N/OL].(2019-09-07)[2024-11-25].http://data-people-com-cn.webvpn.zju.edu.cn:8001/rmrb/20190907/1.

才的服务"三农"情怀和创新实践能力;构建了"多元协同、内外联动"的实践实训教学新范式,形成了可复制可推广的新农科实践实训培养的全链条;创建了"资源汇聚、全程保障"的实践实训教学支撑新机制,形成了校内外资源整合、上下游产业联动的开放融合新生态。成果实施以来,农科学生服务"三农"的情怀大幅提升,实践创新创业能力显著增强,农科实践实训"浙大范式"得到广泛应用,浙大农科社会影响力和国际声誉不断彰显(图1)。

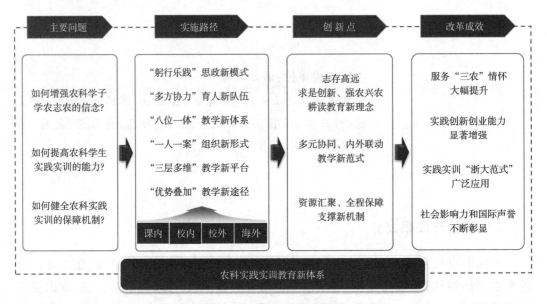

图1 成果总体思路

本成果瞄准新时代我国农业高等教育发展的前沿方向,在如何培养和提升农科拔尖创新人才实践实训能力方面,回答了如下几个问题:

(1)如何增强农科学子学农志农的信念?

(2)如何提高农科学生实践实训的能力?

(3)如何健全农科实践实训的保障机制?

二、成果解决教学问题的方法

(一)实施"躬行乐践"的农科实践实训思政新模式

(1)农史教育培根基。建立于子三爱国主义教育基地,开展农学学科思政建设,组织"农科史·人生路·农学情"活动,编制农学110周年人物志等,实施样板支部和支书领雁工程,宣传于子三、蔡邦华等典范人物,传承红色基因,培养学生大国"三农"情怀。

(2)形势教育进热情。创建乡村振兴战略就业平台,成立农业创新创业教育中心,建设青禾创新创业实验室,打造乡村振兴素养提升训练营品牌,组织"时代楷模+

杰出校友进讲堂""国企大讲堂"等活动,坚定学生"志农"信念。

(3)多维活动激动力。连续七年开展"助力精准脱贫,聚力乡村振兴"主题社会实践,开设"认知与实践"乡村振兴通识课,创新"认识实习"课程,组织"黄土地""我与国士面对面"等育人实践项目,弘扬"躬行乐践"文化。

(二)创建"多方协力"的农科实践实训育人新队伍

(1)重构导师类型。根据农科拔尖人才培养实践实训需求和浙江大学本科教育行动计划,设立求是实验特聘岗、关键岗、骨干岗,并聘请了一批产业精英和海外名师指导学生实践实训,形成了一支"课程实验导师+实验教学导师+科研导师+产业导师+海外导师"的实践教学导师队伍。

(2)创建专项团队。建立"智慧农业""生物育种""绿色防控""设施农业""绿色农药""生鲜供应链""乡村振兴设计""生态文明"等百余个创新创业训练团队。

(3)汇聚社会资源。聘请农夫山泉董事长钟睒睒,"全国五一劳动奖章"获得者、长兴意蜂蜂业科技有限公司党支部书记邱汝民,大北农科技集团董事长邵根伙等133名行业精英为产业导师。

(三)构建"八位一体"的农科实践实训教学新体系

(1)优化实践实训培养模块。改革专业培养方案,强化实践课程模块建设,设立"创新""创业"两大特色实践课程模块,开设"生态农业""设施农业""健康农业"和"数字农业"等新实践实训课程。"创新""创业"特色模块课程占实践实训总学时的55%。

(2)建设实践实训课程和教材。把实验系列教材,特别是新形态教材建设作为重要工作内容。优化重组形成了"植物保护学专题教学实习"等119门实践实训类课程,新编了《现代农艺实践》《现代植物保护信息技术实验》等35本实践实训教材,满足新时代教学需求。

(3)创建"八位一体"实践实训全链条。根据学生理论知识学习进度,整合资源,科学设计并形成了"认知实习+课程实验+农艺实践+创新训练+创业培训+毕业设计+社会实践+海外实训"全链条实践实训体系。在学分制度上进行改革,为校内训练、社会实践、海外实训设定专门的"二三四"课堂学分;在学分认定的基础上,实现设计系统化、实施规范化和实践表现记录档案化。

(四)开创"一人一案"的小班实践实训教学组织新形式

(1)施行小班化教学改革。以学生成长为中心,充分考虑学生人性化需求,根据学生和师资规模,将传统班分立为15~20人平行小班,学生可根据个人需求选择小班;优化选课系统,学生根据个人情况自主选择课程安排,实行"一人一案"的个性化培养。

(2)组建基层教学组织。创建了由喻景权院士、陈学新教授等名师主导的80个基层教学组织,定期组织"基层教学组织＋学生"交流会,增强师生互动。

(3)建立配套激励制度。年均投入约千万元经费用于实践实训,并建立实践实训质量评价体系。在教师岗位聘任中政策支持参与实践实训教学的教师,在学生评奖评优、免试研究生推荐等方面给予实践实训获奖学生加分。

(五)创设"三层多维"的农科实践实训开放新平台

(1)发挥教学示范中心效能。实现3个国家级实验教学示范中心(农业生物学、生物学和环境与资源)功能,平台共享、全天候开放用于学生创新创业实验等。

(2)创立创新创业实验室。依托水稻生物学国家重点实验室、绿色饲料与健康养殖国家工程研究中心等16个国家及省部级重点实验室、国家工程中心等平台,创立"紫金创业元空间""创新创业实验室"等,增强学生"双创"能力。

(3)拓展校外实践实训基地。与地方政府、宁波海关、中粮集团、大北农等合作,建成了种业振兴、生物安全、耕读教育等百个实践实训基地,全面落实"双创"主题实践行动。

(六)创立"优势叠加"的实践实训协同教学新途径

(1)叠加校内学科交叉优势。利用学校综合型、研究型、创新型大学学科门类齐全(13个学科门类)、农科实力强(4个A＋学科)等优势,开展"农＋X"交叉训练。

(2)集聚校外产学研办学资源。与中粮集团、大北农、先正达等头部农企合作探索联合育人新模式,共建国家级、省级协同育人项目,开展实施"订单式""项目制"培养。

(3)增设国际化实践必修学分。利用"陈鸿逵基金""孙筱祥基金"等4亿元捐赠资金,设立生均2万元的国际化实践专项基金,与康奈尔大学、东京大学、伊利诺伊大学等建立人才培养项目42个,开展海外实训,拓展学生全球视野。

三、成果的创新点

(一)提出了"志存高远、求是创新、强农兴农"的农科耕读教育新理念

围绕乡村振兴、生物育种等国家重大战略需求,针对农科人才创新实践能力的培养,提出了"志存高远、求是创新、强农兴农"的农科耕读教育新理念。秉承"求是创新"的浙大校训,将"强农兴农"思想教育贯穿实践实训教学的全过程,通过思想教育与实践教育的融通,让每个学生都在思政教育的浓厚氛围中浸润成长,都能享受优质的实践实训教育资源,实现自身的全面发展,树立"志存高远"的理想信念,急国家之所需,"立大志、明大德、成大才、担大任"。

(二)构建了"多元协同、内外联动"的实践实训教学体系新范式

立足培养更多知农爱农新型人才,促进教学环节中理论与实践实训的深度融合,

打破了人才培养第一课堂(课程实验实习)、第二课堂(校内科研实练)、第三课堂(校外生产社会实践)、第四课堂(海外实践实训)四个课堂间的时空壁垒。通过"思政模式、育人队伍、教学体系、组织形式、开放平台、教学途径"六个方面的改革和创新,构建了农科人才实践实训能力培养的教学新范式,将育人的环节打通、优势叠加,使学生的培养过程"环环有实践,处处有锻炼"。浸润式的实践实训贯穿学生四个课堂的培养全过程,提高了农科学子解决现代农业发展过程中复杂问题的实践创新能力,引领了我国农科实践实训的教学改革。

(三)创建了"资源汇聚、全程保障"的实践实训教学支撑新机制

汇聚学院、学校、社会、国际等多方优势资源,实现全员、全程、全方位育人,保障实践实训教学提质增效。重构师资结构,围绕实践育人主线创建"资源汇聚、全程保障"育人机制。充分发挥农科A＋学科和学校学科齐、实力强的优势,搭建了"农＋X"交叉创新平台,深入挖掘校外产学研办学和海外资源,共建了海内外新型农科教育实践育人新基地,盘活了办学资源并将其转化为有效的育人力量。利用4亿元的教育基金设立实践创新项目、资助海外实训交流、开展实践评奖评优等,强化经费保障。建立实践实训质量评价和保障激励制度,强化过程管理提升实践实训教学的实效性。

四、成果的推广应用效果

(一)学生服务"三农"的情怀大幅提升

学生积极服务"四个面向"和"三农"。2014年以来,2000余名学子组建了200余支社会实践团队,足迹遍布21省100多县,助力云南景东、贵州台江、湖南武冈等30多个地区脱贫致富,获"全国农科学子脱贫攻坚"暑期专项社会实践活动全国优秀团队等表彰10余次。2021年本科生在涉农专业深造率为75％,赴涉农单位就业的占实际就业人数的86％,分别比五年前提高了25％和15％。一批学生获评"中国大学生自强之星"(纵榜正)、"百人会英才奖"(周继红)等荣誉称号。基于学生社会实践的"一片茶叶""一朵蘑菇""一只鸡"等3个项目入选教育部十大精准扶贫典型案例。

(二)学生实践创新能力显著增强

浸润式实践实训显著提升了农科学子的创新思维及解决问题能力。实践实训学时数比五年前提升了12％,2017—2022年本科生参与了710余项(1775人次)科研训练项目,在校生以第一或共同作者发表论文390余篇,获授权国家发明专利90余件,比五年前增加了300％。学生获国际iGEM(国际遗传机器工程大赛)金奖、"互联网＋"大学生创新创业大赛金奖等国内外大赛奖项400余人次,比五年前增加了103％,位居涉农院校前列。学生双创项目"一亩彩稻田"得到时任国务院总理李克强的肯定,"紫金创业元空间"得到孙春兰副总理肯定。近五年150余名毕业生就业于世界500强企业,是五年前的三倍。

(三)农科实践实训的"浙大范式"得到广泛应用

该成果的探索和实践有力助推浙江大学8个涉农专业全部入选国家一流本科建设专业。2019年以来,69门课程入选国家级和省级精品/一流课程。近5年,36门慕课被345所院校20余万人使用,点击量超2600万次。新编《现代农艺实践》等实践实训教材35部,承担教育部新农科研究与改革实践项目等国家级和省部级教改项目31项,建成实践实训基地138个,筹集农科教育基金近4亿元。2019年牵头北京大学、上海交通大学、中国科学院大学、贵州大学、西南大学等34所综合性大学或其涉农学院成立"综合性大学农科人才培养联盟",担任首任理事长和常设秘书长单位。中国农业大学、南京农业大学、华中农业大学、贵州大学等30余所院校前来交流学习,引领了新农科实践育人教学改革。

(四)浙大农科社会影响力和国际声誉不断彰显

农科教育教学成效得到时任国务院副总理刘延东,时任浙江省委常委、副省长蔡奇的充分肯定。2022年涉农专业高招录取分数的位次比2014年提高了1500位;用人单位对毕业生满意度达98%以上。近5年,学生实践实训被新闻报道207次,其中中央电视台等国家级媒体77次。与康奈尔大学、东京大学等18所国外名校和科研机构建立了42个人才合作培养项目,本科生境外交流率由2014年的30%提升至疫情前的108%,"浙大—华友非洲农业示范园项目"成为非洲农业示范园的典范。近5年,喻景权当选为中国工程院院士,3位教师先后获评或获得联合国"粮食英雄"、全国优秀教师和全国创新争先奖,新增国家杰青、"四青人才"等国家级人才78人次,多名毕业生就职于国际粮农组织、外交部等国际组织和政府部门,国际声誉不断彰显。

"三协同驱动、四平台支撑"光电专业开放融合育人新生态的创建与实践

主要完成单位：浙江大学

主要完成人：刘向东、刘旭、付跃刚、郁道银、时尧成、毕卫红、林远芳、张敏明、郑臻荣、秦石乔、樊仲维、刘智颖、郑晓东、金鑫、祝宇慧

当前，以互联网驱动工业4.0为核心的新一轮工业革命正推升我国光电子信息产业成为强国利器。2022年6月，习近平总书记在武汉考察时指出："光电子信息产业是应用广泛的战略高技术产业，也是我国有条件率先实现突破的高技术产业。要加强技术研发攻关，掌握更多具有自主知识产权的核心技术，不断延伸创新链、完善产业链，为推动我国光电子信息产业加快发展作出更大贡献。"[①]光电子信息产业要率先实现突破，必须依靠人才作为"第一资源"的战略力量。我国有200多所高校设置"光电信息科学与工程"专业（下称"光电专业"），整体推动全国高校光电专业从传统工科向新型工科转型升级，培养大批创新能力强、实践能力强的高水平人才，是我国光电子技术领域自立自强和光电子信息产业高质量发展的关键支撑。

一、问题与思路

长期以来，全国高校光电专业优质教育资源大多集中在约10%的工科优势高校（下称"优势高校"），其他地方高校课程、师资等基础薄弱，制约了应用型专业转型升级的进程，难以满足产业转型升级对人才培养的需求，整体跟不上国家战略和产业经济发展，形成了全国高校光电专业人才培养的结构性问题。

在传统光电专业向新工科转型升级进程中，不同类型高校存在不同的教学问题。

（1）"复旦共识"要求优势高校发挥工程科技创新主体作用，但学生工程创新能力不足，与科技创新的需求不匹配。

---

① 新华社．瞭望·治国理政纪事｜以核心技术突破赢得科技自立自强[EB/OL]．(2024-01-13)[2024-11-25]．https://baijiahao.baidu.com/s?id=17879453554945411768&wfr=spider&for=pc.

(2)"复旦共识"要求地方高校发挥产业转型升级支撑作用,但地方高校课程、师资基础相对薄弱,应用型专业改造缺乏条件,与产业转型升级对人才培养的需求不匹配。

(3)"天大行动"要求问学生志趣变方法,创新工程教育方式与手段,但全国高校光电专业缺少激发专业志趣的实践平台,学生综合实践能力不强,与产业变革需求不匹配。

浙江大学牵头教育部电子信息类专业教学指导委员会光电专业教学指导分委员会(下称"光电教指分委")部分单位和主要成员组成项目团队,面向全国高校光电专业,长期致力于探索科教协同的高水平人才培养模式,打造优质资源共建共享的育人生态系统。2017年2月"复旦共识"形成后,成果聚焦新工科人才培养,问内外资源创条件、问学生志趣变方法,进一步重塑跨校跨界的教学和实践组织体系,创建了"三协同驱动、四平台支撑"的开放融合育人新生态(图1)。

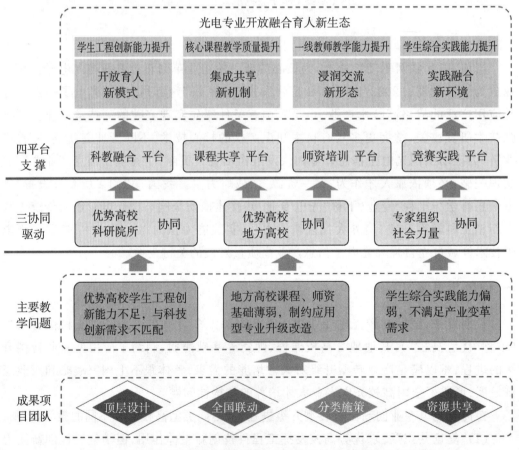

图1 "三协同驱动、四平台支撑"的光电专业开放融合育人新生态

通过优势高校协同科研院所、优势高校协同地方高校、专家组织协同社会力量，汇聚资源驱动打造四个平台，支撑创建光电专业开放融合的育人新生态。一是科教融合平台，高校院所组团，强化工程训练，提升学生工程创新能力，形成开放育人新模式；二是课程共享平台，集成资源创建标准，共享精品课程资源，提升课程教学质量，形成集成共享新机制；三是师资培训平台，依托名师牵引，开展多维度活动，提升教师课程教学能力，形成浸润交流新形态；四是竞赛实践平台，激发志趣挑战极限，同场竞合交流互鉴，提升学生综合实践能力，形成实践融合新环境。

二、方案和举措

本成果采用三个协同作为驱动，对应解决上述三个教学问题。

（一）由点及面开放育人，探索校院协同科教融合

优势高校协同科研院所。与中国科学院合作建立由点及面的科教融合平台，致力于提升学生工程创新能力。

2014年起，浙大与中科院长光所、上光所合作成立菁英班、尚光班。联合制定培养方案，开设特色工程课程；共享科研项目资源，组织工程平台训练；依托工程项目做毕业设计，锻炼工程创新能力；瞄准大工程项目及团队开展本博连读试点。

2018年，浙江大学牵头其他5所优势高校与中国科学院7个光电类研究院所联合成立"中国高校光电专业新工科王大珩联合实验班"（下称"大珩实验班"），获教育部首批"新工科"研究与实践项目"优势高校光电专业面向国家需求的多方协同育人模式的探索与实践"立项支持。建章立制保障组团资源汇聚，重点融合工程项目、平台、团队；分析重大工程能力需求，由高校组团基于各校培养方案联合制定"分培计划"，确定基础课知识模块增量学习方案；由院所组团联合制定"联培计划"，确定专业课知识模块增量学习方案；由6校推荐学生联合组班，低年级在学籍原校实施"分培计划"，高年级在浙江大学、华中科技大学集中完成"联培计划"课程学习任务，在科研院所分散完成"联培计划"工程实践任务；结合工程项目开展长时间实习和联合毕业设计，重点运用工程知识分析复杂工程问题、开展科学研究、设计解决方案，探索提升工程创新能力的开放育人培养新模式(图2)。

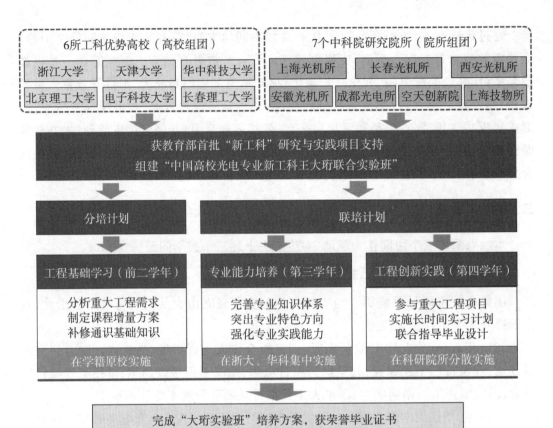

图2 科教融合平台：6校7所"新工科王大珩联合实验班"开放育人新模式

(二)汇聚优质课程师资，探索多校协同教学共享

优势高校协同地方高校。依托光电教指分委专家组织顶层设计的项目和基地，驱动共享优质课程、师资教学资源(图3)。

1.建立课程共享平台，致力提升地方高校课程教学质量

2014年，光电教指分委设立全国高校光电专业教育教学热点难点首批教研项目(定向探索类)"光电专业共建国家集成创新课程的探索与实践"。项目组开展前期调研和系列教研活动，制定项目实施方案，形成虚拟教研室和虚拟教学科雏形；创建课程资源供需指南，供给方整合积木式元课程模块，应用方按需配置模块自主组织教学；创设"全国组大班、高校建小班"的组班形式，建立虚拟教研室研讨、虚拟教学科管理相结合、线上线下(online to offline，OTO)相结合的集成共享机制；选择核心课程"应用光学""微机原理与接口技术"，聚焦工程应用方案设计模块，6轮次组班拓展供给方课程和应用方高校，验证集成共享机制的有效性；建立光电专业课程思政案例库，评选104个优秀课程思政案例分享至全国高校；面向全国高校共享视频公开课资源，完成13集"中国光电学科系列视频公开课"(详见爱课程网http://hep.icourses.cn/zggd.html)。

2.建立师资培训平台,致力提升一线教师课程教学能力

2015年,光电教指分委成立全国光电专业秦皇岛教师培训基地,每年举办一期"全国高校光电信息类课程教师研修班"。精选专业课程,突出专业知识重点;邀请名师说课,详解工程知识要点;举办专题讲座,深植工程教育理念;组织浸润式研讨,深度交流教学方法心得;开展多维度活动,通过举行授课比赛、举办教学仪器展、列席院长论坛、推介OTO混合式教学方法等,综合提升工程教育教学能力。

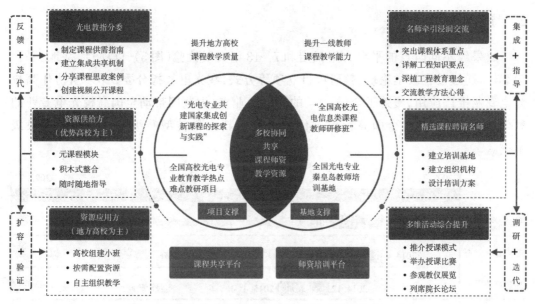

图3 优势高校协同地方高校共享优质教学资源示意

(三)创设全国学科竞赛,探索内外协同实践融合

专家组织协同社会力量。创办竞赛实践平台,致力提升学生综合实践能力(图4)。

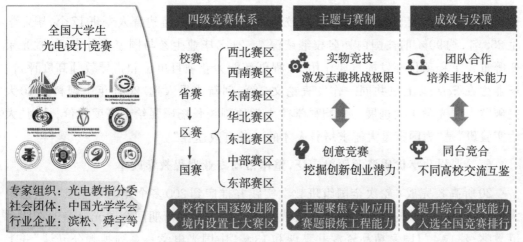

图4 专家组织协同社会力量创办竞赛实践平台示意

光电教指分委协同全国性专业社会团体中国光学学会光学教育专业委员会,自2009年起创设了全国大学生光电设计竞赛,并获滨松光子学、舜宇光学、歌尔光学等光电产业头部企业的合作支持,13年来共举办了十届竞赛。设置竞赛主题,聚焦专业知识应用;赛题结合实际,锻炼工程实践能力;开展实物竞技,激发志趣挑战极限;增设创意竞赛,挖掘创新创业潜力;鼓励团队合作,培养非技术要素能力;学生同场竞合,促进不同高校交流互鉴。

三、特色和成效

成果经不同时点的平台方案锚定和7~13年实践检验(图5),以项目、基地、平台为载体,通过教育教学论坛、教研项目立项等方式,在光电教指分委210多所协作高校光电专业推广应用,覆盖了全国90%的光电专业点,大范围带动全国高校光电专业的教学改革,成为面向全国高校促进传统工科向新工科转型升级的一个新的现象级案例。

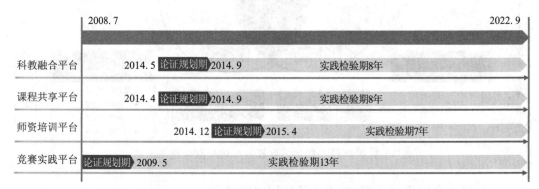

图5 四个平台方案锚定时点及实践检验期示意

(一)科教融合开放育人影响深远,显著提升学生工程创新能力

完成多轮次校、院点对点以及跨校跨所组班实践,共组建育人专班17个,毕业学生255名,约90%前往国内外名校继续深造;21名毕业生参与国家高分专项、激光聚变等重大工程项目并发挥重要作用,工程创新能力获项目单位和指导教师高度评价;毕业生在 *Science* 上以共同一作发表论文2篇,创新成果入选"2021年中国科技10大突破""中国光学十大进展";中国科学院大学原副校长杨国强给予高度评价,认为"大珩实验班"是"为国家重大需求培养人才的一条有效途径"。

(二)课程共享优质资源辐射广泛,整体带动专业课程教学改革

20所高校完成6轮次全国组班教学实践并推广到200多个光电专业点,"全国组大班、高校建小班"的线上线下课程集成共享机制用于疫情期间全国光电专业在线示范教学;建成4门国家精品资源共享课和13集"中国光电学科系列视频公开课"并上

线爱课程网,带动参与教师开展课程建设,获评省级及以上一流课程/课程思政示范课程26门,受益学生近34万人;建成光电专业课程思政案例库,评选104个优秀案例分享至全国高校;以课程集成共享新机制为主线的"光电信息科学与工程专业课程群虚拟教研室"项目入选教育部虚拟教研室建设试点项目,机制性构建更大范围的优质课程资源共享平台。

(三)师资培训提升教师教学能力,促进地方高校专业升级改造

8期研修班培训覆盖148所高校,累计培训教师807人次,其中87%来自地方高校,地方高校光电专业点覆盖率达2/3以上;邀请20位名校名师授课逾80场,围绕24门次专业核心课程开展深度浸润式研讨交流。据不完全统计,参训一线教师参与建成省级及以上一流课程/课程思政示范课36门,在省级及以上各类课程或教学竞赛中获奖243项,获省部级教学成果奖10项,提高了整体教学能力和水平,通过所授课程助力所在专业点10余万学生的培养,推动所在高校教学改革和所在专业转型升级。

(四)竞赛实践覆盖面广影响力大,学生发展接轨创新创业潮流

学科竞赛规模累计覆盖1396所次高校、58735名师生,涉及全国高校90%以上的光电专业点;十届竞赛获奖高校中,地方高校单届最高获奖比例达80.4%,获奖的西部高校光电专业点占西部高校光电专业点比例从第一届的3%提升至第十届的51.5%,充分说明通过竞赛实践平台,各类型高校同场竞合,地方高校和西部高校师生受益面不断扩大。竞赛影响力逐年增大,连续三年入选"全国普通高校学科竞赛排行榜",被新华网等众多媒体聚焦报道百余次,在百度、必应等通用搜索引擎上搜索量逾3.7亿次;多次在国际光学工程学会(Society of Photo-optical Instrumentation Engineers,SPIE)等主办的国内外会议作大会/邀请报告,SPIE首席执行官邀请将赛事扩大到全球范围。竞赛实践平台育人效果突出,一批参赛学生逐步成长为创新创业新生代,据不完全统计,后续斩获中国"互联网+"大学生创新创业大赛金奖等重要奖项72项,成立创业公司66家,多家获得融资支持。

四、成果的创新点

(一)实现大范围汇聚协作的组织体系变革

一是全国联动,浙江大学作为依托单位牵头教育部光电教指分委专家组织,聚焦全国高校光电专业人才培养若干结构性问题,通过促进内外优质教育资源共享,整体推进全国高校光电专业向新工科转型升级;二是体系创新,围绕问内外资源创条件、问学生志趣变方法,以科教融合、课程共享、师资培训、竞赛实践为抓手,开展体系化的组织设计,形成大范围汇聚协作、教学与实践贯通的生态级育人新体系。

(二)深化大跨度内外协同的育人模式创新

一是科教协同育人,通过科教融合的校、院组团合作,基于分析重大工程需求确定课程和知识点增量学习方案;既依托学籍原校夯实基础,又借力优势高校、科研院所科教资源跨单位联培,贯通了从基础知识到工程创新的育人桥梁,突破了单一校院封闭培养局限性;二是资源共享育人,通过课程共享和师资培训,围绕产业转型升级需求和工程教育方法改革,将约10%优势高校的优质教学资源向地方高校辐射,使地方高校大范围提升课程教学质量和教师教学能力,通过促进专业转型升级支撑产业转型升级;三是平台支撑育人,专家组织协同社会团体、行业企业跨界创办学科竞赛,围绕工科专业特点组织实物赛和创意赛,支撑培养学生专业应用、工程实践、团队合作、创新创业等综合实践能力。

(三)探索可持续开放融合的系统动能塑造

一是持续迭代,新生态四个平台以育人为根本,多次迭代创新实现螺旋式上升,逐步形成了稳定的运行和发展机制;二是开放融合,新生态的资源供给方和资源应用方均可开放加入和互换角色,通过资源共享和开放互融构建新的动力机制,驱动各方既施惠于人也从中受益;三是系统赋能,通过探索建立开放育人新模式、集成共享新机制、浸润交流新形态和实践融合新环境,重塑了开放融合的专业育人生态系统,推动科技第一生产力、人才第一资源、创新第一动力有机结合、动态跃迁,形成了构建更高能级、更高质量的光电专业人才培养体系的发展新动能。

以创新能力提升为导向的科技设计人才培养模式与生态建设

主要完成单位：浙江大学

主要完成人：孙凌云、孙守迁、张克俊、韩挺、罗仕鉴、潘云鹤、柴春雷、应放天、陈为、彭韧、董占勋、汤永川、王冠云、徐雯洁、常丹妮

一、成果基本内容

新一轮科技革命和产业变革对设计教育提出了新要求。设计经历了工业革命时代的工业设计、信息革命时代的数字设计，正迈向智能时代的科技设计。科技设计人才是创新设计的原动力，是我国建设创新型国家的基础。推动科技设计人才教育教学改革，培养出大批多层次、高素质、跨专业的科技设计人才，已经成为制造强国、新工科建设等国家政策和行动规划中的重要构成。科技设计人才是实施创新驱动发展战略的重要基础。科技设计人才培养涉及工业设计、产品设计、艺术与科技、智能交互设计等设计类专业群，并辐射其他新工科专业。

科技设计人才要胜任前瞻性、战略性、颠覆性的产品设计。科技设计人才的培养涉及工业设计、产品设计、艺术与科技、智能交互设计等设计类专业，以及计算机科学与技术、数字媒体技术、人工智能等近设计类专业；体现在设计类本科专业及相关专业课程模块，以及通识类科技设计课程等教学环节。人工智能、物联网、大数据、智能制造等新兴技术迅速发展，产业结构优化升级需求迫切。科技设计人才需要面向新挑战、运用新技术、提供新方案。科技设计人才培养必须适应时代需求，勇挑重担，以创新能力提升为导向，重构知识体系，变革教学方法和实践环节，建成可持续发展的育人生态。

浙江大学与上海交通大学设计教育理念相同、学科环境相近，强强联合推动教学改革。2002年9月，上交成立媒体与设计学院；2003年，浙大在原工业设计专业基础

上增设数字媒体技术专业、设计艺术专业,形成设计类本科专业群。2014年10月,浙大、上交等单位联合发起成立中国创新设计产业战略联盟,科技设计人才培养模式和生态初步形成。历经8年实践检验,教学成果在两校设计类专业群及计算机科学与技术、数字媒体技术、人工智能、机械设计等新工科专业中广泛应用。

教学成果聚焦创新能力提升,铸造新培养模式和育人生态。依托浙大信息类学科群、上交机械类学科群,形成了本教学成果。内容包括:(1)重构知识体系,有核无界、交叉融合;(2)变革教学形式,问题导向、师生共创;(3)做强实践训练,使命引领、聚焦前沿;(4)打造育人生态,融合教育链、人才链、创新链和创业链,实现"产学研媒用金"一体化。

教学成果突出,影响力大、认可度高。成果在浙大、上交等高校应用,培养了一批创新能力强的复合型人才,包括3000余名设计类专业人才。毕业学生承担过复杂人机交互系统(如商飞大飞机驾驶舱、某舰艇指控系统),智能工程装备(徐工远程智能驾驶舱、航天员运动束缚系统),智慧医疗装备(明峰医疗高端CT、神经康复机器人),数字创意系统(阿里鹿班智能设计)等变革性产品设计工作。辐射新工科相关专业学生10余万人;为全国30余所高校提供了科技设计领军人才。成果建设了国家一流课程3门,出版教材30余本,获首届浙江省高校教师教学创新大赛特等奖、2017年上海市高等教育教学成果奖一等奖、2021年浙江省高等教育教学成果奖一等奖等。同时,教学成果向海外高校输出,在新加坡科技设计大学等重要高校应用;获得联合国工业发展组织认可,推广至全球50多个国家或地区(图1)。

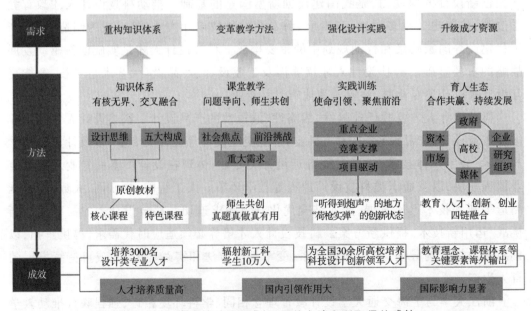

图1 教学成果针对的要求、采用的方法和所取得的成效

采取的主要方法和成果如下。

(一)重构知识体系,形成有核无界、交叉融合的课程群

(1)围绕技术、商业、艺术、文化、人本等五大构成,梳理科技设计的知识体系。出版《文化构成》(潘云鹤)、《智能产品设计》(孙凌云)、《用户研究与体验设计》(韩挺)、《设计思维与创新设计》(张克俊)等原创性教材。累计出版新教材30余本。

(2)针对设计类和新工科类专业及国际项目,凝练出以科研、设计、商业三轮驱动的设计思维知识体系、技能系统和能力构成。以"设计思维"为核,分层次建设40门科技设计核心、前沿课程和通识课程等(表1)。其中国家一流课程3门、慕课5门、全英文课程5门。

表1 科技设计代表性课程

课程模块	教学对象	典型课程
核心课程	设计类专业	设计思维与创新设计(国家一流课程,已出版同名新形态教材) 用户体验与产品创新设计(国家级线下一流课程,已出版同名教材) 计算机辅助工业设计(国家精品课程) 技术构成与创新设计 人本构成与创新设计(已出版教材《人体工程学》) 文化构成与创新设计(已出版教材《文化构成》) 商业模式创新设计(已出版教材《商业模式进化论》)
衔接课程	设计类专业 新工科专业	计算机游戏程序设计(已出版同名教材,国家级线下一流课程) 信息产品设计(已出版教材《信息产品创新设计导论》) 服务创新设计(已出版教材《服务设计》) 智能产品设计(已出版同名教材) 信息与交互设计(已出版新形态教材《Swift创新导论》) 用户体验设计(已出版教材《用户研究与体验设计》)
前沿课程	设计类专业 新工科专业	可视化导论(已出版同名教材,中国大学MOOC) 创新设计(已出版专著《中国好设计》) 智能设计(已出版同名教材) 设计研究(已出版同名教材) 情感计算与设计(已出版专著) 设计调研(已出版教材《设计调研》)
通识课程	全校各专业 国际项目	设计思维与创新创业(全校通识核心课,SPOC课程) The Role of Technology and Design on Growth in China(科技设计在21世纪中国发展中的角色)(全英文课程) (Culture Formation and Innovative Product Design(文化构成与产品创新)(全英文课程) Business Culture and Entrepreneurship in China(中国商业文化与创业)(全英文课程) 设计与未来(已出版教材《下一代设计》)

续表

课程模块	教学对象	典型课程
慕课课程	社会公众	设计思维与创新创业(国家级线上一流课程、中国大学MOOC国际平台课程) Swift创新导论(中国大学MOOC) 交互设计师(网易微专业) UI设计师(网易微专业) 用户研究员(网易微专业)

(二)变革教学形式,实现问题导向、师生共创(图2)

(1)问题导向,将社会焦点、前沿挑战、重大需求等引入课堂教学。设立企业导师制度,企业导师与校内教师配比超过2:1,产学联动开设了一批资深设计主管和创业实践人员主导的讲座、工作坊,实现学生100%覆盖。

(2)师生共创,以"肩并肩"模式开展教学活动,以"真问题、真方案、真实践"为标准评价教学成效。实现专业课程100%走出教室,举办课程成果发布会、校企对接会等活动。发表相关教学方法和教改论文13篇,师生共创课程成果获发明专利100余项,专利成果转化30余项。

图2 以创新能力提升为导向的教学方法变革

(三)做强实践训练,强化使命引领,聚焦前沿

(1)成立校企科教联动平台,将重点企业的前沿挑战引入设计实践。与商飞集团、中国航天、北斗集团、上汽集团、苹果公司等成立校企创新平台和育人基地14个,每年可为1000余名学生提供实践机会,为学生创建"听得到炮声"的实践环境,营造

"荷枪实弹"的创新状态。

（2）以设计竞赛为抓手，引领设计实践。发起并举办6届好设计大赛（国家奖励办备案）、7届移动应用创新竞赛。通过设置竞赛选题、全过程指导等方式，营造使命引领、聚焦前沿的实践训练和育人环境。

（四）打通教育链、人才链、创新链和创业链，形成"政产学研媒用金"一体化的育人生态（图3）

（1）多方合作成立实体机构。与地方组织合作，承担广州从化生态设计小镇、宁波和丰创意广场等实体机构的策划和运作工作；与地方政府合作，建设杭州良渚梦栖设计小镇、智慧医疗健康上海市级工业设计中心等。

（2）举办20项大型活动，促进生态建设。连续举办7届中国创新设计大会和4届科技设计国际会议，发起、协办或参与世界工业设计大会、世界设计之都大会等活动，覆盖百余所高校、企业和政府组织万余人次，打通教育链、人才链、创新链和产业链。

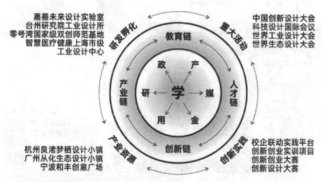

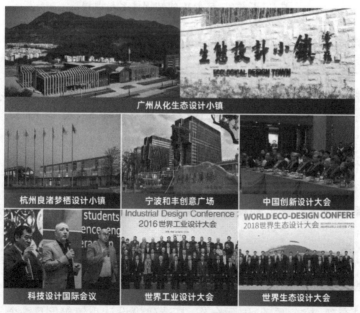

图3　一体化育人生态建设

二、成果创新点

(一)教学体系创新,构建了开放性、成长性的科技设计知识体系和课程群,提供创新能力提升的教学基础(图4)

以创新能力提升为导向,凝练和固化科技设计创新核心知识,建设课程40余门,其中70%以上出版配套教材或被列入各级精品课程。

(1)开放性。发挥设计思维在发现问题、定义问题和解决问题过程中的基础性功能;建立过渡性、衔接性的知识、技能和能力集合与课程群,对接其他学科领域。

(2)成长性。以设计课程为核心、课程交叉为基础,持续引入人工智能、大数据、虚拟现实等新兴技术,避免了专业知识的僵化,实现了课程知识体系的与时俱进。

图4 开放性、成长性的知识体系与课程群

(二)保障机制构建,提供了可持续、快反馈的人才培养模式与质量保障,提供创新能力提升的育人保障机制

通过教学与应用对接、校园与产业对接、训练与实战对接,实现人才培养的底层保障,建设政府—高校创新实体5个、国家和省部级产学合作平台14个。

(1)可持续。引进真实创新环境、创新问题和创新约束,使得社会需求可以同步反馈到教学环节中,实现人才培养、产业需求的同频共振。

(2)快反馈。第一时间获取国际、国家、社会、学校及产业对各个培养环节、知识体系和能力系统的实时评价和反馈,避免人才培养环节中普遍存在的质量控制滞后问题。

(三)育人生态营造,营造了活力足、潜力大的科技设计类人才培养生态,提供创新能力提升的生态环境(图5)

通过学科交叉、校企联动、国际合作,打造建设设计小镇等园区3个,以汇聚"政产学研媒用金"多方力量。

（1）活力足。有效激发了学生、教师和科技设计从业者等教学环节中各个角色的积极性。实现学生带着问题学，教师带着经验教；资源带着愿景投入，成果带着前景落地。

（2）潜力大。通过学科交叉、产学合作及国际化的人才培养生态，保证了各个构成模块之间的良性作用，强调合作共创而非恶性竞争。形成具有商业发展潜力、全球竞争力的可持续创新创业生态环境。

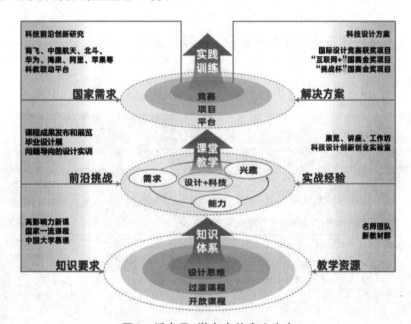

图5 活力足、潜力大的育人生态

三、成果应用情况

（一）人才培养：领军人才多、发展潜力大、社会认可度高（图6）

培养了一批重点企业的科技设计创新骨干。服务国家重点企业百余家，毕业生在海康威视、上汽集团等企业担任首席设计师；在商飞、徐工、宝马、苹果、三星等全球知名公司担任设计创新骨干；在国家重点部门从事战略性产品研发。

培养了一批有活力的创新创业潜力队伍。通过组织机器人协会、移动应用开发协会、工业设计协会等学生社团，指导学生跨专业合作，投入科技设计驱动的创新创业，累计参与学生1000余人，累计获得中国"互联网＋"国赛金奖3项、"挑战杯"特等奖1项及"创青春"等国家级大学生创新创业奖励20余项。

培养了一批跨专业和跨界的创新创业骨干。如广告学专业的李晨啸（不亦乐乎科技CEO，胡润30岁以下创业领袖，中国"互联网＋"国赛金奖）、机械专业的陈晖（巧客机器人CEO,中国"互联网＋"省赛金奖)、新闻学专业的金若熙(中国"互联网＋"省赛银奖")等。

培养了一批引领行业发展的创新创业人才。毕业学生累计创业公司百余家,其代表性的有:邱懿武(工业设计2011届本科),云造科技(《快公司》中国50家创新公司,2014)创始人;王念欧(工业设计2012届本科),宗匠科技创始人(2018福布斯中国30位30以下精英);李景元(工业设计2015届本科),时印科技创始人(2019福布斯中国30位30以下精英);魏呈远(工业设计2010届本科),三星智能手表首席设计师;等等。

培养了一批科技设计人才教育师资。培养科技设计研究人员200余人,就职于清华大学、湖南大学、卡内基梅隆大学、香港理工大学等高校,其中担任院长(系主任)32人,获光华龙腾奖金银质奖章等7人。

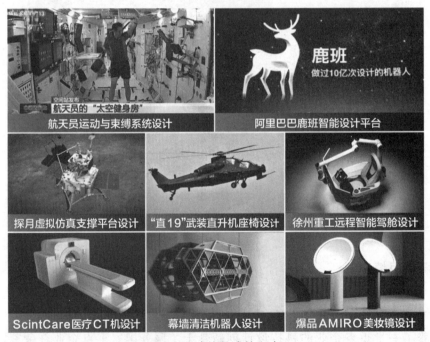

图6 人才培养成效突出

(二)推广应用:课程辐射广、媒体报道多、引领作用强(图7)

课程建设获得高度认可。获批教育部首批虚拟教研室建设项目2项(设计＋X、人工智能＋X)。入选国家一流课程3门,开设"设计思维与创新设计""Swift创新导论""可视化导论"慕课3门,以及Design Thinking and Innovation Design国际慕课1门,入选省精品课程2门,获省"互联网＋"优秀教学案例一等奖1门,累计选课人数超过6万人。其中"设计思维与创新设计"入选学习强国"每日慕课"栏目,浏览量逾290万次。

发起举办科技设计等国际会议。发起并连续举办7届中国创新设计大会、4届科技设计国际会议,发起并承建"好设计奖"(国家科学技术奖励办备案编号0283),举办10余届可视化暑期学校和研讨班,总受众人数超过3000人次。应邀在阿里巴巴、百度、华为、网易以及全国各高校、各类科研和教学研讨会等单位和大会作专业报告和主题演讲超过200次。人才培养理念得到同行广泛认可。

育人生态吸引近百家高校、企业和政府组织加盟。成立中国创新设计产业战略联盟,成员包括50余家大中型企业和40多家大学、研究院、行业协会和媒体,涉及航天、航空、高铁、造船等多个重点行业;成立浙江大学—新加坡科技设计大学创新、设计与创业联盟;受邀承担联合国工业发展组织设计领军人才培养,向来自泰国、柬埔寨、俄罗斯等22个国家和地区的50余位学员代表分享关于科技设计的经验和智慧。

媒体多次报道相关工作。2018年6月,教育部新闻办、《全国教育新闻联播》专题报道了浙江大学科技设计教育模式及教学成果,"培养以应用型为导向的人才,以解决实际问题为核心"。全球通讯社联盟亚洲网2019年1月发表"Shaping the Future: How Zhejiang University Transforms Lives",评论浙大设计"积极鼓励跨学科合作,将研究应用于现实问题以及探索新的思想和概念"。中央电视台、《人民日报》、澎湃新闻等媒体先后报道相关成果100余次。

图7　教育成果推广成效突出

(三)国际影响:主导合作多、国际形象好、引领示范强(图8)

(1)教育理念得到联合国工业发展组织认可和广泛推广。依托联合国工业发展组织开设生态设计领军班,培养"一带一路"共建国家官员和教育界人士500人次;建设联合国技术银行生态设计促进中心,为欠发达国家培养科技设计学生,并在联合国官网发布《国际设计教育项目报告》。

(2)合作高校给予高度认可,合作成效突出。知名高校对本成果高度认可,与米兰理工大学、新加坡国立大学、新加坡科技设计大学、千叶大学、埃因霍温理工大学、麻省理工学院、卡耐基梅隆大学、斯坦福大学等深度合作,境外师生来访满意度高、合作成效突出。

(3)与新加坡科技设计大学等知名高校全面合作,全球影响力大。与麻省理工学院共建新加坡第四所公立大学——新加坡科技设计大学,全面合作持续12年,输出"科技设计在21世纪中国发展中的角色"等5门全英文科技设计类课程,累计接收其访问学生645人次,并直接影响、推动和协助其开发新的本科人才培养项目"设计与人工智能"(Design and Artificial Intelligence)。承担中日韩三国教育部亚洲校园建设项目,累计参与学生1200余人。

图8 科技设计教育理念国际推广

"一本四化"中华优秀传统文化
涵育体系的构建与实践

主要完成单位：浙江大学

主要完成人：楼含松、冯国栋、楼艳、陶安娜、郑英蓓、张凯、董平、沈玉、胡可先、陶然、叶添阁、段园园、陈文丽

文化是一个国家，一个民族的灵魂。文化自信是一个国家，一个民族发展中最基本、最深沉、最持久的力量。中华优秀传统文化教育不仅关乎中文、历史、哲学、艺术、考古等专业的发展，对于增强文化自信和国家认同更具有非常重要的意义。青年是国家的未来和民族的希望，向大学生传递什么样的传统文化，如何利用传统文化结合专业教育涵育学生的家国情怀、社会关怀与人格高怀，是大学教育必须回答的重要问题。"民族文化是一个民族区别于其他民族的独特标识。要加强对中华优秀传统文化的挖掘和阐发，努力实现中华传统美德的创造性转化、创新性发展。"[1]习近平总书记关于传统文化创造性转化与创新性发展的理论为中华优秀传统文化教育指明了方向。中共中央《关于实施中华优秀传统文化传承发展工程的意见》、教育部《完善中华优秀传统文化教育指导纲要》等文件对高校推进中华优秀传统文化教育提供了具体指导。

具有120余年办学历史的浙江大学始终肩负着传承中华优秀传统文化的重任。在清末民初现代教育与学术转型之际，蜚声海内外的学术名家夏承焘、任铭善、姜亮夫、蒋礼鸿、沈文倬、胡士莹、徐朔方、严群、徐规等长期执教于浙江大学，秉持"融汇新旧、沟通文质"的求是精神，坚持"古今会通、中外融合"的学术旨趣，以化育人才、传承文化为己任，构筑科学时代人文主义的重要典范。

自20世纪90年代国家基础科学人才培养基地启动以来，浙江大学立足于综合型、研究型、创新型的大学特质，结合文、史、哲、艺交叉融合的学科特点，以及"五古丰登"（中国古典文献学、中国古代文学、古代汉语、中国古代历史、中国古代哲学）的科

---

①习近平.习近平谈治国理政[M].北京：外文出版社，2014：106.

研优势,坚持中华优秀传统文化的创造性转化、创新性发展,深入挖掘中华优秀传统文化蕴含的思想观念、道德规范和人文精神,阐发其现代价值,以文化人,构建了"一本四化"的大学生中华优秀传统文化涵育体系,用中华优秀传统文化的精华和智慧滋养大学生的精神世界,提振大学生的精神力量。"一本",即以培养具有家国情怀、社会关怀、人格高怀的"中华优秀传统文化的传承者和弘扬者"为本;"四化",即课程内容的集成式模块化、教学师资的交叉型协同化、培养环节的互动式一体化、教育载体的强辐射品牌化。以"一本四化"培养学生的专业认同意识、文化主体意识和文化创新意识,涵育学生的人文素养和情怀,培养学生的专业精神与能力,培养堪当民族复兴重任的时代新人。

项目实施以来,汉语言文学、历史学、哲学、古典文献学、文物与博物馆学、中国书法学6个专业入选国家一流专业建设点;汉语言文学、历史学、哲学3个专业入选基础学科拔尖学生培养计划2.0基地;汉语言文学(古文字方向)、历史学、哲学3个专业入选强基计划建设专业。创设了4个群组,包括121门中华传统类专业课程、53门中华传统类通识课程,打造了7门国家级精品课程;汇聚了62位校内教师、22位校外导师、500多位研究生助教;培育了教育部长江学者、青年长江学者、万人计划青年拔尖人才等一批优秀师资;打造了"中华经典诵读""中华好故事"等一系列育人品牌;形成了"礼敬中华优秀传统文化"全国高校十佳示范项目等一批教育成果;建立了国家语言文字推广基地(浙江大学语言文字推广中心)、数字人文研究中心、口才中心等平台。据不完全统计,近10余万校内学生、133万校外学生直接受益,10多万人间接受益。

一、成果的实施内容

"一本四化"的大学生中华优秀传统文化涵育体系体现了教育的整体性、全方位和立体化(图1)。在教育内容上,坚持中华优秀传统文化的创造性转化与创新性发展,深入挖掘中华优秀传统文化的现代价值与育人资源,充分利用"中国历代绘画大系""敦煌文献集成""中华礼藏""近代国学文献编年史编撰"等重大项目的牵引、集聚功能,将科研优势转化为育人资源,开设"中华礼乐文明""中华传统经典导读""敦煌与'一带一路'""中国文化与东亚文明"等4个集成式模块化课程,解决中华优秀传统文化教育内容碎片化、系统性不强的问题。在教育师资上,将科研团队打造成课堂教学主力军,发挥研究生助教作用,同时汇聚校外师资,形成"文史哲交叉+老中青接力+校内外协同"的教学团队,解决中华优秀传统文化教育师资散兵式、协同性不高的问题。在教育环节上,坚持课堂教育与实践教育相结合,贯通四课堂,将第一课堂的知识转化为学生的素质与能力,形塑学生人格,解决中华优秀传统文化教育方式单一化、融通性不够的问题。在教育载体上,坚持"恒久不易,恒久不已"理念,加大建设支持力度,将教学与科研融合、线上与线下融合、校内与校外融合,建立强辐射品牌化的系列平台,解决中华优秀传统文化教育成效短期化、长效性不足的问题。

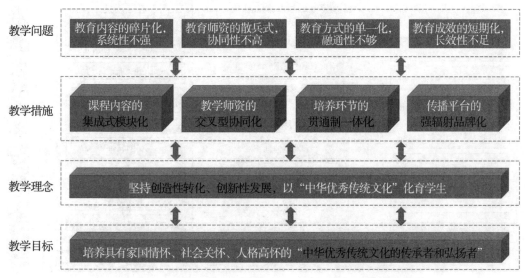

图1 "一本四化"的大学生中华优秀传统文化涵育体系

(一)在教育内容上下功夫,以优势学科和重大项目为牵引,打造集成式模块化的课程体系(图2)

充分发挥人文学院"文、史、哲、艺"多学科融合与"五古丰登"的学科优势,深挖中华优秀传统文化的教学资源。深入推进中华优秀传统文化的创造性转化与创新性发展,在《人民日报》《光明日报》、人民网、新华网等主流媒体发表40余篇文章,阐释传统文化的现代价值。充分发挥重大项目的牵引、集成、凝聚和化合作用,以"中国历代绘画大系""敦煌文献集成""敦煌学学术史资料整理与研究""中华礼藏""《全明词》重编及整理研究""汉语词汇通史""考古发现与中古文学研究""近代国学文献编年史编撰""龙泉司法档案整理与研究"等一批重大项目为依托,精心打造"中华礼乐文明""中华传统经典导读""敦煌与'一带一路'""中国文化与东亚文明"等4个集成式模块化的课程群组,包括121门中华传统类专业课程、53门中华传统类通识课程,如"中华传统经典研读课程群组"含15门专业课和13门通识课。在此基础上建成12门慕课课程,其中7门入选国家精品在线开放课程,如国家精品在线开放课程"唐诗经典"开课后已有50万余人修读。

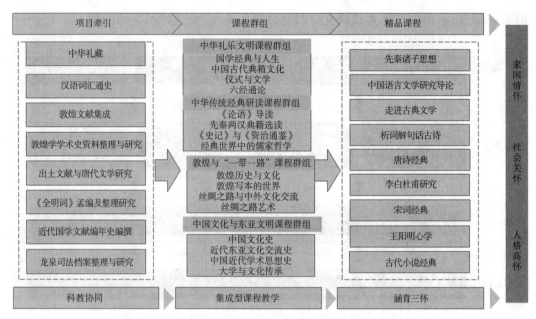

图2 集成式模块化的课程群组

(二)在教育师资上下功夫,以"文史哲交叉+老中青接力+院内外协同"的建设模式,打造交叉型协同化的教学团队

在科教融合基础上,将科研团队打造成课堂教学主力。按照集成式模块化的课程群组内容,组建4个教学团队,由13名文科资深教授等领军人才引领,49名中青年教师为骨干,500多名研究生助教协助,担纲课堂教学。在专业教育中实行全程导师制,聘请校内资深学者作为专业导师,校外专家作为实践导师。同时,广泛吸纳院外校外资源,兼聘传统文化领域的资深学者、非物质文化遗产传承人等22名师资,形成社会共同参与的教育合力。以"文史哲交叉+老中青接力+校内外协同"的"多兵种"协作模式,打造交叉型协同化的育人团队,举办"中华传统文化与通识教育"论坛和教育教学"知行"系列活动,加强教学设计研讨,提升教学水平。

(三)在教育方式上下功夫,"系统性传授"与"体悟性实践"相结合,打造多课堂融通的互动式一体化教学范式(图3)

以"第一课堂知识传授、第二课堂科研训练、第三课堂社会实践、第四课堂文化传播"的贯通式培养,突出传统文化教育的体验性、情感性、实践性,强调知识传授与实践体验有机融合。以科研项目"中华礼藏"为牵引,打造第一课堂"中华礼乐文明"课程群,系统性传授中华礼乐文明的相关知识;以大学生科研训练计划、学生论文报告会等为载体,推进第二课堂中华礼仪、传统节日的研习;以"礼敬中华优秀传统文化"品牌为载体,开展第三课堂"人文经典·四季歌行""中华好故事"等实践活动;以"大学生中华优秀传统文化宣讲团"为主体,通过第四课堂海外研修,把中华优秀传统文化传播到五湖四海。贯通四课堂,实现一体化培养,使学生体认、体验、体悟优秀传统文化,实现知识迁移和人格形塑的双重效果。

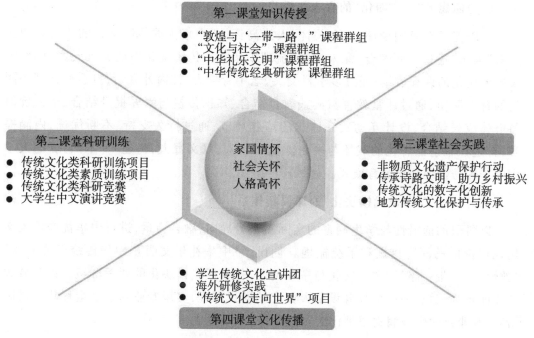

图3　多课堂融通的互动式一体化教学范式

(四)在教育载体上下功夫,以"人文经典"系列精品活动为重点,打造强辐射品牌化的教育平台(图4)

尊重文化传播规律,从不同学科学生的需求和认知特点出发,以专业内学生全程化一贯制培养、专业外学生浸润式博雅化培养为目标,在校内首创"文化艺术中心""中华好故事经典资源库""大学生中华优秀传统文化教育宣讲团"等,打造以国家精品在线开放课程、"礼敬中华优秀传统文化"全国高校十佳示范项目为标志的一系列教育品牌。全国高校十佳示范项目"人文经典·四季歌行"品牌活动得到《光明日报》、中新网、《中国教育报》等媒体的报道;与浙江卫视合作,推出中华优秀传统文化人文类栏目《中华好故事》,被国家新闻出版广电总局授予"2014年度上星频道优秀栏目"称号。

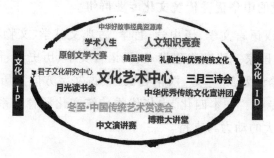

图4　强辐射品牌化的教育平台

二、成果的创新点

(一)创建了"一本四化"的育人新模式

以培养具有家国情怀、社会关怀、人格高怀的"中华优秀传统文化的传承者和弘扬者"为本,通过教研融合,深入挖掘、梳理中华优秀传统文化中的育人元素,创设集成式模块化的课程群组;通过多学科交叉、老中青接力、校内外联动,打造交叉型协同化的育人队伍;通过课堂教育与实践教育结合、知识传授与素养提升结合、个人价值与群体成长结合,设计互动式一体化的培养环节;通过持久支持、不断优选、内涵提升,打造强辐射品牌化的载体与平台。以文化人、以文育人,构建"一本四化"的大学生中华优秀传统文化涵育模式。

(二)创设了"集成式模块化"的课程新体系

以科研的前沿性与学生涵育的实际需求为导向,融合力量,进行中华优秀传统文化现代价值的深度挖掘和系统梳理。创设了"中华礼乐文明""中华传统经典研读""敦煌与'一带一路'""中国文化与东亚文明"等集成式模块化的课程群组。以开放式专业课程为依托,面向全校开设量大面广的通识课程,实现专业内学生全程化一贯制培养、专业外学生浸润式博雅化培养的目标。

(三)创立了"三全育人"的教学新范式

以"多兵种协作"的全员育人团队、"多平台协同"的全方位育人载体、"多环节贯通"的全过程育人路径,保障中华优秀传统文化教育。紧扣育人"关键在教师"的核心点,汇聚校内外资源,打造学科结构多元、知识体系互补、科研积累深厚、教育力量融合的全员育人团队。建立科教融合平台、社会实践平台、文化传播平台等相互支撑的全方位育人载体,提高学生对中华优秀传统文化的自主学习和探究能力。从学生需求和认知特点出发,遵循"知—情—意—行"的教育内化规律,设计"多环节贯通"的全过程育人路径,实现知识传授与德性培养的统一。

三、成果的推广应用效果

(一)建成高质量的中华优秀传统文化专业群组

项目实施以来,汉语言文学、历史学、哲学、古典文献学、文物与博物馆学、中国书法学等6个专业入选国家一流专业建设点;汉语言文学、历史学、哲学3个专业入选基础学科拔尖学生培养计划2.0基地;汉语言文学(古文字方向)、历史学、哲学3个专业入选强基计划建设专业。"一本四化"中华优秀传统文化涵育体系为这些专业群组的建设、升级提供了强大的动力与支持。

(二)培养了一批中华优秀传统文化的传承人

10年来共开设传统文化类课程教学班1998个,覆盖近9万人;开放在线课程12门,133万余人修读;开设校内教育项目100余场次,2万余人直接受益,10多万人间接受益。育人成效显著,培养的学生成长为北京大学、中国社会科学院、中国人民大学、华东师范大学、武汉大学等高校院所传统文化教育骨干,多人入选国家"教育部青年长江学者""万人计划青年拔尖人才";毕业生获全国高校青年教师教学竞赛文科组一等奖及五一劳动奖章。首位德文全译本《西游记》译者林小发等优秀校友将中华优秀传统文化传播至世界各地;多名学生获全国大学生演讲赛特等奖、省大学生演讲赛一等奖等。

(三)汇聚了一批中华优秀传统文化的教学名师

打造了4个教学团队,汇聚了13名资深教师和49名中青年骨干,包含3名教育部长江学者特聘教授、2名教育部青年长江学者、1名国家"万人计划青年拔尖人才"、1名浙江省特级专家、5名求是特聘教授、5名文科领军人才。努力提升教学水平,1人获省优秀教师,2人获永平奖教金,5人获唐立新教学名师奖,1人获唐立新优秀学者奖。汇聚校外力量,形成教育合力,著名文化学者刘梦溪、中国社会科学院学部委员刘跃进、著名昆曲表演艺术家林为林等一批社会文化名人及优秀校友受聘担任教学导师或实践导师。

(四)产出了一批辐射示范作用显著的优秀成果

以实质性科教融合推动课程建设,形成4个模块174门优秀课程;在《光明日报》《人民日报》等发表40余篇有影响力的文章,深入挖掘中华优秀传统文化现代价值;建成以国家级精品在线开放课程和省级精品在线开放课程为代表的一批优秀课程;出版以《唐诗经典研读》《宋词经典导读》《中国古典文学十讲》《中国哲学教程》《中国书法》为代表的一批优秀教材;建成以教育部"礼敬中华优秀传统文化"全国高校十佳示范项目为代表的一系列品牌项目;形成以国家级教学成果奖为代表的一批教学奖项;获得德国"莱比锡书展奖"、全国十佳大学生等一系列荣誉。

以人民为中心
——高等艺术教育"同轴双向"育人体系建构与实践

主要完成单位：中国美术学院

主要完成人：许江、高世名、封治国、何红舟、邬大勇、班陵生、杨奇瑞、盛天晔、黄骏、刘智海、张春艳、郭健濂、付帆、杨晨曦

一、成果内容概述

我校开中国高等艺术教育先河，是国内最早的艺术类本科和研究生培养单位之一，现为教育部"双一流"建设高校，也是第四轮学科评估中唯一美术学和设计学获得双A＋的艺术院校，代表了中国高等艺术教育的最高水平。新时期以来，我校坚决贯彻习近平总书记关于支持我校"建设体现中国文化艺术研究和教学最高水平的世界一流美术学院"这一重要指示，始终将名校铸炼和人才培养放在首位。

94年来，我校紧扣时代脉搏和人民需求，始终坚定地把"培养什么人、怎样培养人、为谁培养人"的问题摆在办学首位。建校之初，我校学子投身民族救亡运动，实践"以美育代宗教"和"创造时代艺术"的理想，11名师生参加"延安文艺座谈会"，投身革命文艺实践；新中国成立后，我校率先在全国树立了高等艺术教育的崭新模式，积极投身《人民英雄纪念碑》浮雕创作等重大艺术工程，创作出《南昌起义》等大批载入史册的艺术精品，成为新中国革命美术的重要基石。

我校将"以人民为中心"作为人才培养的"主轴"，贯通艺术创作和艺术教学两大方向，以反映党史、新中国史、改革开放史、社会主义发展史、中华民族发展史"五史"的重大题材创作为抓手，锻造品学通、艺理通、古今通、中外通"四通"人才培养新模式，通过推出常态化社会实践育人的新机制，打通创作教学资源校内外双向转化的新路径，形成大思政教育的"大课堂""大师资""大平台"一体化大格局，全面构建高等艺术教育"同轴双向"的育人体系（图1）。在思想教育、专业教学和社会实践中，始终把"立大志、明大德、成大才、担大任"作为育人核心任务，形成熔铸中国精神与时代特色

的艺术人才培养体系,建设担当国家创作重任、创造时代艺术经典、面向未来的世界一流美术学院。

我校培养的艺术人才在国家主题性美术创作领域形成引领之势。他们的重要作品进入中小学教科书,成为几代中国人的集体记忆。师生高质量完成国家委托的重大题材创作重任,成果数量和质量都位居全国第一。中国国家博物馆永久陈列中,我校师生作品接近半数,被誉为"国博中的国美现象"。2014年10月,本成果主要负责人参加了习近平总书记主持的文艺工作座谈会,并代表全国美术界作主题发言。2015年4月,《人民日报》介绍和充分肯定了我校近十几年来的教育理念及育人实践。这充分表明了我校在中国艺术教育中的核心地位和人才培养优势。

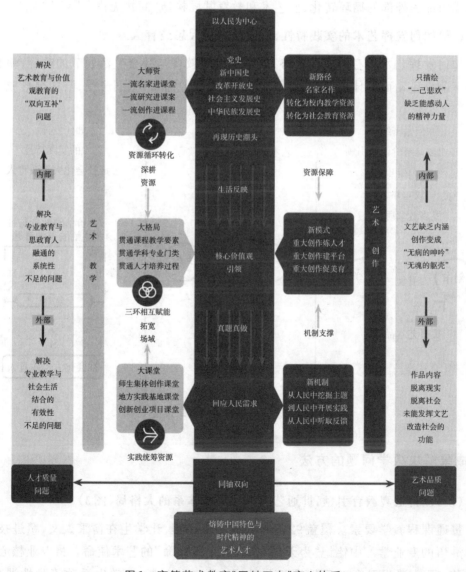

图1　高等艺术教育"同轴双向"育人体系

二、成果主要解决的教学问题(图2)

(一)如何将专业教育与价值观引领紧密结合,实现创作与教学的双向并举

如何在重大题材创作中铸炼"人民之心",使艺术创作反哺专业教学、提高人才质量,使价值观教育浸润创作从而提升艺术品质,实现创作和教学方法的相互赋能,从而使艺术创作转化为人才培养的内生动力。

(二)如何形成专业艺术教育与大思政教育的资源循环转化

如何形成艺术专业和大思政的二位一体模式,带动名师、名作、名课等大思政资源形成内部和外部的循环转化,使艺术和教育共同构造"润物无声"的育人"闭环"。

(三)如何发挥艺术的实践特性,形成社会化大思政育人

如何发挥艺术教育的实践优势,破解价值观教育与社会生活脱节的难题,使教学与当下建立生动而具体的联系,引导学生对"人民的需求"感同身受,与社会形成合力育人。

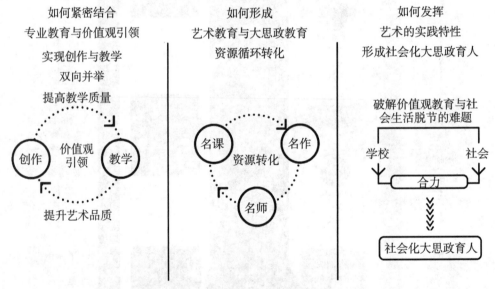

图2 成果主要解决的教学问题

三、成果解决教学问题的方法

(一)以价值观教育引领,贯通艺术人才培养体系的大格局(图3)

贯通课程教学要素。覆盖92门国家级一流课程,让学生在博采人文、精进技法、深思妙悟的专业学习中铭记"为天地立心、为生民立命"的艺术使命。将专业核心、人文选修、思政课程融合的显性课程与校园文化、节庆典礼、学生活动等隐性课程相

贯通。

贯通学科专业门类。以思政理论、社会实践、文艺理论三位一体的综合性课程贯通28个专业，打造了26个国家级一流专业、2个省级一流专业。设置跨专业课程，将"马克思主义经典著作导读"等教育部课程思政示范课程作为精品思政课程，与"千万师生同上一堂课"的全员课程思政相贯通。

贯通人才培养过程。在省内率先完成课程思政的校内全覆盖，以弘扬主流价值观的国家重大历史题材创作引领工作室、实验室、研究所三环教学场域。以"四通"（品学通、艺理通、古今通、中外通）人才培养为目标，开展"美术院校思政实践课教学新模式的理论与实践研究"等27个省级教学改革项目。

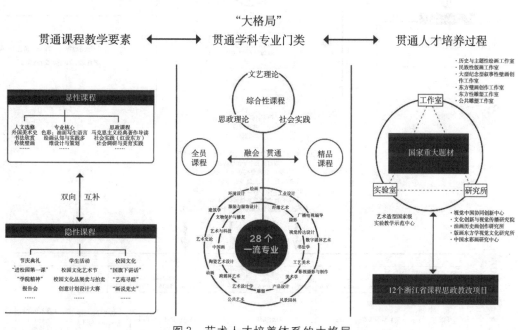

图3　艺术人才培养体系的大格局

(二)以名家名师引领,形成艺术教育的"大师资"(图4)

一流名家进课堂。艺术名家同时作为课程思政的教学名师，激活"大思政课堂"的一线教学，获评"黄大年式教师团队"及"教育部课程思政教学名师团队"。

一流研究进课案。将"民族复兴与国家重大题材美术创作研究"等6个国家社科基金艺术学重大项目的阶段性成果引入课案，将子课题的相关内容纳入培养方案，关联每个年级的专业课，建构"创作论"的完整教学体系。

一流创作进课程。将我校"建党百年重大题材美术创作工程"等国家级委托项目的创作成果纳入"主题性形象再写生""泥塑写生"等核心课程，获评首批国家一流课程，以名作《启航》为主题的课程"色彩：油画写生语言"获评教育部首批课程思政示范课程，最终实现美术学国家一流课程全覆盖。

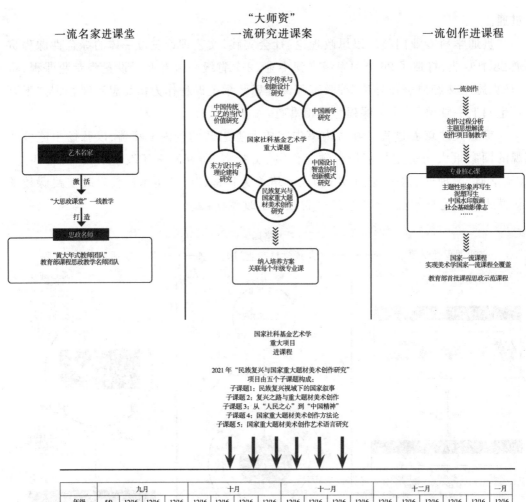

图4 艺术教育的"大师资"

(三)以实践教育为场域,构建多维度互动的"大课堂"(图5)

师生集体创作课堂。重大题材创作以教学课题方式进入课堂,入选"国家人才培养模式创新实验区"。师生共同参与创作的全过程,共同领悟创作主题,共同寻找创作素材,共同进入创作情境,学生从"帮手""助手"转换为"合作者""创作者",在创作现场自觉接受"五史"教育,化被动学习为主动学习。

地方实践基地课堂。在28个省(区、市)建立的200余个社会实践基地组成了全国性实践网络,对应"五史"题材匹配不同类型实践基地。本科四年每年均设置不同类型的社会实践课程,构建全时段实践体系。实践课程"千村千生"获评"全国最佳志愿服务项目",打造全员参与的实践模式。

创新创业项目课堂。打造国家大学科技(创业)园、中国(之江)视听创新创业基地等8个多元化的国家/省级平台,获评"全国创新创业教育示范高校""全国高等学校创业教育研究与实践先进单位"。学生项目"拼格"获"互联网+"大赛金奖,创业成功后回校设立奖学金。

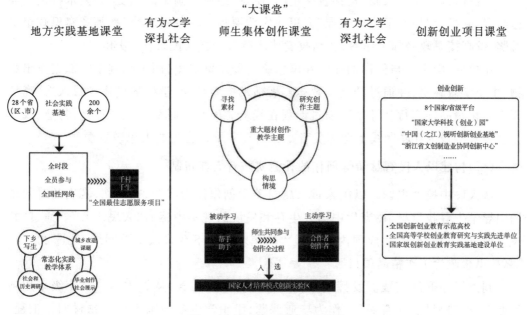

图5 多维度互动的"大课堂"

四、成果的创新点

(一)以国家重大题材创作为抓手,构建人才培养新模式

重大创作炼人才。开办"国家主题性美术创作研究班",面向全国招生,以我校几代名家优势资源为全国培养主题性美术创作的中青年师资,学员多成为兄弟院校的重大题材创作骨干和育人模范,反过来也为校内师资带来"新鲜血液"。

重大创作建平台。通过创作教学,培养校内的重大题材创作人才梯队,出色完成国家的重要创作委托项目,继而与文化和旅游部共建"国家重大题材美术创作创新平台",依托该平台汇集和培育全国各地的创作人才,形成了高等艺术院校创作教学方面的全国联动,打造出重大题材创作的"国家队",促进了高等艺术教育全国性大思政平台的形成。

重大创作促美育。培育凸显价值观引领的社会育人资源,形成社会化大思政教育的格局。我校师生和他们的重大题材创作在22个国家/省级大型展览以及中央电视台纪录片《名画中的党史》展播中与群众见面。我校1.6万名师生共同参与组织线上线下结合的"美美讲堂",惠及11万社区居民和32万农村儿童,获评"全国最佳志愿服务项目",被中央电视台《焦点访谈》报道。

(二)打通创作教学资源校内外双向转化的新路径

作为唯一入选"全国党建示范高校"的艺术院校,充分发挥艺术的创造性和思政的思想性,将"大师资"和"大平台"效应落实为课程资源。

在校内,以"党史长廊"贯穿教学空间,研发"经典名画中的党史"等艺术特色专业思政课,并推出"星空下的思政课"大思政实践课程,获省高校青年教师竞赛思政组优秀奖、省高校思政名师工作室、省高校党建示范群,被《人民日报》报道。

在校外,学生参与创作的作品在国家级主题展览展出,用于编制中宣部重点出版物、中小学教科书,并通过社会美育志愿者活动推向社会;学生的创作项目入选"高校原创文化精品推广行动计划",通过课程在线资源库与实时交互在线社区,打造"线下社会美育实践＋互联网线上课程美育平台",充实了社会公共大思政资源。

(三)构建以人民智慧铸炼创作的社会实践育人新机制

从人民中挖掘主题。以国家重大题材美术创作作为课题,在真切、真实的时代现场引导学生寻找素材,在当代中国人生存和发展的现实中感通"人民之心"。通过"共建共研"的校地合作,建成国内规模最大的艺术专业下乡采风基地网络,入选2021年"高校思想政治工作精品项目"。

到人民中开展实践。发挥创作创新能力为人民服务,从做中学。高年级采用项目制教学,鼓励"真题真做"。作为毕业课题,组织学生参与国家重大题材创作工程、世博会、G20峰会、亚运会的视觉设计等国家重大项目和530余个全国城乡市镇建设项目。

从人民中听取反馈。率先打造向公众展示高校教学常态的模式,将群众反馈纳入教学评价权重,打造社会性评价反馈机制。开创"铸金炼课"课程展、"冬查夏展"学期展、毕业展等教学成果展,每位师生亲自驻场向公众介绍作品,面对面了解反馈。设置"融媒体中心"负责各大社交平台上的教学展示并接受评价,举办"众志赞歌"等在线教学成果展。

五、成果的推广应用效果

(一)育人体系理念时代领跑

从基于"省部共建"成立中国艺术教育研究院,到联合全国30家艺术院校发布三次"杭州共识";从连续举办四届教育部"中国艺术教育论坛",到教育部"艺术大讲堂"启动仪式中本成果负责人作第一讲,我校都始终强调"人民之心"是"民族文化心灵教育和艺术教育的指南"。

集结十几年来师生理论和创作成果,推出中宣部重点出版物《画说初心》《革命与复兴》等40多本相关出版物,其中《中国》成为庆祝中华人民共和国成立70周年国庆招待会赠礼用书。

在核心期刊发表《肩负中国艺术教育的责任与担当》等54篇相关论文,进行系统化理论建构。

(二)重大题材创作高峰引领

在中国国家博物馆中厅陈列的1/3以上作品由我校历届师生共同创作,被誉为"国博中的国美现象"。

十余年来,我校受国家委托,在历次国家重大题材美术创作工程中参加人数最多(310余人),入选数量居全国之首(156件),培育了一大批青年人才。在2021年中宣部"不忘初心,继续前进——纪念中国共产党成立一百周年美术创作工程"中,我校入选及收藏数量占总量的1/6。

在"中华史诗""最美中国人"等多项由中宣部、文化和旅游部主办的国家级创作工程中,近百件作品被中国国家博物馆、中国美术馆等国家级机构收藏。学校2019年获评文化和旅游部"国家主题性美术创作"优秀组织单位。

(三)青年艺术人才德艺兼修

师生共同创作的《南昌起义》《贫农的儿子》《延安火炬》《启航》等为全国中小学教科书贡献了一流品质的艺术作品,塑造了几代中国人的集体记忆,生动地诠释了"五史"的核心内容。

在第13届"全国美展"(五年一届的国家级最高级别美展)中,入选学生作品居全国院校之首(64件)。

学生获"全国道德模范""全国优秀共青团员"等荣誉共50多人次,学生深度参与的社会项目获省级以上各类采风创作和城乡提升类奖项500余项。

学生毕业后积极奔赴边远地区和基层一线,赴新疆、云南景东等地工作支教,参选"基层村官"人数逐年递增。

(四)教学理念成果辐射全国

师生应邀在全国推广教学经验,教学"铸金炼课"展览引发全国高校瞩目,全国25所大专院校专程赴我校学习。先后面向社会举办"文化和旅游部国家主题性美术创作研修班""全山石油画高级研创班"。

师生携手举办"人民之心·中国之魂"等为人民立言立心的作品展数十个,开展学术研讨活动百余次、社会服务项目近千个,被《人民日报》等主流媒体报道60多次。

仅2021年毕业展的线上平台点击量就突破5.6亿人次,线下参观数近30万人次,被国内外媒体称为"全球规模最大、最受社会关注的毕业成果"。

2013年,时任国务院副总理刘延东肯定我校:"以立德树人为办学宗旨,通过校园育人、生活育人、学术育人、实践育人等方面,将中华优秀传统文化深刻地体现在教育当中,形成了很好的教育框架。"

三维耦合 三链融合，培养生物产业工程科技创新人才

完成单位：浙江工业大学、华东理工大学、南京工业大学
主要完成人：郑裕国、郑仁朝、王启要、吴石金、胡永红、王亚军、庄英萍、王方、郭凯、钟卫鸿、汤晓玲、章银军、张烽、王远山、汪钊

一、成果形成背景

习近平总书记指出，"未来几十年，新一轮科技革命和产业变革将同人类社会发展形成历史性交汇，工程科技进步和创新将成为推动人类社会发展的重要引擎"[①]。这一重要论述指明了当前高等工程教育围绕国家战略需求培养工程科技创新人才的方向。当今世界，从科学发现到知识转化成产品的时间周期缩短，新知识、新技术、新理念产生速度加快，对工程科技人才的能力、技能、视野均提出新挑战。"新工科"是新技术、新产业、新经济背景下工程高等教育教学的新思维、新方式，也是高等教育教学改革的新要求。高校必须全方位改革创新，用新思维、新理念、新机制、新技术、新体制、新举措培养工程科技创新人才。

生物产业是世界新一轮科技革命和产业革命的制高点，也是我国发展新经济、培育新动能，实现经济社会可持续发展的战略性新兴产业。2022年5月，国家发改委印发《"十四五"生物经济发展规划》，明确打造国家生物技术战略科技力量，加快突破生物经济发展瓶颈，实现科技自立自强。同年9月，美国签署《国家生物技术和生物制造计划》法案，以加强和巩固美国在生物产业中的地位。因此，在新工科人才以及产业的世界竞争格局中，以迭代创新和交叉融合为显著特征的生物产业亟需大批具有科学发现、技术创新和工程创造能力的新一代工程科技创新人才。探索在多维主体纵向交互、多部门横向协同的创新教育生态中，构建多跨协同、开环开放的生物产业工

---

① 习近平.让工程科技造福人类、创造未来——在2014年国际工程科技大会上的主旨演讲[N/OL].（2014-06-04）[2024-11-25]. http://data-people-com-cn.webvpn.zju.edu.cn:8001/rmrb/20140604/2.

程科技创新人才培养模式,培养引领生物经济蓬勃发展的工程科技创新人才,成为高等工程教育改革的重大命题。

浙江工业大学、华东理工大学、南京工业大学三校在全国较早设立生物工程专业,均以工科特色知名,被誉为"生物工程师的摇篮",为我国生物产业培养了一大批工程技术人才。针对当前工程人才培养中工程性与创新性缺位、科产教脱节等核心问题,2010年,三校以同时入选教育部首批"卓越工程师计划"试点高校为契机,以长三角和全球生物产业发展需求为导向主动求变,率先联合启动面向未来生物产业发展需求的工程科技创新人才培养改革。后续在7项教育部新工科研究与实践课题和3项国家一流专业建设项目等重点教学改革项目支持下,三校秉持"以学生为中心的跨界融创"理念,创建了多主体协同、多课堂融通、多平台支撑的"三维耦合 三链融合"新工科育人新体系(图1)。

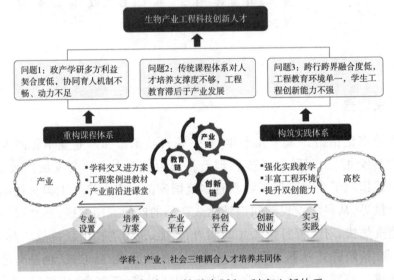

图1 "三维耦合 三链融合"新工科育人新体系

以三校生物工程学科引领性创新能力汇聚资源、激发动力、凝聚合力,构建学科、产业和社会三维有效耦合的新型人才培养共同体;以三维耦合促教育链、创新链和产业链三链融合,通过学科交叉进方案、工程案例进教材、产业前沿进课堂,重构交叉融通的课程体系;以三链融合促跨校、跨行、跨界融合贯通,建立虚实结合的实践教学、交互渗透的工程教育环境、需求导向的双创教育,构筑知行耦合的实践教育体系。经过十余年改革实践,培养了一大批适应生物产业变革,具有科学发现、技术创新和工程创造能力的工程科技创新人才,有力支撑了长三角地区和我国生物产业的快速发展。

二、成果主要解决的教学问题

本成果汇集了三所高校最优质的教育资源,生物工程学科强强联合,创建和依托高能级新型人才培养共同体，瞄准当前工科高校人才培养机制存在的主要问题，聚焦契合新产业、新经济发展要求的工科教育模式综合改革。本成果通过实施"三维耦合 三链融合"的路径有效解决了如下教学问题：

(1)政产学研多元利益契合度低，协同育人机制不畅、动力不足。

(2)传统课程体系对人才培养支撑度不够，工程教育滞后于产业发展。

(3)跨行跨界融合度低，工程教育环境单一，学生工程创新能力不强。

三、成果解决教学问题的方法

基于生物产业迭代创新和交叉融合特征，从学科、产业和社会三个维度，创建开环开放、共建共享的新型人才培养共同体。围绕生物产业链的迭代升级，创建教育链、创新链与产业链"三链融合"人才培养体系。

(一)学科、产业、社会三维耦合，构建开环开放的人才培养共同体(图2)

1.学科优势汇聚资源

三校生物工程学科优势互补，以覆盖全生物产业链的顶尖人才(4位中国工程院院士领衔)、高能级平台和高水平研究等，汇聚企业、政府和行业的空间、资金和政策等资源，组建长三角助力创新联盟等8个协同育人联盟。

2.扎根区域激发动力

以三校为核心，建设3个国家级协同创新中心和首个国家现代生物医药产业学院，连接长三角200余家生物产业领军企业，以区域高度活跃的工程科技创新激发协同育人动力。

学科优势汇聚资源

- ▶ 4位中国工程院院士领衔
- ▶ 国家重点实验室
- ▶ 16项国家科技成果奖
- ▶ 15项国家重点研发项目
- ▶ 长三角助力创新联盟等8个协同育人联盟

扎根区域激发动力

- ▶ 国家协同创新中心
- ▶ 首个国家现代生物医药产业学院
- ▶ 浙江省现代生物产业学院
- ▶ 长三角200余家生物产业领军企业

优化机制凝聚合力

- ▶ 组建全国首个生物工程类专业联合体
- ▶ 制定工程教育培养标准与评价体系
- ▶ 构建多元共赢的工程教育新生态

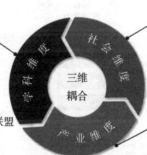

图2 三维耦合人才培养共同体

3.优化机制凝聚合力

牵头组建全国首个生物工程类专业联合体，制定工程教育培养标准与评价体系，建立专业结构与产业结构、专业标准与职业要求、教学资源与产业资源深度融合机制，构建良性互动、多元共赢的工程教育新生态。

(二)教育、产业、创新三链融合,重构交叉融通的课程体系(图3)

1.学科交叉进方案

根据生物产业生物学、工程学和信息科学深度融合的特征,设计智能生物制造"5M"(mining,model,manipulation,measurement,manufacture)多学科交叉知识体系,创新人才培养方案。增设"遗传工程机器设计""生物材料与组织工程""生物力学"等15门创新交叉课程。获批教育部生物医药工科试验班。

2.工程案例进教材

推进"一工程一案例"建设,三校16项国家科学技术奖转化为经典生物工程案例,进入《生物工艺学》《酶工程》等10部教材,新增33个学科交叉工程案例和20个产业新技术案例,以工程创新促工程教育。

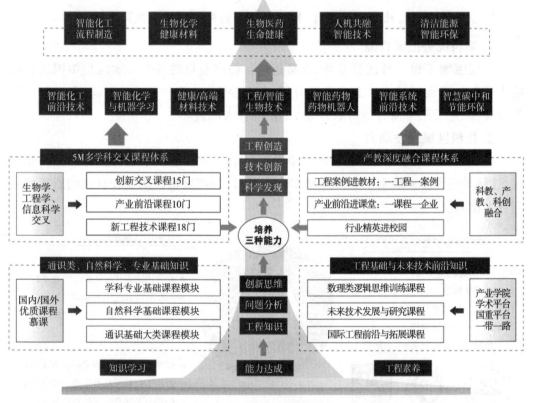

图3 交叉融通的课程体系

3.产业前沿进课堂

实施"一课程一企业"改革,以"DNA—蛋白质—代谢途径—细胞—反应器"的多尺度理论为主线,聘请行业精英进校园,与华东医药、药明康德等46家龙头企业共建"绿色生物制造""生物系统建模""纳米生物技术"等产业前沿课程10门,开发"微流控:创新与应用""系统生物学""结构生物学""合成生物学"等新工程技术课程18门。

（三）跨校、跨行、跨界融合贯通，构筑知行耦合的实践体系（图4）

1. 虚实结合的实践教学

创建贯穿4年的"综合性课程实验—探索性工程实践—自主性学科竞赛—创新性项目研究—毕业论文"递阶式、模块化实践教学体系。三校共建、共享"细胞工厂设计"等12门产业前沿驱动的国家和省级虚拟仿真实验课程，实现对微观工程和大规模生物制造过程的仿真教学。

2. 交互渗透的工程教育环境

校企共建生产线（校中厂）10条，将工程思维、工程伦理、生物安全融入教学；骨干教师任首席专家、科技副总，设立教师工作站（厂中校）110个，将研发中心、生产车间拓展为教学空间，建设2个国家级校企工程实践教育中心。

3. 需求导向的创新创业教育

依托国家重点实验室、国家工程技术研究中心等各级平台，以"企业出题—导师助题—学生解题"为主线，对接真需求，解决真问题，建设32个"生物创客"创新创业工作坊，构建"创意—创新—创业"全程竞赛体系，培育教育部中美青年创客交流中心优秀团队等学生双创团队100余支，获国际基因工程机器大赛和"互联网＋"大赛金奖13项。

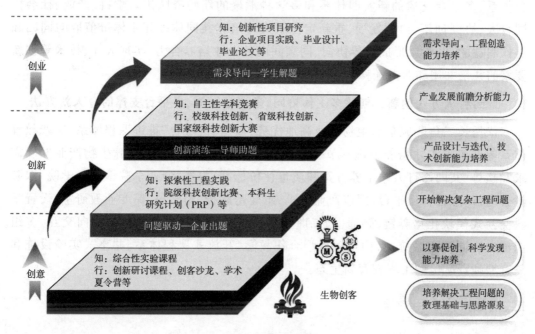

图4　知行耦合的实践体系

四、成果主要创新点

(一)育人体系创新：构建"三维耦合 三链融合"新工科育人新体系

基于生物产业迭代创新和交叉融合的显著特征,提出了学科壁垒逐渐破除、教育组织边界不断突破背景下跨界融创的新工科育人新体系。通过三校强强联合,打造生物工程学科引领性优势,形成对产业、社会的强大吸引力。以学科、产业和社会三维有机耦合构建人才培养共同体,汇聚育人资源、激发育人活力、凝聚育人合力,丰富多元主体协同育人的价值内涵。以教育链、创新链和产业链三链深度融合,重构交叉融通的课程体系,构筑知行耦合的实践教育体系,培养具有科学发现、技术创新和工程创造能力的工程科技创新人才。

(二)育人机制创新：建立跨界联动、科产教融合的同频同向运行机制

牵头组建专业建设联合体、现代产业学院、创新联盟和产业研究院等新型人才培养共同体,推动教育组织的破壁与重构,实现学科交叉和科产教融合。通过"三维耦合 三链融合"系列长效机制,建立多主体协同的人才培养共同体、多目标集成的新课程体系、多平台支撑的新实践体系和多学科汇聚的新师资队伍。学科、产业、社会协同育人、协同创新、协同发展,重新定位了人才培养共同体多元主体价值取向同归和协作利益的平衡点,形成跨界协同、同频同向的人才培养合力,实现人才、技术等创新要素的共培共用和双向迁移。

(三)育人方法创新：创建多主体协同、多课堂融通、多平台支撑的育人新方法

依托长三角区域全球生物产业高地优势,以"三链融合"推进课程体系、实践教育体系等新工科人才培养关键环节创新。成立人才培养共同体,把脉生物产业发展需求和趋势,共同修订人才培养方案和质量评价标准;打造"专业学院＋产业学院"双院融合运行、融合育人平台,回应产业需求;组建跨院校、跨学科、跨专业教研室,设置学科交互式模块化培养链,融通一、二课堂和教学空间。在多创新体系纵向交互、多组织横向协同的大系统中,构建项目型合作教学、开放式课程体系、共享式实验设施和复合型师资队伍的工程教育新生态。

五、成果推广应用效果

(一)培养质量稳步提升,成为生物产业人才培养重要基地

成果在三校生物工程类专业中应用,直接受益学生达1万余人,工程科技创新能力显著提升,吸引三生制药、华恒生物等50余家知名企业设立奖学金。近五年,在校生获领域顶级大学生赛事——国际基因工程机器大赛金奖9项、最佳单项奖和提名奖

2项,"互联网+"大赛金奖4项,"挑战杯"等国内外奖项120余项。60%以上毕业生进入国内外名校深造,30%进入国内外知名企业,其中50%以上在5年内成长为中高层和核心骨干。据不完全统计,长三角区域20%生物医药领军企业的管理层拥有三校校友,奥泰生物、奥浦迈等一批校友企业成功上市,有力支撑了我国生物产业的快速发展。

(二)教育理念影响深远,成为生物工程类专业建设引领者

三校承担7项教育部新工科研究与实践项目、6项教育部产学协同育人项目和20余项省级教学改革项目。三校联合举办教育部工程论证专业培训会、生物工程技术专业发展研讨会等全国性会议12次,创建全国首个生物工程类专业建设联合体。130多所高校来校学习"三维耦合 三链融合"新工科人才培养方案和举措,覆盖全国同类专业1/2以上。作为试点高校,率先通过生物工程专业国家工程教育认证,牵头制定生物工程专业工程教育认证补充标准,在80余所高校推广实施,成为专业工程教育标杆。在"中国大学及学科专业评价报告"排行榜中,浙江工业大学、华东理工大学生物工程类专业连续3年稳居全国前两位。

(三)教学资源辐射广泛,成为生物产业人才培养示范区

生物工程专业入选首批国家一流本科专业建设点和卓越工程师2.0计划,获批2个国家级实验教学示范中心、1个国家教学团队、1个教育部虚拟教研室、11门国家级一流课程和精品课程、12个国家级和省级虚拟仿真实验项目。《生物催化剂工程》等4部教材获中国石油和化学工业优秀出版物教材奖一等奖,《生物工程设备》《生化分离工程》等12部规划教材被全国100余所高校选为教材,累计发行超12万册。

(四)教改经验全国推广,成为生物产业人才培养思想库

在《高等工程教育研究》、*The American Biology Teacher*、《生物工程学报》等重要期刊发表教改论文59篇。应邀在全国高校生命科学课程报告论坛等作报告50余次,被《人民日报》《光明日报》《经济日报》和《中国教育报》等20余家媒体报道。《人民日报》头版头条报道郑裕国院士名师示范课堂。成果展示微视频《探索未知、激情求解》在"央视新闻移动网""学习强国"等平台联动展播,受众超过1000余万人次。

六、结 语

本成果依托浙江工业大学、华东理工大学和南京工业大学生物工程学科的优势,以社会和生物产业行业对人才的多元化需求为导向,秉持"以学生为中心的跨界融创"的教育理念,探索了在多维创新体系纵向交互、多个组织或部门横向协同的创新教育生态中,以生物产业链的转型升级为主线,将教育链、创新链和产业链融通的"三维耦合 三链融合"工程科技创新人才培养模式,丰富了多方协同育人的理论内涵,创新了多方主体下的跨界协同育人路径,为国家和地方特色工科院校培养工程科技创新人才提供了新范式。相关成果获省级教学成果奖特等奖1项、一等奖1项、二等奖1项,中国化工教育协会教学成果奖一等奖2项等。由元英进院士、邓子新院士等专家组成的鉴定委员会一致认为,该成果示范辐射成效显著,社会影响力大,是新工科人才培养改革的范例,达到国内领先水平,具有重要的示范作用和推广价值。

以科研驱动式教学为核心的经济学人才研究创新能力提升范式的探索与实践

主要完成单位：浙江大学

主要完成人：方红生、黄先海、潘士远、陆菁、朱柏铭、张子法、黄勇、卢飞霞、沈杰、周江洪、俞洁芳、叶建亮

与欧美一流大学相比，我国高校在本科教育上的最大"短板"是研究创新能力不足。为了切实有效地提高本科经济学人才的研究创新能力，培养拔尖创新人才，浙江大学经济学院自2008年起，以"科研驱动式教学"为核心，通过长达十四年的探索与实践，逐步构建和完善了本科经济学人才研究创新能力提升范式。2019年，教育部决定全面实施"六卓越一拔尖"计划2.0，引领推动新工科、新医科、新农科、新文科建设，着力培养拔尖创新人才。本成果的探索与实践与新文科建设要求高度契合。

"科研驱动式教学"是指教师结合自身研究领域和课程特点将前沿科研成果引入课堂，并让学生广泛参与科研项目实践，推进科教产教融合协同育人，改变传统以教师讲授为主的课堂教学，而采用以研讨式教学为主导的新方法，充分发挥师生"双主体""双角色"作用的教学模式。与传统培养模式相比，以该教学模式为核心的本科经济学人才研究创新能力提升范式在以下四方面进行了创新性改革（表1）。

表1　成果的创新性改革

四大改革	具体改革举措	举措类型
教学内容改革	以"前沿专题、前沿文献、前沿方法"为引领，将学生引向学术前沿面	主体举措
教学方式改革	采用以研讨式教学为主导的多元化教学方法，充分发挥学生的主动性和创造性	
考核方式改革	以论文写作为主要考核手段，实现"教、研、创"一体化	
保障机制改革	构建以一流师资力量为根本保障的系统性保障机制，充分发挥科研驱动式教学的作用	保障举措

该项教学成果具有三个特色鲜明的创新点（图1）。

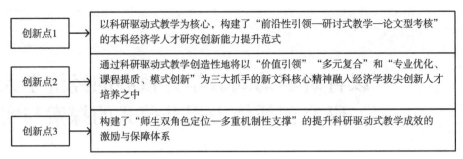

图1 成果创新点

该项教学成果针对性强,推广成效显著:(1)经济学人才国内外论文发表数量显著提升,学术竞赛成绩突出,深造交流情况反映颇佳,毕业论文质量显著提高,培养了一批在学术界崭露头角的杰出青年学者以及一批胸怀"国之大者"的优秀学生骨干;(2)实践成果丰硕,获批多个国家和省级教学平台,创办了采用国际化培养模式的金融学实验班和本博一贯制培养模式的数字金融班和经济学拔尖班,经院所有专业(国际经济与贸易专业、经济学专业、金融学专业、财政学专业)都为国家级一流本科专业建设点,国际经济与贸易专业为国内第一批通过教育部经济学类专业认证试点的专业,学院也成为教育部认定的全国经济学类本科专业认证方案与标准的试点与制定单位,经济学拔尖学生培养基地入选教育部基础学科拔尖学生培养计划2.0基地;(3)教学成果推广示范影响广泛,以"科研驱动式教学"为核心的本科经济学人才研究创新能力提升范式在全国一流院校(人大经院、复旦经院、南开经院、南大商学院等)推广应用,成果刊登在国家级报刊《中国教育报》上,教改论文具有全国影响力,以"民营经济之旅"学术夏令营为载体的成果推广成效显著。

该项教学成果着力解决本科经济学人才研究创新能力不足这一重大的实际问题,以便为国家培养急需的具有出色研究创新能力的经济学人才(图2)。

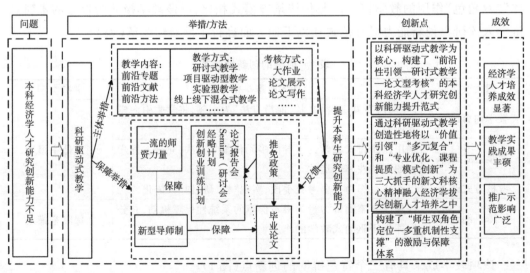

图2 成果总体思路

一、成果解决教学问题的方法（图3）

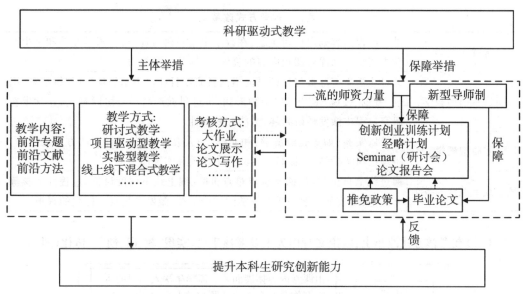

图3　成果解决教学问题的方法

（一）在教学内容改革上，以"前沿专题、前沿文献、前沿方法"为引领，将学生引向学术前沿面（图4）

传统教学以教材为中心，内容陈旧，与现实发展存在严重脱节，而科研驱动式教学关注最新的理论与实践变化，以"前沿专题、前沿文献、前沿方法"为引领，开设前沿专题类课程、前沿文献与论文写作、前沿方法类课程，推进科教产教融合协同育人和课堂教学内容的革新，将学生引向学术前沿面，激发学生的研究兴趣。每个专业至少开设5门前沿类课程，至少包含15学分，其他课程则将前沿类课程的理念融入其中。

前沿专题类课程	前沿文献与论文写作	前沿方法类课程
本土化与现代经济学 数字经济前沿专题 税收政策前沿专题 前沿金融实务专题 国际经济前沿专题 中级国际贸易学 期货市场理论与实务 经济学前沿专题I 经济学前沿专题II 经济学前沿专题III	经济学文献选读与论文写作 公共经济学文献选读与论文写作 金融学论文写作	面板数据分析与Stata应用 大数据分析 区块链与数字货币 数据结构与算法 经济统计软件及应用 （Stata/Python/SAS/R） 中级计量经济学 数理经济学 实验经济学 金融计量模型

图4　教学内容改革

(二)在教学方式改革上,采用研讨式教学为主导的多元化教学方法,充分发挥学生的主动性和创造性(表2)

表2 教学方式改革

研讨式教学	结合课程内容确定研讨主题,在教学中设置研讨环节,在师生互动和生生互动中使学生加深对课程内容的理解,培养其思辨能力
项目驱动型教学	通过让学生广泛参与导师纵向横向科研项目和自主承担项目(如挑战杯、国创、省创、校院SRTP等)两种形式,推进科教产教融合协同育人,让学生在研究过程中激发科研兴趣、潜能和积极性
实验型教学	开设以实验(如实验经济学)和实操(如大数据分析)为导向的方法论课程,将理论与实操结合,提高学生的自主建模和实证能力
线上线下混合式教学	通过线上自主学习、课堂重点难点讲解、线上线下深度讨论、过程性考核等方式,实现线下教学和线上教学的优势互补,激发学生自主探究的兴趣

(三)在考核方式改革上,以论文写作为主要考核手段,实现"教、研、创"一体化(图5)

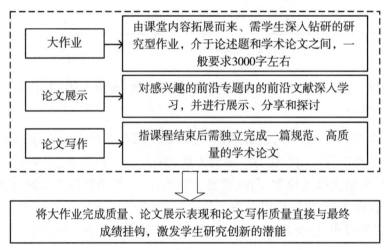

图5 考核方式改革

(四)在保障机制改革上,构建以一流师资力量为根本保障的系统性保障机制,充分发挥科研驱动式教学的威力

1. 一流的师资力量是科研驱动式教学的根本保障

学院拥有全职加盟的世界计量经济学会院士(2人)、文科资深教授(2人)以及校外资深的行业导师等所组成的一流师资队伍,教师结构与提高学生研究创新能力的目标相匹配。

2. 新型导师制是科研驱动式教学的重要制度保障

与旧导师制中导师主要指导毕业论文相比,新型导师制中的导师则让高年级(拔尖班是低年级)本科生参与其科研团队(参与比例80%左右)和师门、导师组本研双周研讨会（参与比例95％左右），共同探讨学术问题，并对其创新创业训练计划项目、科学研究、毕业论文等方面进行针对性指导。这是学院对导师的规定性要求，学院优质教学奖（每年评审10位）对表现优秀的导师给予重点倾斜。

3. 创新创业训练计划、经略计划、Seminar（研讨会）和论文报告会是科研驱动式教学的平台保障

创新创业训练计划（包括挑战杯、国创、SRTP等）、经略计划（有组织地扎根于中国大地的科研实践计划，校内导师和行业导师共同指导，是推进科教产教融合协同育人的重要抓手）、Seminar（研讨会）与论文报告会为学生提供了科研实践与展现科研能力的平台，有利于培养其创新精神和实践能力。

4. 推免政策和毕业论文考核是科研驱动式教学的重要激励机制

推免政策对科研的高要求和毕业论文质量保障机制双管齐下。前者激励有意向推免的学生，后者倒逼所有学生积极参与科研驱动式教学。

二、成果的创新点

（一）以科研驱动式教学为核心，构建了"前沿性引领—研讨式教学—论文型考核"的本科经济学人才研究创新能力提升范式

针对本科经济学人才研究创新能力不足这一重大的实际问题，找准突破口，以科研驱动式教学为核心，通过以"前沿专题、前沿文献、前沿方法"为"前沿性引领"的新内容、以"研讨式教学"为主导的新方法、以"论文型考核"为主的新考核，实施一系列硬举措（如每个专业至少开设5门前沿类课程、采用项目驱动型教学等），全面提升学生的创新思维、实操能力与写作水平，以此构建经济学人才研究创新能力提升范式。

（二）通过科研驱动式教学创造性地将以"价值引领""多元复合"和"专业优化、课程提质、模式创新"为三大抓手的新文科核心精神融入经济学拔尖创新人才培养之中

首先，科研驱动式教学通过主体举措和保障举措创造性地将新文科所倡导的"立足中国国情、扎根中国大地，开展'国之大者'研究"的"价值引领"融入经济学拔尖创新人才培养之中。其次，科研驱动式教学通过"文理工复合（如数字经济前沿专题、大数据分析、区块链与数字货币）—经典理论与前沿理论复合（如经济学前沿专题Ⅰ至Ⅲ）—前沿理论与前沿实践复合（如前沿金融实务专题、数字经济前沿专题）"创造性地将新文科所倡导的"多元复合"融入经济学拔尖创新人才培养之中。最后，科研驱动式教学通过主体举措和保障举措催生了经济学拔尖班、数字金融班和金融实验班等特色班级，全面提升了课程质量，实现了培养模式的转型（如科教产教融合协同育人、以"研讨式教学"为主导的教学模式、以"论文型考核"为主的考核模式），创造性地将"专业优化、课程提质、模式创新"的新文科建设三大抓手融入经济学拔尖创新人才培养之中。

(三)构建了"师生双角色定位—多重机制性支撑"的提升科研驱动式教学成效的激励与保障体系

为提升科研驱动式教学的成效,本成果在激励与保障体系的构建上,首先将师生之间的单角色定位拓展成双角色定位。与单角色定位相比,双角色定位增加了合作者角色,将师生之间单纯的"教"与"学"的关系拓展为"学者"与"准学者"的合作型关系,从而激发学生"既是学生又是学者"的双角色意识,以增强其科研创新的主动性。其次,构建了多重机制性支撑:(1)学院建立的一流师资队伍中包括大批追踪学术前沿、学术研究经验丰富的科研教学并重岗教师,解决了科研驱动式教学中容易出现的师资不足或教师结构不当问题,是科研驱动式教学的根本保障;(2)新型导师制的实施能让高年级(拔尖班是低年级)本科生参与到导师的科研团队(参与比例80%左右)和师门、导师组本研双周研讨会中(参与比例95%左右),共同探讨学术问题,使其成为科研"合作者"和"准学者",通过科研过程提升其研究创新能力,是科研驱动式教学的重要制度保障;(3)Seminar(研讨会)、创新创业训练计划和论文报告会不仅能够激发学生参与科学研究的兴趣,还能为其提供"干中学"的机会,是科研驱动式教学的平台保障;(4)推免政策对学生的科研能力以及毕业论文成绩都有较高的要求,能激励有意向参与推免的学生积极参与科研驱动式教学。毕业论文质量(双盲评审、末位进入二辩)保障机制则倒逼所有学生都要为了顺利通过毕业论文考核而积极参与科研驱动式教学。由一流师资队伍、新型导师制、Seminar(研讨会)、创新创业训练计划、论文报告会、推免政策和毕业论文考核构成的多重保障机制分别从师资、制度、平台和激励四个方面为科研驱动式教学提供了坚实保障,可充分发挥科研驱动式教学的作用。

三、成果的推广应用效果

(一)经济学人才培养成效显著

(1)国内外论文发表数量显著提升。2008年以来,本科生在《经济研究》、*Finance Research Letters*(SSCI)等国内外权威和知名期刊上发文61篇。

(2)学术竞赛成绩斐然。本科生获得CIMA全球总决赛季军、全国"挑战杯"一等奖、全国"创青春"金奖等荣誉35项。

(3)深造交流情况反映颇佳(表3)。2008年以来,培养本科生3736名,其中有1002名进入芝加哥大学、哥伦比亚大学等世界名校深造。

表3　人才培养成效显著

深造率/交流率	2008年	2019年	2022年(疫情)
境外深造率	11%	33%	22%
境内外深造率	28%	68%	55%
本科生境外交流率	25%	70%	93%

(4)毕业论文质量显著提高。无论是专业认证,还是教育部审核评估、校内自查自评,所有专业的毕业论文都获得了很高的评价。

(5)培养了一批在学术界崭露头角的杰出青年学者,如王争(德蒙福特大学助理教授)、赵锂(上海交通大学安泰经管学院副教授)、马松(耶鲁大学助理教授)、李楠(多伦多大学助理教授)、李晔(华盛顿大学助理教授)、周莹(香港城市大学助理教授)等。

(6)培养了一批胸怀"国之大者"的优秀学生骨干。培养全国学联主席团成员、省学联主席等优秀学生干部20名以及选调生43名。

(二)实践成果丰硕

(1)教学成果丰硕(表4)。

表4　取得的教学成果

成果名称	数量
国家精品课	1
第一批国家资源共享课	1
国家双语教学示范课	1
省级一流课程	10
慕课	8
校级一流课程	13
出版包含国家规划教材在内的教材	29
入选教育部首批中国经济学教材编写团队	2 (《中国开放型经济学》和《中国区域经济学》)

(2)获评多个国家和省级教学平台(表5)。

表5　获评的国家和省级教学平台

平台名称	数量
教育部"本科教学工程"	1
国家级特色专业	1
浙江省"十二五"普通本科高校新兴特色专业	1
省级实验教学示范中心	1
国家级一流本科专业	4 (全部入选)
教育部基础学科拔尖学生培养计划2.0基地	1

(3)国内第一批通过教育部经济学类专业认证试点,并成为方案与标准制定单位。2015年底,学院的国际经济与贸易专业入选国内第一批通过教育部经济学类本

科专业认证试点专业,学院也成为教育部认定的全国经济学类本科专业认证方案与标准的试点与制定单位。

(4)与时俱进地创新专业培养模式。创办了采用国际化培养模式的金融学实验班和本博一贯制培养模式的经济学拔尖班和数字金融班。

(三)教学成果推广示范影响广泛

(1)教学成果主体部分在国家级报刊《中国教育报》上专版发表,产生了广泛的社会影响。在国家级报刊《中国教育报》上发表《科研驱动式教学提升经济学人才创新能力》文章,被光明网、党建网等10余家国家级媒体和重要媒体转载,为"科研驱动式教学"在全国推广作出了卓越贡献。

(2)以"科研驱动式教学"为核心的本科经济学人才研究创新能力提升范式在全国一流院校推广应用。人大经院、复旦经院、南开经院、南大经院等一流院校给予高度评价,一系列改革创新举措获得采用和推广。

(3)教改论文具有全国影响力。在《中国高教研究》等著名期刊发表《以衍生教学催化本科生的理性怀疑精神》等教改论文22篇,为"科研驱动式教学"在全国推广作出了重要贡献。

(4)以学术夏令营为载体,推广成效显著。举办了17期"民营经济之旅"学术夏令营,对来自全国"双一流"高校的1000多名优秀本科生进行了创新能力培养。

基于"RICH理念"的地方师大英语师范生培养探索与实践

主要完成单位：浙江师范大学

主要完成人：胡美馨、骆传伟、俞明祥、竺金飞、胡伟杰、黄爱凤、郑志恋、叶志雄、吴本虎、罗晓杰、张亚萍、俞燕明、孔菊芳

一、成果背景及发展脉络

习近平总书记指出"教师是立教之本、兴教之源"[①]。师范生培养是教师队伍建设的"源头活水"，要"全面提高师范生的综合素养与能力水平，培养未来卓越教师，用优秀的人去培养更优秀的人"。浙江师范大学英语专业基于RICH理念，十六年磨一剑，持续推进教育教学改革，形成了优秀英语师范生培养的地方师大经验。

RICH 是研究性学习（research-based learning）、融合性课程（integrated curriculum）、协同培养（cooperative cultivation）、人文素质全面发展（humanistic outcome）等英文词组的首字母缩写，是浙江师范大学英语（师范）专业起始于1994年、命名于1998年的英语教师教育理念（图1）。

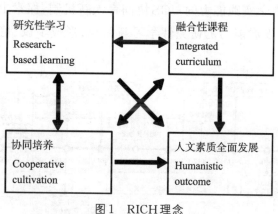

图1　RICH理念

---

①中共中央宣传部.习近平总书记系列重要讲话读本[M].北京：人民出版社,2014:113.

1994年开始,本专业在"综合英语"等专业核心课程启动试点改革;1997年,相关成果"自主、师导英语说、读技能训练法"获浙江省高等教育教学成果奖二等奖;1998年,专业核心团队和美国教育学家克里夫·舒密尔(Cliff Schimmels)教授深入讨论,根据课程改革的强化研究性合作学习、构建融合性课程、推进校地协同培养、实现人文素质全面发展等核心特征,将教改理念正式命名为RICH,并逐渐推广到不同课程,建立了基于教改实践的教师发展机制;2005年,"RICH课程建设与教师发展"获浙江省高等教育教学成果奖二等奖。

2006年,英语(师范)专业在教育部英语专业评估中获"优秀",专家组高度肯定RICH育人成效。本专业结合专家组意见,总结前期经验,将此理念系统施行于整个英语专业人才培养过程中,并在试行中持续完善。2010年与地方政府部门签订战略合作协议,2014年在总结本专业经验基础上,学校推动校地协同育人省级管理文件出台,建立了大学—政府—中小学(university-government-school,UGS)协同育人长效机制;2014年,浙师大入选教育部首批卓越教师培养计划改革项目,本专业结合卓越计划要求,迭代优化师范生培养;2015年开始进入成果检验期。

二、成果概要

本成果基于"RICH理念",持续优化培养目标;通过文化类课程、探究教学与学科竞赛、社团活动、社会实践等,强调思想淬炼、专业训练、实践磨练,融通师德养成与人文素养;融合英语教育与师范教育,打造英语师范课程体系,并在英语专业课程中强化师范素养;完善UGS协同育人机制,加强教育实践能力培养;强化研究性合作学习,凸显高阶性、创新性、挑战度,突出思辨、创新、合作等发展能力培养。

经过多年的持续探索与实践(图2),本成果践行立德树人使命,坚守师范教育初心,坚持守正创新,矢志砥砺耕耘,提出了人文性与工具性相统一、知信行相合一的英语师范教育新理念,构建了有机融通英语教育与教师教育的英语师范课程新体系,完善了强化学生教育教学实践能力的UGS协同育人新机制,探索出了培养中学英语教师思辨、创新等自主发展能力的研究性学习新路径,形成了以"情怀笃实、学养扎实、

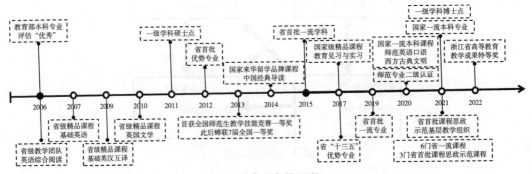

图2 成果发展历程

能教善育、精研善思"为核心指向的地方师大英语师范生培养的浙师经验。先后获批国家级一流专业、一级学科博士点,获省级教学成果奖特等奖、省级教学团队、省课程思政示范基层教学组织、"教学之星"大赛全国特等奖等;获批国家一流课程、省一流课程等省级以上"金课"26门,累计352所高校7.84万人选课;通过教育部师范专业二级认证;蝉联7届全国师范生教学技能竞赛一等奖(全国唯一)。鉴定专家组认为本成果"走在了新文科、新师范建设的前沿"。

本成果有效解决了地方师大英语师范生培养的"四重四轻"问题:

(1)重语言轻人文,价值引领不够,教育情怀涵育亟需强化。

(2)重专业轻师范,有机融合不深,教师素养培养亟需强化。

(3)重理论轻实践,校地协同不畅,教学实践能力亟需强化。

(4)重讲授轻探究,思辨能力不强,教育研究能力亟需强化。

三、主要方法与举措

本成果基于RICH理念,强调明师者之道、强教学之基、接理实之轨、赋思研之能,从以教为中心跃迁为促进学生思辨、合作、创新等发展能力的研究性学习(R),从英语教育与教师培养各自为营跃迁为英语教育与教师教育有机融通的英语教师教育(I),从校内培养为主跃迁为UGS协同育人(C),从知识技能型人才培养跃迁为教育情怀浓厚、人文素养深厚的优秀师范生培养(H),有效搭建起优秀英语师范生培养的"四梁八柱",将习近平总书记提出的"四有好老师"培养目标转化为生动教育实践(图3)。

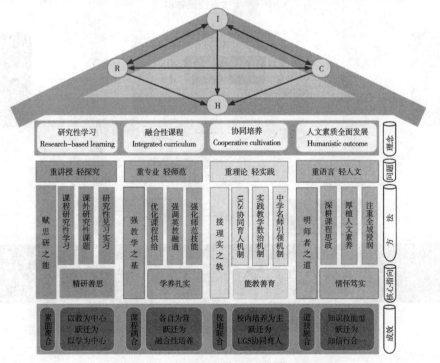

图3　基于RICH理念的英语师范生培养体系

(一)明师者之道:强化价值引领,涵育教育情怀,实现人文性与工具性相统一

1.深耕课程思政

2017年起系统设计、持续推进课程思政,基因式融入所有课程,构建"123456"课程思政教育体系(图4),注重家国情怀、教育情怀涵育,获省级课程思政项目5个,在各类课程思政教学比赛中获省级以上一等奖等17人次,应邀为国家教育行政学院录制3门网络课程,省内外影响广泛。

2.厚植人文素养

设置文学文化、经典导读类课程19门,把中华优秀传统文化教育融入学科教学,将跨学科人文教育融入语言课程,增强文化自觉,坚定文化自信;深化国际理解,开阔全球视野,发展跨文化能力、全球胜任力和教育领导力,强化人类命运共同体意识。

3.注重全域浸润

组织31届外语节、国际志愿服务、22年持续接力的西部支教、翻译百个党史故事的"党史青译"、沿着《习近平在浙江》路线访谈翻译的"译说新征程"等特色活动,以文化人、实践育人。选树"最美外语人""青春榜样"等400余人次,涵养高尚师德,传承中华师道。

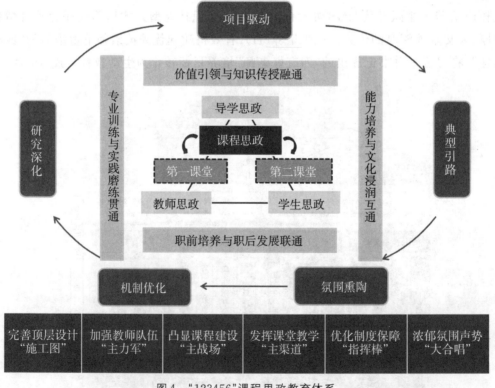

图4 "123456"课程思政教育体系

(二)强教学之基：优化课程体系,融通英语教育和教师教育,强化师范素养(图5)

1. 优化课程供给

将外国语言学及应用语言学、英语课程教学论等学科研究成果融入课程建设,开设"英语教材分析""优秀中学英语教学案例分析""英语教学研究方法""英语测试"等中学英语教师核心素养线上线下课程群,建设英语师范"金课"21门,必修师范课程达25学分。出版《师范英语口语》《英语学科知识与教学能力》等英语师范教材12部。

2. 强调英教融通

在"综合英语"等专业核心课程以及语言学、文学、文化等专业方向课程中强调研究性合作专题探究,强调"学中做、做中学",基本环节包括形成小组、确定问题、查找资料、分析资料、制作海报、口头报告、学习评估、课题论文、学习反思等,发展"主题确定、内容组织、文本解读、教学设计、课堂实施、学习评价、教学反思、智慧教学"等师范素养,强化职前英语教师身份认同。

3. 强化师范技能

研制《英语专业标准及其达标细则》,系统实施师范生技能过关考核,要求语音、听力、说课、微课制作等师范技能人人过关,每年开展英语师范技能大赛等特色活动。

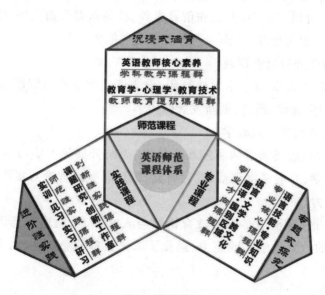

图5 课程体系

(三)接理实之轨：推进协同育人,善用智慧平台,加强名师引领,强化教学实践能力

1. 完善UGS协同育人机制

推动落实《浙江省教师发展学校建设实施方案(试行)》,充分发挥地方政府和中小学校共同培养师范生的主体作用,持续完善高校、政府、中学三方协同育人的长效机制。2010年始与地市教育局签署战略合作协议,持续13年推进"大中学校伙伴计划",与宁波镇海中学、杭州学军中学等32所名校共建教师发展学校,保障优质稳定的见习实习基地与实践导师供给。

2.完善实践教学数治机制

通过本校研发的全国首个省域师范生实践教学智慧平台,实现本专业、实践基地和教育部门对实践教学工作的协作、监督,利用智能化技术评估学生教学能力水平,为师范生培养提供数据反馈,实现教师教育"教、学、评、管"的数字化转型。建设涵盖200余堂课的中学优质英语课堂数字资源库,满足学生随时观摩优质课堂的需求。

3.完善中学名师引领机制

牵头组建基础外语教育研究中心、浙派外语名师发展联盟、特级教师工作站,核心成员包括省市教研员、省一级重点中学校长、特级教师等,邀请中学英语名师担任实践导师,开展中学英语名师讲坛67讲,介绍基础外语教育改革与研究前沿,引领师范生快速成长。

(四)赋思研之能：强化研究性学习,提升学生思辨创新、合作研究等可持续发展能力

1.人人参与课程研究性学习

强调学生主体作用,将研究性合作学习贯穿于英语专业课程,聚焦问题,严谨论证,实现学生的综合语言能力、人文和信息素养、教师素养全面发展,激发学生探究热情,培养学习研究、思辨创新、合作沟通等自主发展能力。

2.人人参与课外研究性课题

组建9个创新工作室、5个学术性社团,设立资助学生小组课题500余项,配备优秀导师组,提升学生合作、研究、创新发展能力。

3.人人参与研究性实践教学

构筑全程贯通、层级递进的实践教学体系,系统开展见习实习研习改革,指导学生带着课题进中学,开展课堂观察、教育研究,以反思融通理论与实践,发展师范生的教育教学研究能力。

通过以上举措,厚植了学生的教育情怀与人文素养,融通了英语教育和教师教育,加强了学生的教育教学实践能力,强化了未来教师的思辨创新、合作研究等可持续发展能力。

四、成果创新点

(一)道技融合,率先提出了人文性与工具性相统一、知信行相合一的英语师范教育RICH理念

强调英语师范教育必须明师者之道,构建以课程思政为核心的"大思政"教育体系,涵育学生家国情怀、教育情怀、人文素养与师德情操,实现由技进道的全人教育;必须强教学之基,课程体系融通英语教育与教师教育;必须接理实之轨,大中学校与

地方主管部门协同联动育人;必须赋思研之能,夯实英语师范生可持续发展能力。强调四个维度互为支撑、缺一不可,必须系统推进、持续改进。

(二)课程耦合,建构了英语教育与教师教育有机融通的英语师范课程新体系

充分发挥课程建设"主战场"、课堂教学"主渠道"作用。优化英语师范课程模块,以国家、省一流课程为引领,打造师范"金课"21门,强化学科教学素养;在英语专业课程中融入教师教育,在各类英语专业课程中指导学生合作开展专题研究,有效提升师范素养;优化实践教学体系,系统实施专业技能达标、微格教学,在见习实习中强调研习,提升教学实践与研究能力。

(三)校地联合,完善了UGS协同育人的优秀英语师范生培养新机制

通过校地战略合作,持续实施"大中学校伙伴计划",牵头组建浙派英语名师联盟,发挥学校自主研发的全国首个省域师范生实践教学智慧平台作用,实现"三习一训一考核"数字化转型,贯通教师职前培养和职后发展,完善"三方联动、优势互补、共担责任、互惠合作"的UGS协同育人新机制,形成资源整合、协同培养优秀英语师范生的浙师经验。

(四)素能聚合,探索了以研究性合作学习强化英语师范生可持续发展能力的新路径

凸显高阶性、创新性、挑战度,注重素养能力聚合培养,将研究性学习贯穿于课程教学、课外项目、实践教学,强调问题聚焦、分析论证,贯通三个课堂,实现全员参与、全程育人、全域浸润,拓展跨学科视野,厚植人文和信息素养,培养学习、思辨、合作、创新等自主发展能力。

五、推广应用情况

(一)人才培养成效显著

承担浙江省首批教师教育创新实验区建设项目、省级教学改革项目、省课程思政教学研究等课题近50项,16届2200余名本科生直接受益,在校生教师资格证考试通过率达97.77%,近5年英语专八考试通过率高出全国师范类院校50个百分点以上;蝉联7届全国师范生教学技能竞赛一等奖,近5年获"外研社杯"英语演讲赛全国特等奖、"挑战杯"红色专项全国一等奖等省级以上荣誉300余项;涌现出全国先进班集体、全国百强社团、省十佳大学生等先进典型。学生教育情怀深、专业基础实、育人水平高、发展能力强,深受省内外重点中学欢迎,广泛服务于我国基础外语教育领域。

(二)基础教育引领强劲

牵头组建基础外语教育研究中心、浙派外语名师发展联盟,主办3届全国基础英语教育名师千人大会,辐射18个省(区、市)2万余人,承担500余项国培省培等项目,引领基础外语教育改革研究与实践。指导浙派英语名师培养对象等获批30余项省级课题,指导8所中学创办外语特色学校,培育出20余门省市精品课、30余位省市教学名师和教坛新秀。广大校友立足浙江,面向长三角,辐射中西部地区,践行RICH教育理念,引领浙江及周边省域基础外语教育改革,涌现出扎根海岛基础教育20余年的党的二十大代表、全国教书育人楷模张赛芬,3名教育部基础教育教指委专委会委员,80余名正高级和特级教师、中学校长、省市教研员、全国中小学青年教师教学竞赛冠军、全国十佳外语教师、省师德标兵、教坛新秀等一批英语名师。

(三)理念实践认同广泛

北京师范大学、东北师范大学等50余所高校前来调研,成果在江西师范大学、新疆师范大学等多所高校推广应用,海南师范大学等30余所高校的教师应用RICH理念方法并发表研究论文,贵州师范大学、宁波大学等10余所院校派来英语师范专业交换生。由教育部英语专业教指委副主任委员、上海外国语大学原副校长冯庆华任组长,教育部国家教师教育咨询专家委员会委员兼秘书长、北京师范大学朱旭东等任成员的专家组鉴定认为"其人才培养经验可操作、可复制,有很强的示范性,值得在全国高师院校外语专业推广应用"。成果被《光明日报》《中国教育报》、中央电视台、人民网、光明网等权威媒体报道,得到时任浙江省省长袁家军、外交部、G20杭州峰会筹备办等充分肯定。

(四)教改成果辐射面广

出版发表RICH研究系列论著34部(篇),获省级教学成果奖特等奖,获评省级教学团队、省首批课程思政示范基层教学组织等,影响广泛。应邀在北京外国语大学、上海外国语大学等20余所院校介绍RICH教改经验,在国内外30余次重要会议做RICH主旨和专题报告。应邀为国家教育行政学院录制"基于RICH理念的国家一流师范类专业建设与培养模式创新实践"等3门网络课程,面向全国高校外语教师开设"外语教育中的思辨能力培养"系列讲座、课程思政在线公开课。指导宁夏师范学院、昌吉学院、新疆理工学院等10余所西部院校进行相关专业建设。

需求牵引、实践驱动、数字赋能

——电子信息类专业创新人才培养体系构建及成效

主要完成单位：杭州电子科技大学

主要完成人：陈龙、史治国、程知群、李文钧、齐冬莲、高明煜、孙玲玲、姚缨英、黄继业、王光义、何志伟、章献民、马学条、郑鹏、刘圆圆

一、成果简介

从习近平总书记对"攻坚信息技术、推进信息产业发展"作出重要论述，到浙江省实施数字经济"一号工程"战略部署，电子信息产业的高速发展倒逼高校人才培养做出适切的转型和变革。

2012年以来，杭州电子科技大学和浙江大学在协同建设电子信息类专业和国家级实验教学示范中心的过程中，秉持"适应学科发展和产业需求，深度融合信息技术，实践驱动创新能力培养"的人才培养理念，通过35个国家级、86个省级教学质量工程项目的研究、实践与理论凝练，形成了一套反映教学基本规律、兼具创新性和实用性的电子信息类专业创新人才培养新体系，助力学生成为知识渊博、能力出众、素质高强的电子信息类复合型人才。

成果支撑了两校8个国家级一流专业和5门国家级一流课程的建设，两校累计18000余人次学生参与各类科研项目3820项，学生主持项目经费达1300余万元；累计3500余人次学生在电子设计、智能汽车等竞赛中获省级以上奖项1260项；学生团队获评团中央"小平科技创新团队"称号；教师出版教材54部，累计发行160万余册，被全国300余所高校使用；两校联合研发的远程实物实验平台被100余所高校师生使用，完成远程实物实验62万余人次；平台硬件资源共享到新疆理工学院等多所西部高校，创建了高校援疆的"杭电模式"。在成果研究和应用期间，取得的标志性成效如下(图1)。

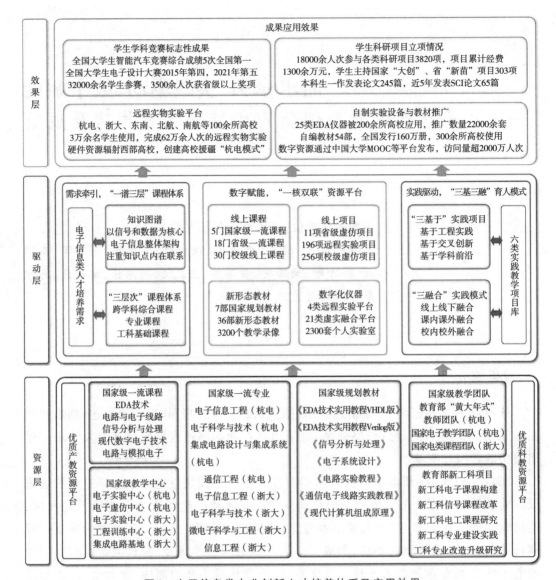

成果应用效果

效果层

学生学科竞赛标志性成果
全国大学生智能汽车竞赛综合成绩5次全国第一
全国大学生电子设计大赛2015年第四，2021年第五
32000余名学生参赛，3500余人次获省级以上奖项

学生科研项目立项情况
18000余人次参与各类科研项目3820项，项目累计经费
1300余万元，学生主持国家"大创"、省"新苗"项目303项
本科生一作发表论文245篇，近5年发表SCI论文65篇

远程实物实验平台
杭电、浙大、东南、北航、南航等100余所高校
3万余名学生使用，完成62万余人次的远程实物实验
硬件资源辐射西部高校，创建高校援疆"杭电模式"

自制实验设备与教材推广
25类EDA仪器被200余所高校应用，推广数量22000余套
自编教材54部，全国发行160万册，300余所高校使用
数字资源通过中国大学MOOC等平台发布，访问量超2000万人次

驱动层

需求牵引，"一谱三层"课程体系

电子信息类人才培养需求

知识图谱
以信号和数据为核心
电子信息整体架构
注重知识点内在联系

"三层次"课程体系
跨学科综合课程
专业课程
工科基础课程

数字赋能，"一核双联"资源平台

线上课程
5门国家级一流课程
18门省级一流课程
30门校级线上课程

线上项目
11项省级虚仿项目
196项远程实验项目
256项校级虚仿项目

新形态教材
7部国家规划教材
36部新形态教材
3200个教学录像

数字化仪器
4类远程实验平台
21类虚实融合平台
2300套个人实验室

实践驱动，"三基三融"育人模式

"三基于"实践项目
基于工程实践
基于交叉创新
基于学科前沿

"三融合"实践模式
线上线下融合
课内课外融合
校内校外融合

六类实践教学项目库

资源层

优质产教资源平台

国家级一流课程
EDA技术
电路与电子线路
信号分析与处理
现代数字电子技术
电路与模拟电子

国家级教学中心
电子实验中心（杭电）
电子虚仿中心（杭电）
电子实验中心（浙大）
工程训练中心（浙大）
集成电路基地（浙大）

国家级一流专业
电子信息工程（杭电）
电子科学与技术（杭电）
集成电路设计与集成系统
（杭电）
通信工程（杭电）
电子信息工程（浙大）
电子科学与技术（浙大）
微电子科学与工程（浙大）
信息工程（浙大）

国家级规划教材
《EDA技术实用教程VHDL版》
《EDA技术实用教程Verilog版》
《信号分析与处理》
《电子系统设计》
《电路实验教程》
《通信电子线路实践教程》
《现代计算机组成原理》

国家级教学团队
教育部"黄大年式"
教师团队（杭电）
国家电子教学团队（杭电）
国家电类课程团队（浙大）

教育部新工科项目
新工科电子课程构建
新工科信号课程改革
新工科电工课程研究
新工科专业建设实践
工科专业改造升级研究

优质科教资源平台

图1 电子信息类专业创新人才培养体系及应用效果

（1）一批省级教学成果奖。获浙江省教学成果奖特等奖1项、一等奖1项、二等奖4项。

（2）一批国家级教学团队。"黄大年式"教师团队1个、国家级电路专业基础课程教学团队1个、国家级实验教学团队1个。

（3）一批国家级教学中心。国家级实验教学中心3个、国家级虚拟仿真教学中心1个、国家级工程实践教育中心1个、国家级集成电路人才培养基地1个。

（4）一批国家级本科专业。电子科学与技术、电子信息工程、集成电路与集成系统等国家级一流本科专业8个。

（5）一批国家级课程。"现代数字电子技术基础""信号分析与处理""电路与模拟电

子技术"等国家级一流本科课程5门,"通信电子电路"教育部来华留学品牌课程1门。

(6)一批国家级规划教材。《电路实验教材》《电子系统设计》《现代计算机组成原理》等国家级规划教材7部。

(7)一批教育部新工科项目。"数字经济背景下的地方高校工科专业改造升级路径研究"等教育部新工科研究与实践项目5项。

二、成果主要内容

针对电子信息类专业课程体系对新工科创新人才培养支撑不足、育人模式重知识传授轻能力培养、数字教学资源平台建设与协同不足等问题,教学团队通过构建"一谱三层"课程体系、创建"三基三融"育人模式、建设"一核双联"资源平台等举措,培养学生成为知识渊博、能力出众、素质高强的复合型人才。

(一)需求牵引,构建了"一谱三层"课程体系

以新工科背景下电子信息产业对人才的知识需求、能力需求和素养需求为牵引,优化数学类、物理类、计算机类、机械类和其他通识类模块等工科基础课程教学内容,培养学生宽厚的理工基础;以"信号"和"数据"为核心知识点,构建电子信息技术知识图谱,根据知识点的内在联系,优化整合数字电子技术、模拟电子技术、信号与系统等系列专业课程,大力实施教学改革,强化实践环节,培养学生解决实际问题的能力;以工程和科研问题为导向,构建融合材料、控制、计算机、物理、仪器仪表等学科的"电子信息＋"跨学科综合课程群,满足不同专业学生的的个性化和探究性学习需求;通过打破课程间樊篱,强化课程关联,构建了"工科基础课程—专业课程—跨学科综合课程"三层递进式课程体系(图2)。

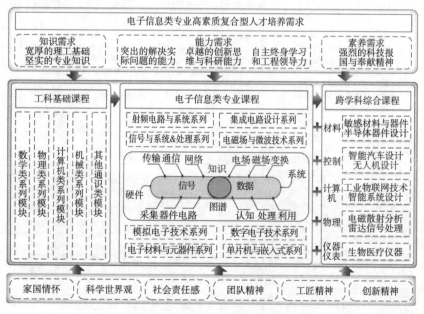

图2　电子信息类专业"需求牵引,一谱三层"课程体系

以弘扬社会主义核心价值观为主线,深入挖掘课程思政元素,教学内容与学科前沿、产业发展相结合,打造课程思政资源库。进行课程思政教学顶层设计,如将半导体著名专家、我校邓先灿教授及其学生骆建军教授的"中国芯"事迹等思政元素系统性地引入现代数字电子技术基础、数字集成电路设计等课堂,让学生真切地感受到技术的进步就在身边,培养学生的工匠精神、团队精神、社会责任感和科技报国热情。

(二)实践驱动,打造了"三基三融"实践育人模式(图3)

以实践为驱动培养学生的创新能力,基于工程实践、交叉创新和学科前沿,引导工程项目和科研项目向实践项目转化,动态更新、持续建设了信号采集与处理等6个系列实践项目库。依托两校联合研发的远程实物实验平台等线上资源和电工电子系列实验室等线下资源,以数字教学资源为载体,构建时空泛在的实践教学环境;依托大学生科技创新基地等实践教学基地,以学科竞赛和学生科研为载体,构建自主研学的实践新生态;依托华为、海康、大华等产教融合基地,以校企联合实践项目为载体,构建协同育人的实践模式;打造线上线下融合、课内课外融合、校内校外融合的育人模式。通过实践模式的实施,让学生提早进入理论与工程实践相结合的训练阶段,使学生尽早进入实验室完成自主性、创新性实践项目的设计,培养学生的实践创新能力。

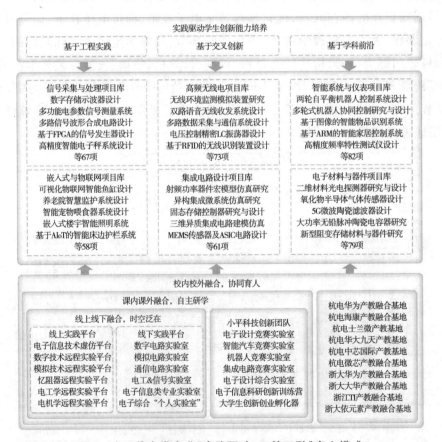

图3 电子信息类专业"实践驱动,三基三融"育人模式

以智能系统与仪表类实践项目——车载手势控制系统设计为例,实验项目来源于教师的横向科研项目,内容涉及人工智能、图像处理、数学形态学、现代数字电子技术等多学科课程知识(图4),学生通过分析和归纳影响手势识别效果的原因,探索较佳的形态学处理方案;同时提高学生的成本意识,通过自主设计,降低系统对硬件指标的要求。项目教学依托杭电海康威视产教融合基地,采用校内导师和校外导师共同指导、共同考核的模式,产教融合培养学生的工程意识和创新思维。

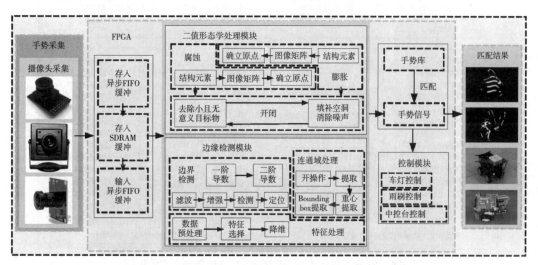

图4　智能系统与仪表类实践项目——车载手势控制系统设计

(三)数字赋能,建设了"一核双联"的教学资源平台(图5)

数字赋能教学资源建设,深度融合信息技术,采用5G、物联网技术对资源平台进行数字化改造。基于"共研、共建、共享"的理念,两校建设了数字电子技术、模拟电子技术、电工学、电机学等4个系列远程实物实验平台及2300套虚实融合个人实验室,开发了电工电子技术在线仿真、DDS信号发生器设计等11项省级虚仿项目,打造了《EDA技术实用教程》《通信电子线路》等36部新形态教材,建设了"信号分析与处理""电路与模拟电子技术"等53门线上课程,满足学生随时随地获取教学资源的需求。

以数字化教学资源为核心,两校联合建设了以3个国家级实验教学团队、6个国家级教学中心、8个国家级一流专业、5门国家级一流课程、7部国家级规划教材为代表的教学资源。产教联动,通过70项教育部产学项目的实施以及29个校企联合实验室的建设,推动课程设置与产业需求对接;科教联动,依托教育部"射频电路与系统"重点实验室等16个省部级学科平台,支持学生开展科学研究和创新设计。

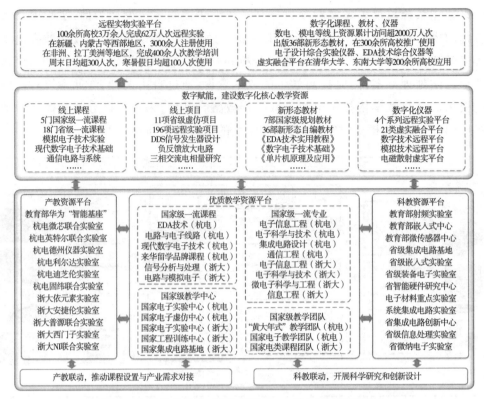

图5 电子信息类专业"数字赋能,一核双联"资源平台

以远程实物实验平台的建设为例,深度融合信息技术,建设云硬件实验室,满足学生异地场景在线完成实物实验的需求。平台由实验终端、服务器、实验界面、实物实验端、实验管理系统五部分组成,配备了与现场环境中相同的实验设备(图6)。学生通过网络远程操控真实设备,并通过实验界面实时获取实验数据,在解决部分现场实验不可及与长周期的教学难题的同时,培养了学生解决实际工程问题的能力。

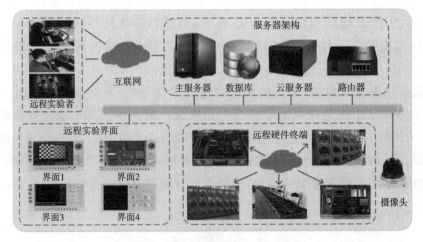

图6 远程实物实验平台系统组成

三、成果的创新点

（一）育人体系创新：解决了新工科背景下电子信息类专业人才培养"产业需求、能力提升、资源获取"相互协同问题

针对电子信息产业技术更新迭代快、交叉融合度高的特点，以电子信息技术知识图谱为切入点，注重学科知识的交叉融合，构建了适应新工科教育理念的课程体系，带动育人模式的全面改革；以实践项目为抓手，打造了"时空融合、自主研学、协同育人"的实践教学模式，提升学生的实践创新能力；以信息技术为支撑，建设了数字化教学资源，满足学生随时随地获取优质教学资源的需求，支撑育人模式的实施；形成了课程体系、育人模式与教学资源三位一体、合力育人的新体系。

（二）学习范式创新：时空融合，构建了"时时可学、处处能学"的学习新范式

两校采用5G技术、物联网技术联合研发了电工电子系列远程实物实验平台和"软硬件可重构"个人实验室，变革传统的实践教学模式，破除实践教学的时空约束，将实验室带到教室、寝室，帮助学生集约碎片化的时间，支持更加灵活的创新实践方式，满足学生个性化学习需求。依托数字化实践资源，将创新实践活动从线下扩展到线上、从课内延伸到课外、从校内拓展到校外，支持学生随时随地开展实践自主研学，满足学生泛在化学习需求，使学生的学习模式发生根本性转变。

（三）共享机制创新：数字赋能，形成了"交互性强、辐射面广"的教学资源共享机制

深度融合信息技术，建设电子信息类专业系列线上课程、虚仿项目、新形态教材等数字资源，实现学习者与教学资源的异地、实时、在线互动。发挥两校国家级实验教学示范中心的示范辐射作用，以远程实物实验平台为基础，数字化教学资源面向全国高校师生和社会学习者开放共享，创新硬件资源共享机制，提高资源使用效率，成为大规模远程实物实验教学的成功范例。实施"金课援疆"工程，通过远程实物实验平台将硬件实践教学资源投射到新疆、西藏、内蒙古等西部高校，为区域教育资源不均问题提供解决方案，创建高校援疆的"杭电模式"。

四、成果应用效果

（一）学生受益面大，应用效果好

（1）成果支撑两校8个国家级一流专业建设，服务26个工科专业，每年12000余名学生直接受益；累计18000余人次学生参与3820项各类科研项目（图7），其中，国家"大创"项目、省"新苗"项目303项，华为、TI、北信源等企业资助学生项目1240项，教师科研转化实践项目1680项，学生主持项目经费累计达1300余万元。

学科竞赛及科研项目	全国		浙江省		
	一等奖	二等奖	一等奖	二等奖	三等奖
电子设计竞赛（含邀请赛）	34	58	63	93	102
智能汽车竞赛	50	20	91	46	24
"互联网+"竞赛	3	2	6	19	22
"挑战杯"系列竞赛	5	2	12	25	29
省级以上竞赛	365项/1084人次		895项/2508人次		
学生科研立项	136项/505人次		167项/712人次		

全国大学生"互联网+"竞赛3金2银，全国大学生"挑战杯"竞赛5金2银

杭电智能汽车竞赛5次全国第一；电子设计竞赛2015年全国第四，2021年全国第五

本科生科研立项3820项，发表论文245篇，其中近五年发表SCI论文65篇

图7　学生参与学科竞赛与科研项目

（2）成果实施以来，3500余人次获得电子设计、智能汽车等竞赛省级以上奖项，其中仅杭电就获得智能汽车竞赛5次全国第一，电子设计竞赛2015年居全国第四，2021年居全国第五，显示该成果对学生的创新能力培养起到了良好的基础支撑。

（3）在中国高等教育学会2017—2021年全国普通高校竞赛评估中，杭电排名全国第17，地方高校第一，其中电子信息类学科竞赛为主要支撑，显示出良好的培养效果。

（4）"Microchip-杭电大学生科技创新孵化器"获得由团中央和中国青少年科技创新基金会授予的全国大学生"小平科技创新团队"称号。

（5）杭电毕业生在国内外享有良好声誉，就业率达98%以上，约40%的毕业生进入华为、海康、大华等知名企业，约30%的毕业生在清华、浙大、上交等高校深造。

（二）成果辐射全国高校，示范引领作用显著

（1）出版教材54部，累计发行160万余册，其中数字技术系列教材发行92万余册，被300余所高校使用。数字教学资源通过中国大学MOOC、超星网络教学平台、远程实验平台等开放共享，访问量超2000万人次。

（2）两校共研共建的4个系列远程实物实验平台、25类EDA实验系统及"软硬件可重构"个人实验室等自制仪器在清华大学、东南大学、北京航空航天大学等200余所高校广泛使用，推广12000余套，3万余名学生进行注册使用，完成62万余人次的远程硬件实验（图8）。

自编教材54部，数字技术系列教材全国发行92万余册

25类EDA系列自制仪器，全国推广12000套　　新疆理工学院使用远程实验平台开展教学

图8　自编教材与自制EDA系列实验仪器

（3）实施"金课援疆"工程，平台硬件资源面向新疆理工学院等多所西部高校开放共享，开展27期线上培训，培训教师400余人次，受益学生5000余人次，创建高校援疆"杭电模式"。

（4）2012—2022年共承办了11届浙江省大学生电子设计竞赛和智能汽车竞赛，累计服务11550支队伍，共36000余人次；其中，2015年承办了全国大学生电子设计竞赛全国赛评测，在全国高校产生了积极影响。

（三）成果引起广泛关注，取得良好社会效益

（1）成果构建的以"数据"与"信号"为主线的知识图谱被电子信息类教指委采纳，并编入其出版的专业课程导引。

（2）聚焦实践创新能力培养，教学改革成果丰硕，出版教学专著4部，发表教改论文86篇，出席各类教学研讨会并作大会报告60余次。

（3）成果被《中国教育报》、《光明日报》、人民网、新华网、中国科技网、《浙江日报》

等50多家媒体报道,引起强烈反响和广泛关注(图9)。

图9　媒体报道

以"创新药物研发链"为主线的生物制药人才培养模式的构建与实践

主要完成单位：温州医科大学

主要完成人：林丽、李校堃、卫涛、蔡琳、田海山、王晓杰、黄志锋、王文秀、惠琦、叶发青、梁广、丛维涛、金子、龚方华、吴疆

一、成果简介及主要解决的教学问题

生物制药作为国家重点扶持的战略性新兴产业之一，是构建健康中国的重要支柱。然而，"十一五"期间我国批准的创新生物药物占比不足1%，远低于发达国家同期平均17%的水平，导致超过90%生物药物的知识产权在国外。现状的背后，是创新生物药物研发领域专业人才的极其匮乏。我国生物制药一直以来以仿制药而非创新生物药为核心，人才培养过程、师资队伍知识更新、生物制药产业发展和临床应用严重脱节。因此，以创新驱动的生物制药产业亟需具备原创药物研发能力的人才。

自2007年，项目组以浙江省教改课题"生物制药产学研一体化模式培养创新和高素质人才"为引导，以成功研究并应用于临床的三个生长因子（FGF）创新生物药物的实践过程为契机，融合浙江省重中之重二级学科（药理学与生化药学）资源，开始致力于探索适应创新药物全产业链需求的人才培养模式。

顶层设计上，构建以"创新药物研发链"为主线，始于医、行于研、导于学、投于产的"产学研医"全链贯通、深度融合、良性循环的生物制药创新人才培养模式（图1）。课程体系上，在常规课程基础上，紧扣创新生物药物研发上中下游各关键环节，增设创新药物研发课程群、临床医学课程群，重构生物制药专业课程群、专业技能实践课程群，培养学生的药物研发创新思维。实践教学上，建立"医教、科教、产教、校地"四融合协同育人体系，学生全程参与到创新药物的研发、生产、临床应用实践过程中，提升学生的岗位胜任力。师资建设上，构建校企医交叉互融的长效机制，打造具有创新

生物药物研发经历、临床协同和教研融合能力的高水平师资队伍。质量保证上,牵头制定《生物制药专业教学质量标准》,并向全国123家生物制药专业办学点推广,为我国生物制药专业人才培养提供可借鉴的范本。

图1　以"创新药物研发链"为主线的生物制药人才培养模式

本成果经15年探索与实践,为国家培养了1200余名生物制药人才,遍布全国102家生物医药企业,在以FGF为代表的18种新上市生物药物研发中担当重任,得到国药中生、海正等一批国内知名制药企业的高度认可。同时打造了一支由院士领衔、产学研医深度融合的高水平师资队伍,入选全国高校"黄大年式"教师团队,获批教育部生物制药专业虚拟教研室。该成果已被国内110所高校借鉴应用,以教育部生物技术、生物工程类专业教指委主任委员邓子新院士为组长的专家鉴定组认为该成果具有引领和示范作用;《中国教育报》《中国青年报》、央视频在线等国家级媒体对成果进行了广泛报道。

主要解决的教学问题:

(1)传统生物制药专业课程体系主要以仿制药为核心,与创新药物研发链脱节。

(2)生物制药专业产学研医实践平台协同育人体系存在明显不足,与产业实践和临床应用脱节。

(3)具有创新药物研发经历和教研融合能力的师资力量缺乏,教师企业工作背景少,临床实践经验不足。

二、成果研究历程与方法

（一）调研阶段（2007年9月—2008年8月）

开展创新生物药物研发现状、高校生物制药人才培养模式、生物药企人才需求调研，为成果方案设计奠定基础，拟定研究方案。

（二）全面研究阶段（2008年9月—2015年5月）

以产学研医为突破口，构建以"创新药物研发链"为主线的生物制药人才培养模式，全面开展相关研究和实践工作。

（三）实践与完善阶段（2015年6月—2022年10月）

完善以"创新药物研发链"为主线的生物制药人才培养模式，牵头制定《生物制药专业教学质量标准》，向全国办学点推广。

三、成果解决教学问题的方法

（一）构建以"创新药物研发链"为主线的生物制药课程体系，融入"为国人创制好药"的思政教育

改变以单一学科为主体的仿制药课程体系为创新药课程体系，以药物"发现—研发—转化—生产"为主线，增设创新药物研发课程群、临床医学课程群，重构生物制药专业课程群、专业技能实践课程群（图2）。通过"一人一个FGF"的个性化教学培养学生的研发思维和创新能力；打造"FGF树人大讲堂""药苑·朗读者"等思政品牌。带领学生发起"肤生工程"公益活动，利用自主研发的原创FGF药物参与雅安地震、塘沽爆炸等重大突发事件的救治，培养学生"工匠心、新药梦"的理想信念。

该课程体系培育出"生物技术制药"等国家级精品课程2门、"重组人成纤维细胞生长因子冻干制剂生产虚拟仿真实验"国家级虚拟仿真实验一流课程1门、"'新青年下乡'社会实践"国家级社会实践一流课程1门、生物制药专业省级一流课程17门、省级课程思政示范课程3门以及省级课程思政基层教学组织1个。

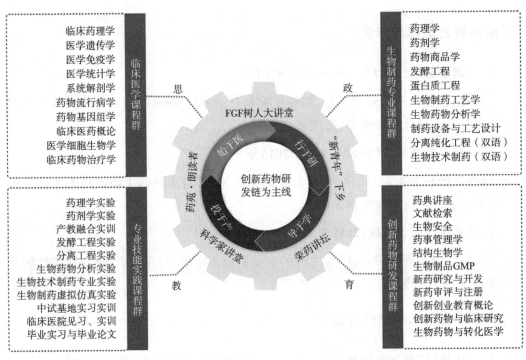

图2 以"创新药物研发链"为主线的生物制药课程体系

(二)创建"产学研医一体化"的"四融合"实践育人体系,提升学生的药物研发思维和创新实践能力

项目组建立了"医教、科教、产教、校地"四融合实践育人体系(图3)。将"临床发现问题—实验室解决问题—企业实现成果转化—产品临床应用"的药物研发全过程有机融入到四年连续性实践教学中,培养学生转化医学的临床思维。

图3 "产学研医"一体化的"四融合"实践育人体系

医教融合:以临床需求为导向,在34所附属/教学医院、临床科室、国家药物临床试验机构和药学部建立临床实践基地,培养学生新药研发"从临床中来,到临床中去"的转化医学思维。

科教融合:开设创新药物开放实验平台,依托生长因子3个国家级实验室和4个省级实验室平台,设立大学生创新药物开放实验项目,在院士/杰青/万人等高水平导师的指导下,每位学生完成一种FGF"上游菌种构建—下游工艺优化—临床前研究"的全过程操作,培养学生的创新实践能力。

产教融合:开拓产教融合示范基地12家,如在安科药业建立了"企中校"产教融合基地,与科伦药业共建"产业学院",让学生参与解决产品放大过程中的工艺难题、质量控制等创新生物药物产业转化的全过程。

校地融合:与地方政府共建创新创业平台,依托细胞生长因子药物和蛋白制剂国家工程研究中心,与当地政府共建"中国基因药谷"(占地约10万平方米),在杭州、慈溪建立生物医药研究院,实现学生创新生物药物的全链条培训。

该实践教学体系已培育国家级创新创业实践基地2个、教育部产学合作项目2项、省级产教融合联盟1个和示范基地4个;出版实践教学创新系列教材一套共8册;将自主研发的原创新药FGF1凝胶从"药物发现—表达纯化—制剂工艺—新药申报—临床转化"的研发过程制作成教学案例,获国家级优秀教学案例。

(三)构建校企医交叉融合的长效机制,打造具有创新生物药物研发经历、临床协同和产教研融合能力的高水平师资队伍

学院出台了一系列教师到药企、医院和国外科研院所进修的相关规定;聘请药企高级工程师和主任药师承担实训带教工作。校企医合作申报创新生物药物研发课题,已获国家重大新药创制、国自然等国家级课题166项、企业横向课题27项。具有产教研融合经历的教师占比从20%提高到90%。

项目实施以来,师资队伍新增院士/杰青/万人等国家级人才15人次,获全国高校"黄大年式"教师团队;项目成员担任教育部生物技术、生物工程类专业教指委副主任委员、教育部药学类专业教指委生物制药分委会主任委员。

四、成果的创新点

(一)在国内率先将生物药物"发现—研发—转化—生产"的全过程贯穿于教学中,建立了以"创新药物研发链"为主线的生物制药人才培养模式

项目组以自主研发生长因子类创新生物药物为切入点,建立了以"创新药物研发链"为主线,以多学科融合、创新元素为特色,融入思政教育的生物制药专业课程体系。以"一人一个FGF"的个性化教学方式,在国内率先将创新药物研发全过程(菌株构建—表达纯化—制剂制备—质量控制—新药申报—临床转化)落实于本科生教学中,为我国生物制药专业人才培养提供了重要的借鉴范本。

(二)在国内率先建立了"以临床需求为牵引、以医药企业为创新和生产主体"的产学研医一体化的"四融合"生物制药人才培养实践教学平台,架起校企医协同实践育人桥梁

项目组建立了"医教、科教、产教、校地"四融合的创新实践教学体系,将"临床发现问题—实验室解决问题—企业实现成果转化—产品临床应用"的转化医学思维有机融入四年连续性实践教学中。通过在医院建立药物研发临床实践平台、在学校设立创新药物开放实验平台、在企业设立"企中校"、与地方政府共建学生创新创业训练平台,架起校企医协同实践育人桥梁,解决了药物研发与临床及产业脱节、"医药分家"的问题,构建了以临床需求为导向、以患者为中心、以学生为主体,始于医、行于研、导于学、投于产的产学研医全链贯通、深度融合的生物制药人才培养实践教学体系。

(三)通过与校企医深度合作,提升了教师的科研素养和实践能力,培育了一支由院士领衔、适应生物药物快速发展需求的高水平师资队伍

通过"引育、双聘、兼聘"等形式,与全球创新生物药物领域专家交流合作,同时派遣教师到国内外科研院所、医院、药企进修学习,实现"共创新药—共申项目—共上课堂",培养了一支校企医交叉互融,具备创新生物药物研发、临床协同和教研融合能力的师资队伍,打造了由院士领衔、国内领先、世界一流的"生长因子类重组蛋白"创新药物研发团队,入选全国高校"黄大年式"教师团队。

五、成果的推广应用效果

(一)人才培养质量稳步提升,学生创新能力大幅提高

思政教育成效显著。百余名学生参与"肤生工程",为创面困扰人群提供救助服务,走入川藏青等地区,行程超10万公里,获浙江慈善奖;以学生为主体的"药苑·朗读者"活动被全国高校思政网专题报道;"新青年下乡"获评国家级社会实践一流课程,获批省级课程思政示范课程3门和课程思政基层教学组织1个;获得全国高校"黄大年式"教师团队、教育部高校"双带头人"教师党支部书记工作室等集体荣誉9项。

学生创新创业能力不断提升。获双创竞赛奖125项,其中"互联网+"和"挑战杯"竞赛全国金奖2项、一等奖3项,全国"药苑论坛"创新成果奖7项;主持国家和省级创新课题38项,参与获临床批件3个、授权发明专利67项(其中转化13项,学生为第一完成人1项)。

学生的创新药物研发知识结构和能力明显提升。毕业生在国内一流制药企业、

国际学府和科研机构快速成长,得到了用人单位如国药中生、恒瑞、海正、科伦等20余家知名药企的高度评价。毕业生深造率和药物研发岗入职率较实践前分别提高了77%和48%,成为我国创新生物药物研发领域的新兴力量。毕业生陈高帜以第一作者在 *Nature* 上发表论文;毕业生涂盈锋、李星熠、翁勤洁已成长为"青千""优青"国家级人才。

(二)教育教学改革成效显著,促进专业和教学资源建设

改革推动一流专业建设。生物制药入选国家一流专业,并有效辐射药学类其他专业;获批首批教育部生物制药专业虚拟教研室;培育出生物制药专业国家级精品课程2门、国家级一流课程2门、国家级优秀教学案例1项、省级一流课程17门、课程思政示范课程3门;出版的生物制药专业创新实践系列教材发行近5万册,被全国高校广泛使用;建立国家级创新创业基地2个、省级产教融合联盟1个和示范基地4个。

改革推动师资队伍提升。培育出院士/杰青/万人等国家级人才15人次;获全国优秀教师、全国五一劳动奖章、浙江省教学名师等省级以上荣誉称号13人次;项目成员担任教育部生物技术、生物工程类专业教指委副主任委员、教育部药学类专业教指委生物制药分委会主任委员、浙江省药学和中药学类专业教指委主任委员。

改革助推药学学科发展。药学学科入选省一流学科、省重点建设高校优势学科,连续3年"软科"中国最好学科排名前10%;获批药学一级博士点和教育部中外合作药学博士项目;获生物药物相关国家科技奖3项,建立生物药物国家级科研平台3个。

(三)创新专业人才培养模式,广受专家同行借鉴肯定

生物制药专业目前尚无规范化的国家办学标准,项目组作为教育部药学类专业教指委生物制药分委会主任委员单位,设计并完成全国生物制药专业本科教学基本状态数据库,牵头研制《生物制药专业教学质量标准》,主持召开4次全国生物制药专业教学研讨会,向全国123家办学点推广。

2021年获批教育部生物制药专业虚拟教研室,吸纳全国100余所生物制药办学点359位教师共同参与。已开展公开示范课、"慕课西行"(与塔里木大学、成都医学院等合作开展)、教学研讨会等共计12次,线上线下交流学习人数超过2万人(图4)。

以"创新药物研发链"为主线的生物制药人才培养模式已被国内110所高校同类专业点借鉴应用,得到由教育部生物技术、生物工程类专业教指委主任委员邓子新院士、药学类教指委主任委员姚文兵教授、首都医科大学吕兆丰教授组成的专家鉴定组的高度评价,具有引领和示范作用。《中国教育报》《中国青年报》、央视频在线等媒体对成果进行了广泛报道(图5至图6)。

图4 教育部生物制药专业虚拟教研室部分活动

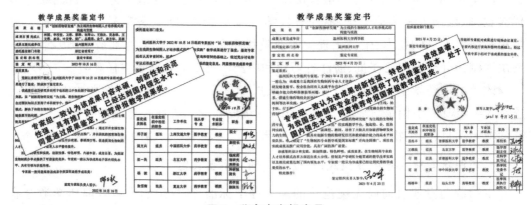

图5 鉴定专家组意见

图6 媒体报道

传承·践行·创新：
红船精神"五化"育人体系的构建与实践

主要完成单位：嘉兴学院

主要完成人：卢新波、黄文秀、吕延勤、陈立力、彭冰冰、富华、李蕾、洪坚、徐永良、张琦

传承红色基因、赓续红色血脉是新时代高校铸魂育人的重要课题。红船精神集中体现了中国共产党的建党精神，是高校培育时代新人的宝贵红色资源。习近平总书记将红船精神的深刻内涵概括为"开天辟地、敢为人先的首创精神，坚定理想、百折不挠的奋斗精神，立党为公、忠诚为民的奉献精神"，并要求"结合时代特点大力弘扬红船精神"[①]。作为中国革命红船起航地高校，嘉兴大学始终围绕"培养什么人、怎样培养人、为谁培养人"这一教育的根本问题，坚持把红船精神融入立德树人全过程，构建了特色鲜明的红船精神"五化"育人体系，为高校用好地方红色资源开展思想政治教育，实现"为党育人、为国育才"的初心使命提供了可复制、可借鉴、可推广的育人经验。

一、成果简介

十多年来，学校深度挖掘红船精神的育人价值，以"大思政"理念加强青年学子的理想信念教育、创新精神培育和社会责任意识培养，不断推进红船精神育人的体系架构与实践创新，使红船精神育人有理有据、有根有魂。经过研究探索、系统形成与深化实践三个阶段（图1），精心打造红船精神学术研究高地，优化完善红船精神育人"大思政课"体系，校地共建红船精神实践育人共同体，全面构筑红色文化育人场域，积极营造学校"三全育人"良好生态，形成了红船精神"五化"育人体系。

---

①习近平.弘扬"红船精神"走在时代前列[N].光明日报,2005-06-21.

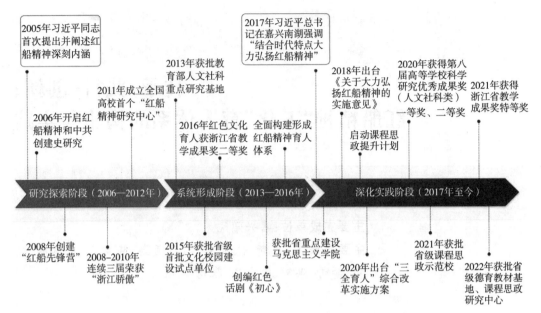

图1　红船精神育人实践历程

本成果紧扣"传承红色基因、培育时代新人"育人主题,以"传承、践行、创新"为主线,以"学科支撑、课堂主导、实践渗透、文化浸润、全员协同"为路径,以"特色化学科育人、系统化课程育人、立体化实践育人、精品化文化育人、一体化管理育人"为内核,实现各项育人工作同向同行、融合贯通(图2)。

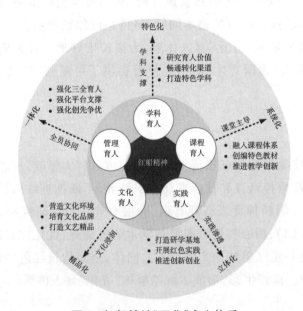

图2　红船精神"五化"育人体系

在红船精神"五化"育人实践中,培养了一届又一届信念坚定、勇于创新、矢志奋斗、乐于奉献的青年学子,一大批先进典型获得省级以上荣誉;红船精神育人成果获浙江省高等教育教学成果奖特等奖;学校成为教育部全国高校思想政治理论课教师社会实践研修基地;"红船旁高校的大思政课"、话剧《初心》等获《新闻联播》《焦点访谈》《中国教育报》等报道,红船精神育人成效产生广泛影响。

成果主要解决以下三个教学问题。

(1)红色资源如何有效转化为教育资源的问题。红色资源是传承红色基因的鲜活载体,对于落实立德树人、培育时代新人具有永恒的价值。但仍然存在对红色资源挖掘表浅化、碎片化的倾向,缺少对其育人价值的学理性论证;缺乏对红色资源系统深入的开发与转化,存在单一化、表面化、标签化的倾向。

(2)红色资源如何与"大思政"教育深入融合的问题。红色资源凝聚着跨越时空、历久弥新的宝贵精神财富,与"大思政"大视野、大情怀、大格局的特点具有内在契合性。但仍然面临红色资源与"大思政"教育融合不够的问题,缺乏系统性、连贯性、创新性,没有做到有机渗透、融为一体,没有做到严谨贴切、润物无声。

(3)革命精神如何常态长效弘扬践行的问题。只有青年学子把红色资源中蕴含的理想信念、高尚品德、坚强意志等内化于心、外化于行,革命精神才能在传承践行中薪火相传、生生不息。但依然存在革命精神践行难落地的问题,缺少强有力的长效保障机制,传承践行的实效性、持续性有待提升。

二、成果解决教学问题的方法

学校围绕立德树人根本任务,出台并实施《大力弘扬"红船精神"的实施意见》等系列文件,以红船精神"五化"育人体系建设推进人才培养(图3)。

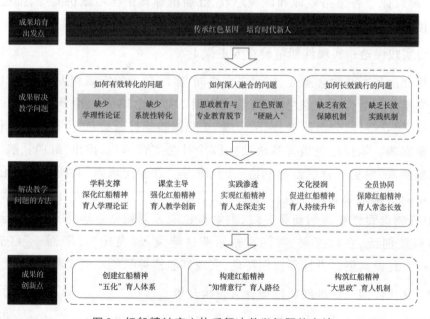

图3 红船精神育人体系解决教学问题的方法

(一)学科支撑：深化红船精神育人学理论证

构建学科引领的红船精神传承转化机制，促进红色资源的充分挖掘和有效利用。(1)深度开展育人价值研究。布局建立教育部中国共产党革命精神与文化资源研究中心、浙江省中国共产党创建史研究中心、嘉兴大学伟大建党精神研究中心等国家、省、校三级研究平台，深入开展红船精神育人学理论证，厚植理论根基。(2)畅通育人资源转化渠道。创建全国高校思政理论课骨干教师社会实践研修基地、浙江省课程思政研究中心、"大思政课"建设研究中心、"红船精神＋"德育教材研究基地和"思政名师工作室""红课工作室"等系列教研平台，多维推进学术成果有效转化为特色育人资源。(3)打造特色育人学科群。依托浙江省重点马克思主义学院和省部级研究平台，重点建设以红船精神研究为特色的马克思主义理论学科，打造与文学、艺术、教育等学科相融合的"1＋N"特色学科体系。

(二)课堂主导：强化红船精神育人教学创新

充分发挥课堂教学主渠道作用，构建有广度、有深度、有温度的"大思政课"。(1)健全"红船精神＋"课程体系。以"红船精神与时代价值""红船精神青春实践"等思政必修课为核心，以"中国共产党创建史概论"等公共选修课、"人文素质＋科学精神"公共基础课为两翼，以"红船精神＋"课程思政为辐射，实现各年级全覆盖。(2)创编"红船精神＋"特色教材。发挥浙江省德育教材建设研究基地作用，推出《红船精神与浙江发展》《红船精神领航中国梦》《红船见初心》《红船精神及其在浙江的实践：首创·奋斗·奉献》等系列教材。(3)推进"多彩思政课"教学创新。校内外结合打造红船旁系列"多彩思政课"、智慧思政课和课程思政、红船精神理论学习微讲堂等，推进课堂教学数字化创新。

(三)实践渗透：实现红船精神育人走深走实

坚持理论与实践融会贯通，构建多方协同、多维联动的实践育人大平台。(1)打造红色研学基地。整合地方红色资源，建立南湖革命纪念馆等31个浙江省思政课研学基地，通过辅导报告、分组研学、调研考察、实践体验等打造特色"大思政课"。(2)开展红色主题实践。依托红色教育基地设立87个社会实践基地，推出"红船领航"主题教育、"红船溯源"党史教育、"红船励志"公益服务、"红船向未来"共同富裕理论宣讲等实践活动。(3)推进创新创业教育。建成国家级众创空间、浙江省首批示范性创业学院、G60科创走廊产业与创新研究院、大学科技园等创新创业孵化平台，引导学生积极参与科技创新、乡村振兴、共同富裕示范区建设等，突出"互联网＋"红旅赛道、"红＋绿"乡村振兴创意设计等双创特色，实现红船精神赋能双创实践。

(四)文化浸润：促进红船精神育人持续升华

发挥文化铸魂育人功能，构建"情景意理"一体的红色文化实践场域。(1)营造红色文化环境。将红船精神融入文化校园建设，打造红船精神主题文化园、中共一大代表人物事迹展陈墙、红船精神育人成果展示馆等红色文化场所，让红船精神元素处处可见。(2)培育红色文化品牌。常态化开展师生"重走一大路"主题教育活动，"红船论坛"连续举办11年，"红船先锋营"持续开展14年，"红色忘年交"结对子活动坚持组织28年，让红船精神扎根师生内心。(3)打造红色文艺精品。精心打造高质量文艺作品，师生共同创演红色话剧《初心》、舞蹈《红旗颂》《南湖望月》《南湖船鼓》等，让红船精神可感、可悟、可体验。

(五)全员协同：保障红船精神育人常态长效

完善红船精神育人制度体系，汇聚红船精神育人合力。(1)强化"三全育人"。加强顶层设计，出台"三全育人"综合改革方案，实施第二课堂育人工程等，促进学校、政府、社会联动，构建全员全过程全方位育人体系。(2)强化平台支撑。加强资源统筹，健全红船精神育人支持系统，设立各类教学、研究、实践、创新、发展与服务平台，完善运行机制，建立"全链条"保障机制，落实人财物长效保障。(3)强化创先争优。深入实施"育人成才红船先锋""红船铸魂育新人"等主题活动，提升服务育人实效，让广大师生员工都成为红船精神的忠实守护者、坚定传承者、自觉践行者。

三、成果的创新点

(一)创建红船精神"五化"育人新体系

加强红船精神融入"大思政"教育的顶层设计，把"首创、奋斗、奉献"精神内涵作为每个学生价值塑造和能力培养的核心元素。把研究成果转化为育人资源，夯实红船精神育人的学理基础和史学支撑，促进红色资源的传承转化，增强红船精神育人的科学性和实效性。从大视野、大实践、大体系等维度突破时空界限，运用系统思维方法整合育人领域相互依存和作用的要素，通过学科支撑、课堂主导、实践渗透、文化浸润、全员协同，构建了红船精神"五化"体系，实现育人体系创新。

(二)构筑红船精神"知情意行"育人新路径

把握时代要求和大学生思想特点，统筹教育教学全过程，实施全方位改革和创新。通过将红色资源内嵌于理论教学、实践教学、网络教学等，推动思政课教学改革创新，不断增强学生的理性认同。通过名师引领、教学研究、教材优化、课堂创新等方式，推动"红船精神＋"课程思政教学改革，不断增强学生的情感认同。通过课内外与校内外相联动，创建文化实践载体、集成文化实践资源，深入开展体验式、互动式、沉浸式教学，不断增强学生的价值认同。从沟通历史与现实、贯通理论与实践、关联课内与课外等多重维度，营造全方位宽领域的红船精神育人文化环境，构筑了"知情意行"循序渐进的育人新路径，促使革命精神在学思践悟中得到有效弘扬与践行。

(三)构建红船精神"大思政"育人新机制

深化"三全育人"改革,构建"学校总体部署—部门协同推进—专业分层实施—评价激励改进"的运行机制,推动红船精神"五化"育人体系有效实施。积极拓展社会资源,构建"政府—社会—学校"多方协同的融合机制,广泛凝聚育人队伍,全面深化"红船精神+"大思政课建设。通过课堂教学、创新创业、社会实践、志愿服务、文化熏陶等,持续推动思政小课堂和社会大课堂有机结合。坚持师生共同接受教育、共同传承红色基因,构建"实践其所信,励行其所知"的长效保障机制,形成了与新时代同向同行的"大思政"育人格局。

四、成果推广运用

(一)育人成效显著(图4)

多年来,广大青年学子在红船精神引领下不断成长,学生中涌现出"中国大学生自强之星"、连续三届"浙江骄傲"、浙江省"十佳大学生"、"美德学子"等一批先进典型。在校生广泛参与创新创业教育实践,近五年获省级以上学科竞赛奖励1450余项,屡次摘得全国"挑战杯"竞赛、中国国际"互联网+"创新创业大赛金奖。在校生积极

①|②|③ ①《中国教育报》2017年11月15日头版头条刊登《弘扬红船精神 践行立德树人
——嘉兴学院探索红船精神"三进"育人模式》
②《中国教育报》2019年7月9日头版刊登《浙江嘉兴学院引导学生研究理论、
关注时事、铭记历史——思政课堂触心弦 红船精神代代传》
③《中国教育报》2022年9月26日第6版刊登《红船精神"五化"育人体系赋能
立德树人》

④|⑤|⑥
⑦|⑧|⑨
④ 原创红色话剧《初心》2018年首次登上央视《新闻联播》
⑤ 学生(校友)荣获连续三届"浙江骄傲"
⑥ 学生荣获2013年第三届浙江省"十佳大学生"
⑦ 学生团队荣获2012年"挑战杯"中国大学生创业计划竞赛金奖
⑧ 学生团队荣获2021年中国国际"互联网+"大学生创新创业大赛金奖
⑨ "益满湘西"志愿服务团队荣获2019年"中国志愿者扶贫案例50佳"

图4 部分媒体报道、育人成效

参与志愿服务和社会实践,坚持支教欠发达地区的"益满湘西"服务团入选全国扶贫优秀案例50强,学校获世界互联网大会志愿服务突出贡献集体7次、全国大学生社会实践优秀单位6次。广大毕业生深受用人单位喜爱,综合素质评价好;校友获"中国青年志愿服务金质奖章""全国五一劳动奖章""全国脱贫攻坚先进个人"等荣誉。

(二)教科研成果丰硕(图5)

获批教育部人文社科重点研究基地、浙江省哲学社会科学重点研究基地、浙江省德育教材研究基地等省级以上教科研平台11个,承担国家社科基金重大招标项目等省部级以上项目80余项,发表高质量论文和出版专著110余篇(部)。相关研究成果获第八届高等学校科学研究优秀成果奖(人文社会科学)一、二等奖,入选中国外文局"中国共产党精神"系列多语种图书全球推广项目。"红船先锋营"获教育部第七届全国高校校园文化建设优秀成果一等奖,"红船精神育人体系的构建与实践"获2021年浙江省高等教育教学成果奖特等奖,教师团队获首届全国高校教师教学创新大赛一等奖。

① 教育部人文社会科学重点研究基地"嘉兴学院中国共产党革命精神与文化资源研究中心"
② 教育部全国高校思想政治理论课教师社会实践研修基地(嘉兴学院)
③ 浙江省习近平新时代中国特色社会主义思想研究中心嘉兴学院研究基地
④ 首批浙江省课程思政示范校(嘉兴学院)
⑤ 浙江省德育教材研究基地(嘉兴学院"红船精神+"德育教材建设研究基地)
⑥ 浙江省红色文化研究与传承协同创新中心

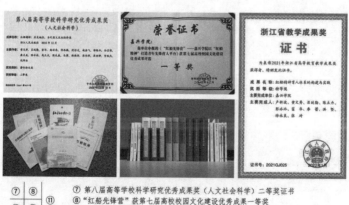

⑦ 第八届高等学校科学研究优秀成果奖(人文社会科学)二等奖证书
⑧ "红船先锋营"获第七届高校校园文化建设优秀成果一等奖
⑨ 红船精神系列教材
⑩ 红船精神研究主要著作
⑪ 浙江省高等教育教学成果奖特等奖证书

图5 部分教学与科研成果

（三）示范效应突出

学校入选浙江省"三全育人"综合改革重点支持高校、首批课程思政示范校、"青马工程"创新深化试点高校等。省级线上一流课程"红船精神与时代价值"惠及全国250余所高校，"红船精神青春实践"入选省级社会实践一流课程，校长陆军院士主讲的"浙派名家课程思政精彩一课"在全省推广，"红船精神系列微讲堂"上线全国高校思政工作网、中国大学生在线，《红船精神》等教材入选中国共产党革命精神系列读本、全国高校思想政治理论课教学案例。红船精神育人模式在江南大学、井冈山大学、湘潭大学、赣南师范大学、遵义师范学院等20所高校推广应用并取得良好成效，相关育人经验在中国高等教育博览会、全国革命老区高校联席会、浙江省本科高校书记校长读书会、浙江省高校课程思政教学研讨会等会议上交流，600余所高校教师来校交流学习。

（四）社会影响广泛

红船精神育人成效获教育部、中宣部、团中央等肯定，获教育部本科教学工作审核评估专家组充分认可。学校入选教育部全国高校思想政治理论课教师社会实践研修基地、教育部直属机关"四史"学习教育基地、浙江省教育系统党员教育基地，累计培训全国各地党员720余期、3.5万余名。"红船旁高校的大思政课"获"学习强国"平台首页推送，红船精神育人成果获《中国教育报》头版头条报道，获《人民日报》《光明日报》《中国青年报》等60余家省级媒体点赞。原创话剧《初心》全国公益展演百余场，获《新闻联播》《焦点访谈》等省级以上主流媒体多次报道。

红船领航铸魂育人永远在路上。面对新时代新征程新使命，学校将继续把红色资源利用好、把红色传统发扬好、把红色基因传承好，把红船精神"五化"育人全面推向深入，努力为培养担当民族复兴大任的时代新人贡献更大力量。

基于"四力驱动、智财融合"的新时代管理型财会人才培养创新与实践

主要完成单位:浙江工商大学

主要完成人:胡国柳、谢诗蕾、罗金明、许永斌、曾爱民、吴少波、马文超、王帆、姚瑶、万鹏

一、成果简介及主要解决的教学问题

(一)成果简介

早在2007年,浙江工商大学会计学院就立足长三角经济发展需要,率先开展"管理型财会人才"的特色培养,并获批国家级"管理型财会人才培养模式创新实验区"。历经7年初步探索,2014年"管理型财会人才培养模式的研究与实践"荣获浙江省教学成果奖二等奖。在此基础上,学院顺应新时代经济高质量发展需求守正创新,优化管理型财会人才的能力结构,将大数据、人工智能等现代信息技术与财会专业能力培养有机融合,从早期"业财融合"发展到"智财融合"的人才培养体系,形成"四力驱动、智财融合"的管理型财会人才培养新模式。该模式提出了新时代财会人才培养的新理念、新体系和新路径,在全国同类高校产生了广泛的示范效应,并获2021年浙江省高等教育教学成果一等奖。

党的十八大以来,浙江省以科技创新和数字变革催生新的发展动能,对"管理型财会人才"的培养提出新要求。学院秉承"家国情怀、责任担当、诚信为本"的价值理念,以"国际视野、战略思维、数智素养"为特色导向,培养具备"基于高质量发展的专业胜任力、基于数智素养的财务创新力、基于价值创造的战略决策力和基于合作共赢的组织领导力"的"四力驱动"型管理型财会人才(图1)。学院创设了"智财融合"的人才培养体系:坚持"德育为先"的思政引领,强化人才价值理念和职业道德规范;完善"智财融合"的课程体系,实现知识体系从传统财务向共享财务、业务财务和战略财务的升级;优化"智行合一"的教学模式,开展"场景+案例+研讨"的教学改革,加强实

践教学;建立"三课联动"的育人机制,完善全方位的"四力"能力培养体系。同时,学院实施了"多元协同"的育人保障工程,为新时代管理型财会人才培养持续赋能。

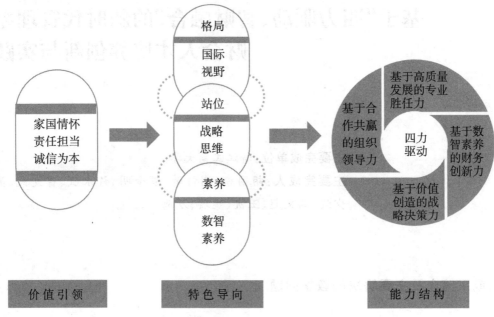

图1 管理型财会人才培养新目标

新时代管理型财会人才培养成效明显,人才培养质量显著提升。毕业生任专业管理及以上管理型岗位比例高达76%,其中中层及以上岗位比例达37%,考研升学率从2007年的11%提升到近3年的平均37%。近6届学生中有180人次在"挑战杯"等国家级竞赛中获奖;在全球最大专业会计师组织特许公认会计师公会(Association of Chartered Certified Accountants,ACCA)统考中荣获单科2个全球第一和17个全国第一。会计、财务管理和审计3个专业均获批国家级一流本科专业建设点,"软科"排名始终为A或A+,其中审计专业排名全国第三。该成果在国内同类院校引起广泛关注,产生引领和示范作用。

(二)主要解决的教学问题

(1)解决财会人才培养定位趋同、能力内涵不明确的问题,率先确立特色鲜明的管理型财会人才培养定位,并在长期的人才培养实践中不断改进创新,形成"四力驱动"的新时代管理型财会人才培养目标。

(2)解决管理型财会人才培养体系不完善、教学手段单一的问题,创建支撑"四力"能力培养的"智财融合"课程体系,实施"智行合一"的教学模式改革,实现人才培养"理念—内容—手段—载体"的体系升级。

(3)解决人才培养举措不协同、保障不健全问题,建立产学研各方发挥协同育人功能的运行和激励机制,实现资源共享和合作共赢,为该模式的有效运行提供充分保障。

二、成果解决教学问题的方法

(一)坚持价值引领,明确"四力驱动"管理型财会人才培养的顶层设计

为响应新时代经济高质量发展的现实需求,学院进行了人才培养的理念创新,强化价值引领,明确特色导向,重塑管理型财会人才的能力内涵,树立了"四力驱动"管理型财会人才培养总体目标;创设了涵盖价值、特色、目标、路径和保障的"四力驱动、智财融合"管理型财会人才培养新模式(图2)。

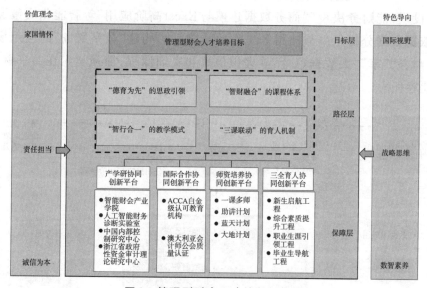

图 2　管理型财会人才培养新模式

(二)优化实施路径,构建"智财融合"的人才培养体系

学院聚焦"四力驱动"人才培养目标,践行新文科建设理念,进行管理型财会人才培养体系的路径创新。

1. 深化"思政引领",强调德育为先

新时代管理型财会人才首先要立志担当民族复兴大任,成为数智时代的奋进者、开拓者和奉献者。学院实施了沉浸式、多元化的"思政引领"工程:加强课程思政的顶层设计,结合财会专业职业道德要求,将思政育人的具体目标融入各专业培养方案和课程授课大纲,将思政元素贯穿育人各环节、全过程;打造课程思政的主力军,通过举办思政教学专题论坛、教学午餐会开展集体研讨和师资培训,提升教师整体的思政教学水平;多方位拓宽思政育人渠道,邀请实务导师参与课程思政,组织"党员教师亮身份,课堂思政一刻钟"活动,开展"劳动教育月"系列活动;建设思政育人共同体,实施师生党支部纵向联建,联合开展"领航家园——教师党员进寝室"活动;推进"政企研学"横向联建,与多家校外合作单位签署党建联建协议,推动人才培养高质量发展。

2.完善"智财融合"的课程体系

在广泛调研和多轮专题研讨的基础上,学院将数智技术与财会专业能力培养有机融合,重塑"智财融合"的课程体系。升级传统专业课程,以新经济、新业态下的智能化应用案例升级传统专业课程的教学内容;建设智能化专业课程群,实现课程体系从"业财融合"向"智财融合"的转型升级(图3)。(1)夯实数智基础,为学生陆续开设"统计学""Python爬虫与会计大数据挖掘"等数理统计和计算机语言类课程;(2)强化"业财一体化"思维,在"管理学原理"等管理类课程基础上,增设"运营管理"和"ERP理论与应用"等业财融合课程,提升学生对业务财务的理解;(3)塑造"智财融合"专业能力,开设"智能财务决策""商务数据建模与Excel高阶应用"等智能化决策课程,培养学生依据数据分析从事战略财务工作的技能;(4)构建"数字财务"的应用场景,设置"智能财务共享""大数据审计"等虚拟仿真和实训课程,加强学生在共享财务环境下的专业胜任力。

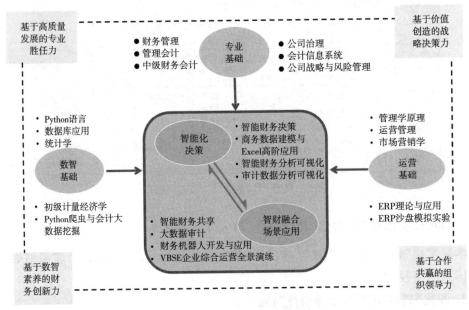

图3 "智财融合"的课程体系

3.优化"智行合一"的教学模式

依托国家级虚拟仿真实验教学中心和国家级文科综合实验教学中心,开展基于虚拟仿真平台的沉浸式案例教学,通过"场景+案例+研讨"的教学模式强化"四力"能力培养。例如"智能财务共享"是由我院和用友集团、新道科技公司共同开设的一门专业核心课,由用友的项目实施专家和我院智能化师资合作授课。通过对真实案例的剖析和对财务共享中心筹建的模拟操作,深度还原企业"业财融合"全过程,引导学生参与财务共享服务中心的规划与构建,推进核心业务运转和多岗位协同,培养基于数字化场景的财务创新力。

4. 健全"三课联动"的育人机制

通过第一、第二和第三课堂"三课联动",健全育人机制,推进管理型财会人才的"四力"培养。开展"实务精英进课堂"活动,与浙江省国资委、总会计师协会联合开发浙江企业的财务创新案例,实现第一课堂授课内容与实务前沿的紧密衔接;创立钱江会计名家论坛、实务精英论坛和前沿论坛,引导学生广泛参与学科类竞赛,丰富第二课堂的载体和内容;实施弹性实习制,组织学生参与企业数字化转型实践,拓展第三课堂,培养学生的创新实践能力,为第一和第二课堂提供有效补充。"三课联动"的育人机制有效弥补了传统人才培养模式路径单一、理论与实务脱节的短板,促进了管理型财会人才能力培养的转型升级。

(三)整合教育资源,拓展"多元协同"的育人保障平台

为保障"智财融合"培养体系的有效运行,学院打造了四大协同创新育人平台。一是产学研协同创新,创建人工智能财务诊断实验室、"智能财会"产业学院等产学研一体化平台,依托电子商务国家级虚拟仿真实验教学中心,开展智能化师资的联合培训、数智化课程的共同开发、虚拟仿真案例教学等产教融合的实践创新,培养管理型财会人才在新技术、新业态下的财务创新力。二是国际合作协同创新,推进与英国特许公认会计师协会、澳大利亚会计师公会和知名院校的合作办学与交流,通过国际执业能力的培养提升管理型财会人才在外向型经济中的专业胜任力。三是师资培养协同创新,与校外合作企业进行"一课多师"联合教学,以"助讲计划"辅助青年教师成长、"蓝天计划"拓展教师国际视野、"大地计划"提升教师实务经验,为"智财融合"课程体系提供师资保障。四是"三全育人"协同创新,推进"新生启航工程""综合素质提升工程""职业生涯引领工程""毕业生导航工程"等四大工程,建立"以学生为中心"的学业引导体系,满足学生"四力"能力培养和个性化发展的需求。

三、成果的创新点

(一)"价值引领""四力驱动"的人才培养理念创新

本成果传承了浙江工商大学会计学科的百年办学历史,秉承"为党育人,为国育才"的信念,将价值引领与人才培养体系深度融合,人才培养特色与高质量发展需求精准匹配,实现了新时代管理型财会人才培养目标的持续创新。通过构建"四力"人才能力结构,探索"大智移云物"背景下传统管理型财会人才培养的转型之路,确立了特色鲜明的办学定位。

(二)"智财融合""智行合一"的人才培养路径创新

本成果践行新文科建设理念,顺应新技术的发展,将财会专业知识与信息系统构建、人工智能应用、大数据分析等现代信息技术有机融合,优化了学科交叉、"智财融合"

的人才培养课程体系;依托国家级实验教学中心和产业学院开发智能化课程,建设省级虚拟仿真实验平台,开展沉浸式课堂教学改革,实现集财务决策能力与智能化场景应用于一体的、"智行合一"的教学模式创新;深化"三课联动"育人机制,将教学内容与实务前沿紧密衔接,理论学习与实习实践全过程耦合,以三种课堂的优势互补强化管理型财会人才的"四力"培养,实现人才培养体系"理念—内容—手段—载体"的全链条创新。

(三)"资源共享""多元协同"的人才培养保障创新

本成果通过搭建四大"协同创新"育人平台,进行全社会参与、全方位协同的人才培养保障体系创新。建立"智能财会"产业学院等一体化的产教学研平台,破解教学内容脱离实务应用、数智素养提升缺乏实践平台的难题;通过与ACCA等国际会计师组织开展合作办学,进行国际执业能力培养,破解管理型财会人才国际视野和全球战略思维不足的难题;开展社会师资与自有师资共建共研,破解智能化师资短缺的突出问题;优化"三全育人"协同机制,建立"以学生为中心"的学业引导体系,破解学生成长目标不明确、引导不充分的难题。通过构建四大协同育人平台的融合机制,将新文科建设理念贯穿于人才培养全过程,为实现新时代管理型财会人才的培养目标提供了有力保障。

四、成果的推广应用效果

(一)学生就业竞争力和综合能力培养成效显著

持续为区域经济高质量发展输送管理型财会人才,面向2009—2015届校友的调查显示,毕业生任专业管理及以上管理型岗位比例高达约76%,其中中层及以上岗位比例达约37%(图4)。毕业生在大中型城市(6届平均93.2%)、大中型企业(6届平均96.5%)高端财会岗位的竞聘能力显著增强,考研升学率从2007年的11%提升到近3年平均37%(表1)。

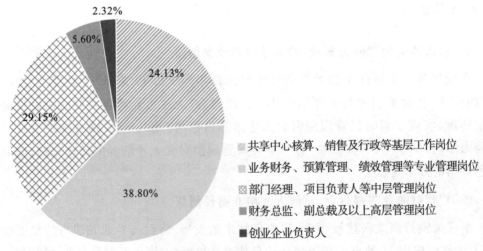

图4 毕业生岗位分布

表1　2017—2022届毕业生就业去向

届数	总人数	大中型城市就业		大中型企业就业		研究生录取		211以上院校及海(境)外学校	
		人数	比例	人数	比例	人数	比例	人数	比例
2017	379	246	94%	257	98%	118	31%	85	72%
2018	300	176	92%	184	96%	109	36%	72	66%
2019	298	199	94%	205	97%	87	29%	62	71%
2020	320	173	93%	182	98%	134	42%	94	70%
2021	306	187	94%	196	98%	106	35%	78	73%
2022	286	174	92%	174	92%	96	34%	65	67%

学生综合能力显著提高。2017年以来有180人次在"挑战杯"等各类国家级竞赛中获奖,在各类省级学科竞赛中获奖719人次,其中,浙江省财会信息化大赛的一等奖获奖数量连续5年名列全省第一。ACCA方向班学生参加全球统考有17人次获得内地第一、2人次获得全球第一,学校连续8年获得"白金级ACCA认可教育机构"全球最高教育资质和"ACCA全国优秀高校"称号。

(二)专业建设实现跨越式发展

1.一流专业建设

"财会审"三个专业均获批国家级一流本科专业建设点,在历年"软科"专业排名中均为A以上,其中审计为A+,排名全国第三。获省级以上教学改革项目7项、教育部产学合作协同育人项目3项。

2.思政建设

1个教师支部获评"浙江省党建工作样板支部",主要成员获"浙江省新时代千名好支书"称号1人、省级"三育人"先进个人2人,获批3门省级课程思政示范课程、1项省级思政教学改革项目。

3.金课和教材建设

获批国家级金课3门次、省级金课16门次,出版管理型财会人才培养系列教材11本,获评国家级规划教材2本。

4.师资团队建设

主要成员入选财政部"会计名家"等国家级工程共4人,获评浙江省教学名师2人次、ACCA全国优秀指导教师3人。

(三)成果影响广泛,辐射推广成效明显

光明网、人民网、《中国青年报》《浙江日报》等80余家新闻、网络媒体对该成果累计报导342次。在《财务与会计》等期刊发表相关教改论文近20篇,提炼总结了管理型财会人才的培养经验。

　　胡国柳教授及团队成员应邀在"智慧会计发展高端论坛""变革时代的会计：挑战与未来""数字经济与财务管理创新"等全国性教育或学术论坛分享我院的管理型财会人才培养创新与实践经验,影响广泛。

　　该成果在多所同类院校得到推广应用。70余所高校前来学院调研学习,江西财经大学、上海对外经贸大学、广东财经大学等同类高校在教学改革中借鉴应用了该成果。

面向本科课程提质的"三联动三分类三协同"研究生助教制度改革与实践

主要完成单位：浙江大学

主要完成人：胡吉明、江全元、方文军、金娟琴、王彦广、盛为民、杨旸、赵华绒、赵道木、王晓莹、刘召峰、盛况、汪蕾、陈宝梁、王英芳、赵爱军

一、成果研究背景

研究生助教是提高本科教学质量的重要有生力量。助教不仅推动包括"大班上课、小班研讨"在内的课程教学变革，还通过"朋辈式"的教学提升本科生学习成效，并通过辅助承担课程教学推动教师更好地进行教学改革与研究，优化课程体系，更新教学内容，提升教学水平和教学成效。同时，研究生通过担任助教，可以锻炼和塑造自身多方面的能力和素养，实现教学相长。因此，实施研究生助教制是推进本研共同成长的有效路径(图1)。然而，如何构建高质量、可持续的研究生助教制，全面提升本科课程质量，仍是困扰我国高校的一大难点。

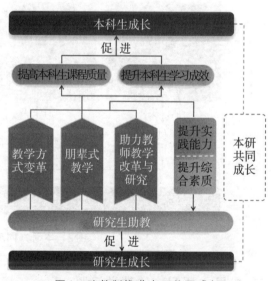

图1 助教制推进本研共同成长

长期以来，浙江大学积极开展研究生助教制度改革，从20世纪80年代末即开始推行博士生助教制度等系列改革。在此基础上，学校于2010年启动新一轮研究生助教制度改革，推动所有"通识核心课程"统一实施"大班上课、小班研讨"，其中小班全

部由研究生助教组织研讨教学。2013年,化学系最先试点面向所有化学类基础课程和实验课程实施研究生助教制。2018年以来,数学学院、物理学院和马克思主义学院等基础学院相继全面实施助教制,并逐步推广至全校其他专业院系。经过12年的改革实践,浙江大学建立了以"一个理念引领、三条路径突破"为特征的高质量大规模实施、可持续运行的研究生助教制度,全面提升了本科课程质量,推动了本研共同成长育人体系的构建(图2)。

一个理念引领。以"本研共同成长"为基本理念引领研究生助教制改革,将既聚焦提升本科课程教学质量,又同步提高研究生综合能力,作为实施助教制的核心目标,为助教制改革的顺利开展奠定认识基础。

三条路径突破。(1)建立"三联动"供需融合关系;(2)打造"三分类"过程实施体系,确保了助教制的实施质量;(3)构建"三协同"运行保障机制,实现了助教制可持续运行。

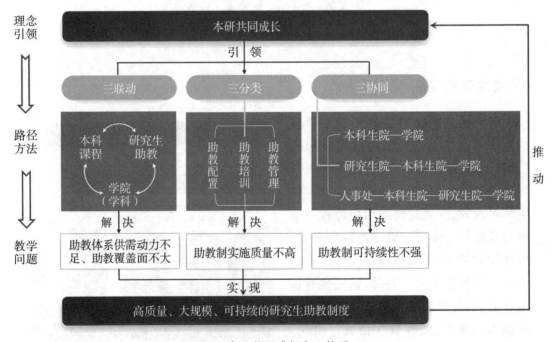

图2　本研共同成长育人体系

二、成果主要解决的教学问题

(1)解决了研究生助教体系中本科课程和研究生助教双方供需动力不足、助教覆盖面不大的问题。

(2)解决了研究生助教质量不高、助教对本科课程提质作用不明显的问题。

(3)解决了研究生助教制难以可持续运行的问题。

三、成果解决教学问题的方法

(一)建立"三联动"供需融合关系,解决助教体系供需动力不足的问题

在"本研共同成长"理念引领下,通过建立本科课程、研究生助教、学院(学科)间的三方联动(图3),实现本科课程和研究生助教间的供需角色转换(本科课程既是本科生培养侧的需求方,同时也是研究生培养侧的供给方;研究生助教既是研究生培养侧的需求方,同时也是本科生培养侧的供给方),让实施助教制成为本科课程提质和研究生自身培养的共同需求,推动本研对助教的需求从"两头冷"向"两头热"转变。

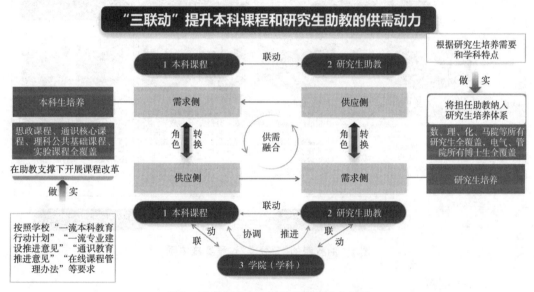

图3　助教制的"三联动"供需融合关系

1. 助教入本科课程改革要求

将系统实施研究生助教制度纳入《浙江大学一流本科教育行动计划》《浙江大学关于推进通识教育的若干意见》《浙江大学关于全面推进一流本科专业建设的指导意见》《浙江大学在线课程管理办法》等学校制度文件,明确课程改革对研究生助教的需求,做实每年3800余个教学班的助教需求,进而推动研究生侧提供足够数量和高质量的助教保障。

2. 助教入研究生培养要求

根据研究生综合能力培养需要和各学科实际,将承担助教工作纳入研究生培养体系,其中,数、理、化等基础学科将担任助教作为研究生培养方案的必修环节,其他学科根据实际需要将担任助教作为研究生培养的选修要求,落实每年3600人次研究生助教需求,进而推动本科课程侧提供足够数量和有明确助教要求的课程保障。

3.学院(学科)协调推进

学院(学科)统筹协调助教制在本科课程改革和研究生培养中的需求,如化学系通过教授委员会、马克思主义学院通过党政联席会议推进实施助教制度。

(二)打造"三分类"过程实施体系,解决助教制实施质量不高的问题

通过建立分类配置、分类培训、分级管理的分类体系(图4),做实实施过程,保障助教质量和本科课程质量。

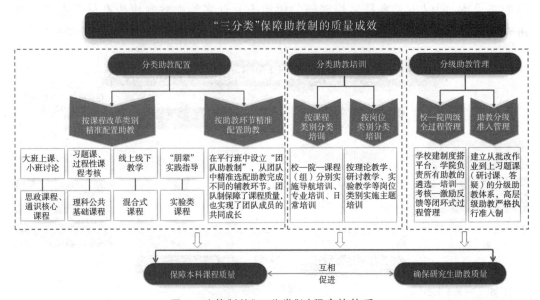

图4 助教制的"三分类"过程实施体系

1.分类配置

根据课程改革类型配置助教,如在思政课程和通识核心课程中配置助教全面组织开展小班研讨,在理科公共基础课程中配置助教全面组织开设习题课和开展过程性评价,在混合式教改课程中配置助教深度实施线上线下融合式教学,在实验类课程中配置助教实施"朋辈指导",精准实现课程深度提质,同时在个性化的助教工作中实现研究生自身综合能力的提升。在平行班中建立团队助教制,根据课程教学准备、组织研讨教学、开展习题课、指导实验课和答疑等不同工作环节需要精准选配合适助教,既保障课程质量,又通过团队合作提升所有助教的培养质量。

2.分类培训

分管理职责开展助教培训,通识课程助教由学校统一负责培训,并开设"助教培训"课程对全体助教进行导航培训;基础课程、专业课程助教由学院负责开展专业培训;部分有个性化要求的课程助教由课程(组)负责日常培训。分岗位类别对助教进行主题培训,按照理论教学、研讨教学、实践(实验)教学、线上线下混合式教学等对助教进行主题培训,有针对性地加强方法指导和能力培养。

3. 分级管理

实施包括制度与平台建设、助教的过程性质量管理在内的校院两级助教管理制度。建立从批改作业的初级别助教工作到主持研讨课(习题课)的高级别助教工作的助教分级体系,以及高级别助教工作实施准入机制,保障助教质量和课程质量。

(三)实施"三协同"运行保障机制,解决助教制难以可持续运行的问题

通过学校部门与学院间、部门与部门间的协同,实现助教制的可持续运行。

本科生院—学院协同。本科生院根据学校《一流本科教育行动计划》和《关于推进通识教育的若干意见》等要求,组织推进通识课程、公共基础课程等校管课程开展助教制支撑下的教学改革,学院根据《浙江大学关于全面推进一流本科专业建设的指导意见》要求推进专业课程开展助教制支撑下的教学改革,确保本科课程来源。

研究生院—本科生院—学院协同。根据本科课程改革需求和研究生培养需要,研究生院指导相关学院按照学科性质将担任助教纳入研究生培养的必修或选修环节,确保优质研究生助教来源。

人事处—本科生院—研究生院—学院协同。人事处将校级助教津贴纳入人事聘岗体系,确保校级助教津贴来源充足,校级助教津贴由2017年的400万增长至2021年的1200万;学院将院级助教津贴纳入学科建设经费或其他自筹经费中,保障院级助教津贴来源,院级助教津贴自2017年以来增长近4倍。

四、成果的创新点

(一)基本理念创新:以"本研共同成长"为理念引领研究生助教制改革

改变以往研究生助教只是简单地为了解决师资力量不足或改善研究生待遇的认识,将同时提升本科课程教学质量和研究生综合能力作为实施助教制的共同目标,形成了以助教制实现本研共同成长的理念。该理念为本成果开展的助教制度改革,特别是为本科课程、研究生助教、学院(学科)间"三联动"关系的建立奠定了认识基础。通过上述关系的建立,主动实现助教体系中本科课程和研究生助教之间的供需融合、角色转换,推动本—研双方对助教制的需求从"一头热一头冷""两头冷"向"两头热"的转变。

(二)提质方法创新:通过打造"三分类"体系保障助教质量和课程质量

改变以往助教制中助教配置、助教培训、助教管理等不注重分类别推进实施的做法,通过打造精准的分类体系,做实助教制的实施过程,精确保障本科课程和研究生助教的质量。分类助教配置,一方面引导性地在不同类型的课程中精准配置相应的助教开展课程改革;另一方面在平行班中设置团队助教,根据不同的助教工作环节从团队中精准选配相应助教。分类助教配置确保了助教与课程间的人课相适或人岗相

适,精准实现了课程提质并保障了助教质量;分类助教培训使研究生助教以不同类型课程和不同类型岗位为平台得到个性化的全程培训,实现了助教质量的精准提升,助力高质量推动本科课程的改革;分级助教管理通过建立校院两级的全过程管理和助教分级准入机制,保障助教制的实施质量。

(三)保障机制创新:通过"三协同"保障助教供需

通过建立校内各部门(学院)间的"三协同"机制,从行政和资源保障层面确保课程、助教和津贴的来源。创新性地将在各类课程中系统实施研究生助教制纳入制度要求,保障本科生课程来源;创新性地将担任助教纳入研究生的培养要求,保障研究生助教来源;创新性地将校级助教津贴纳入人事聘岗体系,保障研究生助教经费来源。

五、成果的推广应用及效果

(一)学生培养成效凸显

研究生助教在思政课程、通识核心课程、理科公共基础课程等重要课程中实现全覆盖,每年涵盖3800多个本科教学班(2010年的4倍),占全部本科教学班数的40%,受益本科生26万人次/年,担任助教的研究生达3600人次/年(2012年的5倍),研究生助教在数、理、化及马克思主义学院等基础院系研究生中全覆盖,在管理学院、电气学院等博士生中全覆盖。全校所有学院实施助教制,多样化推动助教制改革。

助教制显著提升了本科课程教学质量。本科生普遍认可研究生助教制教学模式,对课程学习的兴趣大幅提升,学习成效和课程质量显著提高。实施助教制度后,学生对各类课程特别是思政课程的评价明显提高,理科公共基础课程在全面实施助教制后推进习题课制度和过程性考核改革,课程成绩优秀率明显提高,不及格率下降近一半,平均成绩提高6~10分(图5)。与其他课程相比,助教支撑的本科课程获评一流课程的比例明显更高:全校约半数本科课程配置助教,但国家级一流课程中配置助教的比例高达90%,省级一流课程中配置助教的比例达77%,省级课程思政示范课程中配置助教的比例达67%。

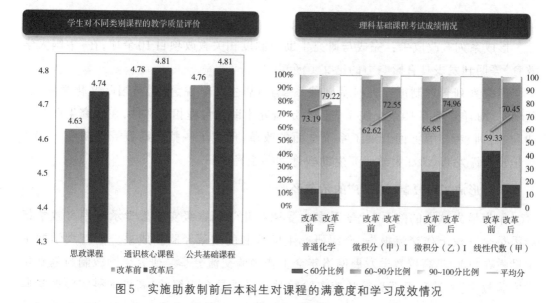

图5 实施助教制前后本科生对课程的满意度和学习成效情况

助教制对于研究生培养质量的提升获得师生广泛肯定。超过75%的研究生认为有必要在研究生培养中设置助教环节,约70%的研究生助教认为助教经历对未来的发展"很有帮助",担任实验助教的研究生认为"在实验操作、技能和细节方面的要求有助于自己科研能力的提升"。近90%的研究生导师支持或希望自己的学生在研究生期间担任助教,以提高学生的综合能力;70%的导师对曾经担任过助教的研究生的沟通表达能力和责任心的提升表示满意(图6)。

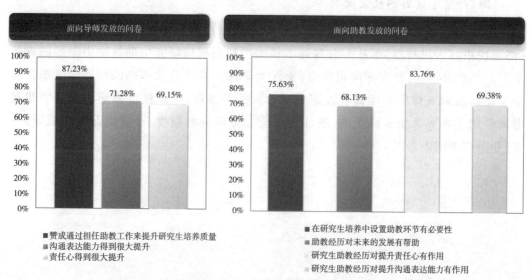

图6 研究生助教和研究生导师对研究生担任助教的调查结果

(二)衍生一批改革成果

形成系列教改成果：完成与研究生助教制度相关教改项目10余项,在《中国大学教育》等期刊发表具有影响力的论文10余篇。

形成系列管理制度：理科基础院系、马克思主义学院、传媒与国际文化学院、管理学院、海洋学院等10余个院系先后制定研究生助教管理相关文件,在研究生助教的选聘、培训、考核等方面开展了系统全面的改革,形成了一整套助教管理制度。2019年学校修订发布《浙江大学研究生助教管理办法》。

(三)形成了可复制、可推广的示范经验

作为最先试点的院系,化学系多次受邀在化学国家级实验教学示范中心教学指导委员会会议上作交流报告,介绍研究生助教制度改革经验和成果。浙江大学博士生助教在2020年高校教学发展网络年会上作经验交流分享。"研究生助教制与基础化学实验教学"入选教育部高等学校实验教学指导委员会组编的《高校本科实验教学典型案例汇编》。武汉大学、中山大学、南京大学、中国科学技术大学、浙江工业大学等兄弟高校先后来我校学习交流"浙江大学助教制度改革"相关经验。2022年5月,浙江大学承办由教育部高等学校化学类专业教学指导委员会、教育部大学化学课程教学指导委员会联合主办的"全国化学类课程助教制度改革与成果专题研讨会",取得了很好的反响,两位教指委主任委员郑兰荪院士和高松院士均对浙江大学的助教制度改革给予高度肯定。

(四)产生了良好的社会反响

2019年,《钱江晚报》大篇幅报道数学学院实行助教制的成功经验。2022年9月,《都市快报》《人民日报》等从一名普通本科生的视角报道研究生助教助力学生的课程学习。2022年5月,教育部简报报道《浙江大学深入推进公共基础课程教学改革》,肯定了以助教制支撑的基础课程改革成效。2022年9月,中央教育领导小组秘书组秘书局录用了本成果团队提供的《浙江大学全面推进助教制度 有效提升教学质量》一文,并报领导同志参阅。

健康中国背景下医学人文教育体系的构建与实践

主要完成单位：温州医科大学

主要完成人：朱雪波、吕一军、林文诗、刘燕楠、洪晓畅、阮积晨、金伟琼、郑节霞、陈飋、卢中秋、陈先建、陈洁

一、成果简介

医学是科学，更是人学。在卫生健康事业不断发展过程中，医学人文在整个医学领域的作用愈发重要，加强医学生人文教育是全面实施健康中国战略、维护与增进人民健康的必然要求，也是推动医学教育高质量发展、提升医学生整体素质的重要支撑。

成果着眼于国家战略与卫生健康事业人才培养需求，2005年起探索医学与人文融合培养的研究；依托国家卓越医生教育培训计划项目"五年制临床医学人才培养模式改革试点"、国家社科基金教育学项目"健康中国背景下医学生职业精神培育路径研究"、教育部人文社会科学研究专项"健康中国背景下体医深度融合体系构建及路径研究"等课题，以"培养什么样的人"为着眼点，从理论研究到实践探索全面做好医学人文教育，并以此为突破口进行系统改革。针对医学人文教育体系不完善、课程方案不完整、实践路径融合不充分等问题，在大思政、大健康、大教育三个维度展开医学人文教育体系序贯式建构(图1)。2022年，学校牵头发起成立全国地方医学院校医学人文教育联盟，标志着我校医学人文教育做法与经验得到了广泛认同和有效推广。

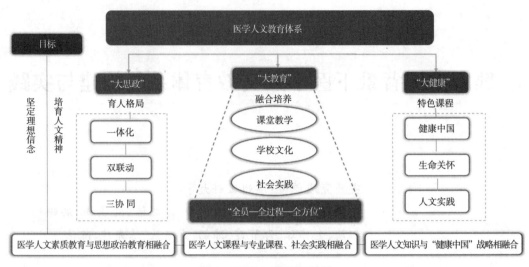

图1　医学人文教育体系

在大思政框架下,形成了"一体化、双联动、三协同"的教育体系;在大健康框架下,构建了"健康中国—生命关怀—人文实践"三位一体的医学人文教育课程方案;在大教育框架下,系统整合课堂教学、学校文化和社会实践相互衔接的实施路径,将医学人文教育融入医学人才培养全过程。经过多年的理论和实践探索,实现了医学人文教育与思政教育相融合、医学人文知识与健康中国战略相融合、医学人文课程与专业课程、社会实践相融合,形成了一套完善的人文素质教育与专业教育深度融合的中国医学教育模式。

经过17年探索,先后获批教育部全国首批"大思政课"实践教学基地等6个国家级基地,教育部课程思政示范项目、国家一流课程等30个国家级项目,中华慈善奖等50个国家级荣誉。为国家培养了近2万名服务人民健康的医疗卫生人才,得到了用人单位广泛认可;临床医学专业毕业生执医考试成绩连续5年位居全国前10,涌现出"感动中国人物"兰小草、全国岗位学雷锋标兵、全国向上向善青年等优秀典型。同时打造了一支仁心仁术兼备的高水平师资队伍,涌现出全国师德标兵、"中国好人"、浙江省师德楷模等优秀典型。相关理论成果在《教育研究》《光明日报》等权威刊物发表,实践成果得到《人民日报》《中国教育报》等权威媒体报道。

二、主要解决的教学问题

(1)对标卓越医生培养目标,解决医学人文教育体系不完善问题。解决当前医学人文教育仍存在育人体系不完善、育人机制联动不足等问题。

(2)完善医学人才培养方案,解决医学人文教育课程不系统问题。解决课程设计缺乏顶层规划、课程之间缺乏紧密联系、课程目标缺乏深度挖掘、课程内容缺乏医学特质等问题。

（3）整合优质教育资源，解决课堂教学、学校文化、社会实践不连贯问题。解决课堂教学、学校文化、社会实践三者缺乏医学与人文、显性与隐性、理论与实践融合的序贯式实施等问题。

三、成果解决问题的方法

成果在大思政、大健康、大教育的全景规划体系中着力加强医学人文教育，对医学生进行文化育人、课程育人、活动育人等序贯式培养。

（一）大思政联动育人

在大思政框架下，搭建"一体化、双联动、三协同"的大思政育人体系。（1）"一体化"育人格局：成立医学人文教育工作领导小组、医学人文教研室、医学人文研究中心，自上而下做好系统规划，统筹全校力量，合力开展医学人文教育。出台《加强医学人文教育的指导意见》《加强医学人文课程建设的实施意见》等文件，优化人才培养方案，推出课程思政实施方案和考核评价制度健全长效机制。（2）"双联动"育人机制：推出临床学院与教学医院"院院一体"制度，实现学生从入校到毕业全程管理和协同培养；全面实行临床教师班主任制和本科生导师制。推行思政教师、辅导员、班主任、专业教师协同育人模式，建立常态化培养机制，实施"领雁计划""思政名师工作室"培育等。（3）"三协同"教育平台：充分挖掘课程思政元素、人文素质教育元素，实施"千百十课程思政计划"，打造千门课程思政课、百名优秀课程思政教师、十大课程思政示范院系，形成思政教育、人文素质教育、专业教育相协同的育人平台。

（二）大健康特色课程（图2）

在大健康框架下，将健康中国的核心理念"共建共享、全面健康"战略主题植入医学人文教育的培养目标，构建"健康中国—生命关怀—人文实践"三位一体的医学人文教育课程方案，涵盖近百门课程，增设劳动教育、艺术美育等课程和人文实践类课程，包含6个必修学分。在实施过程中，根据学生不同年级掌握专业知识技能螺旋上升的特点，分阶段设置课程模块，让学生接受进阶式人文素质教育。

打造"健康中国"系列课程。将医学人文知识与"健康中国"发展战略相对接，开设"全民健康战略与健康中国建设"等特色政治课程，解读健康中国内涵。深入挖掘"大健康"的教育元素并将之融入医学专业的课程，开设"大健康论坛""传染病与健康卫士""青年科学家健康论坛"等医学课程，加强医学生对医学领域热点前沿的理解。开设"未来医生的素养""院长讲坛"等医学人文课程，提升学生人文素质。开设"生命关怀"创新课程，如"儿童健康管理""不同视角下的临终关怀学"等，传授学生生命全周期的健康知识，培养学生以健康为中心的系统思维，提升医学生健康服务的专业技能。开设"人文实践"特色课程，如"流动的急救课堂""青少年眼健康社会实践"等健康服务实践课程，组建校内外师资团队，以"课程导入—实践活动—总结分享"为序分段开展,通过系统设计,在体验式学习中引导学生把大医精诚、医者仁心等人文精神内化于心、外化于行。

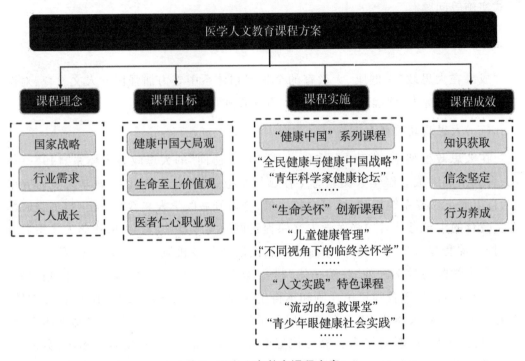

图2　医学人文教育课程方案

(三)大教育融合培养

实现课堂教学、学校文化和社会实践三融合,构建高效教育场域。在基础课中贯穿医德与人文教育,在专业课中融入健康服务社会实践,促进医学科学精神与人文精神的融通和共建,构建起医教协同、三全育人的大教育模式。

1.人文教育与课堂教学融合,将医学人文教育渗透到各专业课教学中

(1)建立融合的教学内容:开展以学生为中心、以专业课程教育为主线、以知识教育与素质教育融合为目标的课程改革,强化课堂内容建设,把中国自信、传统文化、艺术素养、科学精神、国际视野等教育元素融入课堂。(2)建立多元化教学基地:依托5所附属医院、27所教学医院和30家校外教学基地,通过一体化规划实现教学实施的一致性、有效性。(3)建立混合式教学团队:该团队包括校内医学专业教师135人、思政教师32人与校外媒体、公益、人文、艺术等不同专业领域的教师54人,有效支撑了医学人文教育的全面实施。

2.人文教育与学校文化融合,将医学人文教育元素转化为医学人文气氛浓郁的学校文化

(1)物质文化:建成"人体科普馆""生命大道""社会主义核心价值观研学空间"

等医学人文场馆,将教育元素转为"看得见、摸得着"的学校文化,通过纳入始业教育的形式实现学生的全覆盖。(2)精神文化:通过"伟大抗疫精神""白求恩精神"等医学院校独有的文化精神,让学生感受多元化、立体式的精神育人力量。(3)制度文化:实施"医学人文素质第二课堂成绩单"制度,将在校学生参加第二课堂系列活动作为考核内容,纳入学生考核体系。(4)行为文化:开展医学生宣誓仪式、解剖课开课仪式、大体老师致敬等十大医学人文礼仪活动。通过物质、精神、制度、行为"四位一体"的学校文化浸润与熏陶,不断涵养学生尊重、守护生命的价值追求。

3. 人文教育与社会实践融合,将医学人文教育元素通过服务学习渗透在社会大课堂中

依托学校实践育人品牌活动,开展以健康服务为主题的系列实践活动,将贯穿全生命周期的健康服务活动分为"恤病助医、阳光助残、生命救援"3大类9个模块,实现学生100%全覆盖。建成由思政教师、医护人员、社会公益人士等组成的校内外实践导师团队。通过"一校多县、一院多镇、多班一村"的结对方式开展实践服务,学生利用周末、寒暑假等时间进行健康宣讲、社会调研、临床服务、医疗下乡等实践服务活动。在实践过程中,形成以学校、医院为主体,政府倡导、媒体推助、社会团体共同参与的"五轮驱动"实践育人模式。

四、成果的创新点

(一)构建了医学人文教育体系

成果立足于立德树人教育根本任务和健康中国战略要求,进行系统化的顶层设计。(1)一体化育人格局:自上而下规划,实现育人主体一体化、育人过程一体化和育人机制一体化。(2)双联动育人机制:实现学校联动医院、基于医疗服务岗位人文素质需求的全程化培养,破解知识传授、岗位能力培养与价值引领相分离的难题。(3)三协同育人平台:将思政教育、人文教育与专业教育深度融入医学人才培养全过程,把理想信念建立在科学理论基础之上,引导医学生成为堪当时代大任、服务健康中国战略的卓越医学人才。

(二)形成了医学人文教育课程方案

形成了科学理论指导、培养方案融入、国家战略衔接的人才培养目标。课程方案从国家战略、行业需求、个人成长三个维度进行系统化设计,形成"健康中国—生命关怀—人文实践"三位一体的医学人文教育课程体系。借助校内外联动的师资团队和教育基地,构建从知识获取到信念坚定再到行为养成的进阶式人文课程方案,有助于培养具有健康中国的大局意识、生命至上的职业认知、医者仁心的大爱情怀的新时代卓越医生。

(三)创新了医学人文教育实施路径(图3)

在大教育体系框架下,实现了医学人文教育与课堂教学、学校文化、社会实践有效相融合,综合集成校内外育人共同体,将课堂教学—学校文化—健康服务进行链环式布局,实现医学教育理念从以关注疾病为中心向以健康为中心的转变,实现教育理念、学校文化、实践育人三者相融合的有序连贯推进模式,全面提升医学生人文素质培养质量,为培养具有深厚人文底蕴的当代卓越医师提供了温医方案,为新医科背景下医学教育创新发展提供了支撑。

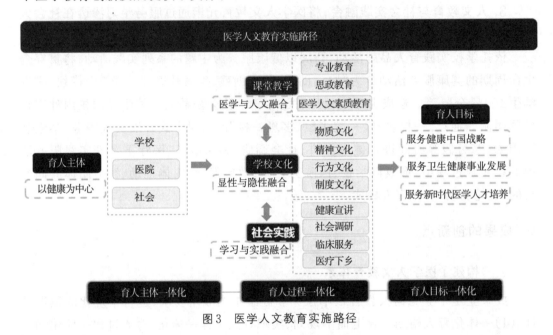

图3 医学人文教育实施路径

五、推广应用效果

(一)打造了"家国情怀、仁心仁术、扎根基层"的温医群像(图4)

(1)毕业生执业医师资格考试通过率高:根据国家医学考试中心数据,学校临床医学专业学生执业医师资格考试成绩连续5年位居全国前10,医学人文模块的知识掌握率位居14所试点高校第一。(2)学生课程满意度高:根据第三方调查,毕业生对母校校风学风、专业课程教学效果满意度连续8年位居省属本科院校第一。(3)用人单位评价好:根据第三方调查,近5年用人单位对我校毕业生综合素质、实践能力、合作与协调能力、人际沟通能力满意度在省属本科高校名列前茅,且有3次位居第一。(4)学生人文底蕴深厚:学校培养了近2万名扎根基层、服务人民生命健康的学子。在众多国家和区域重大公共卫生事件和灾难救援中,温医师生都发挥了重要作用。近年来,先后有800余名毕业生赴西藏、青海、四川等地,为中西部医疗发展贡献力量。涌现出"感动中国人物"兰小草、全国岗位学雷锋标兵、全国向上向善青年等优秀典型。

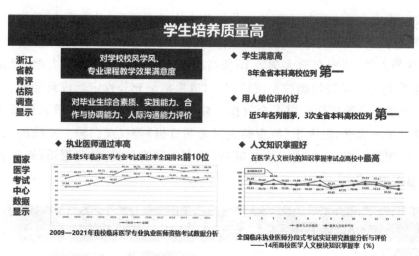

图4　学生培养质量高

（二）汇集并建成了"有内涵、有温度、有灵魂"的高质量医学人文教育教学资源系列（图5）

（1）建成一批医学人文教育基地：打造建成教育部全国首批"大思政课"实践教学基地、中宣部全国学雷锋活动示范点等6个国家级基地、22个省级基地，学校入选国家第一批卓越医生教育培养计划试点高校、浙江省首批课程思政示范校。（2）形成一批高质量的育人课程项目：获批教育部课程思政示范项目、国家一流课程等30个国家级课程与项目；获得中华慈善奖、全国志愿服务大赛金奖、全国高校校园文化建设优秀成果等50项国家级荣誉。浙江作为入选全国首批"三全育人"试点的省份，以我校为实践育人牵头单位，负责编撰全省首部"三全育人"成果册。

图5　形成一批高质量教育教学资源

(三)形成了"可复制、可推广、可持续"的医学人文教育温医范式(图6)

学校牵头成立了全国地方医学院校医学人文教育联盟,共有50所学校参与,通过共建共享做好对西部医学院校的医学人文教育帮扶。成果在首都医科大学、重庆医科大学、兰州大学、西安交通大学等15所高校推广应用。新疆医科大学、河北医科大学等30余家高等医学院校到校交流访问,对成果给予充分肯定。成果经验、模式在中国高等教育学年会等省部级以上会议作为典型被推介32次。研究成果获浙江省高等教育教学成果一等奖,发表于《教育研究》《光明日报》等权威刊物。实践成果得到《人民日报》《中国教育报》等权威媒体报道124次,《中国青年报》整版报道《青年志愿服务发展的"温医现象"》。

图6 教学成果获推广

专业催生行业，创业促成职业
——开创中国听力专业教育先河的二十年探索与实践

主要完成单位：浙江中医药大学

主要完成人：应航、肖永涛、李志敏、徐飞、张国军、苏俊、王永华、田成华、胡旭君、赵乌兰、张婷、王一鸣、王枫、阮心明、金丽霞

一、项目的研究背景和意义

"听力健康"是健康中国建设的重要内容。世界发达国家每3000名听障者拥有1位听力师；美国有60多所大学开办听力学专业，拥有40余万听力与言语康复专业人才；"听力师"职业连续5年位列最受欢迎职业的前十位。我国有8000多万听障者，是世界上听障人数最多的国家，按世界卫生组织标准，我国尚存在3万听力师和26万言语康复师的巨大缺口，听力学专业和行业发展的国内外差距较为显著。

20年前，我国听力学专业和"听力师"职业均属空白。由于缺乏专业的听力学人才，大量听力损失人群得不到及时有效的救助干预，众多聋儿处于"十聋九哑"的境地。助听器验配技术没有规范，"听力师"职业鲜有人知，听力行业尚未起步，因此，广大群众对防聋治聋的迫切需求和听力健康的企盼得不到满足。在此背景下，创办我国的听力学专业，培养大批专业的听力人才，点燃听力行业的火种，对于开展听力扶残助残、实现国家"人人享有康复服务"战略目标、促进人民幸福共享有着极为重要的现实和社会意义。

二、项目的研究来源和基础

为填补我国听力学高等教育空白，基于传统中医药对防聋治聋所具有的独到优势和特色，学校于2001年向教育部申请并获批准在全国开设第一个听力学专业（目录外）。本着培养人才、扶残助残的坚定信念，项目组紧紧围绕以下三个关键教学问题，

向学校专业建设委员会提交了《听力学新专业建设方案和十年规划》，于2001年开始听力学专业教学的试点改革。(1)听力学专业国内尚属空白，如何借鉴国际经验，创办中国本土化的听力学专业；(2)听力人才培养标准缺乏，如何研制中国听力教育标准，提供标准化办学范本；(3)听力康复职业尚未建立，如何开展创新创业、推动主动就业，使教育赋能行业，构筑助残新生态。建设方案以培养创业型听力学人才为目标，确定了听力学人才培养本土化、标准化、实战化、社会化、一体化的改革路径。经过十年的探索，学校构建了以创业为导向的培养方案和课程体系、实践教育体系、素质教育体系，校企联合的师资队伍以及听力实验中心等系列人才培养规章和资源，2010年获评国家特色专业，取得了预期的探索成果。以此为起点，项目进入实践检验期，在系列省优势专业、省特色专业、省实验示范中心等项目建设中，设定"专业规范化建设、创业系统化运营、行业多维度推进"的实践总任务，并形成了专业、职业、行业共同繁荣发展的良好态势和特色做法，探索出一条以创业为导向、以中医药为特色的听力学办学之路。

三、项目解决教学问题的方法

本项目从"初探—规范—引领"三步走的总体思路出发，通过借鉴国际经验，探索听力办学本土化；推动专业迭代升级，实施听力教育标准化；开展创新创业教育，实现听力创业实战化；汇聚力量促成政府增设听力新职业，职业认同社会化；创新体制机制，实现专业行业发展一体化。

（一）借鉴国际经验，首创听力学专业，探索办学本土化

学习国际做法：借鉴美国华盛顿大学、辛辛那提大学，英国南安普顿大学等的培养体系，引进"听力学基础""诊断听力学"等7门课程、*Audiology*等7部原版教材、52项听力实验项目。

衔接国内需求：调研国内需求，根据行业实际，实施以创业为导向、以助残为使命的培养路径，让行业精英进课堂，以任务驱动练技能。

彰显中医特色：体现校本特色，发挥中医治耳病优势，设置中医学课程。

构建以创业为导向的培养方案、中西并用的课程体系、"基础＋专业＋拓展能力"递进式的实践教育体系和以扶残助残为目标的素质教育体系(图1)，形成了基于国际规范和行业需求、我国领先的听力学人才培养体系成果，荣获浙江省教学成果奖二等奖。

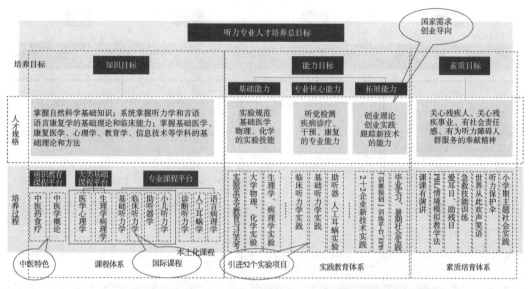

图1 以创业为导向的培养方案和课程体系、实践教育、素质教育体系

(二)研制系列标准,推动专业迭代升级,实施教育标准化

听力本科教育标准:依据教育部评估指标,研制《中国听力学专业本科教育标准》,培养具有国际化视野、具备听力基础知识和技能、关心残疾事业的高级人才。

岗位胜任力标准:基于听力师职业导向,分析"听力师基准性和鉴别性胜任力要素",制定由听力学毕业85项能力和听力师从业8项能力组成的《听力师岗位胜任力标准》(图2),形成了"中国听力本科教育标准研究和实践"成果,荣获浙江省教学成果二等奖。

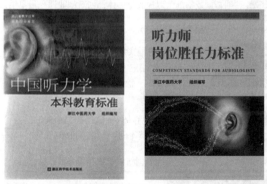

图2 《听力学本科教育标准》和《听力师岗位胜任力标准》

(三)校企协同育人,创设真实训练环境,实现创业实战化

构建"训赛探创"任务驱动能力训练平台:训——岗位胜任力训练;赛——创办包含真实案例的全国听力学科竞赛;探——开展项目、实验室、团队"三早进"工程,培养学生科研兴趣;创——创业俱乐部,模拟真实听力中心开业全过程(图3)。

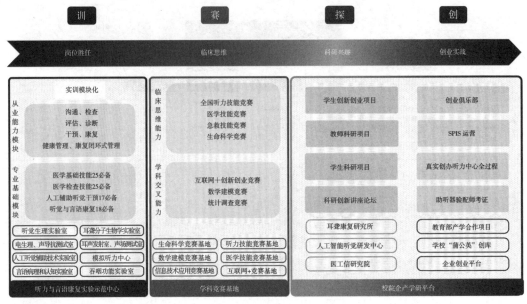

图3 "训赛探创"任务驱动能力训练平台

构建EPIS听力真实环境创业教育体系:以惠耳听力学院为载体,E(education,教育)——创业通识教育;P(practice,实践)——真实听力中心创业、远志创业精英等;I(incubation,孵化)——入驻"蒲公英"创库,签订"校—企—生"三方合同,启动1:1创业资金;S(service,服务)——企业提供创业补助、设备和供货(图4)。

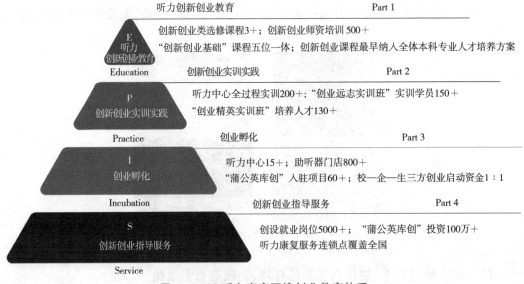

图4 EPIS听力真实环境创业教育体系

(四)汇聚多方力量,促成政府增设职业,职业认同社会化

发动校友总会:征求广大听力学校友的职业发展瓶颈和切身需求,形成一线建议。

借力行业协会:联合中国听力医学发展基金会、北京听力协会等行业协会发出行业呼声。

发起教育联盟:作为创始单位,发起成立中国听力与言语康复学专业教育联盟、中国言语语言康复联盟,汇聚教育力量。

政协委员提案:政协委员集中在"两会"向政府提案5项(图5),促成2015版《中国职业大典》增设"听力师"新职业,2022版新增"助听器验配师"和"听觉口语师"新职业。

图5 关于听力教育、职业相关的政协提案

(五)共建共享共赢,产教研康融合,产业专业发展一体化

校企育人双主体:教师双向流动、博士双边任职,校企共建队伍、共建课程、共建实验室和实践基地、共开发实验,毕业生双考核,校企协同育人。

体制机制作保障:建立兼职教授双聘、科研平台共享、企业优先选人用人、企业人员教学准入、企业教学能力培养、集体备课和业务学习等制度。

产教研康融一体:校企联合成立耳聋康复研究院、人工智能听觉研发中心,共建人才培养摇篮、技术研发中心、听力康复平台、技能鉴定基地,产教研康有机融合,专业行业一体发展繁荣(图6)。形成了"听力学教育二十年的改革与实践"成果,荣获浙江省教学成果一等奖。

图6 校企育人双主体实现途径

四、项目取得的成果

经过二十年探索实践,我校听力学专业从开先河到立标杆,连续三次获得省教学成果奖,取得了"123""十百千万"的成效(图7):创建1个专业,填补了国内空白,现已成为国家特色专业、国家一流本科专业;研制中国听力学本科教育、听力师岗位胜任力2个标准,推广至全国高校和行业;促成政府在《中国职业大典》中新增听力师、助听器验配师和听觉口语师3个职业;在我校听力专业推动下,2012年听力学正式成为教育部目录专业,十余所大学应用本成果,陆续开设听力学专业;培养了听力专业人才1600余名,广泛就业于全国百余所三甲医院,成为业务骨干;校企联合共创了覆盖全国的千余家听力康复连锁点,毕业生主动就业,成为创业精英;扶残助残成为听力专业大学生的自觉行动,每年暑期爱耳公益活动服务万余人。

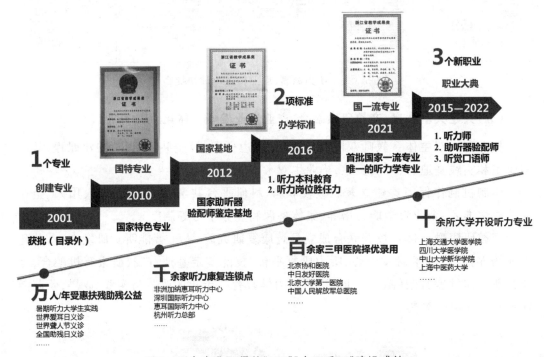

图7 听力专业取得的"123""十百千万"建设成效

产教融合办学,助力企业成为行业典范、浙江省大学生校外实践基地、国家"火炬计划"单位,荣获杭州市助残事业重大贡献奖,年产值位居同行业第一,向学校捐赠1000万元。听力助残模式获得世界卫生组织嘉奖,实现了"专业办学作示范、教育标准推全国、听力助残作贡献"的改革目标,形成了系列校企互惠互利的保障机制和规范化教学管理制度,取得了可供复制推广的理论和实践成果。

五、成果的创新点

（一）开创听力学专业，研制办学标准，构建"知识·能力·素质"协调发展的培养体系，引领听力教育发展

在全国首创听力学专业，填补我国听力学高等教育空白，实现从无到有的突破。借鉴国际、立足中国，体现中医特色，发挥中医药防聋治聋优势，形成以创业为导向的听力人才培养方案和课程体系、实践教育体系、素质教育体系。研制具有中医药特色的本科教育、实践能力、专业规范化建设、行业技术等标准，明确了听力专业办学的规范、听力人才培养的目标和规格，形成了一整套办学理论成果和规范化文件，专业迭代升级，实现从有到优的飞跃，引领全国听力教育。

（二）产教深度融合，构建"任务驱动·真实环境"的双创实践模式，创业成果辐射"一带一路"共建国家，输出中国听力助残技术

专业成立以来，产教融合办学的先天基因根植办学全过程。教师双向流动、博士双边任职，校企联合开发应用课程，共建任务驱动的"训赛探创"能力训练平台、真实环境的EPIS听力创业教育体系；校企联合自创岗位，共建了1013家听力诊疗机构，打破了高校"等米下锅"和学生被动就业的模式，铺就了一条高质量的主动就业之路。依托首批国家助听器验配师职业技能鉴定基地，设立"惠耳奖教奖学金"，招收培养听力专业留学生，输出听力助残技术。巴基斯坦、尼泊尔、马来西亚、加纳籍留学生学成回国后创建听力中心，中医防聋治聋技术辐射"一带一路"共建国家。

（三）教育催生行业，创业促成职业，构建"专业·职业·产业"共同繁荣长效机制，服务健康中国战略

我校培养的1600名听力毕业生广泛分布于全国各省（区、市），成为听力行业的火种和骨干，就业于排名前十的医院以及民政机构、听力外企、特教学校，推动了听力行业的快速兴起。专业教育的力量、学生创业的推动、产业繁荣的反哺和行业领域的呼声促成政府两次改版《中国职业分类大典》，增设听力师等3个新职业，打通听力师职称晋升的通道，探索走出了专业教育、职业形成、产业发展互推互长的有效路径和长效机制，助推听力产业繁荣发展，服务健康中国战略。

六、成果的推广应用

（一）理论成果丰富，展示听力教育窗口，办学标准推广至全国听力专业

办学引领："初探—规范—引领"，我校听力专业建设成效卓著，研制出版了《中国听力学本科教育标准》及规范化办学文集，形成了中国特色听力人才培养体系，取

得了系列理论成果。专业获评省重点专业、省特色专业、省优势专业、国家特色专业、首批国家级一流本科专业等(图8)。在本专业引领示范下,上海交通大学、华东师范大学等19所大学应用本成果,陆续开办听力学专业(图9);四川大学等20多所院校前来调研,有力推动了我国听力人才的规范化培养。

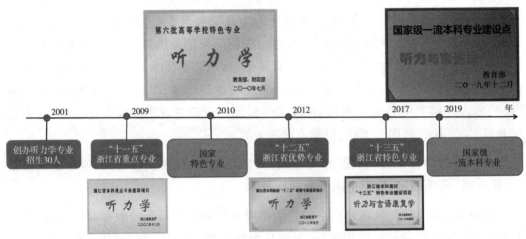

图8 "初探—规范—引领"专业建设和发展历程

图9 各高校成果应用成效

交流示范:作为中国听力言语康复高等教育联盟创始单位、浙江省听力与言语康复专委会主委单位,我校举办了2届"之江听力言语康复论坛"、2016年全国听力学本科教育论坛、2019年第五届中国国际言语听力高峰论坛、2019年德国MAICO听力技术国际研讨会等(图10)。教学成效辐射300多所高校,推动了教学和学术交流。

首届东方听觉与前庭医学会议

中国防聋大会

全国听力学本科教育论坛

中国国际言语语言听力高峰论坛

德国MAICO听力技术国际研讨会

全国创新教育大会

图10　主办各类会议和论坛

媒体报道:专业建设成效受到多家主流媒体报道。《中国教育报》刊载《专业办学开先河 协同创新谱新篇》,《中国中医药报》刊载《培育行业精英 打造中国听谷》,《浙江日报》认为本成果"为奋力打造高等教育重要窗口,高质量发展建设共同富裕示范区贡献了高等教育领域应有的智慧和力量"(图11)。

图11　《中国教育报》《中国中医药报》《浙江日报》等媒体报道

(二)育人成效显著,被誉为"听力师的摇篮",推动听力行业产业规范发展

我校人才培养质量得到了社会一致认可,被誉为"中国听力师的摇篮""听力学的黄埔军校",在全国专业排名中获A＋,培养了大批应用型听力人才,让听障儿童的"十聋九哑"彻底成为历史,让千万听障人群"重获新声",改变了我国的听力助残生态,极大提升了我国听力康复整体水平,推动了听力行业规范发展。

学生就业:毕业生就业率连续多年达100％,本科生高端人才就业于北京协和医院、中日友好医院、中国人民解放军总医院、复旦大学附属眼耳鼻喉医院等全国著名三甲医院。

创业创新：校企创建了1013家听力服务连锁点和15所省级国际听力中心。学生积极创新，获批52项专利及软著，获得700余项国家级、省级学科竞赛奖项，位列全国中医院校第一。

（三）成果辐射广泛，获得世卫组织嘉奖，向国外提供听力康复中国技术

公益辐射：学生开展暑期实践、国际爱耳日和助残日义诊等公益活动，年服务万余人，受到团中央以及世界卫生组织嘉奖，获得全省听力领域唯一一个"互联网＋"大赛金奖。

国际合作：率先招收"一带一路"共建国家听力专业国际留学生，投资120万美元，助力巴基斯坦、尼泊尔、加纳留学生学成回国后创办听力中心(图12)，向非洲国家提供中医药特色听力康复服务的中国技术。

图12　世界卫生组织嘉奖及加纳籍留学生回国创建听力中心

地方高校"中国心、数字魂、全球范"数字人才在地国际化培养模式构建与实践

主要完成单位：杭州电子科技大学

主要完成人：郑宁、徐红、伍超、苏强、吴薇、林国浒、洪宇翔、胡保亮、孔万增

一、成果背景

国际化数字人才是国家创新驱动发展战略的核心要素,是推动形成国内国际"双循环"新格局的必然要求。2015年以来,杭州电子科技大学作为浙江省重点建设的唯一信息特色高校,面对关键核心技术受制于人和数字人才短缺的现实,针对国际化人才培养主要依赖出国留学和国内数字人才国际素能不足的问题,紧抓浙江创建全国数字经济发展先行区和示范区的机遇,以引领与支撑数字经济发展为导向,实施数字人才在地国际化培养战略,顺应了国家新时代教育对外开放"主动引领、内外统筹、提质增效"的要求。

本成果以培养具备家国情怀、国际素能,创新实践能力强,能跟跑、并跑、领跑科技前沿的数字人才为目标,确立"中国心、数字魂、全球范"数字人才在地国际化培养理念,坚持以我为主、内外协同,基于开放思维汲取世界先进数字教育经验为我所用,将国际名校、名师、名课、名企资源引进校园,融入学科专业、课程建设与教育教学各环节,强化每个学生的家国情怀与全球使命担当。创建"一核引领、二元融合、三体联动"的数字人才在地国际化培养新体系,即以"中国心"育人主核为引领,以学科与专业"二元融合"打造国际化课程、建构学生复合型知识结构为关键,以"1+G+N"国际教育共同体、学生为中心的国际教学支持体系、国际科教融合平台体系"三体联动"为重点,建成了扎根中国、汇集全球资源、覆盖全学程的数字人才在地国际化培养体系。

成果解决了如下教学问题。

(1)"中国心"价值培养体系推动思政教育与专业教育深度融合,解决了传统国际化教育重专业知识传授、轻家国情怀涵育,"以我为主"严重不足的问题。

(2)跨学科教育理念推动课程体系与课程内容深度变革,解决了数字领域学生国际素能不足、知识结构单一、实践创新能力不强的问题。

(3)在地国际化聚集优质国际教育资源为我所用,解决了地方高校在地国际化教育资源匮乏、覆盖不广、受益面窄的问题。

二、成果主要内容

成果总体框架如图1所示。

(一)创建"一核引领""中国心"价值培养新体系

结合"笃学力行、守正求新"和"国家大事、千万尽力"的杭电精神,构建以"中国心"价值培养体系为育人主核,以注重价值塑造的"双环学习"为途径的在地国际化精准育人新体系,强化思政教育与专业教育的目标耦合,促进了国际化数字人才培养服务国家战略发展。

(二)基于"二元融合"构建跨学科国际化课程体系

借鉴国际跨学科教育理念、欧盟数字能力教育指导标准,借助学科融合、专业融合推进课程在地国际化,打造学科交叉的跨学科国际化课程体系,促进教学内容与前沿技术匹配,推动多学科知识的整合与集成,培育学生跨学科思维、复合型知识结构,提升学生创新实践能力。

(三)建立"三体联动"的在地国际化人才培养支持体系

坚持以我为主,通过"1+G+N"国际化教育共同体、以学生为中心的教学支持体系、国际科教融合平台体系的"三体联动",极大丰富了在地国际化教育资源,并将全球先进教育经验和优质教育资源有效融入人才培养全程,使数字领域全体学生受益。

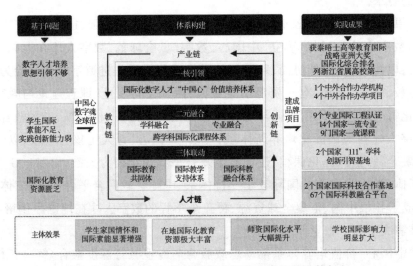

图1　"中国心、数字魂、全球范"数字人才培养总体框架

经过5年实践,成果先进性以30个国家级国际化建设项目为支撑,取得显著成效:学校国际化综合排名由2015年省属高校第17位跃居至2019、2020、2021年的省属高校第1位;2021年成为继清华大学、浙江大学、南方科技大学后又一获年度泰晤士亚洲大奖——国际战略奖殊荣的高校。学生家国情怀、国际素能和创新实践能力明显提升,中国高校创新人才培养综合排名6轮总榜列全国第16位,全国地方高校第1位;软科2020年中国大学生新生质量排名升到第97位,名列浙江省属高校首位。ACM竞赛连续7次进入全球总决赛,2017年与麻省理工学院并列全球第20位。每年数字领域毕业生超过60%进入华为、中芯国际、海康威视、阿里巴巴、大华等国际数字名企。两万多名毕业生汇聚在杭州"信息经济e谷"就业,为数字经济发展提供了强有力的人才支撑,《光明日报》《中国教育报》等主流媒体多次予以长篇报道。

在应用和研究期间,取得了如下标志性成果:

(1)国际化综合排名连续三年列浙江省属高校第1位,2019、2020、2021;

(2)泰晤士高等教育国际战略亚洲大奖,2021;

(3)"亚洲校园"项目——亚洲人工智能应用型人才培养计划,2021;

(4)国家级中外合作办学机构——杭州电子科技大学圣光机联合学院,2018;

(5)国家级中外合作办学项目——电子信息专业,2022;

(6)国家级中外合作办学项目——电子科学与技术专业,2020;

(7)国家级中外合作办学项目——计算机科学与技术专业,2017;

(8)国家级中外合作办学项目——生物医学工程专业,2016;

(9)国家级"毫米波高速空联网和分布式智能计算"学科创新引智基地,2020;

(10)国家级"信息物理系统感知与控制"学科创新引智基地,2017;

(11)国家级中奥"一带一路"国际联合实验室,2021;

(12)国家级"脑机协同智能技术国际联合研究中心"国际合作基地,2018;

(13)电子信息工程等9个专业通过国际工程教育认证,2017—2021;

(14)集成电路设计与集成系统等14个数字领域国家一流本科专业,2019—2020;

(15)"现代数字电子技术基础"等9门数字领域国家一流课程,2019—2020;

(16)杭州电子科技大学圣光机联合学院当选中外合作办学机构联席会主席单位,2022;

(17)"网络强国战略下网络安全人才需求匹配机制与培养路径研究"等9项国家社科基金项目,2018—2021;

(18)教改论文《跨学科教育的三重审视》(载《新华文摘》2021年第1期),2021;

(19)教改报告《关于进一步加强我国高等教育跨学科人才培养的几点建议》,全国政协十三届三次会议唯一委员视察重点提案,获得国家领导人肯定性批示,得到教育部、浙江省教育厅采纳吸收,2019;

(20)中国高校创新人才培养综合排名6轮总榜列全国第16位,全国地方高校第1位,2022。

三、成果解决教学问题的方法

(一)"中国心"价值培养体系"一核引领"国际化培养全程(图2)

创建以"中国心"价值培养体系为育人主核,以注重价值塑造的师生"双环学习"为途径的在地国际精准思政育人新模式,促成德育智育深度融合。构建了涵盖3个层面、12大要素和36项思政目标的"中国心"价值塑造和培养体系,基于"思政课与专业课融合、课堂学习与实践创新融合、小课堂与大社会融合",把课程思政元素与专业基本原理、前沿知识有机融合,实现了"中国心"思政目标"基因式"融入教学全程。采用"学院主导—学科结合—专业融合—课程耦合"全链条支持、一体化设计思路,修订数字领域所有专业教学大纲,建成500门融入思政内容的课程,推进课程思政"改革项目(104个)—优秀案例(200个)—优秀示范课程(100门)—优秀教师(100余名)"集成建设,大力推进课程思政发展。

实施师生"双环学习"精准思政教学模式,打破单向灌输的思政教育模式。建成全国领先的精准思政大数据一体化平台,形成学生大数据数字画像。通过"导师制、贯穿式、探索式、项目化、个性化、成果化"的创新实践课程和"数字中国"通识课程体系,采用案例教学、研讨教学、项目学习、情景模拟等方式,在专业教学中将价值塑造、知识传授与能力培养紧密融合,让"中国心"价值观润物无声。

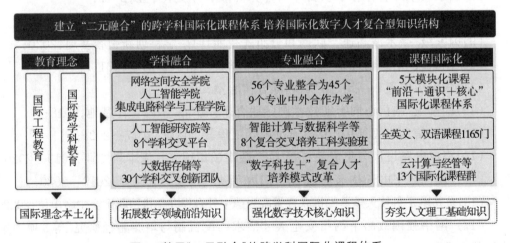

图2 基于"二元融合"的跨学科国际化课程体系

(二)依托"二元融合"的跨学科国际化课程体系建构复合型知识结构

立足国际跨学科教育与工程教育理念,紧盯国际数字技术前沿,打破学科、院系之间的壁垒,大力度整合学科专业资源。建立电子信息类学科群、信息经济管理学科群、数理基础学科群和人文社科学科群,建成8个学科交叉平台和30多个学科交叉团队,9个专业通过国际工程教育认证。开展校院两级交叉复合专业改革,通过"2012年理工、经管大平台招生—2019年8个复合培养的创新实验班—2021年复合专业设置调整",实施"数字技术＋"复合人才培养模式改革,开展大类培养基础上的跨学科教育。

基于"课程目标国际化、课程内容跨文化、学习资源跨国化、知识结构复合化",围绕"夯实人文理工基础知识、强化数字技术核心知识、拓展数字领域前沿知识",以实践需求为导向,借鉴国际先进的数字人才培养课程体系,在学科融合、专业融合的基础上变革课程内容,推进课程在地国际化。建成云计算与经管等13个数字特色明显的国际化课程群,开设1165门全英文、双语授课课程,中外合作办学项目引进外方课程比例达到50％以上。依托数字技术专业核心知识构架,融入大数据、机器人、人工智能、虚拟现实、科技金融等前沿知识,重构国际化课程核心知识框架,形成了涵盖科学知识、前沿技术、人文素养、跨文化沟通和创新实践五大模块的国际化课程体系,帮助学生建构复合型知识结构。

(三)国际化"产教融合—教学支持—资源保障""三体联动"保障在地培养高质量

1. 打造"1＋G＋N"教育共同体,建设在地国际化培养示范区(图3)

依托教育部批准的中外合作办学机构与项目,基于校企"育人共商、项目共建、过程共管、资源共享"理念,以我校为主,协同数字领域"G"家跨国名企、"N"所世界名校共同打造国际化教育共同体。将名校前沿性教学内容、师资力量和名企最新技术、市场需求转化为培养方案,共建国际化产业学院、实训和创新创业基地等,进行培养方式的系统化全面改革,建立了"接轨国际先进教育成果、校企联合激励与协同培养"的育人体系。教育共同体现已引入巴黎大学等23所国际名校、阿里巴巴等40家国际数字经济名企,创建了杭州电子科技大学圣光机联合学院等示范性机构,学生可在地接受高质量国际化教育。

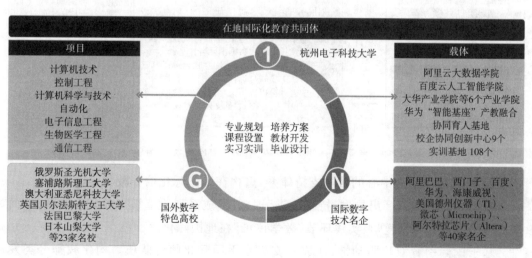

图3 "1＋G＋N"国际教育共同体的内涵与范例

2. 建设国际科教融合平台体系,促进学生前沿研究性学习(图4)

通过与国家级平台教学协同、与国际科研机构项目协同、与国际知名企业技术协同,建成67个高端国际化科教融合平台,为学生提供具有"高阶性、创新性、挑战度"的国际学术前沿研究机会,把高水平国际科研资源转化为高质量本土育人资源。采用"参与科研—师生研讨—学生探究—问题解决"的研究型教学方式,进行个性化的科研能力、创新能力培养,促进学生的深度学习和创新实践。依托180多个学生国际交流项目,打造学生国际流动与实践平台,构建以长短期交流学习、国际组织与国际企业实习、海外支教和志愿活动为主的国际创新实践模式,提升学生的全球胜任力。

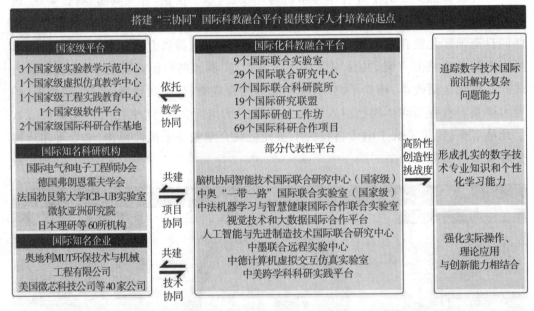

图4 基于"三协同"的优质国际科教融合平台建设

3. 形成以学生为中心的教学支持体系,重构在地国际化培养教与学新形态

遵循"学生中心、产出导向、持续改进"理念,形成系列改革举措和制度体系,全面推进"师资队伍、课堂教学、实践环节、教学评价"在地国际化。

基于国际引育双轨驱动链,建成一支高水平国际化师资队伍。构建教师分类发展、职称评聘和绩效考评等关键制度,重点鼓励教师提升国际化水平;依托"111"引智基地等国际合作平台,实施师资队伍国际竞争力提升计划,50%专任教师具有海外留学或工作经历,外国文教专家达168人(占10%)。

基于国际智慧教育发展战略,构建"MOOC＋SPOC＋翻转课堂"混合式智慧教学体系。建成51间智慧教室和329个网络多媒体教室,建成拥有142260个教学资源、3306门课程并集慕课学习、师生互动等功能于一体的线上教学平台,承担95%的课堂教学任务;采用5G技术实施国际在线直连智慧教学,开设300门翻转课堂课程,推广探究式、启发式学习,推动学生自主学习和智能学习。

基于国际工程实践理念,构建"实验教学模块化、实践教学案例化、行业训练多元化、实践创新项目化"实践体系。(1)实验教学模块化:将专业课实验整合为模块,综合性和设计性实验占70%。(2)实践教学案例化:80%专业课实现实践教学案例化。(3)行业训练多元化:实施"专业学院—产业学院""双院制"培养模式,学生围绕就业方向菜单式选择行业训练方式。(4)实践创新项目化:实行全程导师制,构建"一院一赛""国家—省—校"三级竞赛体系,创新能力培养覆盖90%学生。

基于国际多元化、动态化评价方式,构建动态智能多元的教学评价体系。引入第三方质量评价,利用大数据监测平台、大数据分析,实现对教学效果、学业成绩、专业能力等方面的动态质量监控,构建"点(课堂课程评价)—线(专业建设评估)—面(学校教学状况)"一体智能化评价体系。加大过程考核比例,增加国际课程计分、国外课程学分互认、科研论文、学科竞赛、企业实习等考评方式,实现灵活的国际化课程替代和学分认定,形成了多样化的学生考评方式。

四、成果的创新点

(一)理念创新:提出"中国心、数字魂、全球范"在地国际化培养新理念,确立"家国情怀—数字赋能—国际素能"一体化培养高规格

坚持以我为主、内外协同,基于开放思维汲取世界先进数字教育经验为我所用,将国际名校、名师、名课、名企资源引进校园,融入学科专业、课程建设与教育教学各环节,重视学生"中国心、数字魂、全球范"核心素养培养。"中国心"凸显家国情怀,坚持用习近平新时代中国特色社会主义思想铸魂育人,以课程思政强化思政教育与专业教育目标的融合,以中国精神推动学生"忠诚家国担大任、放眼世界竞自强"。"数字魂"凸显数字赋能,强化数字技术与不同学科专业的渗透融合,培育学生复合型知识结构。"全球范"凸显国际素能,全面推进培养方案、课程体系、培养体系和校园环境在地国际化,强化学生国际素能与全球胜任力培养。

(二)模式创新:建立"一核引领、二元融合、三体联动"人才培养新模式,保障数字人才在地国际化培养高标准

以"中国心"价值培养体系为引领,以学科专业"二元融合"建构的跨学科国际化课程体系为关键,以"1＋G＋N"国际化教育共同体、学生为中心的教学支持体系、国际科教融合平台体系为重点,对数字人才培养体系予以全面系统的在地国际化变革,有效将国际先进教育理念、数字教育目标和数字能力框架融入人才培养全程,使数字领域全体学生受益。

（三）机制创新：摸索出数字人才在地国际化培养新路径,实现"家国情怀—数字赋能—国际素能"培养高品质

创建"中国心"价值培养体系,促进思政教育与专业教育深度融合;基于"二元融合"打造跨学科国际化课程体系,促进学生建构复合型知识结构。同时,建立"1＋G＋N"国际化教育共同体,开辟与世界名校、名企协同育人新渠道;借助以学生为中心的教学支持体系建设,促成教学理念、方法和评价等全面变革;搭建高层次科教一体化平台,实现学生的深度学习、创新学习。

五、成果的推广应用效果

在2022年10月浙江省教育厅组织的成果鉴定中,由教育部原副部长、中国高等教育学会原会长周远清任组长,中国工程院院士刘人怀,中国教育国际交流学会副秘书长余有根等7人组成的专家组认为:"该成果理念先进,特色鲜明,效果显著,在国内高校处于领先水平,具有重要的推广应用价值。"

（一）学生家国情怀、创新实践能力与国际化素能显著增强（表1）

数字经济领域毕业生扎根中国,超过60％进入华为、中芯国际、海康威视、阿里巴巴、大华等国际数字名企;学校已被列入我国数字经济国际名企选才首选方阵。中国高校创新人才培养综合排名6轮总榜列全国第16位,全国地方高校第1位;用人单位对学校毕业生动手能力、专业水平和创新能力满意度均达90％以上。

表1　2015—2021年学生综合素质提升成效

效果类型	具体表现
家国情怀 "国家大事千万尽力"精神	涌现一大批在浙江省起示范引领作用的优秀学子。注册志愿者39426人（省属高校第一）,为世界互联网大会、中非民营经济论坛、金砖国家部长会议等30项大型赛会服务,8万余人次参加了各类志愿者活动,志愿服务时长达30万小时 获评首届联合国世界地理信息大会组织工作突出贡献集体、第14届世界游泳锦标赛志愿服务先进集体、G20杭州峰会志愿服务工作突出贡献集体

效果类型	具体表现
数字科技国际素能 科学精神与工匠精神 创新实践能力	中国高校创新人才培养综合排名6轮总榜列全国第16位,全国地方高校第1位;7次入围ACM国际大学生程序设计竞赛全球总决赛(2017年与麻省理工学院并列全球第20名) 2万多名毕业生汇聚在杭州"信息经济e谷",海康威视、华为技术、大华技术等我国数字经济国际名企20%的员工是我校毕业生,为浙江省及我国数字经济发展作出突出贡献
典型案例1: "守得花儿开"14年的坚守	"守得花儿开"支教队伍用青春激情、温暖爱心点亮了贫困地区留守儿童的学习与生活,"学习强国"、《钱江晚报》、搜狐网等20余家重要媒体报道其感人事迹
典型案例2: 我国90后创业者的榜样 ——毕业生代表葛越晟	葛越晟为"独角兽"企业比特大陆联合创始人,致力于区块链技术开发,其创业故事得到秀讯网、新浪网、搜狐网、币界网等媒体报道
典型案例3: 跨学科融合的"科研明星" ——在校生代表叶晴昊	2016级学生叶晴昊在校期间以第一作者身份在SCI期刊发表论文,其创新创业计划获国家级立项,3次荣获省政府奖学金,获省大学生物理创新竞赛二等奖、省大学生"互联网+"创新创业比赛铜奖和全国大学生数学建模竞赛浙江赛区一等奖

(二)国际化办学成果显著(表2)

学校新增一大批在地国际化教育资源。浙江省高校国际化综合排名从2015年的第17位跃居至2019、2020、2021年的省属高校第1位。2021年,学校成为继清华大学、浙江大学、南方科技大学之后又一获年度泰晤士亚洲大奖"国际战略奖"的高校。由牛津大学高等教育研究中心主任西蒙·马金森(Simon Marginson)、英国华威大学校长克里斯蒂娜·恩纽(Christine Ennew)等组成的泰晤士高等教育评审会认为,学校"制定数字化人才培养国际化战略,构建国际化人才在地培养新模式,具有鲜明的特色和创新性"。

表2　2015—2021年学校代表性学科竞赛成绩

代表性竞赛 项目	国际 一等奖 (金牌)	国际 二等奖 (银牌)	国际 三等奖 (铜牌)	全国 特等奖	全国 一等奖 (金牌)	全国 二等奖 (银牌)	全国 三等奖 (铜牌)	浙江省 特等奖	浙江省 一等奖	浙江省 二等奖
ACM国际 大学生 程序设计 竞赛	29	56	35		17	35	25		24	12
美国大学生 数学建模竞赛	21	59		6	48	135	—		56	101

续表

代表性竞赛项目	国际一等奖（金牌）	国际二等奖（银牌）	国际三等奖（铜牌）	全国特等奖	全国一等奖（金牌）	全国二等奖（银牌）	全国三等奖（铜牌）	浙江省特等奖	浙江省一等奖	浙江省二等奖
大学生智能汽车竞赛					17	28	7		54	42
大学生电子设计竞赛					20	26	9		69	42
大学生机械创新设计竞赛					19	12			21	23
大学生"挑战杯"竞赛					4	11	15	10	31	88
大学生"互联网＋"创新创业大赛						9	14	3	24	122
总计	50	115	35	6	125	256	70	13	319	462

（三）教改理论产生重大影响

5年来,学校一线教师、教育管理者围绕"数字人才与在地国际化培养"主持相关国家社科基金9项、省教育教学改革项目等80余项,在《中国高等教育》《高等教育研究》《高教领导参考》等重要期刊发表理论成果100多篇。项目成员的教改论文《跨学科教育的三重审视》被《新华文摘》全文转载,其教改报告被全国政协十三届三次会议列为唯一委员视察重点提案,获领导人批示肯定,得到教育部、浙江省教育厅采纳吸收。

（四）改革成果获高度认可和广泛应用

《光明日报》、《中国教育报》、《浙江日报》、人民网、新华网等主流媒体对学校数字人才与国际化培养经验报道120余篇次,引起社会强烈反响。学校通过中外合作办学机构联席会等向国内170余所高校展示改革经验,杭州电子科技大学圣光机联合学院当选中外合作办学机构联席会主席单位,在全国高校中产生了广泛影响。北京理工大学、电子科技大学、南京航天航空大学、南京邮电大学等80余所国内高校来校学习交流相关经验;借助国际科教平台、中外合作办学机构与项目、境外合作办学机构将成果输出到墨西哥、马来西亚、白俄罗斯等"一带一路"共建国家的10余所高校(图5)。

资源及项目名称	数量
中外合作办学机构	1
中外合作办学项目	4
"111"学科创新引智基地	2
国家级国际科技合作基地	2
浙江省国际科技合作基地	6
国际联合实验室	9
国际联合研究中心	29
国际联合科研院所	7
国际研究联盟	19
国际研创工作坊	3
国际科研合作项目	69
全英文、双语课程	1165

图5　近6年新增国际化教育资源与国际认可

"四化四融"知识产权人才培养模式的探索与实践

主要完成单位：中国计量大学

主要完成人：陈永强、朱一飞、宋明顺、冀瑜、陶丽琴、乐为、吕璐、徐楠轩、刘文献、刘斌、范晓宇、赵明岩、刘义、温慧辉、汪湖泉

一、成果简介

2004年，时任浙江省委书记习近平来我校视察时明确要求，学校要紧紧抓住"老本行"，用特色教育来配合特色经济发展。

中国计量大学是我国市场监管领域唯一的本科高校，是国内最早获批知识产权本科专业的高校之一，是首批获批知识产权国家级一流本科专业的高校之一，也是国内培养知识产权本科人才数量最多的高校之一。为贯彻落实国家知识产权战略，适应国家科技创新和高质量知识产权人才培养需求，我校积极探索"四化四融"知识产权人才培养模式(图1)，经过十六年的不懈努力，两度获省教学成果奖一等奖，确立了以"四化"(法治化、特色化、科技化、国际化)为核心理念的知识产权人才培养目标，构建了法学与理工、经管学科交叉融合，知识产权与计量、质量、标准行业特色融合，产科教融合，国内法治与涉外法治融合的"四融"知识产权人才培养体系。

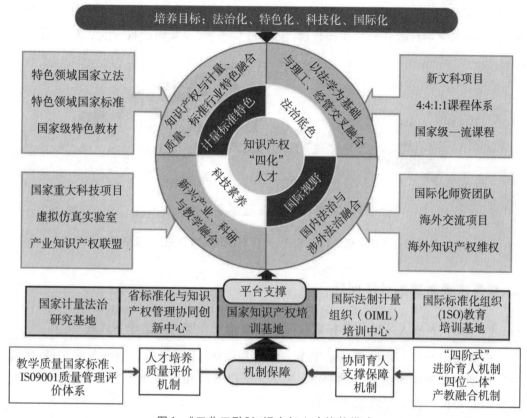

图1 "四化四融"知识产权人才培养模式

我校知识产权专业先后获批省"十二五"新兴特色专业、省"十三五"特色专业、国家级一流本科专业,拥有国家知识产权培训基地、国际法制计量组织(Organization International de Métrologie Légale,OIML)培训中心、国际标准化组织(International Standard Organization,ISO)标准化教育培训基地等国家级、国际性平台,构成人才培养的完整支撑体系。

我校知识产权人才培养成效显著,已累计培养知识产权本科专业学生1646人,双专业学生450人,面向全校开设知识产权相关课程21门,授课学生2.7万人。学生获"挑战杯"全国一等奖4项,学生成果获省部级领导批示2项,获专利授权285项。国家市场监管总局、国家知识产权局、浙江省知识产权局等行业主管部门专门来信,对我校知识产权人才培养成效表示高度肯定。学校获全国知识产权人才工作先进集体。

我校知识产权人才培养的经验在全国产生较大影响,率先探索出契合新文科理念的知识产权人才培养模式,获批教育部首批新文科教改项目;提出的知识产权专业核心课程体系建议被"法学类教学质量国家标准"作为主要参考文本整体采纳;推进知识产权人才培养教学质量评价机制创新,获得全球首届"ISO标准化高等教育奖";系列知识产权教研教改论文在《经济日报》《光明日报》《中国大学教育》等权威报刊上发表(图2)。我校知识产权专业自2017年起连续3年"校友会中国知识产权专业排名"全国第一,2018年、2019年被评为"世界高水平、中国顶尖专业、六星级";自邱均平中国科教评价网"中国大学本科教育分专业排行榜"发布11年来,我校知识产权专业9次排名前三。

图2 系列知识产权教研教改论文在《光明日报》《经济日报》等权威报刊上发表

二、成果主要解决的教学问题

(一)知识产权人才培养目标定位与知识结构复合型人才需求不匹配

传统知识产权人才培养偏重于单一学科知识体系,未能建立法学与理工科、经管学科等学科交叉的有效复合路径,缺乏交叉学科背景和国际化视野,与当前复合型、创新型的知识产权人才需求相脱节。

(二)知识产权人才培养体系与新技术、新经济、新形势的发展要求不适应

知识产权人才培养体系应当回应时代的要求,围绕互联网、人工智能、区块链、通信技术、生物技术等新兴技术以及物联网、电子商务等新兴商业模式,及时反映知识产权实务界的新发展、新理论,体现出一定的科技前沿性。但传统知识产权人才培养中产科教融合不深,理论教学与实践教学相脱节,培养方案、课程体系、教材体系未能满足新形势对知识产权人才培养专业素养与创新能力的新要求。

(三)知识产权人才培养质量评价标准体系不完善

传统知识产权人才培养缺乏统一的质量评价标准,培养方案、教学运行保障和教学质量改进未能形成闭环;未形成完善的政产学研协同育人机制,没有形成强有力的产科教融合支撑体系,导致学生的课内知识很难向课外延伸,也不利于创新创业资源的挖掘。

三、成果解决教学问题的方法

(一)回应知识产权强国建设需要,明晰"四化"人才培养目标

《国家知识产权战略纲要》(2008年)和《知识产权强国建设纲要(2021—2035

年)》指出了知识产权人才培养存在的问题和面临的挑战。学校围绕"培养什么样的知识产权人才、怎样培养知识产权人才"这一根本问题,经过十六年不懈探索,明确"法治化、特色化、科技化、国际化"的知识产权人才培养目标定位,解决了传统知识产权人才培养目标定位单一、特色不明显、科技创新元素不足、国际化程度不高的问题,形成了以法学为底色,具备计量质量标准特色,具有国际视野,适应新技术、新经济、新形势的高质量知识产权人才培养模式。

(二)围绕"四化"人才培养目标,构建知识产权"四融"人才培养体系

1. 强化法学基础,与理工、经管学科交叉融合

以习近平法治思想为引领,推进课程体系的改革创新。在专业内按4:4:1:1学分比例设置法学类、知识产权类、经济管理类、理工科类课程;在专业外面向全校开设知识产权课程21门,面向理工科专业招收知识产权双学位、双专业学生,为社会培养大批懂科技的知识产权人才和懂知识产权的科技人才。

2. 突出知识产权与计量质量标准特色相融合

将知识产权与标准化、检验检疫、质量管理等学校特色专业进行结合,融合培养具有计量与标准特色的知识产权专业人才。出版《质检法教程》《标准化法教程》等国家级系列特色教材15部;建成"质量管理学""现代社会与知识产权"等国家级、省级一流本科课程7门,牵头举办全国大学生标准化奥林匹克竞赛。教师担任计量、标准化等国家战略专家咨询委员会委员,在计量标准质量战略规划、决策咨询、立法等方面作出突出贡献。建成"标准化与知识产权管理"省级协同创新中心,相关研究成果获习近平总书记肯定性批示。

3. 促进产科教融合

牵头组建物联网产业、生物医药产业等产教融合知识产权联盟,引入阿里巴巴、海康威视等知名企业的前沿科技领域专家,开设"人工智能与知识产权""生物技术与知识产权"等实践教学课程50门。运用大数据、人工智能等科技元素,建成省级"知识产权实训与创新实践教学实验室"和省级虚拟仿真知识产权实验教学项目。发挥国家社科基金重大招标项目、国家重点研发计划项目等高水平科研的反哺教学作用,指导学生科技创新成效卓著。

4. 推进国内法治与涉外法治融合

与OIML、ISO合作,设立国际化知识产权人才培养基地,翻译出版《ISO章程和议事规则》《ISO/IEC导则》。牵头设立布拉格金融管理大学孔子学院,以"标准化＋"为特色,面向"一带一路"共建国家开展标准、电子商务、知识产权等教学项目。选派学生赴哈佛大学、宾夕法尼亚大学、澳门大学等境外知名高校交流学习。指导学生参与国家海外知识产权维权中心的知识产权侵权预警报告撰写。打造一支具有国际化背景的知识产权师资队伍,设置"国际知识产权法""美国知识产权法"等国际化课程,推动知识产权人才培养的国际化。

(三)建立质量评价标准,优化政产学研协同育人机制

构建知识产权人才培养质量评价标准。推进ISO9001质量管理评价体系在教学质量管理和教学评估中的运用,建立培养方案制定、实施、质量监控、信息反馈和持续改进的闭环评价机制(图3)。

完善政产学研协同育人支撑保障机制。发挥政府支持、高校承载、行业聚合、企业主体的协同作用,推动高校和行业企业课程学分转换互认,积极开展产教融合效能评价,完善产教融合相关方的激励机制,建立政产学研协同育人有效运行机制和模式。建立各级知识产权实践教学与培训基地,建立进阶学习、考试选拔、顶岗实习、集中招聘的"四阶式"育人机制,有力支撑"四化"知识产权人才的培养。

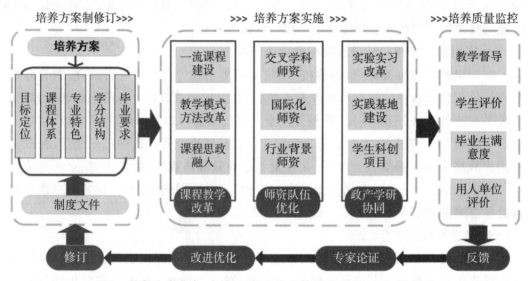

图3 培养方案制定、实施、质量监控和持续改进的闭环评价机制

四、成果的创新点

(一)理念创新:提出了知识产权"四化"人才培养新理念

回应国家对知识产权人才的重大战略需求,前瞻性地确立了以知识产权人才法治化、特色化、科技化、国际化"四化"理念为核心的人才培养目标定位。知识产权人才培养要立足"法治化",夯实知识产权法学基础;突出"特色化",促进融入市场监管领域相关产业行业;强调"科技化",提升创新创造能力;彰显"国际化",增强处理国际知识产权事务的能力,从而全方位提升知识产权人才创造、运用、保护、管理和服务的综合能力。陈永强教授在《光明日报》《经济日报》上发表理论文章,系统阐释"四化"理念,被人民网、求是网、"学习强国"等媒体和平台广泛转载。

（二）模式创新：构建了知识产权"四融"人才培养新模式

率先探索出契合新文科理念的知识产权人才培养模式,系统性地建立了法学与理工科、经济管理等学科交叉融合,知识产权与计量、质量、标准行业特色融合,产科教融合,国内法治与涉外法治融合的"四融"课程体系,创新了知识产权人才培养的体系、路径与方法,有效推进了"四化"知识产权人才培养。著名知识产权专家吴汉东教授认为"该成果具有很强的前瞻性与开创性,处于国内领先水平,具有可复制、可推广的引领示范作用"。《中国教育报》专题报道了我校知识产权人才培养经验,产生了广泛影响力。

（三）机制创新：搭建了多层级的知识产权人才培养协同机制

依托各级知识产权人才实践教学与培训基地,建立政产学研协同的导师互聘机制,开设"人工智能与知识产权"等前沿课程,推行"产业精英、科技精英进课堂",推进学生全员集中实习,推动专业教育与双创教育有机结合。依托OIML培训中心、ISO标准化教育培训基地、国家计量法治研究基地等平台,聘请ISO专利政策组成员来校讲学,推动国际化、特色化的知识产权人才培养。通过引入ISO 9001质量管理评价体系,推进知识产权人才培养教学质量评价机制创新,获得全球首届"ISO标准化高等教育奖"。

五、成果的推广应用效果

（一）学生就业率高，专业满意度好，培养质量佳

近10年,知识产权专业本科生平均就业率稳定在92%,从事职业的专业相关度从53.21%提升到84.92%,增加了31.71%;毕业生专业满意度从79.19分提升至93.56分,增加了14.37分。用人单位满意度年均93.3分,各项指标均远超同类专业平均水平。毕业生考入牛津大学、加州大学伯克利分校、柏林洪堡大学、北京大学等国内外名校攻读博士、硕士。大批优秀毕业生成为法律、产业、科技界的中坚力量,毕业生章春燕先后被评为"全国模范检察官""2020年度法治人物",当选为党的二十大代表;于连超获首届中华法学硕博英才奖一等奖,担任《中华人民共和国计量法》修订工作小组成员,深度参与《中华人民共和国计量法》《中华人民共和国标准化法》《强制性国家标准管理办法》等国家重大立法的制定、修订工作;廖席的发明创造事迹获《央视新闻》报道,受到习近平总书记表扬(图4)。

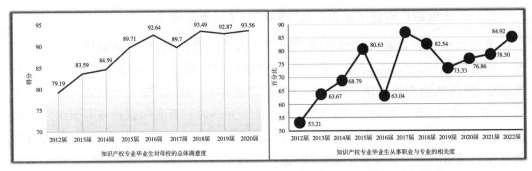

图4 毕业生对母校总体满意度及毕业生从事职业与专业的相关度

(二)人才培养经验被国家标准整体采纳,引领理论创新

我校提交的"知识产权专业核心课程体系建议稿"被"法学类教学质量国家标准"作为主要参考文本整体采纳。教学研究报告《我国高等教育知识产权本科专业的发展脉络及现状梳理》被教育部法学类专业教学指导委员会《中国法学教育状况2016—2018》白皮书采纳。我校教师在《中国大学教学》《知识产权》等核心期刊上发表知识产权教学教改理论文章26篇,被人民网、求是网、学习强国、中国社会科学网等媒体转载。

(三)业内认可度高,示范辐射效应明显

国家市场监管总局、国家知识产权局、浙江省知识产权局等行业主管部门高度肯定我校知识产权人才培养成效,著名法学家王利明、孙宪忠、李明德等来校指导,认为我校知识产权人才培养经验在全国具有示范引领作用。华东政法大学、南京大学、澳门大学、大连理工大学、湘潭大学等30余所高校来校学习我校知识产权人才培养经验。连续10年举办知识产权公益培训近300期,开设"人工智能专利撰写精要""区块链在知识产权保护中的应用"等"四融"课程50门,受益学员超过19万人次。

(四)知识产权人才培养经验"走出去",国际影响力彰显

牵头发起"一带一路"标准化教育与研究大学联盟,面向30个不同国家和地区的105所高校推广标准化、知识产权人才培养经验。多次承办知识产权人才培养国际研讨会,美国专利商标局、美国联邦法院、德国Isarpatent知识产权法律事务所等国外政府部门、专业机构先后来校交流合作。教师担任世界知识产权组织学院高级导师,多次受商务部邀请为法语、阿拉伯语国家知识产权官员授课。

(五)主流媒体广泛关注,社会美誉度高

《光明日报》《中国教育报》《法制日报》《新华日报》《中国知识产权报》《中国质量报》和中央电视台、新华网、央广网、学习强国、中国日报网等主流媒体聚焦我校知识产权人才培养,累计报道136篇次。我校教师指导学生发明创造的事迹在《光明日报》

头版头条刊登,并在中央电视台播出;《中国教育报》以"多元融合 培养高质量知识产权人才"为题对我校知识产权人才培养经验进行专题报道;专题片《育高质量知识产权人才 助知识产权强国建设》在浙江电视台播出,社会影响力与美誉度不断提升(图5)。

《央视新闻》报道毕业生廖席的　　　　央视报道我校鼓励　　　　央视报道毕业生章春燕获评
　　　发明创造事迹　　　　　　　　学生创造发明　　　　　　"2020年度法治人物"

图5　主流媒体报道我校知识产权人才培养

全科教学、研训一体、多维协同 定向乡村小学教师培养的20年探索与实践

主要完成单位：杭州师范大学

主要完成人：孙德芳、王利琳、方亮、曾文婧、肖正德、严从根、郑生勇、叶哲铭、潘巧明

一、成果背景

中国式教育现代化的重点和难点在乡村，乡村的难点在于师资队伍和教育资源。乡村教师"下不去、留不住、教不好、长不高"的问题长期存在。2021年颁布的《中华人民共和国乡村振兴促进法》明确提出，要加大乡村教师培养力度，提高乡村教师学历水平、整体素质和乡村教育现代化水平。作为新时代全面展示中国特色社会主义制度优越性的重要窗口，浙江在探索新时代乡村教师高质量供给促进乡村振兴方面的经验做法具有重要的战略价值和时代意义，值得推广与借鉴。

具有百十年教师教育传统的杭州师范大学以培养高素质专业化创新型教师为己任。进入新时代，杭师大开始探索并致力于培养符合国家需求的新乡村教师。1998年，学校率先在全国试点小学教师本科培养，2006年开始实施"杭州师范大学中国新农村教师专业发展计划"，2010年实施浙江农村中小学骨干教师"领雁工程"。2012年，在全省率先试点乡村小学全科教师培养，开始定向浙江丽水培养乡村小学教师，开创新时代地方师范大学定向乡村培养小学教师的先河。2012年，学校对口支援丽水学院建设和发展；2013年与丽水学院合作举办丽水市乡村小学教师"新陶行知"高级研修班。2014年获批教育部卓越小学教师培养改革项目，丽水学院借鉴学校人才培养理念开始乡村小学教师培养。2015年，马云公益基金会捐赠1亿元助力乡村教育人才培养；2018年，乡村教育振兴研究团队获批浙江省高水平创新团队；2020年，定向乡村小学教师培养扩展到浙江省7家单位，覆盖浙江省山区26县的乡村学校(图1)。

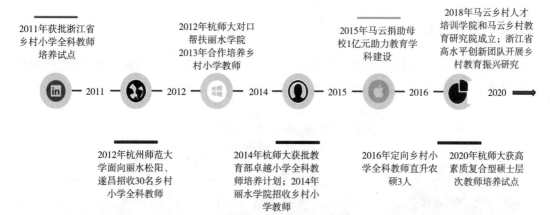

图1 杭州师范大学定向乡村小学教师培养20年探索历程

杭州师范大学依托经亨颐教育学院、教师教育学院等专业学院,教育部卓越小学全科教师培养计划改革项目、浙江省"十二五"重点建设教师培养基地等改革项目,教师发展研究中心、乡村教育研究院等科研机构,以"四有"好教师标准为指引,从职前培养、职后培训、专业发展全方面发力,探索出一条独具浙江特色的"全科教学、研训一体、多维协同"的定向乡村小学教师培养路径。

全科教学是指回归乡村、定向招生的乡村教师职业理想塑造,勤慎诚恕、博雅精进的乡村教师人格锤炼,五育并举、全科融合的乡村教师能力养成,体现新时代乡村教育改革发展的新需求。研训一体是指"见习、实习、研习"一体化,"践学、研学、训学"一体化,"本科、硕士、博士"一体化,彰显新时代乡村教师学习与发展新样态。多维协同是指"大学、政府、社会"多元主体参与,"学院、学科、学系"多样资源整合,"大学教师、学科专家、小学名师"多方智力介入,显示新时代乡村教师定向培养新路径。

该成果主要围绕新时代乡村教师供给中"为谁培养人""培养什么人"和"怎样培养人"的立德树人根本任务,解决乡村小学教师培养的三大问题。

(1)乡村小学教师的定向全科需求与教师培养的乡村属性不匹配。当前,"城市属性"的分科培养体系与乡村教育教学需求相脱节,培养的乡村教师扎根乡村、奉献乡村、成就乡村的职业理想不强,乡土情怀不足,人格锤炼不够,综合素养欠缺,不能满足新时代乡村教育全科、综合化的人才需求。

(2)乡村教师终身发展的职业需求与职前职后培训断层,理论与实践脱节。当前,乡村小学教师培养存在学术素养不足、技能训练机械、本研一体缺失、研训统一困难、终身发展受阻等问题,制约了乡村教师的持续发展和未来发展。

(3)乡村教师培养的多方责任与大学育人机制的协同不力。目前,"政府负责管理、高校负责培养、中小学负责使用"这一封闭割裂的乡村教师供给模式中,大学、政府、社会责任单一,高校内部学科、教学与条件资源整合不够,大学教授、学科专家、小学名师协同不力。

二、成果主要内容

本成果为解决乡村小学教师乡村属性不足、终身发展脱节、协同育人分化三大问题,构建了"三维度·三途径"的培养模式(图2)。

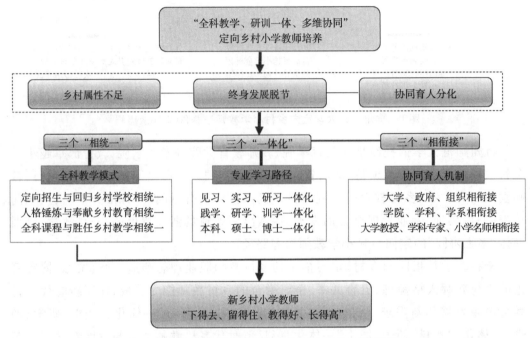

图2 "三维度·三途径"的定向乡村小学教师培养模式

(一)三个"相统一"的全科教学模式

1.定向招生与回归乡村学校相统一

按照"信息公开、择优选拔、协议录取"原则,采用"岗位需求、自愿报名、公费保障、合同约束"订单培养、定向就业模式,选拔有志于乡村教育、适教乐教于乡村学校的优质生源。

2.人格锤炼与奉献乡村教育相统一

将杭州师范大学百年师范底蕴融入乡村教师的日常学习与生活之中。通过书院式荣誉学院、名师讲堂等让学生体悟名师、感悟乡村、培育乡情。通过课程、课堂、教育家思想的浸润与熏陶,使其养成"勤慎诚恕""明德笃行"的教育人格,形成内外兼修的高尚师德,扎根乡村、奉献乡村、成就乡村。

3.全科课程与胜任乡村教学相统一

学校充分发挥"人格为先、五育并举"的办学传统,彰显"人文学堂、艺术校园"办学特色,强调乡村教师综合能力培养,构建了学科专业复合、综合实践突出、适合乡村教育需求的德智体美劳"五育"全科课程体系。通过全员技能达标测试,助推师范生涵养全科知识,积累扎实学识,形成过硬本领,提升综合素养和胜任乡村学校教学的能力。

(二)三个"一体化"的专业学习路径

1.构建了"见习、实习、研习"一体化的践习体系

构建大一见习一周、大二见习两周、大三见习实习四周、大四实习八周研习两周的"四年一贯"浸润式实践教学体系。见习包括学校参观、名师讲座、课堂观摩、乡村体验等;实习包括备课上课、担任班主任、作业辅导、说课评课等;研习包括完成课题研究、反思课例、优质课展示评价等。

2.探索了"践学、研学、训学"一体化的学习方式

依托国家一流专业、浙江省高校乡村教育振兴创新团队等学科学术平台和浙派名师资源开展全员教学技能达标训练、学术研究训练,实现培养、培训、研究的相互渗透与衔接,切实做到研究引导、优势互补、异质学习。

3.实行了"本科、硕士、博士"一体化的衔接模式

按照"定向不变、经费延续、服务延长、在职学习"以及农硕计划对接、教育博士倾斜等方式,探索了本硕博打通的学历衔接模式。通过四年的本科定向培养,师范生根据个人的需求与能力,成绩优异者可以不用参加考试直接保送农村硕士教师计划,解决职前职后专业发展的痛点和难点以及乡村教师终身发展脱节问题,助推乡村教师专业发展。

(三)三个"相衔接"的协同育人机制

1."大学、政府、社会"相衔接,实现多元主体参与

为打破人才培养的封闭体系,杭州师范大学定向乡村小学教师培养得到浙江省教育厅以及杭州、宁波、温州、舟山、丽水、衢州等地方政府的政策支持、经费支持和资源支持。与各地教师发展学校建立深度合作关系,建立师范生实习见习基地。与社会公益组织马云公益基金会合作,基金会向学校捐款并设立"马云卓越师范生奖""马云卓越教学奖""马云青春领袖奖"等,对乡村教师、乡村校长以及乡村师范生进行培训与培养。充分利用政府部门参与、教师发展学校介入、社会组织支持的优势,实现资源整合、优势叠加,促进乡村教师的可持续发展。

2."学院、学科、学系"相衔接,实现多样资源整合

为提升新乡村教师培养质量,学校以学院资源为主体,集结学科资源、教学资源与条件资源,强化教师发展研究中心、乡村教育研究院的研究力量,充分利用省特级教师网络工作站、市师训干训中心、马云乡村教育人才培训基地的名师资源以及教师发展学校的中小学资源,实现资源多样化整合。

3."大学教师、教育专家、小学名师"相衔接,形成协同育人模式

以杭州师范大学专业学院和学科教育研究中心师资为基础,制定《杭州师范大学教师教育讲席教授管理办法》,聘任一支中小学名师名校长队伍深度参与培养与培训;利用浙江省重点高等学校优势特色学科教育学建设的平台,聘请全国知名的乡村教育研究专家20余人,与教育部人文社科重点研究基地东北师范大学中国农村教育发展研究院合作,开展乡村教师培养工作。

三、成果创新点

(一)理念创新:率先提出三个"相统一"、三个"一体化"、三个"相衔接"的定向乡村小学教师培养新理念

本成果率先提出了三个"相统一"、三个"一体化"、三个"相衔接"的培养新理念,着力培养乡土情怀深、文化基础宽、教学技能精的乡村小学全科教师,具有重要的理论价值与实践意义。通过"定向·全科·协同"来厚植理想信念、道德情操、扎实学识和仁爱之心,解决乡村教师"下不去、留不住、教不好、长不高"的问题。杭州师范大学和丽水学院的乡村教师高质量供给新理念是浙江共同富裕示范区和省域现代化建设的先行探索,对全国具有一定的示范引领作用。

(二)路径创新:探索了"学·研·训"立体融合的专业学习新路径

本成果以"践学、研学、训学"为主线,以三个"一体化"为路径,强化乡村小学教师培养的学术引领、学用贯通、理实结合、本研衔接。一是体现在名师引领下的全程指导与渗透。二是体现理论与实践的相互渗透与螺旋式提升,以"学术理论研究"为先导,构建全科课程体系;以"见习、实习、研习"一体化模式来验证理论、丰富理论;以"教学技能全员达标"为切入点来夯实教学技能;从而实现理论指导下的实践训练与实践活动中的理论提升相结合。三是充分利用新型学研训体系,实现乡村教师的专业发展。通过乡村教师、校长以及乡村师范生奖的方式,搭建乡村教师的展示舞台,激发他们的内在动力,增强他们的成就感与幸福感。

(三)机制创新:搭建了多方协同定向乡村小学教师培养的育人新机制

凭借百十年办学积淀和师范优势,杭州师范大学将有极多资源的地方政府、极好合作关系的丽水学院和教师发展学校、极强指导力的浙江省高校乡村教育振兴研究团队、极大影响力的社会组织马云公益基金会纳入乡村教师培养之中,探索出了"大学—政府—社区—学校"合作模式、"大学—学校—学科"合作模式、"大学教师—学科专家—小学教师"合作模式,实现优势叠加、资源整合,促进乡村教师的可持续发展。这种多元责任主体共同参与、协同育人的新机制将成为教师教育改革的重要方向。

四、成果推广应用情况

(一)成果的应用效果

1. 提供了新乡村教师高质量供给的浙江范式

杭州师范大学与丽水学院探索出的"三维度·三途径"定向乡村小学教师培养模

式具有重要的引领示范作用。2015—2022年,275名本科生、141名研究生荣获"卓越师范生奖",4人荣获"教学卓越奖",14人荣获"教学卓越提名奖",80人荣获"青春领袖奖"。截至2022年,马云乡村教育人才计划已累计支持了701名乡村教师、100名乡村校长、800名投身乡村教育的师范毕业生,获得很大的全国影响力和全球知名度。大学、政府与社会组织深度参与乡村教师培养的模式引起全国关注。

2.取得了新乡村教师培养的显著成效和丰硕成果

2012年以来,培养乡村小学教师1235人,覆盖浙江11个地区。培训乡村教师5660人、乡村校长(园长)1790人,覆盖全国11个省份。获批2门国家级精品资源共享课程,承担12项国家级课题、26项省部级课题,荣获省级及以上奖项11项,出版著作16部,发表学术论文136篇,收集影像资料千余册。在全国和浙江省师范生教学技能竞赛中获一等奖60余项,连续6年位居全省第一。在浙江省教育评估院的第三方评价中,毕业生的满意度连续五年在98%以上。有近20%的定向本科生攻读硕士研究生学位,毕业生培养质量得到社会用人单位的好评。

(二)成果的推广价值

1.专家领导充分肯定

杭州师范大学和丽水学院定向乡村小学教师培养的改革探索与国家的乡村振兴战略高度吻合。教育部教师工作司来校调研后给予了"杭州师范大学先行探索定向乡村小学全科教师培养的做法具有重要借鉴价值"的充分肯定。北京师范大学顾明远教授、华东师范大学庄辉明教授、南京师范大学程天君教授等专家参加项目论证,给予高度评价。

2.新闻媒体广泛关注

《光明日报》《中国教育报》、人民网、新华网等多家媒体对定向乡村小学教师培养模式报道100余次,网络转载上万次,阅读点击量达千万次。培养模式受到乡村试点学校热烈欢迎,体现了师范教育的责任担当和转型升级。

3.辐射带动作用显著

定向乡村小学教师培养模式得到政府的高度肯定。招生区域从原来的丽水地区一地三县的试验扩展到面向浙江省的所有乡村学校;招生高校从2所扩大至7所,招生规模也从开始的30人扩展到2021年的396人。杭州师范大学借鉴该模式提出的复合型高中教师培养试点建议被教育部采纳,也对教育部等九部门制定的《中西部欠发达地区优秀教师定向培养计划》产生了积极影响。南京晓庄学院、郑州师范学院、湖南第一师范学院等兄弟院校先后来校交流与学习培养经验,带动全国定向乡村小学教师培养。

以开放教育生态为抓手的地方师范院校工科人才培养的改革与实践

主要完成单位：湖州师范学院

主要完成人：胡文军、蒋云良、李祖欣、黄旭、唐培松、唐卫宁、李树勇、朱立才、马志勇、张永、岳峰、邹洪伟、苗敏敏

成果摘要：本成果以产业需求为导向，以改革创新为驱动，以地方师范院校工科人才培养为核心，针对地方师范院校工科教育中存在的知识体系与新产业需求不匹配、实践体系与新技术要求不匹配、综合素质与新业态发展不匹配等问题，从人才培养生态角度开展了创新性探索，形成了以开放教育生态为抓手的工科人才培养新模式。

成果关键词：地方师范院校，工科人才培养，开放教育生态

一、成果简介

（一）成果背景

20世纪90年代，根据地方经济社会发展的需求，地方师范院校在培养师资的同时开始进行工科人才教育。同时，在地方产业快速升级并催生新产业时，如何培养一批"下得去、用得上、留得住"的新工科人才，是地方师范院校工科教育改革发展面临的重大课题。2012年，湖州师范学院联合盐城师范学院、绵阳师范学院，对20个省（区、市）地方师范院校工科专业进行SWOT分析，走访调研百余家企业，发现地方师范院校在工科人才培养时面临三个共性的教学问题。

（1）地方师范院校工科教育内涵狭窄，限于单一学科领域办专业，知识结构单一陈旧，知识体系与新产业需求不匹配。

（2）实践教学资源短缺，内容不丰富，环节衔接不畅，学生实践创新能力弱，实践体系与新技术要求不匹配。

（3）校外资源利用不充分，素质教育与专业教育融合不够，学生视野不宽，综合素

质与新业态发展不匹配。

(二)改革思路

本成果完成单位湖州师范学院、盐城师范学院、绵阳师范学院作为3所极具特色的地方师范院校,在人才培养方面保持了长期和深入的合作。为了应对解决上述3个共性问题,由湖州师范学院牵头,以"开放教育生态"理念探索地方师范院校的工科人才培养模式改革。开放教育生态是指以学生发展为中心,校内外相关要素相互支持,形成一个开放、协同、和谐的动态平衡系统。经过4年研究和6年实践,在省教改项目、国家新工科建设项目、国家一流本科专业、国家质量工程项目等的持续支持下,在计算机类、电子信息类、自动化类、机械类等专业的工科人才培养方面取得了创新性成果(图1)。

(1)构建了地方师范院校新工科人才培养的开放教育新生态。通过对地方师范院校工科人才培养过程关键要素的系统研究和顶层设计,发挥师范院校数理学科和人文底蕴优势,优化教育生态。一是构建学科交叉生态,完善工科人才知识结构;二是构建产学合作生态,培养实践创新能力;三是构建校际协同生态,提升学生综合素质。

(2)形成了基于开放教育生态的工科人才培养新模式。按照通专融合工科人才培养定位,对接地方产业发展需求,形成了"重构课程体系、跨界高效协同、强化实践平台、完善质量保障"的工科人才培养新模式。

(3)创新了基于开放教育生态的工科人才培养新机制。围绕培养服务地方产业的新工科人才,校政企多方协同创新协商合作机制和共建共享机制,全面增强教学活力和协同育人效果。

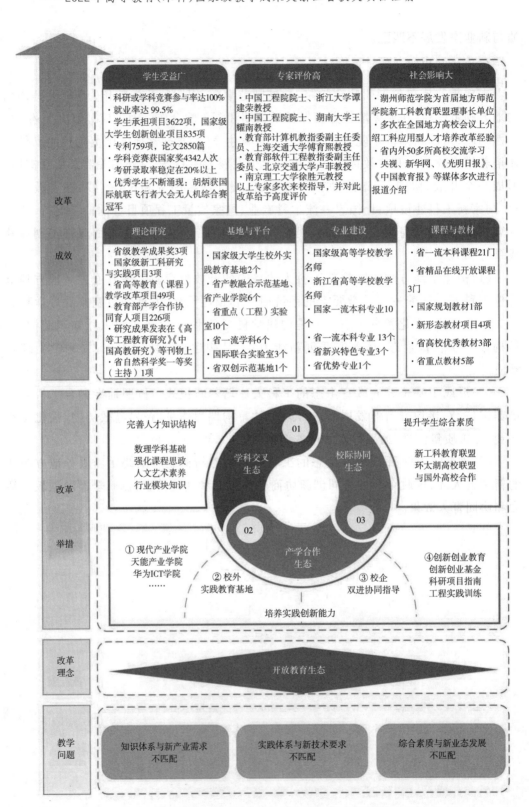

图1 "开放教育生态"理念下的新工科人才培养模式改革

(三)改革成效

经过6年的实践,本成果服务了学生成长,惠及26个工科专业,实现了学生高质量发展的目标。在本成果的支持下,学生在校期间人人都有工程训练和科研项目,获国家级大学生学科竞赛一等奖及以上奖项189项,国家级大学生创新创业项目837项,居全国地方师范院校前列。毕业生培养质量逐年提升,连续5年就业率在98%以上,优秀学生不断涌现,受到社会和用人单位普遍好评。相关研究成果发表在《高等工程教育研究》《中国高教研究》等刊物上,被央视网、新华网、《光明日报》《中国教育报》等媒体报道17次,在中国大学教学论坛等全国性会议上介绍经验13次,50多所高校前来交流学习,受益学生12万余人,在地方师范院校产生了较大影响。

二、成果解决教学问题的方法

针对前文所述的三个教学问题,三校以"开放教育生态"为理念,从工科人才知识结构、实践创新能力培养、学生综合素质三个方面针对性地提出解决办法。

(一)构建学科交叉生态,完善人才知识结构

地方师范院校办工科虽然起步晚,但师范教育的文理学科相对较强,对工科教育形成了积极的支撑。一是把数理学科融入工科教学,进行数理课程分层教学,开设"数学思维方法""近代物理选修"等课程,增强工科教育的数理基础;二是积极挖掘德育元素,开设"工程伦理"等课程,课程思政100%覆盖;三是把人文艺术学科融入工科教学,开设"美学欣赏"等人文通识课程和艺术专题选修课130余门,增强工科教育的人文底蕴和艺术熏陶;四是确立了"通识教育+专业基础+专业核心+行业模块+工程素养+创新创业"的工科人才知识体系。增加新工科元素,建设一批体现产业和技术最新发展的"金课",进行"互联网+"和模块化教学,促进"通专融合",完善工科人才知识结构(图2)。

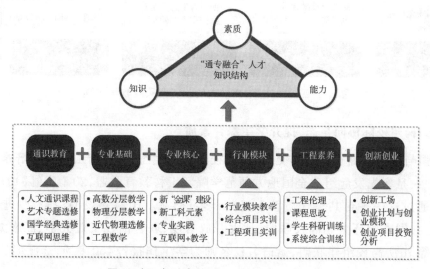

图2 "通专融合"的新工科人才知识结构

(二)构建产学合作生态,培养实践创新能力

深化与产业企业合作,构建产学合作生态。一是与天能集团、华为、长虹集团等企业组建"天能产业学院""华为ICT学院"等5个现代产业学院,探索基于现代产业学院的新工科人才培养模式改革;二是校企合作建设国家级和省级大学生校外实践教育基地、工程技术和科学研究平台29个;三是校企"双进",教师到企业挂职锻炼,聘请企业工程师担任实践实训指导教师,将新技术、新工艺、新规范纳入实践教学,推动教学与实训的融合;四是开展创新创业教育,企业捐资4000多万元设立创新创业基金,依托众创空间发布科研项目指南,传授工程实践经验,共同指导学生创新实践、毕业论文和专利申请。构建了产业训练、科技研发、成果孵化和创业服务"四位一体"的大学生创新创业实践教学体系(图3),培养学生实践创新能力。

图3 "四位一体"的大学生创新创业实践教学体系

(三)构建校际协同生态,提升学生综合素质

加强与国内外高校的合作交流,构建校际协同生态,打造新工科人才培养共同体(图4)。一是率先发起组建全国地方师范学院新工科教育联盟,20个省(区)的地方师范院校通过这一平台共享优质教学资源,学习交流新工科建设的经验,改进工科教学;二是共同发起环太湖高校联盟,加大开放力度,联合浙江工业大学、江南大学、苏州大学等16所高校组建联盟,邀请名校名师为学生作报告450多场,选派470多名学

生去苏州大学等联盟高校交流学习;三是发展与美国、德国、法国等高校的合作,组建国际联合实验室3个,举办国际文化周活动,实施"一院一伙伴"和"远航"计划,招收境外留学生500多名,选派350余名学生去境外实习。实现了素质教育与专业教育的交融互动,拓展了学生视野,提升了学生综合素质。

图4 校际协同路径

三、成果创新点

(一)构建了地方师范院校新工科人才培养的开放教育新生态

为了克服师范院校办学相对封闭的问题,从学科交叉、产学合作、校际协同等三个方面构建了校内外融通的开放教育新生态。(1)构建学科交叉生态。把数理学科、人文艺术学科融入工科学科,确立了"通识教育+专业基础+专业核心+行业模块+工程素养+创新创业"的工科人才培养方案,完善工科人才知识结构。(2)构建产学合作生态。探索基于现代产业学院的新工科人才培养模式改革,校企合作建设国家一流本科专业、国家级和省级大学生校外实践教育基地、工程技术平台和众创空间,以项目为支撑,培养学生的实践创新能力。(3)构建校际协同生态。加强国内外高校合作交流,开展学生交换、境外实习,推进教育国际化,拓展学生视野,提升学生综合素质。

(二)形成了基于开放教育生态的工科人才培养新模式

按照"通专融合"工科人才培养定位,对接地方产业发展需求,形成了"重构课程体系、跨界高效协同、强化实践平台、完善质量保障"的工科人才培养新模式。(1)重构课程体系。对接产业,产教融合,联合行业企业协同开发一批实践实训课程和创新创业课程,建立"通识教育+专业基础+专业核心+行业模块+工程素养+创新创业"知行合一的课程体系。(2)跨界高效协同。教师进企业,工程师进学校,双向互动互聘,校企协同培养现代工程人才。(3)强化实践平台。校企协同实施"工程认知、实验、实训、实习"四年不间断全程化教学,强化实验实训平台,实现专业和企业、专业群与产业群的有机对接。(4)完善质量保障。强化工科人才质量标准,做好工程教育专业认证,校内督导和校外反馈相结合,形成持续改进的闭环体系。

(三)创新了基于开放教育生态的工科人才培养新机制

围绕培养服务地方产业的新工科人才,校地双方协同创新机制。(1)协商合作机制。组建新工科专业建设理事会,成员包括学校、政府与企业代表。院长负责,理事会监管,学校和企业相关部门配合。(2)共建共享机制。校地共同建设师资队伍、实践实训基地、创新创业项目,共享成果,全面增强教学活力和协同育人效果。

四、成果推广应用效果

(一)人才培养质量显著提升

(1)学生实践创新能力明显提高。学生先后承担科研项目3622项(国家级创新创业项目835项),授权专利759件、软著447件,发表论文2850篇(SCI和EI收录论文690篇),4342人次获得国家级以上学科竞赛奖,其中获美国大学生数学建模、"互联网+"、"挑战杯"、大学生电子设计、中国智能制造等学科竞赛全国一等奖以上奖项189项、二等奖403项(图5至图10)。

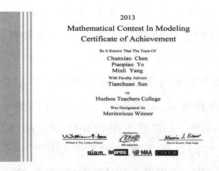

图5 美国大学生数学建模竞赛一等奖

图6 "稻画乡"项目获"互联网+"大赛全国银奖

图7 "锂安科技"项目获"挑战杯"大赛全国金奖　图8 大学生电子设计竞赛全国一等奖

图9 以学生为发明人授权的相关专利　图10 以学生为主要完成人登
记的相关软著

（2）学生就业质量稳步提升。自2012年改革工科人才培养体系至今，共培养工科毕业生8万余人，持续向华为、中电科、海康威视、徐工集团、长虹集团等知名企业输送毕业生。专业对口率由36.7％提高到71.5％，就业率由94.0％提高到99.5％，就业率一直处于全国地方师范院校领先水平。

（3）优秀学生不断涌现。电气工程及其自动化专业毕业生胡炳获"全国五一劳动奖章"，电子信息工程专业毕业生郭向青被授予"全国青年岗位能手"称号（图11至图12）。考研录取率逐年提升，研究生录取率稳定在20％以上，考取中国科学院大学、上海交通大学、复旦大学、浙江大学、南京大学等知名高校研究生900多人。

图11 胡炳同学获全国无人机技能大赛最重大奖　图12 郭向青同学获"全国青年岗位能手"称号

(二)教学建设成果丰富

(1)促进了教学基本建设。获国家级新工科研究与实践项目3项,国家一流本科专业建设点10个,国家级大学生校外实践教育基地2个,省级产教融合示范基地、省产业学院6个,省重点(工程)实验室10个,省教改项目49项,省一流本科专业(新兴特色专业、优势专业)建设点17个,省一流(精品)课程37门,国家、省级重点(规划)教材24本。

(2)教学研究成果丰硕。在《高等工程教育研究》《中国高教研究》等刊物上发表论文25篇(图13);举办了"全国地方师范院校工科教育改革与发展论坛";国家、省级媒体多次报道了"工科教育改革"成效。

图13　发表在《高等工程教育研究》《中国高教研究》等期刊上的教研论文

(3)形成了系统化人才培养制度。出台相关文件35个,形成了系统化、可推广的工科人才培养制度。

(三)广泛的社会辐射作用

(1)专家高度评价。中国工程院院士、浙江大学谭建荣教授,中国工程院院士、湖南大学王耀南教授,教育部高等学校计算机教学指导委员会副主任委员、上海交通大学软件学院原院长傅育熙教授,教育部高等学校软件工程教学指导委员会副主任委员、国家示范性软件学院联盟理事长、北京交通大学卢苇教授,国家杰青获得者、南京理工大学徐胜元教授给予高度评价,认为此项改革很有意义,为地方师范院校工科人才培养提供了范例。

(2)同行广泛认可。湖州师范学院被推选为首届地方师范学院新工科教育联盟理事长单位。多次在全国地方高校会议专题介绍工科应用型人才培养改革的经验,省内外50多所高校前来交流学习,受益学生12万余人,在地方师范院校中产生较大影响(图14至图17)。

图14　湖州师范学院发起成立全国地方师范学院新工科教育联盟

图15　在浙江省本科院校计算机系(学院)系主任(院长)论坛上交流

图16　选派学生赴日本JAST公司实训(左图:选拔面试场景,右图:欢送会场景)

图17　开展国际教学周活动

(左图: 湖州师范学院授课场景,右图: 维尔茨堡-施韦因富特应用技术大学授课场景)

(3)媒体聚焦报道。被央视、新华网、《光明日报》、《中国教育报》等媒体报道17次,成为地方师范院校工科教育改革的新亮点(图18至图24)。

4 教育展台

责任编辑：郑延玲 钟祎玲 版面设计：余江高
电话：0571-87778177
E-mail：zjyjbkzs@163.com

2018年4月16日 星期一

浙江教育报

明体达用育英才 知行合一践君风

湖州师范学院在自强不息砥砺奋进中不断拓宽办学边界

□舒玲玲 孙国宾

从一把木凳的条件开启师范教育，以"8名教师"回入本科教育，湖州师范学院历经西华风云沧桑，60年高教史诗、40年改革创新、20年汪宏富入、10年跨越发展，谱写了一曲砥砺不辍的教育之歌。

不忘初心深耕耘 师范教育薪火不灭

打造湖师智慧园 服务地方生态崛起

跨文化西游行记 教育国际化一期千里

图18 《浙江教育报》报道湖州师范学院拓宽办学边界

260

图19 《浙江教育报》、"浙江新闻"App、湖州电视台、《湖州晚报》等媒体报道环太湖高校联盟成立

中国教育报
CHINA EDUCATION DAILY
2012年11月5日星期一
上一篇 下一篇
企业领引"准员工"，学生考察"未来老板"——
湖州师院实践课开在企业里
图为实训基地工程师指导学生开展项目设计。叶莉 摄

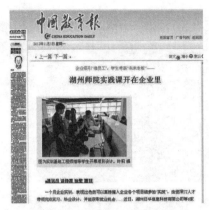

图20 《中国教育报》报道湖州师范学院实践课开在企业里

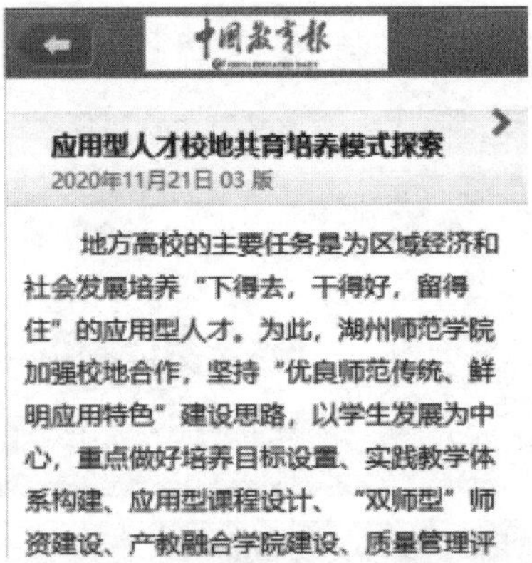
中国教育报
CHINA EDUCATION DAILY
应用型人才校地共育培养模式探索
2020年11月21日 03 版
地方高校的主要任务是为区域经济和社会发展培养“下得去，干得好，留得住”的应用型人才。为此，湖州师范学院加强校地合作，坚持“优良师范传统、鲜明应用特色”建设思路，以学生发展为中心，重点做好培养目标设置、实践教学体系构建、应用型课程设计、“双师型”师资建设、产教融合学院建设、质量管理评

图21 《中国教育报》报道湖州师范学院校地共育培养模式

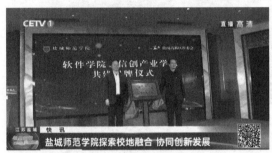

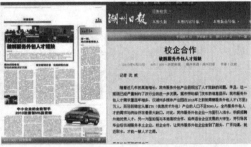

图22 中国教育电视台报道盐城师范学院校地融合协同创新的发展模式

湖州日报
校企合作
破解服务外包人才短缺
记者 沈 威

图23 《湖州日报》报道湖州师范学院校企合作破解服务外包人才短缺

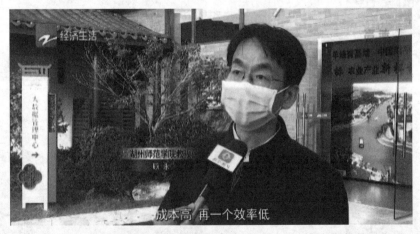

图24 浙江电视台采访湖州师范学院“智慧湖羊”校地共育项目

弘扬"和合思想"，培养高素质中医药人才的探索与实践

主要完成单位：浙江中医药大学

主要完成人：范永升、陈忠、阮叶萍、方剑乔、李范珠、黄真、陈建真、熊阳、廖广辉、楼航芳、朱乔青

一、成果背景

中医药学是中华民族的伟大创造，是中华传统文化的重要组成部分。千百年来，中医药在维系人民健康上作出了巨大贡献。2009年，时任中央政治局常委、中央书记处书记习近平在建校50周年之际，对学校提出"要解放思想，开拓创新，培养德才兼备高素质人才"的要求。党的十八大以来，以习近平总书记为核心的党中央更加强调要立足健康中国战略，加快发展中医药教育。中医药要发展，人才培养是关键。然而目前中医药人才培养存在"经典传承不足、创新能力薄弱"等问题，制约着新时代医学教育的高质量发展。

"和合思想"是中国儒家、道家等诸子百家文化流派相互碰撞、互相渗透、彼此融合而形成的中华传统文化精髓。中医学的起源与发展深受中国古代哲学思想的影响，"群经之首"《周易》中即包含了丰富的"和合"内容，《黄帝内经》的"中和""仁义"核心思想与其一脉相成。纵观历史发展，中医药学从理论形成到技术进步，无不与中华传统文化保持着同频发展。

基于以上理由，项目组运用古代哲学"和合思想"中"融合、协同、共生"的精髓，解决中医药人才培养中"传承不足、创新不够"等问题，具有重大的社会价值和现实意义（图1）。

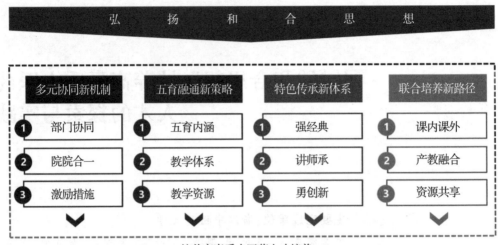

图1 "和合思想"指导下的高素质中医药人才培养

二、成果思路与历程

本成果借鉴中华传统文化"和合思想"的精髓,聚焦高素质中医药人才培养目标,更新理念,创新机制,探索路径,构建了"和合共生—和合育才—和合出新—和合发展"的育人体系,解决中医药人才培养面临的"传承与创新不足"等问题。

成果萌芽期:2009年,时任中央政治局常委、中央书记处书记习近平对学校提出"培养德才兼备高素质人才"的要求。项目组以"中医人才培养模式创新实验区"建设为契机,经过解放思想"大讨论",推进教育教学改革,引入"和合思想"的精髓"融合、协同、共生",探索育人机制、五育策略、课程体系、创新路径,培养高素质中医药人才。

成果培育期:2012年后,学校进一步理顺"多元协同"的育人机制,先后设立中医学"何任班"、中药学"远志班"等,开展"德智体美劳、基础与临床、院校与师承、传承与创新、课内与课外、校内与校外、国内与国外"多方"和合"的实践,2014年学校成功入选国家级"创新人才培养示范基地"。

成果成熟期:经过10年的实践,该成果受益校内外学生超过3万人,并取得显著成效(图2)。

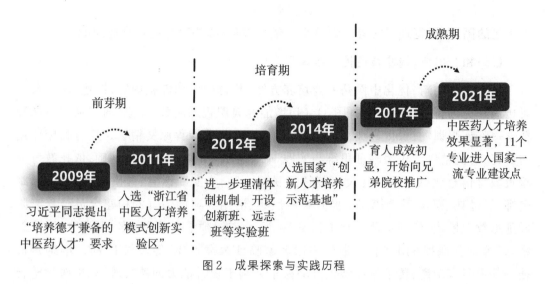

前芽期　培育期　成熟期

2009年
习近平同志提出"培养德才兼备的中医药人才"要求

2011年
入选"浙江省中医人才培养模式创新实验区"

2012年
进一步理清体制机制,开设创新班、远志班等实验班

2014年
入选国家"创新人才培养示范基地"

2017年
育人成效初显,开始向兄弟院校推广

2021年
中医药人才培养效果显著,11个专业进入国家一流专业建设点

图2　成果探索与实践历程

三、成果解决教学问题的改革举措

本成果以高素质中医药人才培养为目标,借鉴"和合思想"精髓,构建了"多元协同"的育人机制、"五育融通"的培养策略、"特色创新"的课程体系、"联合培养"的育人路径,最终形成高素质中医药人才培养体系。

（一）和合共生,构建多元协同新机制

深化学校教育教学机制改革。(1)建立多部门协同的绩效与考核机制,学校学院、教学学工、教学科研联动,课程、科研等十大育人工程"专班制"运行,齐抓共管、联席会商,解决学生培养与管理中的难点,保障教学改革的协调性,推动育人举措高质量落地。(2)推进医学院与医院"院院合一",出台《完善医教结合机制意见》等文件,临床科室与教研室合署,共建医教双师782人、师承导师255人。校院两级目标考核,强化二级学院主体地位,激发二级学院办学活力。(3)突出高校教学中心地位,优化评聘方案,出台《教学业绩考核办法》《教学奖励办法》等文件,推行科教等效评价,加大教学奖励,引导教师认真履行教学职责。

（二）和合育才,探索"五育"融通新策略

构建"五育"融通的培养策略,打造理论实践并重、课内课外协同、学校社会贯通、线上线下融合的"五育"生态。(1)拓展"五育"新内涵,德育"润心"、智育"启智"、体育"固本"、美育"养心"、劳育"塑型"。(2)德育以"课程思政"为重点,开展"五色培土"特色教育,专业课程以示范团队、名师为引领,以课程课堂为阵地,以教材案例为载体;美育、体育、劳育结合中国优秀传统文化元素,包括修习七星功等传统体育、制作中药标本、栽种中药材等,突出中医药特色。(3)整合校内外资源,大量引进北京大学、浙江大学、复旦大学等高水平院校的优质课程资源,线上线下结合,克服医药院校通识教

育不足的困境,拓宽理工文等多学科交叉融合视野,提高学生的社会适应能力。

(三)和合出新,构建特色传承新体系

坚持守正创新,优化中医药专业培养方案,整合中医药课程内容,构建"重经典—讲传承—勇创新"的课程体系(图3)。(1)增加经典课程课时数,建立"通识强基—课程精学—临证强训"三梯度经典课程体系,开展四大经典课程原文精学,"经方临床应用与研究"案例精讲、"中医临证思维与实践"临床精训,不断夯实经典基础;依托教育部首批教育信息化试点单位建设,创新"互联网+"同步实践课堂,课堂与诊室结合,跟名师、诵经典、研案例、勤实践,提升参悟经典、活用经典能力。(2)构建全员全程三阶段师承教学模式,依托示范名师工作室10个,全省域师承名师255名,开设"中医流派精选"等特色课程6门,编写《浙江中医名家临证医案辑要》等教材12部,"群师带群徒",师承名家精髓,传承流派特色。(3)探索有利于提升能力的课程改革,中医学整合中医诊断学、方剂学等前沿学科,创设"实验中医学"课程,开设"中医临床思维"等整合课程,提升中医思辨能力;中药学增设"中药变形记""中药古法炮制学实训"等课程,开设"中药古法炮制学实训""本草基因组学"等古今融通课程,使学生传承有特色、创新有基础、服务有能力。

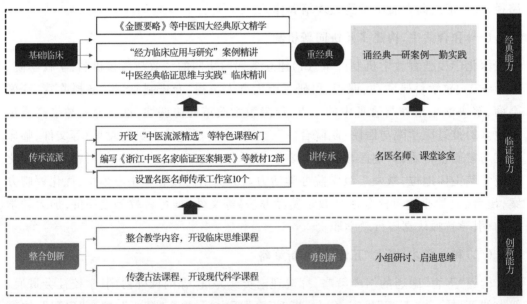

图3　"重经典—讲传承—勇创新"的课程体系

(四)和合发展,形成联合培养新路径

开辟内外培养新途径(图4),打造联合培养新平台,着力培养具有国际视野、能力突出的创新型人才。(1)依托跨校微专业,与全国20所高校课堂同步、学分互认,拓展教学资源。开设"医学大数据"等跨学科课程25门,组建跨学科教学团队35个,年设置"新苗"项目150项,建立学科竞赛基地21个,以课程为先导、以项目为基础、以竞赛为突破,课程—项目—竞赛贯通,提升学生解决复杂问题的能力。(2)与康恩贝等知名药企共建产业学院3个,开放"PI"创新实验室12个,孵化产学研基地35个,聘任企业导师125人,双导师制推动学生早进实验室,贴近岗位提升创新能力。实行本科生交流计划,与加州大学、澳门大学等交流互访,每年选派数百名学生交流访学以拓展其视野。

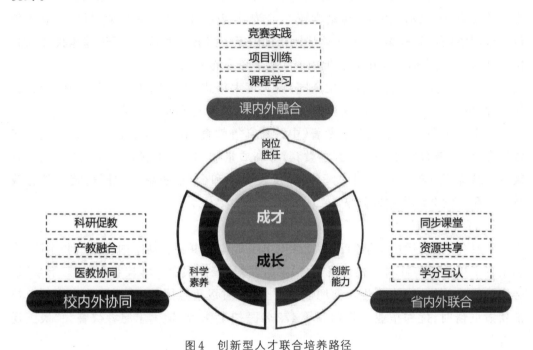

图4 创新型人才联合培养路径

四、成果推广应用效果及预期前景

本成果实施10年,覆盖中医学等7个专业,成效丰硕。

(一)育人成效彰显

1.培养更有效度

人才培养质量全面提升:2017—2021年中医学执业医师资格考试通过率连续5年位居全国第一,2021年全国大学生医学技术技能大赛获中医学专业赛道金奖,学生"地铁口抢救心跳骤停老人""成功施救触电工人""捐献造血干细胞救人"等事迹被《人民日报》等媒体广泛报道。

经典传承能力更加凸显:2015年全国首届《黄帝内经》知识大赛获得总冠军,2021年中医水平测试"金匮要略"等课程成绩位居全国第一。

创新能力更加突出:2017—2021年全国医药类大学生竞赛排行榜位列中医药院

校第一,学生相继在 *CRITICAL CARE*、《中医杂志》等刊物发表高水平论文780余篇,2016级中医学专业何远等同学积极参与国家疫病中心重点研发项目,学以致用为医学事业贡献中医力量。

2. 教育更有力度

教育改革有效推动:2014年学校入选科技部"创新人才培养示范基地",成为卓越医生(中医)教育培养计划改革试点;中医学、中药学等专业均入选国家级一流本科专业建设点,形成示范引领,带动学校11个专业成为国家级一流专业建设点,立项数位居全国中医药院校第一;中医学基地获批国家实践教学基地,中药学基地获批2011协同创新中心,实验教学中心获批国家实验教学示范中心。

教学能力显著提升:获首批全国高校"黄大年式"教师团队,2位教师获"国家教学名师"称号,2011—2021年获全国、浙江省教师教学竞赛奖项59项。

教学学术硕果累累:出版专著《中医药高等教育"和合"思想协同育人理论与实践》,在《中医教育》《中国高等医学教育》等高质量期刊发表相关教学论文86篇,获省级教学成果奖7项,在《中国中医药报》发表《将"和合"思想融入中医药院校教育改革》,并在全国会议作主旨分享。

3. 育人更有温度

2021年,学生运用所学知识挽救触电电工师傅的事迹感动全国,《小吕和小武,你俩出息了!》被新华社、《人民日报》、《央视新闻》等媒体报道。学校获全国"三下乡"社会实践优秀单位,22支学生志愿团队获评全国、省级重点团队,受到团中央表彰。抗击新冠疫情时,优秀毕业生杨珺超等472名医护工作者、学生志愿者被誉为"最美逆行者"。

(二)社会影响广泛深远

1. 上级领导主管部门肯定

全国人大常委会副委员长蔡达峰对学校人才培养取得的成绩给予高度肯定。时任国家中医药管理局副局长秦怀金充分肯定学校师承教育模式。中共浙江省委基于学校显著育人成效,出台政策支持学校争当全国中医药院校人才培养的"排头兵"。

2. 新闻媒体广泛报道

学校"医教结合协同育人模式"被央视《新闻联播》报道,"巧用和合思想培育时代新人""将'和合'思想融入中医药院校教育改革"等中医药人才培养相关成果被《光明日报》《中国中医药报》等21家新闻媒体报道,社会反响热烈。

3. 兄弟院校积极采纳

本成果为中医药人才培养提供了可操作、可复制、可推广的模式。在全国中医药高等教育校长论坛、全国中医药教育大会等会议作专题讲座25次;举办"和合思想"中医药人才培养研讨会,参与高校35所,与会者7000余人;应邀赴35所高校介绍改革经验,并有近20家中医药院校前来交流考察;成果在福建、山东等16家中医药大学推广应用,受益学生数万人。

五、成果的创新点

(一)育人理念创新:古为今用,弘扬"和合思想",提出培养中医药人才的新思路,解决人才培养"传承与创新不足"难题

中医药的起源与发展深受中国古代哲学思想的影响,其阴阳和谐观极大地促进了新时代和谐社会共同体的构建。本成果借鉴"和合思想"的精髓,更新理念,创新机制,解决中医药人才培养中"传承与创新不足"等难题。这一育人理念汲取了中华传统文化精髓,上至育人机制,下达教学实践,遵循中医药人才成长规律,培养德才兼备的高素质人才。公开发表成果相关教学论文56篇,出版专著《中医药高等教育"和合"思想协同育人理论与实践》。

(二)育人路径创新:构建"和合共生—和合育才—和合出新—和合发展"的育人新路径,价值引领为先,传承守正为根,创新发展为重

紧扣高素质中医药人才培养定位,"一二三"课堂结合,"五育"融通,以德为先,突出中医药特色,践行从认知层面到能力适应的育才新策略。构建"三梯度"经典课程,形成基础与临床"和合"经典教学体系;构建"互联网+"同步课堂,将名医工作室搬进课堂,"群师"带"群徒",建立院校和流派"和合"的师承教学模式;整合课程,古今融通,构建传统与创新"和合"的课程体系。课内外、校内外、国内外"和合",推动学生早进实验室,形成"内外融通"的创新路径。浙派中医药融入院校师承的教育教学改革被《光明日报》《中国中医药报》等媒体广泛报道。

(三)育人机制创新:以问题为导向,建立多方协同育人新机制,政策保障、任务驱动、共生互利

聚焦堵点、痛点、难点,"政府—学校—学院"三级目标考核,任务驱动、绩效导向。建立"院院合一"、校企共建的医教产教深度融合协同机制,培养目标共商、培养方案共研、资源平台共建、师资队伍互聘。"专班制"推动育人举措高质量落地,教学学工联动齐抓共管,从"配合"到"融合"、从"协助"到"协同",产出显著育人成果。我校机制改革创新得到《浙江日报》等媒体报道,"医教结合协同育人模式"被央视《新闻联播》报道。

艺技融合、三课联动、多元协同
——青瓷应用型创新人才培养体系改革与实践

主要完成单位：丽水学院

主要完成人：季忠苑、周武、竺娜亚、彭倩、周莉、周绍斌、陈小俊、季雨林、徐朝兴、杨吴伟、吴艳芳、李德胜、蓝岚、全敏瑛、王卉、张龙、李薇、陈池

一、背景与问题

（一）成果产生的思想背景

"龙泉青瓷传统烧制技艺"是中华优秀传统手工技艺的代表，2009年被联合国教科文组织列入世界人类非物质文化遗产保护名录。2010年以来，我国非物质文化遗产保护与传统手工文化传承进入新的发展阶段，这对高等教育陶瓷艺术设计专业提出了更高更新的要求。2015年，党的十八届五中全会提出"构建中华优秀传统文化传承体系，加强文化遗产保护，振兴传统工艺"的要求；2017年，党的十九大报告提出"推动中华传统优秀文化的创造性转化和创新性发展"；国家先后发布《中国传统工艺振兴计划》《关于实施中华优秀传统文化传承发展工程的意见》等文件，对传承中华优秀传统文化与传统工艺振兴发展提出具体要求；习近平总书记曾明确指出，龙泉青瓷是文化瑰宝，一定要好好保护和传承；浙江省原省委书记夏宝龙视察丽水学院时提出，要办好青瓷专业，办出学校特色。党和国家有关弘扬与传承中华优秀传统文化、振兴与发展传统工艺的精神、举措和指示是本成果的指导思想。

（二）本成果主要解决的问题

(1)解决青瓷行业人才培养目标定位不清、课程模块结构不合理的问题。

(2)解决青瓷行业人才培养路径不明，学生创新、创意、创业能力不足的问题。

(3)解决高校青瓷人才教学资源不够和教育机制不健全的问题。

二、内容与方法

（一）成果主要内容介绍

2016年,丽水学院以"化区域资源为办学资源,紧密对接行业和产业需求"为办学思想,依托地方龙泉青瓷文化优势,在改革艺术专业基础上,结合教学实践,成立了中国青瓷学院,设立了以青瓷人才培养为核心的陶瓷艺术设计专业。该专业以"艺技融合、三课联动、多元协同"为教学理念,依托一批国家和省部级教改项目、一流课程和教研平台,构建青瓷行业应用型创新人才培养体系(图1),助力地方青瓷产业与人才培养的可持续发展。"艺技融合"是将青瓷的"艺术审美教育、设计创意教学、技术工艺训练"三类课程进行有机整合,建立艺术与技术互融、审美与设计合一的课程模块;"三课联动"是以学生为主体,开放单一、封闭的教学格局,改革第一课堂、活跃第二课堂、延伸第三课堂,融合与贯通理论与实践、课内与课外、校内与校外课堂,建立课程模块进阶与课堂有效联动。"多元协同"是整合地方政府、行业产业、工艺大师、合作院校等多方教育资源,形成相互协同、聚力发展的培养机制。"艺技融合、三课联动、多元协同"教学理念的创新,有效地促进了青瓷应用型创新人才培养体系的改革与实践。成果将校内课堂前移至青瓷大师工坊,让工艺大师赋能专业教育,使多方教育资源植入教学本体,支撑了"创新、创意、创业"人才培养体系。毕业生在青瓷行业就业面广,自主创业率高;学生在国家、省部级学科竞赛和创业大赛中屡屡获奖;教学改革项目、一流课程建设、特色教材建设、产教融合基地、教学科研平台、教师团队建设等成效显著,引起广泛关注。教育部和相关司局主要领导、文化和旅游部非遗专家、中国艺科所等机构的学者曾专门考察丽水学院,对青瓷应用型创新人才培养改革实践成效予以充分肯定;中国教育电视台、新华网、学习强国、中国陶瓷频道等媒体进行过专门报道;景德镇陶瓷大学、檀国大学、乌克兰国立美术与建筑学院等20多所国内外院校来校考察交流。

本成果在教学改革与实践、一流课程与教材、产教平台与基地、教学团队建设等方面成效显著,是教学改革与实践的基础条件。地方高校"多元协同、艺技融合"的应用型青瓷人才培养模式改革与实践项目获浙江省高等教育教学成果奖一等奖,"龙泉青瓷工艺"课程教学与改革实践项目获省高等教育教学成果奖二等奖;"日用器皿"为国家一流课程,"龙泉青瓷艺术赏析""青瓷器皿设计""青瓷设计与制作"等为省一流课程;"龙泉青瓷工艺"为省精品在线开放课程;《中国手艺·龙泉青瓷》《龙泉青瓷艺术赏析》分别为国家重点教材和省级新形态教材;丽水学院获批教育部全国普通高校中华优秀传统文化传承基地、浙江省龙泉青瓷协同创新中心等国家和省级教研平台,协同高校建设文化和旅游部传统手工技艺与数字化设计重点实验室;主持国家艺术基金龙泉青瓷创新人才培养、省高教"十三五"人才培养教学与改革研究、省产教融合

"五个一批"建设、省产学合作协同育人等项目。团队成员中有国家教学名师、省特级专家、省青年领军人才、省"五个一批"领军人才、省学科带头人和中国工艺美术大师等高层次人才;聘请国家和省级工艺美术大师为合作导师或兼职教授。

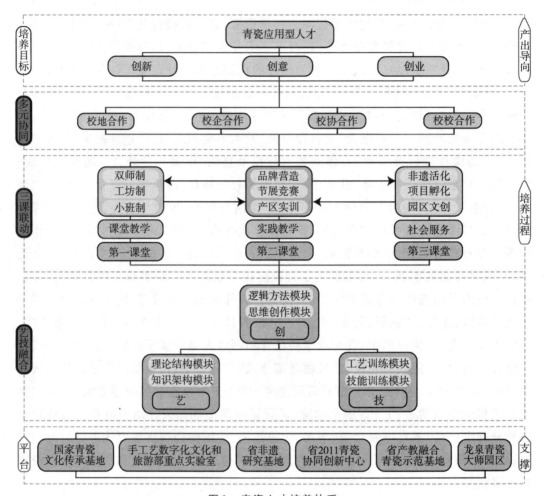

图1 青瓷人才培养体系

(二)成果解决问题的方法

1. 明确专业人才培养目标,重构"艺技融合"课程模块(图2)

针对青瓷产业发展新需求,在明晰青瓷应用型人才培养目标的基础上,优化专业培养方案,建构"艺、技、创"三大课程模块,经模块间的互联关系和进阶式修读方法,解决课程结构不合理、相互衔接不密切的问题。

(1)"艺"课程模块主要让学生掌握青瓷文化基因、技艺发展脉系、审美鉴赏方法、艺术表现语言等基础理论与知识。以史明今,以美品鉴,以文化育,提高学生艺术与审美综合能力。

(2)"技"课程模块整合材料、成型、装饰、烧成等传统技术工艺与当代数字科技课程,重构青瓷技术工艺的知识点位与科技赋能环节,培养学生创造性转化与创新性发展能力。

(3)"创"课程模块将"艺""技"模块的学习结果有机植入"创新、创意、创业"实践课程,整合多方教育资源,进行创意设计、创新实践、创业训练,培养学生的"三创"能力。

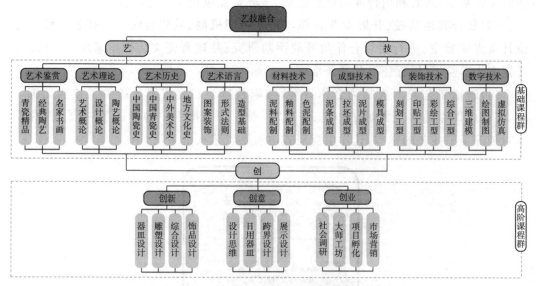

图2 "艺技融合"的课程模块

2. 改革单一课堂教学模式,开拓"三课联动"培养路径

以学生为主体,开放学校教学格局,改革第一课堂、活跃第二课堂、延伸第三课堂,融合贯通理论与实践、课内与课外、校内与校外课堂,通过课程模块进阶和课堂有效联动,实现理论、技艺、方法、思维综合能力的融通和提升,有效培养具有创新、创意和创业能力的青瓷人才。

(1)改革第一课堂:实施双师制(学校教师与工艺大师)、工作室制(传统青瓷、现代青瓷、青瓷理论、青瓷材料、青瓷通识)教学,将传统课堂教学转化为师生与工艺大师共同参与的开放式教学。

(2)活跃第二课堂:搭建多层次实训平台,组建青瓷社团,组织学科竞赛,举办青瓷文化节,开创青瓷品牌等,提高学生的专业实践和创新创意能力。

(3)延伸第三课堂:走进青瓷企业,搭建创业平台,设立创业孵化项目,将"创业实训—项目实施—社会实践"融为一体,提高学生的创业能力。

3. 整合校内校外教育资源,构建"多元协同"育人机制(图3)

整合地方政府、行业产业、工艺大师、合作院校等多方资源,相互支撑,聚力学生发展,通过"多元协同"机制,打造支撑青瓷应用型人才培养的产学研平台,解决高校人才培养资源不足和育人机制不健全的问题。

(1)与地方政府合作。在龙泉产业园区、中国青瓷小镇设立教学实践基地、材料研究中心、产业创新平台,开展关键技术与应用场景研究,促进学生对青瓷产业发展的认识。

(2)与青瓷行业协会、产业单位合作。成立青瓷行业联盟、青瓷专业委员会、产教学研实践基地,高效利用行业与产业资源,服务青瓷应用型人才培养。

(3)联合其他高校,开展专业合作。建立协同机制,共建传统手工技艺与数字化设计重点实验室,进行项目合作与开放课题研究;共建青瓷文化传承基地,开办国外青瓷文化学堂,开展青瓷技艺普及培训。

(4)聘请工艺美术大师为合作导师、兼职教授。建立青瓷传统手工技能训练工坊,将校内课堂前移至大师工作室,采取"一对一""手把手""师带徒"的方式,深化学生对传统手工技艺的掌握,让学生沉浸式体验手工艺人的生活。

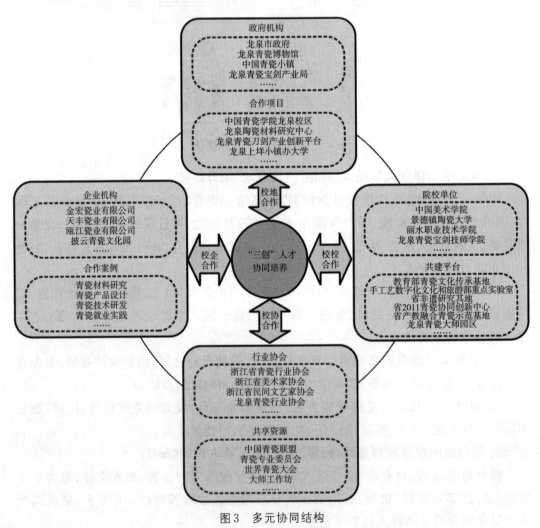

图3　多元协同结构

三、成果创新与特色

（一）提出"艺技融合、三创教育"人才培养新理念

根据青瓷产业发展对人才的新需求，针对专业课程架构不合理，艺术审美教育、技术工艺训练、创新创意实践等课程模块融合不够等问题，提出了"艺技融合、三创教育"青瓷人才培养理念。改革专业培养方案，重组课程架构，梳理课程组群，整合课程资源，开发特色课程，形成了"艺、技、创"三大课程模块。重点厘清艺术审美、技术工艺课程组群之间相互融合的教学关系，找出其中与创新、创意、创业课程教学之间的关键点位，深化与完善"艺技融合"的教育内涵，筑牢"三创"教育基础，实现应用型人才培养目标。

（二）开拓"三课联动、双师同堂"专业教学新路径

针对专业教学封闭式课堂传授、普适化技术训练、单一性课时制度，本成果聚焦教学路径创新，改革第一课堂、活跃第二课堂、延伸第三课堂，形成"三课联动"；引入工艺美术大师和企业导师，组建双师团队开展同堂教学。打破单纯的校内课堂建制，将封闭式课堂前移至青瓷大师的制作工坊，以个性化、传承性、师徒制来解决课堂技术训练普适化带来的问题；将单一性课时制课堂有机地植入地方产业的生产车间，校地课程共建、艺技双师同堂、三类课堂联动，开拓青瓷行业应用型人才培养新路径。

（三）建构"多元协同、四位一体"实践育人新机制

针对学校教研资源单一、实践平台缺乏等问题，整合社会多方资源，与龙泉地方政府、青瓷产业企业、手工行业协会、其他相关高校等采取共建、合作、协同等多元方式，建立校地共建、校企协同、校协互联、校校合作的"四位一体"实践育人新机制；依托教育部青瓷文化传承基地、文化和旅游部手工技艺与数字化设计重点实验室、浙江省龙泉青瓷协同创新中心、产教融合基地等，形成了宽视野、开放性、立体化的教育教学新场景，有效支撑了青瓷应用型创新人才培养。

四、成果推广与效果

（一）学生能力显著增强，"三创"教育成果丰硕

学生参加教育部中国大学生科技创新项目、服务外包创新创业大赛、全国大学生艺术展演、全国青瓷饰品创新设计、中国陶瓷艺术大展等学术活动和展览，获奖70余项；学生作品入选全国美术作品展、浙江省美术作品展等20余件。获评浙江省"新峰计划"青年人才、省市工艺美术大师、非遗传承人、高级工艺美术师等9人。获国家和省级大学生创新创业训练计划45项。

历年来累计培养人才1000多人,学生自主创业率逐年提升,由5%提升至14.84%。以独立创业、合作创业及先就业再创业等形式,鼓励学生开办青瓷生产作坊,培育了溪山窑工坊、毛俊钦青瓷厂、一来青瓷、梵若陶瓷等一批地方企业。

(二)教研水平快速提升,专业建设成效突出

教学改革与实践项目:"地方高校'多元协同、艺技融合'的应用型青瓷人才培养模式改革与实践"获省高等教育教学成果奖一等奖,"'龙泉青瓷工艺'课程教学与改革实践"获省高等教育教学成果奖二等奖。

一流课程与教材建设:"日用器皿"为国家一流课程,获批"龙泉青瓷艺术赏析""青瓷器皿设计""青瓷设计与制作"等省一流课程10门;"龙泉青瓷工艺"为省精品在线开放课程;《中国手艺·龙泉青瓷》《龙泉青瓷艺术赏析》分别为国家重点和省级新形态教材。

产教平台与基地建设:拥有教育部全国普通高校中华优秀传统文化传承基地、文化和旅游部传统手工技艺与数字化设计重点实验室、省龙泉青瓷协同创新中心等国家和省级教研平台13个;与金宏瓷业、天丰陶瓷有限公司、龙泉博物馆等合作,建立陶瓷材料研究中心、龙泉青瓷产业创新基地等。

主持教学研究项目:主持国家艺术基金龙泉青瓷创新人才培养、省高教"十三五"人才培养教学与改革研究、省产教融合"五个一批"建设、省产学合作协同育人等项目30余项;获国家发明、实用新型等专利31项,在《新美术》《中国陶瓷》等刊物发表论文50余篇。

教师教学团队建设:教师团队由国家教学名师、省特级专家、省青年领军人才、省"五个一批"人才、省学科带头人和中国工艺美术大师等一批高层次人才构成;聘请国家和省级工艺美术大师为兼职教授,专业教师中博士占比67%。

(三)同行专家高度评价,示范效应明显,社会影响广泛

领导关注:教育部主要领导和司局领导、文化和旅游部非遗专家与艺科所领导等曾来校考察,专门调研中国青瓷学院,对青瓷应用型创新人才培养改革成效给予充分肯定。

媒体传播:中国教育电视台、新华网、学习强国、国际在线、中国陶瓷频道、《艺术教育》等媒体进行了专门报道与专题采访;清华大学、景德镇陶瓷大学、檀国大学、泰国东方大学等20多所国内外院校来校考察交流。

示范效应:本成果为高校利用地方资源特色办学提供了可借鉴的经验,理念先进、创新性强,具有很好的示范和推广价值。

社会推广:响应国家扶贫计划,支援四川恢复广元窑青瓷烧制;在泰国建立境外首个"中国青瓷文化学堂";面向全国开办教师青瓷培训班和线上"中国青瓷艺术鉴赏"课程,辐射3万余人次。

以新文科为导向的西方音乐课程体系建设与创新

主要完成单位：浙江音乐学院

主要完成人：朱宁宁、杨九华、瞿枫、李鹏程、董晨阳、郭一涟、李燕

在全球新科技革命发展背景下，为推动传统文科更新升级，新文科的教育理念应运而生，包括融入现代信息技术、跨学科交叉、培养创新思维等，为我国音乐学科的迭代发展提供了崭新的路径。

教学成果"以新文科为导向的西方音乐课程体系建设与创新"依托5个国家级一流本科专业建设点——音乐学、音乐表演、作曲与作曲技术理论、舞蹈学、表演，立足新文科的创新性、融合性、发展性特征，以培养集理论素养和应用技能于一体的复合型人才为目标，着力解决西方音乐课程缺乏中国特色、思政元素渗透不足、课程体系内部存在壁垒等问题。

自2013年以来，经过9年建设，我校形成了在"西为中用、德艺并重、复合创新"理念指导下，学科内外交叉、理论表演相融、课程思政并举的中国化西方音乐课程体系。教学团队常年专注于创新型课程体系实践，取得6项国家级教研成果，已在音乐学学科领域发挥示范性和引领性作用。

一、成果内容

（一）以国家级课程思政示范课程为重心，探索全程育人的新路径

作为国内专业音乐院校唯一的教育部首批国家级课程思政示范课程，"走进西方音乐"引领课程群，通过以课育人、以道辅术、德艺并进，在教学中深度融入思政元素，培养高素质新时代音乐人才。

（二）以国家级一流本科课程为核心，构建高质量在线开放课程群

围绕国家级一流本科课程"走进西方音乐"，形成通史、断代史、专题研究等不同内容维度的5门高质量在线开放课程，实现中国西方音乐理论课程的立体化、多元化建设。

(三)以国家级视频公开课、教材群为载体,实现课程内容的新拓展

国家级精品视频公开课"音乐欣赏的方法与途径"等4门视频公开课以及新形态教材《西方音乐史新编》等7本教材充分体现了课程内容广度和深度的中国化拓展。

(四)以国家级课程思政教学名师为主讲,开展高品质的音乐美育工作

5位国家级课程思政教学名师带领团队进入学校、音乐厅、市民讲堂等,举行线上线下讲座210场,撰写高质量乐评与报刊文章数百篇,引导民众欣赏音乐经典,提升艺术素养,直接受益听众达千万人次。

(五)以国家社科基金艺术学重大项目为驱动,形成科研促教学的动态机制

团队获国家社科基金艺术学重大项目"中国器乐表演艺术研究"等国家级、省部级项目34项,出版著作8部,在一级、核心期刊发表论文126篇,形成了学术研究服务于教学改革的动态机制。

(六)以国家级课程思政教学团队育人成果为亮点,展现教学改革的新成效

成果团队被评为国家级课程思政教学团队,所培养的学生获国内外专业比赛奖项1450项,主持国家级、省部级科研项目30项,发表音乐作品、学术文章386项(篇),作品被收录于"学习强国"等平台,网络播放量达80亿次。

二、成果主要解决的教学问题

(1)西方音乐的知识传授模式存在局限性,未能有效运用现代信息技术为全社会教学服务。

(2)西方音乐的传统教学强调知识传授和技能训练,忽视了中国文化语境和价值体系的融入。

(3)西方音乐理论课程和表演课程之间存在壁垒,逻辑贯穿不足,专业能力的培养存在缺失。

三、成果解决教学问题的方法

(一)突出西为中用,实施中国化西方音乐课程教学改革(图1)

第一,以具有中国视野的高水平研究成果更新西方音乐课程内容。在讲授西学传统时,加强中国化思维模式和文化语境的融入。本着"讲中国话语、释民族精神"的原则,将团队具有中国视野的新成果运用于教学内容中。强调以当下中国社会精神的维度阐释西方音乐,从文化自信的高度品鉴西方音乐。

第二,以全球化视野打造"线上+线下"数智化教学新模式。以现代化高等教育的教学新模式开展具有中国视野的西方音乐课程教学。通过现代化智慧课堂系统营造智能化教学空间,在翻转课堂中激发学生的思辨意识;依托在线开放课程群,建立"乐话中西"和"浙音西方音乐教研团队"微信公众号,实现全时段教学、全球化教学资源共享,向世界展现当下中国学者所认知的西方音乐成果。

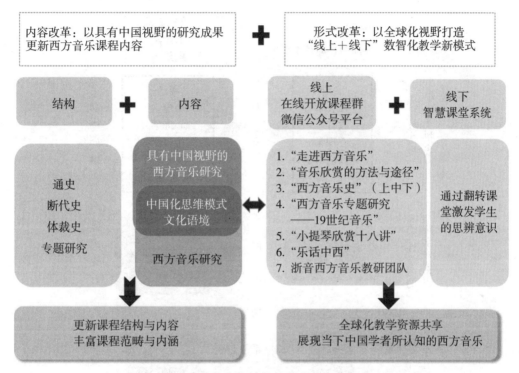

图1 科研成果转化与智能教学升级为双翼的改革

(二)坚持德艺并举,深化西方音乐课程思政的教学内涵

站在国家级课程思政示范课程的高度,深度融合西方音乐课程内容与思政元素。通过以课育人、以道辅术、德艺并进,实现知识传授、价值塑造和能力培养的统一。

第一,以课育人:强调国家观、民族观,培养知中国、爱民族的音乐人才。例如通过柴科夫斯基等民族乐派立足民族文化根本,使民族音乐作品走向世界的成功案例,引导学生领悟国家观和民族观的重要性,激发文化自信和文化自觉。

第二,以道辅术:强调文化观,有效传授西方音乐中的人文价值。例如通过从古典乐派至浪漫乐派的讲授,引导学生以科学态度对待文化传承与发展,理解西方音乐衍化的内在逻辑。

第三,德艺并进:强调人生观、价值观、世界观,突出学理思维的塑造。例如通过对瓦格纳乐剧改革的讲解,引导学生形成历史、辩证、系统、创新的科学思维,实现思想观念和精神价值的正向引导。

(三)聚焦复合创新,推进西方音乐课程体系的学科交叉

通过学科交叉有效突破西方音乐理论课程和表演课程之间的壁垒,建立以学科交叉为核心的"三维协同"教学机制(图2)。

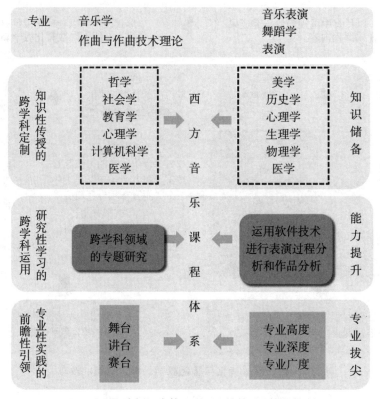

图2 以学科交叉为核心的"三维协同"教学机制

第一,知识性传授的跨学科定制。在音乐学、音乐表演、作曲与作曲技术理论、舞蹈学、表演等专业的课程教学中,分别融入哲学、历史学、社会学、教育学、心理学、计算机科学、生理学、物理学、医学等学科内容,进行学科交叉与融合。

第二,研究性学习的跨学科运用。指导不同专业的学生结合西方音乐课程内容,进行跨学科领域的专题研究,并以我校"国家级数字音乐智能处理技术重点实验室"为基地,指导学生运用软件技术进行表演过程分析和作品分析。

第三,专业性实践的前瞻性引领。通过舞台、讲台、赛台的实践磨练,使培养对象在专业能力的高度、深度、广度上得到进一步提升。探索具有国际竞争力的高水平音乐人才培养新路径。

四、成果的创新点

(一)改革模式创新：以科研成果转化与智能教学升级为双翼的改革

第一,以具有中国视野的高水平研究成果促进中国化西方音乐课程的内容更新。通过推进学术成果向教学内容的转化,丰富西方音乐课程内涵,使其在教学理念、教学内容、教学形式等方面体现中国化思维模式和文化语境。

第二,以具有全球化视野的数智教学模式实现中国化西方音乐课程的形式创新。通过数智化教学模式,实现全天候教学互动,面向全球学习者共享中国语境下的西方音乐课程资源。

(二)育人方法创新：实现西方音乐课程体系课程思政的特色路径

基于新文科内涵建设的需求,站在国家级课程思政示范课程的高度,呈现西方音乐课程教学与课程思政深度相融的成功范式。从音乐学、音乐表演等专业特点出发,从国家观、民族观、人生观、世界观、学术思维等方面切入,全面融入国家意识、文化自信、历史传承、艺术理想等内涵,实现全程育人的有效格局。

(三)教学机制创新：构建以学科交叉为核心的"三维协同"教学机制

以新文科的创新性、融合性特征为导向,打破西方音乐课程体系内部壁垒,建立以学科交叉为核心的"三维协同"教学机制:知识性传授的跨学科定制、研究性学习的跨学科运用、专业性实践的前瞻性引领。

该机制应用于课程教学的三个阶段:第一,知识储备阶段,在课程内容中体现学科交叉与融合,在综合性学习中实现知识拓展;第二,能力提升阶段,通过开展跨学科的专题学习,激发学生的跨学科思维力、想象力和创作力,实现能力提升;第三,专业拔尖阶段,通过课程体系中的实践教学,助推学生在舞台、讲台、赛台上进行历练;从学校走向社会、从地方走向全国、从中国走向世界,达到高水平拔尖人才的水准。

五、成果的推广应用效果

(一)专业推广效果：成果辐射国内数百所高校

教学成果获得中国西方音乐学会会长、教育部高等学校音乐与舞蹈学类专业教学指导委员会副主任、秘书长等同行专家的高度肯定,认为在国内同类高校中已显示出引领性、示范性和突出的推广价值。

主办全国高等院校音乐专业一流课程建设及新形态教材建设研讨会等全国性会议,作大会主题报告;举办"新形态教材与课程体系拓展的智性呈现"等线上讲座,与数百所高校联动,分享课程体系建设经验,影响广泛。

在疫情期间全面共享在线开放课程资源,为全国高校师生正常开展教学提供了重要保障。课程系列教材的使用范围辐射全国各省(区、市)数百所高校,如北京大学、山东艺术学院、石河子大学等,教学反馈良好。

(二)社会影响效果:成果惠及国内外广大学习群体

第一,慕课应用率高。教学成果充分实现了优质教育资源的社会效应最大化,在线开放课程群点击量达3500万次,约8万名学生完成了课程学习。其中"走进西方音乐"已进入第10期授课,"学银在线"平台的课程访问量达16674568次,累计选课11179人。

第二,媒体关注度高。中央电视台、新华网、中国教育在线、《人民日报》、《音乐周报》等百余家媒体对教学成果进行了广泛报道,社会影响不断攀升。《音乐周报》曾86次发文,宣传学校西方音乐课程教学和音乐人才培养的创新成果。

第三,群体受益率高。成果团队深入城市、乡村开展社会教学,不仅在各高校、市民讲堂、城市音乐厅、偏远山区中小学巡讲,还举行系列线上讲座,在"网易云课堂"等平台共享,总计210场,直接受益听众达千万人次。

(三)人才培养效果:创作、表演和理论研究成果突出

2017年以来,累计培养毕业生2978人,用人单位对毕业生综合素质满意度逐年上升至97.19%,目前毕业生前往国内外名校深造率达20%。学生的创作、表演和理论研究能力明显提升,获中国音乐金钟奖等国内外比赛奖项1450项,主持国家级、省部级科研项目30项,发表作品、论文386项(篇),作品收录于"学习强国"等平台,网络播放量达80亿次。

(四)内涵建设效果:课程建设、教研和科研成绩显著

成果团队获"国家级课程思政教学名师""国家级课程思政教学团队"等荣誉称号,获国家级课程3门,浙江省高等教育教学成果奖一等奖2项,国家社科基金艺术学重大项目等国家级、省部级项目34项,浙江省"新世纪151人才工程"第一层次培养人员等省级人才称号4项,出版著作8部,在《中国音乐学》《音乐研究》等一级、核心期刊发表论文126篇。

(五)国际传播效果:成为中国话语体系的展示窗口

配合"一带一路"倡议,主办"中国—中东欧国家音乐学院院长论坛",设立"中国—中东欧国家音乐院校联盟",实施"意会中国——'一带一路'艺术大师工作坊"等项目,积极开展国际音乐文化交流,分享西方音乐教学的中国化成果。学校还与汉堡音乐学院、萨尔茨堡莫扎特音乐大学等国外21所高校签订合作协议,教学成果获国外专家高度认可。

六、结语

教学成果"以新文科为导向的西方音乐课程体系建设与创新"围绕国家文化建设方略,以跨学科交融的新文科发展路径实施创新型课程体系实践和研究,为艺术类专业人才培养提供了创新性的教学理念,展现了开放性的课程布局,构筑了高品质的育人模式,为中国化的西方音乐学科发展展示了具有前瞻性和世界性的中国话语体系蓝本。

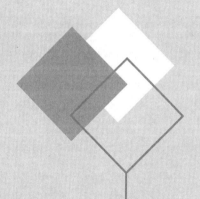

附　录

教育部关于批准2022年国家级教学成果奖获奖项目的决定

教师〔2023〕4号

国家级教学成果奖评审委员会评审确定的2022年国家级教学成果奖项目,已经公示并完成异议处理,共计1998项成果获得国家级教学成果奖。

经国家级教学成果奖评审委员会评审确定,依据《教学成果奖励条例》规定,报经国务院批准,上海市黄浦区卢湾一中心小学吴蓉瑾等申报的《数智技术与情感教育双驱动的小学育人模式实践探索》、江苏省南京市浦口区行知小学杨瑞清等申报的《大情怀育人:扎根乡村40年的行知教育实验》、天津职业技术师范大学戴裕崴等申报的《模式创立、标准研制、资源开发、师资培养——鲁班工坊的创新实践》、江苏联合职业技术学院刘克勇等申报的《五年贯通"一体化"人才培养体系构建的江苏实践》、清华大学邱勇等申报的《践行"三位一体"教育理念,培养肩负使命、追求卓越的创新人才》、天津大学金东寒等申报的《新工科教育》、中国农业大学张福锁等申报的《面向农业绿色发展的知农爱农新型人才培养体系构建与实践》等7项成果被评为国家级教学成果特等奖。

教育部批准,北京市东城区史家胡同小学洪伟等申报的《"服务中成长":协同育人的创新实践》、北京市昌平职业学校段福生等申报的《区办中职学校"大地课堂"育人创新实践》、北京大学田刚等申报的《建设世界一流数学人才培养高地——北京大学基础数学拔尖人才培养创新与实践》、北京师范大学乔志宏等申报的《高质量应用心理专业硕士培养模式创新与实践》等245项成果被评为国家级教学成果一等奖;北京市广渠门中学李志伟等申报的《宏志育人:办人人出彩的高质量教育》、北京市丰台区职业教育中心学校赵爱芹等申报的《纵横贯通 立体多元:区域职成教育"一体四化"发展模式研究与实践》、首都师范大学孟繁华等申报的《构建教师教育"双链循环"机制,培养高素质专业化创新型教师》、吉林大学王庆丰等申报的《哲学博士核心课〈当代哲学前沿问题研究〉"三导向"课程设计与教学实践》等1746项成果被评为国家级教学成果二等奖。

在全国开展教学成果奖励活动是加快建设教育强国、落实立德树人根本任务的重要举措,是对学校人才培养工作和教育教学改革成果的检阅和展示。本次获奖项目,是广大教育工作者坚守三尺讲台、潜心教书育人取得的创新性成果,充分体现了近年来广大教育工作者在立德树人、教书育人、严谨笃学、教学改革方面所取得的进展和成绩。希望获奖集体和个人珍惜荣誉,牢记为党育人、为国育才的初心使命,坚定理想信念、陶冶道德情操、涵养扎实学识、勤修仁爱之心,积极探索新时代教育教学方法,不断提升教书育人本领,为培养德智体美劳全面发展的社会主义建设者和接班人作出新的更大贡献。

各地教育部门和各级各类学校要以习近平新时代中国特色社会主义思想为指导,深入贯彻党的二十大精神,主动超前布局、有力应对变局、奋力开拓新局,结合实际情况认真学习和应用好获奖成果,全面提高人才自主培养质量,加快建设高质量教育体系,更好发挥教育在社会主义现代化建设中的基础性、先导性、全局性作用。

附件:2022年国家级教学成果奖获奖项目名单

教育部

2023年7月21日

附件

2022年国家级教学成果奖获奖项目名单

一、2022年高等教育(本科)国家级教学成果奖获奖项目名单

特等奖(2项)

序号	成果名称	完成人	完成单位
1	践行"三位一体"教育理念,培养肩负使命、追求卓越的创新人才	邱勇,杨斌,彭刚,郑力,过勇,白本锋,李俊峰,苏芃,张婷,尹佳,杨帆,程曦,李蕉	清华大学
2	新工科教育	金东寒,巩金龙,顾佩华,曾勇,张宗益,张锦,李正,吴静怡,沈毅,王世斌,刘坤,夏淑倩,李斌,原绫波,闫广芬,李正良,傅绥燕,项聪,杨颉,赵雅琴,史国良,谢辉,张冠伟,邓斌,王文俊,林佳妮,成雷鸣,王睿	天津大学,电子科技大学,重庆大学,北京大学,上海交通大学,华南理工大学,哈尔滨工业大学

一等奖(70项)

序号	成果名称	完成人	完成单位
1	建设世界一流数学人才培养高地——北京大学基础数学拔尖人才培养创新与实践	田刚,范辉军,刘若川,戴波,王岿,张婧	北京大学
2	报国担当、融合创新、智慧赋能的双领人才培养探索与实践	张军,胡海岩,王晓锋,栗苹,薛正辉,武楠,肖烜,张玮,苟曼莉,嵩天,李志强,车辉泉,林骥佳,刘媛,张丽娜,朱元捷	北京理工大学
3	扎根中国,独树一帜:交叉融合导向的新文科人才培养模式探索与实践	刘伟,胡百精,吴健,杨东,龙永红,庄毓敏,文继荣,黄兴涛,杨开峰,臧峰宇	中国人民大学
4	价值引领,知行合一:知农爱农新型人才培养的"中农方案"	孙其信,王涛,林万龙,谭豫之,张晖,曹志军,何志巍,崔情情,张银,金帷,周志强	中国农业大学
5	孵化和打造"高精尖"水平"思政金课"——思想政治理论课课程资源平台建设	靳诺,吴付来,齐鹏飞,王易,宋学勤,何虎生,郝立新,张智,王衡,马慎萧	中国人民大学

续表

序号	成果名称	完成人	完成单位
6	多语种人才全球胜任力培养的北外模式	杨丹,孙有中,贾文键,赵刚,李莉文,苏莹莹,张朝意,刘欣路,牛华勇,任文,谢韬,姜飞,李思飞,张天伟,周鑫宇,郭斌,陈小龙,孙磊	北京外国语大学
7	医心师道——新医科高素质师资培养体系的探索与实践	乔杰,高炜,沈宁,刘东明,王妍,韩江莉,谷士贤,汪恒,李颜,袁文青,张祺,张爱京	北京大学
8	六位一体 全程育人 习近平新时代中国特色经济学人才培养的人大模式	刘守英,刘元春,谢富胜,陈享光,邱海平,李琼,周文,齐昊,范欣	中国人民大学
9	打破壁垒,促进交叉,尊重选择——多层次跨学科人才培养体系创新与实践	龚旗煌,傅绥燕,王海欣,冯雪松,董礼,陈虎,冯倩倩	北京大学
10	产教融合培养交通类创新人才的探索与实践	杨世春,王云鹏,王养柱,朱颖,田大新,王建,杨悦,于滨,杨晴虹,林海英,余贵珍,丁川,兰巍	北京航空航天大学
11	新工科背景下交通运输专业人才"分类培养"体系建设改革与实践	张星臣,聂磊,何世伟,陈军华,朱晓宁,景云,赵鹏,谭宇燕,王力,王志美,黎浩东,姚向明,孟令云,魏玉光,董宏辉,任国睿	北京交通大学
12	面向中西部本硕一体"四有"好老师培养实践	郑国民,李艳玲,蔚东英,梁颖,隋璐璐,陈则航,朱旭东,杜春光,李春密	北京师范大学
13	面向新兴产业,科教融合,集成电路设计人才培养的探索与实践	张晓林,王志功,刘荣科,杨华中,王志军,刘开华,曾孝平,吴陈滨,曹先彬,张有光,杨昕欣,周强,赵琦,刁为民	北京航空航天大学,东南大学,清华大学,北京大学,天津大学,重庆大学,高等教育出版社
14	以知华友华为引领的国际中文教育一流人才培养体系创新与实践	崔希亮,刘利,张浩,施家炜,程娟,陈丽霞,黄潇潇,赵雷,张黎,杨玉玲,郭睿	北京语言大学
15	学术为基、育人为要,构建新型工科基础课程教学体系	田凌,牟鹏,吴军,徐静,胡楚雄	清华大学

序号	成果名称	完成人	完成单位
16	新时代中医药本科课堂教学设计的创新与实践	张伯礼,郭宏伟,高秀梅,匡海学,金阿宁,闫永红,余曙光,舒静,熊磊,高维娟,杨振宁,罗伟生,王自润,唐成林,胡毓诗,唐东昕	天津中医药大学,黑龙江中医药大学,国家中医药管理局中医师资格认证中心,北京中医药大学,成都中医药大学,上海中医药大学,云南中医药大学,河北中医学院,山东农业工程学院,广西中医药大学,山西大同大学,重庆中医药学院,成都体育学院,贵州中医药大学
17	引领未来、思维牵引、顶天立地——卓越化工人才培养的中国方案与实践	张凤宝,夏淑倩,彭孝军,辛忠,管国锋,梁斌,刘清雅,潘鹏举,卢滇楠,方向晨,郝长江,马新宾,张金利,韩优,王召,王磊	天津大学,华东理工大学,大连理工大学,南京工业大学,北京化工大学,浙江大学,清华大学,四川大学,中国化工学会,中国化工教育协会
18	"交叉融合、鼎新革故"机械大类新工科创新人才培养的天大模式实践	王树新,王天友,孙涛,顾佩华,王延辉,孙月海,王磊,张冠伟,郑惠江,邓帅,康荣杰,于倩,宋轶民,刘岳,倪雁冰,秦旭达,林杰威,仇巍,梁兴雨,于凌云,赵庆	天津大学
19	"一体两翼,四轮驱动"的化工类创新人才培养模式改革与实践	彭孝军,叶俊伟,王维,潘艳秋,纪敏,关珺,郭新闻,张述伟,吴雪梅,都健,牛慧,王世盛,徐威,何德民,毛庆,曹永红,赵江涛	大连理工大学
20	三范式、四融合:化学类本科专业人才培养模式的构建与实践	于吉红,郭玉鹏,冯守华,孙俊奇,吕中元,徐家宁,李乙,宋志光,杨桦,王莉,朱燕超	吉林大学
21	新时代高等工程教育体系的哈工大创新与实践	沈毅,赵雅琴,王广智,刘洪臣,许志武,张达治,姜华,吴春燕,吴菊花,王丽丹,王倩,泰米尔,董德,李蕴洲,冷晓琨,万龙	哈尔滨工业大学

续表

序号	成果名称	完成人	完成单位
22	中国高校慕课标准规范研究及应用实践	战德臣,徐晓飞,杨九民,王泉,栗苹,张龙,蒋建伟,孙忠梅,谢幼如,王杨,赵雅琴,张策,范新民,时阳	哈尔滨工业大学,华中师范大学,西安电子科技大学,北方工业大学,高等教育出版社有限公司,上海交通大学,深圳大学,华南师范大学,西南石油大学,福建师范大学
23	土木工程专业世界一流人才培养的系统实践	赵宪忠,张伟平,项海帆,陈以一,顾祥林,阮欣,陈清军,钱建固,肖军华,王伟,李国强,何敏娟,严长征,单伽锃,李晓军	同济大学
24	三全育人共同体探索的"复旦实践":聚焦六度育人空间构建本科教育全链条	焦扬,许征,徐雷,尹冬梅,陈玉刚,徐珂,徐阳,赵强,李冉,陈洁,黄洁,吴晓晖,潘孝楠,李琲琲,夏璐	复旦大学
25	新时代复合型医学人才培养的探索与实践	范先群,邵莉,钮晓音,郭晓奎,顾鸣敏,周栋,游佳琳,彭树涛,康力,孙丽珍,贺婉青,梅文瀚,胡伟国,马骏,胡翊群	上海交通大学
26	全面而个性发展——华东师范大学卓越育人模式的探索与实践	钱旭红,戴立益,杨昌利,孟钟捷,谭红岩,徐世猛,苟健,周先荣,彭超,艾东升,林德龙,彭金碧,徐幻,曹泽南,周珏	华东师范大学
27	聚焦国家战略需要,引进探索为我所用,再塑国际化创新人才培养新模式	倪军,徐学敏,杨明,张文明,胡士强,战兴群,郑刚,陆佳亮,陈科,曹伟,黄丹,杨颉	上海交通大学
28	从质量控制走向质量文化:大学人才培养质量保证体系的创新发展	顾祥林,朱泓,计国君,吴志军,刘志军,李亚东,朱伟文,陈以一,张伟平,蔡三发,黄一如,赵鸿铎,许维胜,邓慧萍,杨文卓	同济大学,厦门大学,大连理工大学
29	哲学公共教育本科教学体系建设——非哲学专业学生哲学能力培养之复旦模式	张双利,孙向晨,徐珂,袁新,吴晓明,王德峰,张汝伦,邹诗鹏,丁耘,郝兆宽,郁喆隽,徐波,陈伟,谢晶,汤克凤	复旦大学
30	中医药文化教育资源贯通大中小学的创新与实践	陈凯先,曹锡康,李赣,舒静,何文忠,张彤,张亭立,洪芳,陆玲娟,侯剑伟,黄景山,丁越,罗月琴,杨柏灿	上海中医药大学

续表

序号	成果名称	完成人	完成单位
31	从《天文探秘》到《宇宙简史》，理科课程思政的实践与创新	李向东，罗新炼，周济林，陈鹏飞，顾秋生，施勇，忻蓓，高建，杨祥	南京大学,高等教育出版社有限公司
32	基于地球系统科学理念的地质学拔尖创新人才培养体系构建与实践	陈骏，胡文瑄，舒良树，王宝军，朱文斌，张岳桥，王博，史宇坤	南京大学
33	人机物融合智能化时代计算机专业创新人才培养体系建设与实践	周志华，仲盛，邵栋，骆斌，袁春风，谢磊，钱柱中，刘钦，陈振宇，马晓星	南京大学
34	"贯通·联通·融通"——一体化思政教育教学体系的构建与实践	左惟，郑家茂，冯建明，李昭昊，秦霞，顾永红，孙伟锋，杨文燮，张晓坚，吴娟，冀民，朱小良，付林	东南大学
35	面向卓越农林人才培养的"三衔接三协同三贯通"实验教学体系构建与实践	曹福亮，农春仕，汪贵斌，周统建，孟国忠，李维林，李国芬，姜姜，马健霄，张金池，陈薇，潘越	南京林业大学
36	一流学科引领,行业使命担当:大气科学拔尖学生培养的南信大实践	李北群，戴跃伟，陈海山，郭照冰，吴立保，周宏仓，郭杨，陈耀登，马嬿	南京信息工程大学
37	科产教融合培养创新创业型工科人才的改革与实践	乔旭，汤吉海，陆伟东，范益群，卢晓梅，沈晓冬，王曙光，恽康，郭凯，霍峰蔚，赵建平，潘勇，胡永红，姜岷，刘睿，颜艳燕，武文良，陆春华，王飞，马树建	南京工业大学
38	师德融通·专业贯通·实践联通——新时代卓越中学教师培养模式构建与实践	陈国祥，叶忠，刘建，杨跃，周晓静，莫少群，解凯彬，王燕，高峰，王永祥，严海建，周海燕，庄伟，唐亚文，陈仕涛，戴亦军	南京师范大学
39	医防融合、理实贯通、学研一体的复合型公共卫生人才培养体系创新与实践	胡志斌，王建明，夏彦恺，沈洪兵，陈峰，李磊，倪春辉，喻荣彬，顾汉展，陆春城，靳光付，赵杨，仝娜，陆慧，高蓉，刘莹，钱文溢，胡广来	南京医科大学
40	创新治理 促进交叉 深耕内涵——地方综合性大学课程重构与改革的苏大实践	周毅，蒋星红，茅海燕，李慧，李利，唐斌，陆丽，龚政，曹永国，孙倚娜，刘方涛，朱蓉蓉，张志强	苏州大学
41	"力学3.0"导向的工程科学人才培养体系构建与实践	杨卫，赵沛，李振华，曲绍兴，王惠明，王宏涛，王高峰，俞自涛，刘振宇，许贤，王永，吴昌聚，许月萍，金肖玲，高翔	浙江大学

续表

序号	成果名称	完成人	完成单位
42	专创融合 分层递进:岗位创业导向的创新创业教育20年研究与实践	黄兆信,黄扬杰,罗志敏,严从根,赵蕾,李雨蕙,翁灵丽,施永川,侯永雄,周丽霞,李志永,汪卫平,褚照锋,黄文武,张墨涵	杭州师范大学,温州医科大学,温州大学,华南师范大学,山西医科大学
43	以乡土为学院——扎根中国大地的艺术教育实践	陈正达,高世名,曹晓阳,杭间,韩绪,邵健,姜珺,李梅,刘智海,佟飚,刘益红,王宁逸,曾颖,高文,马旭东	中国美术学院
44	标准引领、机制重塑、数字赋能:高质量师范生培养的探索与实践	周跃良,林一钢,张家华,舒志定,牟凌刚,黄晓,蒋永贵,陈伟鸿,黄昌勤,唐恒钧,徐展斌,徐建华	浙江师范大学,杭州师范大学,湖州师范学院,绍兴文理学院,浙江省卓越教师培养协同创新中心,浙江省教师教育质量监控中心
45	服务全球化战略,培养高质量人才——经济学科国际化人才培养体系创新	洪永森,牛霖琳,周颖刚,林细细,黄娟娟,孟磊,邓晶晶,张宇,蒋冠宏,张兴祥,薛涧坡,朱孟楠,钟锃光,杨子砚,Jaehong Kim	厦门大学
46	新文科建设理论创新与山大实践	樊丽明,曹现强,仝兴华,王学典,申树欣,宁继鸣,王俊菊,方辉,肖金明,孙淑琴	山东大学
47	面向国家重大战略,创新文学理论课程体系的改革与实践	胡友峰,曾繁仁,谭好哲,程相占,王汶成,凌晨光,祁海文,杨建刚,付昌玲,尤战生	山东大学
48	面向国家需求的世界一流遥感人才培养体系创新与实践	李德仁,龚健雅,秦昆,吴华意,胡庆武,龚䶮,孟小亮,王玥,陈锐志(CHENRUIZHI),张永军,王树根,贾永红,邵振峰,黄玉春,关琳	武汉大学
49	图书情报与档案管理"全球胜任力"人才培养体系探索与实践	方卿,陈传夫,黄如花,吴丹,陆伟,王玉珏,周耀林,周力虹,许洁,陆泉,洪亮,严炜炜	武汉大学
50	面向新工科的智能制造创新人才培养体系构建与实践	丁汉,邵新宇,王书亭,尹周平,吴波,樊自田,李昕,何岭松,李文龙,李新宇,张俐,凌玲,陈冰,王峻峰,李培根	华中科技大学
51	新时代高校思政课"五融合"教学模式创新探索	沈壮海,罗永宽,宋俭,杨军,简繁,唐皇凤,刘水静,陈世锋,丁俊萍,李楠,金伟,陈训威,金筱萍,任艳,佘双好	武汉大学

续表

序号	成果名称	完成人	完成单位
52	知行合一,卓越医生培养新模式的探索与实践	陈翔,陶立坚,田勇泉,周宏灏,吴静,李瑛,陈立章,黎志宏,常实,陈俊香,何庆南,文继舫,罗学港,张亚林,范学工,李亚平,张国刚,薛志敏,张欣,袁运长,黄飞舟,丁红珊,李善妮,刘静,黄菊芳,任国峰,胡长平,陈嘉,张柯,王小平,郭曲练,梁莉,唐晓鸿,徐军美,陈先来,刘军,张霓妮	中南大学
53	慕课西行,共享共赢:东西部高校课程共享联盟的探索与实践	高松,林建华,徐志珍,黄婕,罗浩波,桑木旦,金永兵,方奇志,林洪,魏忠,乔秀文,庞闻,石长青,李汴生,王健,项聪,朱正伟	华南理工大学,北京大学,重庆大学,华东理工大学,喀什大学,西藏大学,中国海洋大学,石河子大学,西安外国语大学,塔里木大学,上海卓越睿新数码科技股份有限公司(智慧树网)
54	40年坚守与创新:医理工交叉基础临床融合 现代临床应用解剖学育人实践	钟世镇,欧阳钧,黄文华,王前,白晓春,余斌,廖华,李国新,戴景兴,李鉴轶,李严兵,邱小忠,毕振宇,李义凯,李泽宇	南方医科大学
55	"双向驱动、跨界融合"创新创业教育体系的构建与实践	廖瑞金,李成祥,袁云松,杨帆,罗远新,饶劲松,吕学伟,王鹏飞,张红春,周建林,姚璐,周言,杨丽君,杨鸣,冯斌,柴宏祥	重庆大学
56	三轮驱动、三元融合、三师聚力——教育学类专业"三实一体"实践教学体系改革	朱德全,林克松,徐小容,张辉蓉,王牧华,王正青,赵斌,彭泽平,罗生全,李姗泽,刘革平	西南大学
57	新工科建设"成电方案"的创新与实践	曾勇,黄廷祝,徐利梅,杨建宇,黄艳,刘爽,李平,张万里,李辉,覃庆国,杨晓波,田伟霞,向桂君,黄钰林,何佳,陈卓瑶	电子科技大学
58	"厚基础、强实践、重创新"的材料类本科专业人才培养模式重构与实践	刘颖,朱建国,叶金文,冉蓉,杨为中,吴朝玲,吴家刚,张云,王泽高,黄维刚,赵北君,芶立,张楚虹,汪颖,陈宝军	四川大学

续表

序号	成果名称	完成人	完成单位
59	油气行业高校一流本科人才"四新驱动"培养体系的构建与实践	赵金洲,刘向君,黄健全,廖柯熹,杨火海,周东华,张华春,赵刚,韩传军,王平,王豪,张辉,李玲娜,刘忠慧,吕旭英,郭志钢,熊俊楠,潘建屯,蒋林,范翔宇,韩宏昌,王申申	西南石油大学
60	三融三新:面向时代新人培养的新财经课程思政教学体系构建与实践	王擎,卓志,马骁,陈志法,甘犁,许志,邹红,王鹏,吴钢,孙晓东,冉茂瑜,史丽婷,王伊琳,吕佳,李欣玲	西南财经大学
61	创建医教、校地、家校全科医学协同育人模式 培养扎根西部医学人才十年实践	葛正龙,李春鸣,邵珠建,何志旭,刘建国,邓砚,何涛,覃晓龙,肖雪,陈永正,高杨,黎飞,吴文君,代苑林,范腾阳	遵义医科大学,右江民族医学院,西南医科大学
62	弘扬西迁精神、培育时代新人的探索与实践	张迈曾,王树国,卢建军,郑庆华,苏玉波,成进,王秋旺,杨建科,李重,韩锐,吕青,梁军,梁辉,南亚娟,兰剑,程洪莉,赵大良	西安交通大学
63	"名师引领 五联驱动"植物保护卓越人才培养体系构建与实践	康振生,戴武,黄丽丽,胡小平,仵均祥,江淑平,赵杰,花保祯,冯俊涛,魏琮,郭军	西北农林科技大学
64	三十年坚守、三代人传承、持续探索航空工程设计类专业核心课教学新途径	赵美英,侯赤,万小朋,张永杰,王文智,孙秦,陶梅贞,郭英男,万方义,钟小平,梁珂,李毅,郭庆,李冰,黄河源	西北工业大学
65	服务航天强国战略的空间信息拔尖创新人才培养体系构建与实践	郑晓静,李小平,刘彦明,金科,朱伟,谢楷,席慧,朱娟娟,王辉	西安电子科技大学
66	四级递进、四足支撑、二维评价的创新创业人才培养体系的构建与实践	王小华,陈立斌,罗新民,王永泉,杨建科,张炜丽,梅红,郑旭红,王秋旺,杨爱军,张泽,张朝阳,宋忠孝,舒成利,刘益伦	西安交通大学
67	从填补空白到领域翘楚,我国文物保护人才培养体系的创建与实践	孙满利,杨璐,凌雪,王建新,王丽琴,陈洪海,刘成,先怡衡,温睿,马健,惠任,孙丽娟,孙凤,沈云霞	西北大学
68	新能源战略性新兴产业本科专业创建及复合创新型人才培养探索与实践	郭烈锦,沈少华,赵亮,苏进展,敬登伟,王跃社,陈斌,白博峰,马利静,郭鹏慧	西安交通大学

续表

序号	成果名称	完成人	完成单位
69	聚焦***,任务牵引,体系推进地面领航向***转型的创新与实践	宋敏,李全胜,屈虹,张照雷,唐佳,董鑫,李昉,贺中敏,韩钧	空军工程大学
70	全程联教联训,网络安全对抗实训教学创新与实践	朱俊虎,冯立功,周天阳,邱菡,罗向阳,奚琪,秦艳锋,林伟,赵旭	战略支援部队信息工程大学

二等奖（500项）

序号	成果名称	完成人	完成单位
1	构建教师教育"双链循环"机制,培养高素质专业化创新型教师	孟繁华,蔡春,宁虹,田国秀,朱晓宏,孙士聪,王陆,刘慧,康丽颖,张爽,胡萨,王海燕,蔡可,李雅婷	首都师范大学
2	培养可堪大用、能担重任的西部建设者——新时代西部高质量高等教育办学实践	张来斌,陈大恩,谢庆宾,肖磊,张宏,张红艳,詹亚力,申建良,童中华,霍懋敏,郭绪强,孙旭东,肖中琼,陈桂刚,杨皆平,能源,林莉,袁玫,殷文,何汉挺,宋强,刘艳升,张毅,刘洋,闫学东,苏森,梁勇,冯世勇,王强,王增平,胡宝国,戴立益,张静,徐飞,陆国宾,陈迪明,胡俊,王泉,武雄,陈明	中国石油大学(北京),新疆维吾尔自治区教育厅,克拉玛依市委教育工委,北京交通大学,北京邮电大学,中央财经大学,中国政法大学,对外经济贸易大学,华北电力大学,华东理工大学,华东师范大学,上海外国语大学,上海财经大学,河海大学,华中师范大学,电子科技大学,西安电子科技大学,中国地质大学(北京),中南财经政法大学
3	厚植情怀、科教融通,把科研势能转化为人才培养动能的北航探索与实践	房建成,黄海军,王华明,曹庆华,刘红,蔡国飚,黄海,宋晓东,董卓宁,杜洋,刘洋,马齐爽,赵海云,王耀坤	北京航空航天大学
4	服务交通强国,构建"四通"人才培养新模式的研究与实践	闫学东,张星臣,房海蓉,朱晓宁,张华,刘世峰,李清勇,高亮,郭盛,唐涛,于永光,蔡伯根,吴命利,邓涛	北京交通大学
5	经典、语言与跨学科相融合的新人文拔尖人才培养北大模式	李四龙,吴天岳,何晋,彭小瑜,孙庆伟,程苏东,漆永祥,王鑫,赵华敏	北京大学

续表

序号	成果名称	完成人	完成单位
6	育人为本、双核驱动——落实教师立德树人根本任务的探索与实践	杨仁树,薛庆国,于成文,毛新平,宋波,彭庆红,盛佳伟,王鹏,赵志毅,罗熊,陈建,张毅,李洁,邢华超,刘丽敏,魏增产,王霁霞,马聪,王晓晓,耿悦杰,杨阳,王亮,臧佳,郑谋	北京科技大学
7	全面提升大化工卓越工程人才培养质量的创新与实践	谭天伟,苏海佳,任新钢,辛晓,姜岷,苏为科,于三三,邹德勋,毛立新,杨卫民,刘清雅,张婷,魏杰	北京化工大学,南京工业大学,浙江工业大学,沈阳化工大学,中国化工教育协会
8	"四融合"工程教育新体系改革与实践	乔建永,孙洪祥,徐坤,王卫东,唐轶,王菡,卞佳丽,胡冬华,张锦绣,盛亚男,尹长川,任增霞,兰玉	北京邮电大学
9	数字化绿色化协同的材料生命周期工程人才培养	聂祚仁,崔素萍,王亚丽,高峰,林健,龚先政,王如志,夏志东,毛倩瑾,刘晶冰	北京工业大学
10	新时代涉外法治人才协同培养体系的创新与实践	马怀德,黄进,汪海燕,卢春龙,孔庆江,翟远见,解志勇,刘飞,祁欢	中国政法大学
11	中国特色"金融学"课程建设与开放共享教学实践	李健,李建军,贾玉革,黄志刚,左毓秀,马亚,蔡如海,郭田勇,黄昌利,孙建华,魏建华,方意,鄢莉莉	中央财经大学
12	多学科交叉融合的国防拔尖人才培养模式改革与实践	王晓锋,张建国,罗庆生,陈鹏万,王海福,王亚斌,李东光,马天宝,谢雨珈	北京理工大学
13	守正创新 联考引擎 创建中医经典教育新模式	谷晓红,翟双庆,郭华,闫永红,焦楠,钱会南,赵岩松,钟相根,袁娜,石岩,余曙光,高秀梅,高树中,金阿宁	北京中医药大学,辽宁中医药大学,成都中医药大学,天津中医药大学,山东中医药大学,国家中医药管理局中医师资格认证中心
14	中国乐派"8+1、思政+X"课程体系探索与实践	王黎光,黄虎,袁昊昱,高缨,毕明辉,王士魁,王中山,黄滨,樊禾心,郭彪,陈楠,金野,吴志武,赵莹	中国音乐学院
15	组建专业共同体推进新工科建设——新能源专业联盟九年探索与实践	杨勇平,杨世关,李继红,陈汉平,王景甫,钱斌,陈荐,邢作霞,陆强,徐锐,李文全,丁琪,邵敬爱	华北电力大学,华中科技大学,北京工业大学,常熟理工学院,长沙理工大学,沈阳工业大学,青海师范大学,云南师范大学,中国水利水电出版社有限公司

续表

序号	成果名称	完成人	完成单位
16	更开放、更融合和更有韧性的在线教育体系构建	杨斌,袁驷,张钹,庄惟敏,聂风华,于歆杰,尹霞,孙茂松,李曼丽,王帅国,汪潇潇	清华大学
17	依托一流学科,基于经典研读,培养注重根柢之学的历史学拔尖人才	刘家和,姜海军,张升,王培华,曲柄睿,李凯,葛小寒	北京师范大学
18	课堂小舞台撬动国际竞争大舞台:移动通信人才培养创新模式与实践	张平,田辉,崔琪楣,戴志涛,邓钢,许晓东,侯延昭,马楠,秦晓琦,刘宝玲,张钫炜,李绍胜,刘培植	北京邮电大学
19	二元主体,三全育人工程领军领导人才教育理论与实践	冯慧华,项昌乐,胡耀光,左正兴,林程,闫清东,张卫正,薛庆,刘志兵,赵玉壮,孙硕,郝佳	北京理工大学
20	"五位一体"地质学拔尖人才培养体系构建与实践	颜丹平,李亚林,王成善,王根厚,于炳松,顾雪祥,张招崇,陈家玮,张长厚,程捷	中国地质大学(北京)
21	基于虚拟仿真的线上线下混合式地学本科课程教学改革	张进江,郭艳军,刘建波,陈斌,张志诚,秦善,周勇义	北京大学
22	以评促教、双线并举:新时代卓越新闻传播人才培养与评价融合体系构建	胡百精,周勇,张辉锋,李彪,王润泽,韩晓宁,刘海龙,高贵武,许向东,王树良	中国人民大学
23	"主题式、小班制、全过程深度浸润":清华写作课在通识教育中的探索与实践	彭刚,梅赐琪,苏芃,曹柳星,李成晴,邓耿,王小芳,李轶男,杨帆,沈晖	清华大学
24	新文科背景下北京大学中文系拔尖创新学生培养模式的改革与实践	宋亚云,杜晓勤,贺桂梅,陈平原,袁毓林,吴晓东,刘玉才,詹卫东,金锐,程苏东	北京大学
25	两个扎根,三个面向,四个全面:培养"最懂中国管理"的工商管理人才	叶康涛,刘晓梅,郭海,王晓东,许年行,吴江华,张敏,姚建明,韩冀东,葛建华	中国人民大学
26	习近平法治思想引领下的高素质法治人才培养模式	胡明,马怀德,舒国滢,焦洪昌,翟远见,于飞,喻中,蒋立山,刘坤轮	中国政法大学
27	实践赋能·知行合一:中国新闻传播教育的模式创新	高晓虹,王晓红,孙振虎,冷爽,赵希婧	中国传媒大学
28	线上线下混合,多种模式并举,协同育人提质——电路原理课程的综合教改之路	于歆杰,朱桂萍,赵伟,黄松岭,丁青青,杨颖,刘瑛岩,谢小荣	清华大学

续表

序号	成果名称	完成人	完成单位
29	成长进阶、校企强"耦合"协同育人——机械工程专业双创人才培养的实践与创新	丁希仑,文力,从保强,杨民,梁建宏,齐建立,张承阳,刘荣,王田苗,于靖军,毕树生,齐特,邓怡,张志刚	北京航空航天大学
30	中央美术学院设计学科教学改革	宋协伟,张欣荣,韩涛,海军,王选政,李玉峰	中央美术学院
31	基于远程教学站的乡村振兴人才培训探索和实践	张文雪,朱维博,严晓静,郭薇,赵鹏,魏涛,胡新庐	清华大学
32	全球财经治理变革下的一流财税本科创新人才培养	白彦锋,马海涛,樊勇,梁俊娇,李贞,姜爱华,肖鹏,何杨,王文静,王怡璞,庞淑芬	中央财经大学
33	以"青教赛"为牵引,打造优质师资队伍和一流数学公共课的改革与实践	申亚男,臧鸿雁,张志刚,李娜,储继迅,张丽静,曹丽梅,刘白羽,苏永美,赵鲁涛,陈学慧,王丹龄	北京科技大学
34	"红色基因立根,协同育人启智"自动化专业创新人才培养新模式探索与实践	王美玲,杨毅,刘彤,栗苹,王雪,高琪,王力,马立玲,徐继宁,邓方,刘伟,霍德茹,胡宇航	北京理工大学,北方工业大学
35	内涵为要 思政为魂 共享为径,信号处理系列课程教学改革与实践	陈后金,李艳凤,胡健,陶丹,薛健,彭亚辉,李居朋,黄琳琳,郝晓莉,申艳,魏杰,侯亚丽,周航,钱满义,陈紫微,陈新,高海林	北京交通大学
36	推进钢铁行业产教深度融合,建立教育人才链与产业创新链紧密衔接的培训体系	周国治,宁晓钧,焦树强,何进,何安瑞,张建良,杨树峰,张军凌,王广伟,王玉敏,徐屹,王一诺	北京科技大学
37	理念先导、机制保障、全面融入——理工科高校"红色育人路"实践模式探索	蔺伟,赵长禄,包丽颖,王征,季伟峰,王泰鹏,薛正辉,刘晓俏,刘存福,刘渊,纪惠文	北京理工大学
38	"二元融合、五维拓展"的卓越畜牧人才实践教育模式创新与推广	曹志军,郭晓旭,刘剑锋,袁建敏,张微,俞英,苏华维,张帅,李菁菁	中国农业大学
39	夯实基础,面向未来——电子技术基础课程的传承与创新	王红,任艳频,叶朝辉,张涛,陈莉平,秦俭,耿华,鲁继文	清华大学
40	新时代公共管理本科人才培养创新体系建设	杨开峰,丰雷,孙柏瑛,祁凡骅,张占录,邹艳丽,夏方舟,王洁晶,张楠迪扬,李文钊	中国人民大学
41	强基博识 问题导向"哲学+"人才培养模式的创新与实践	臧峰宇,张霄,原理,聂敏里,刘劲杨,姚新中,张志伟,王宇洁,牛宏宝	中国人民大学

续表

序号	成果名称	完成人	完成单位
42	新时代英语专业创新人才培养模式的探索与实践	张剑,张莲,林岩,蓝纯,张小东	北京外国语大学
43	强化自动化专业创意创新创业能力培养,打造面向新工科的复合创新型人才	李擎,杨旭,崔家瑞,苗磊,肖成勇,程海雨,冯涛,阎群,蔺凤琴,贺威,王粉花,栗辉,董洁,张笑菲,蒋原,万春秋,安翠娟,李希胜	北京科技大学
44	面向国家空天战略需求的工程力学专业创新人才培养探索与实践	陈玉丽,鲍蕊,王晋军,邢誉峰,王青云,李敏,刘沛清,吕敬,邵丽华,陈庆山,李云龙,胡天翔,姬金祖,屈秋林,潘翀,于洋,白晨媛	北京航空航天大学
45	以国家战略需要为牵引,打造三级计算机专业实践体系	郑纬民,武永卫,贾珈,马昱春,赵有健,韩文弢,韩怡	清华大学
46	"立体化、专题式、多样态"高校思政课铸魂育人教学体系的改革创新	陈培永,孙蚌珠,宇文利,孙熙国,孙代尧,程美东,李少军,魏波,王在全,王成英,王久高,史春风,黄俊立,张会峰,贺大兴	北京大学
47	"以美培元、四维融合"美育体系的构建与实践	肖向荣,邓宝剑,樊小敏,夏敏,于小雷,钟锦,冯倩,符佳佳	北京师范大学
48	行行重行行:以田野调查为核心的实训育人模式	罗惠翾,麻国庆,良警宇,刘连香,黄志辉,秦广强,杨青青,佟珊,区缵,刘思遥,杨磊	中央民族大学
49	观乎人文,化成天下——大学生人文素养教育的创新与实践	彭勇,程钢,闫建敏,马映君,冯金朝,包树望,罗茵,李柴非,张阳,叶楚炎,黄鸣,蒋爱花,陈鹏,翟慧,王伟	中央民族大学,清华大学,北京化工大学,北京联合大学,北京印刷学院,北京语言大学
50	三全覆盖 四级联动 五位一体 构建多维协同的课程思政育人模式	景云,李巍涛,柴莹,田永静,张野,郝运慧,赵旸,冯国臣,岳昊,张英,高晓莹,姜兰潮,秦彦平	北京交通大学
51	从实求知:"五位一体"的田野教学体系建设	周飞舟,刘爱玉,卢晖临,田耕,王娟	北京大学
52	面向国家战略的国际新闻传播人才培养体系建构	曾祥敏,吴敏苏,张龙,汤璇,李艾珂,刘雯	中国传媒大学
53	新能源通专融合人才培养模式十五年探索与实践	李美成,葛铭纬,高攀,许佳,褚立华,李莉,王永,刘乐浩,杨世关,古丽米娜,董长青,姚建曦,刘永前	华北电力大学
54	新时代创新型化学基础教育人才培养实践	魏朔,范楼珍,卢忠林,王磊,欧阳津,方维海	北京师范大学

续表

序号	成果名称	完成人	完成单位
55	计算机新工科基础课程体系与在线混合教学实践	嵩天,黄天羽,礼欣	北京理工大学
56	中国动画学派的传承与创新——动画拔尖人才培养体系的"中国方案"	黄勇,孙立军,李剑平,王昊,张丽,刘娴,何澄,李亮,殷娜	北京电影学院
57	基于校企协同、通专融合1+X模式质量与可靠性专业实践教学体系构建与实践	马小兵,曹庆华,邵英华,林京,梁帮龙,王立梅,杜洋,刘倩楠,门雪洁,刘杰,常昊婧,何益海,戴伟	北京航空航天大学
58	面向新医科的智能医学工程专业人才培养体系构建与实践	顾晓松,明东,何峰,李振宇,杨佳佳,刘秀云,李伟锋,刘爽,倪广健,万亮,庞博,朱华,郑晨光,徐瑞,刘哲,范秋筠,王坤,张鑫,孟佳圆,王玲	天津大学
59	新时代爱国主义教育引领人才培养的探索与实践	龚克,王新生,刘玉斌,李川勇,李向阳,周申,赖鸿杰,余华,杜雨津,胡志辉,何璟炜	南开大学
60	公能兼备、创新引领、个性发展——化学拔尖人才培养新范式的探索与实践	周其林,陈军,郭东升,程鹏,朱守非,张守民,王佰全,李一峻,刁立达	南开大学
61	传承中华营建体系的建筑类卓越人才培养模式创新与实践	孔宇航,许蓁,张昕楠,杨崴,张睿,杨菁,杨鸿玮,闫凤英,曾鹏,曹磊,王鹤,宋祎琳,吴葱,辛善超,胡莲	天津大学
62	"国创计划"引领的创新创业教育体系综合改革与实践	巩金龙,万小朋,朱泓,刘建林,李正,张锐,徐雷,曹德欣,曹新方,杨芳,管虹,张熙伟,王世斌,原续波,张琳,刘岳,罗云孜,徐天一,施亮星,王建荣,郄海霞,贾果欣,雷建军,郑春东,潘峰,李霞,杨光,张诗阳,郑喆	天津大学,西北工业大学,大连理工大学,华南理工大学,复旦大学,中国矿业大学,中南大学,华为技术有限公司,北京万学教育科技有限公司
63	"一体三翼五融合"的课程思政育人体系探索与实践	李斌,雷鸣,徐斌,杨光,刘洁,齐崴,吕静,管虹,刘畅,栗大超,赵欣,杨佳佳,张俊艳,吴兆彤,王梅,张明铭,王磊,成雷鸣,林佳妮,靖永坤,郭帅	天津大学

序号	成果名称	完成人	完成单位
64	卓越导向、要素协同、系统驱动——迈向2030的一流本科教育创新与实践	王世斌,夏淑倩,原续波,李斌,贾果欣,赵欣,管虹,潘海生,郗海霞,焦魁,刘坤,杨光,李磊,成雷鸣,王建荣,张明铭,吴金克,于倩,王睿,刘玲,张寿行,白竹,陈胜蓝,车熙,贾晗	天津大学
65	产业助力、新技术赋能、项目贯通——电气信息类学科交叉新工科改革探索与实践	王成山,刘丽萍,王超,刘艳丽,李斌,王晓远,邓斌,杨爱萍,徐岩,刘洪,何立乾,白瑞峰,宋关羽,刘迎澍	天津大学
66	新时代思政课"三个贯通"协同育人体系的探索与实践	雷鸣,颜晓峰,徐斌,赵欣,管虹,杨欢,王磊,栾淳钰,张宇,靳莹,王世斌,夏淑倩,史慧,李霞,张昊,吴兆彤,陈永祥,魏建国,张健华,刘艳丽,马明,柳丰林	天津大学,青海民族大学,天津财经大学
67	以教师教学创新能力提升驱动高校人才培养的探索与实践	李霞,唐磊,时雨,万志宏,刘塈,李玉栋,潘皎,王利凤,王刚,周卫红,杜雨津,肖云,张春玲	南开大学
68	智能化时代能源动力专业多元教学场景构建与实践	高文志,刘海峰,尧命发,梁兴雨,宋康,谢辉,赵军,陈韬,刘月辉,杜青,林杰威,赵昌普,刘昌文,许之兴,岳利可	天津大学
69	环境类融合创新卓越工程师人才培养体系构建与实践	孙红文,鲁金凤,展思辉,王鑫,汪磊,张伟刚,姚义鸣,孙桂玲,黄津辉,唐雪娇,杨丽萍,史国良,卢会霞	南开大学
70	多维信息化教学资源协同,建设全方位育人功能的基础化学系列课程	马晓飞,冯霞,赵温涛,邱海霞,刘俊吉,唐向阳,朱荣娇,田昀,高洪苓,崔建中,杨秋华,曲建强,杜静	天津大学
71	教科融合、协同育人的研究性教学模式构建与实践	张伟刚,鲁金凤,高裴裴,韩杰,徐大振,李玉栋,谢朝,王荷芳,王维华,王恺,张文忠,李月琳,赵宏,刘洪亮,倪华,张严晰	南开大学
72	铸魂立根 聚力赋能:"五新一体"的天津大学新法科建设	孙佑海,蓝蓝,杨欢,杨健,曹云吉,曾艳,弨维,薛杨,王小钢,孙皓,李明,于艳春,张丹,王文杰,付常辉	天津大学

续表

序号	成果名称	完成人	完成单位
73	师生四同:"大思政课"实现路径的探索与实践	王新生,付洪,刘凤义,刘一博,余一凡,孙寿涛,刘明明,马梦菲,孙海东,任铃,陈弘,李洁,姬丽萍,徐曼,韦幼苏,张健	南开大学
74	新时代卓越工程师培养的探索与实践	单小麟,原续波,余建星,关静,陈冠益,成雷鸣,焦魁,王建荣,徐德刚,邵辰,纪颖,王红玉,刘刚,苏育挺,陈维,方明	天津大学
75	科工融合,交叉赋能——材料类人才的工程能力培养高阶性目标探索与实践	胡文彬,赵乃勤,尚宇光,王颖,杨立军,何春年,杜希文,徐连勇,刘永长,李悦生,王吉会,侯峰,胡绳荪,马丽颖,申俊琦,敖三三,毛晶,杨新岐,邓彩艳,杨振文,王志江	天津大学
76	需求导向,知践合一,国家首批智能专业"学教研践"人才培养体系创建与实践	方勇纯,刘景泰,张雪波,孙宁,许静,周璐,王鸿鹏,赵新	南开大学
77	浇花浇根 育人育心——河北大学"滴灌式"思想政治教育教学改革与实践	郭健,张秋山,单耀军,帅全锋,王瑞,苏国伟,梁巍,张锋,乔钰,李建芬,孙剑,李维意,柴素芳,李宏亮,李卫森	河北大学
78	使命引领,学以致用,构建四阶三维双循环电气工程创新人才培养实践教学体系	刘云鹏,律方成,梁海峰,皮伟,李建文,葛玉敏,胡永强,耿江海,韩金佐,盛四清,焦彦军,王永强,谢志远,崔帅,曲伟	华北电力大学(保定)
79	"面向煤炭、多元协同"矿业类复合型人才培养模式改革与实践	董宪姝,冯国瑞,赵阳升,樊玉萍,李建忠,马晓敏,弓培林,王开,王然风,刘东娜,李慧,刘生玉,邢存恩,赵金贵,赵国贞	太原理工大学
80	基于"HELP-BRIDGE"的卓越医生培养体系研究与实践	李思进,解军,段志光,成晓龙,张亮,郑洁,董海涛,刘楠,覃凯,张岩波,张轩萍,韩清华,晋建华,孟彩霞,闫慧锋	山西医科大学
81	"五位一体、五维协同、五育耦合"大学生综合国防素质课程群育人体系的构建	尹建平,蔺玄晋,王志军,曾建潮,曹红松,吴淑琴,张海明,周毅,薛实军	中北大学

续表

序号	成果名称	完成人	完成单位
82	民族地区舞蹈专业"四维一体"特色人才培养模式探索与实践	斯琴,赵林平,史永清,李欣,索丹娜,张永胜,道日娜,乌琳,鄂晶晶,乌日娜,王捷,锡林夫,陈丹,萨日娜,莎日娜	内蒙古艺术学院
83	新工科背景下持续改进联动响应的食品专业教学质量保障体系设计与实践	朱蓓薇,林松毅,吴海涛,周大勇,孙娜,秦磊,宋爽,艾春青,王海涛,林心萍,启航,毕景然,鲍志杰	大连工业大学
84	探知·强能·明志:社会现实场景"真实问题"深度融入一流人才培养的实践	潘一山,李淑云,王伟光,布乃顺,谢地,张向东,安珊珊,宋有涛,刘国瑞,徐连满,刘畅,张广胜,王季,李艳枝,边恕,房广顺,王振宇,赵明,孙国庆,黑嘉鑫,宋朋,张家道,李晓光,韩雪松,赖博熙,曲赜胜	辽宁大学
85	创新"4451"实验教学体系提高基础化学实验的"两性一度"	姜文凤,宿艳,孟长功,王秀云,田福平,潘玉珍,张永策,徐铁齐,谭大志,杜欣,纪敏,吴硕,崔淼,戴岳,黄斐斐	大连理工大学
86	突出海洋工程培养特色 创新土木类专业育人体系	杨庆,孔纲强,黄丽华,张继生,杜志达,陈廷国,于龙,杨钢,刘涛,王宝民,赵胜川,唐小微,唐洪祥,王立成,郑金海,张金利,王胤,王忠涛,陈徐东,潘宝峰,张宏战,周长俊,任玉宾,韩云瑞	大连理工大学,河海大学,中国海洋大学
87	高校创新人才规模化自主培养体系的创建与实施	冯林,李茂国,高国华,朱正伟,张崴,汪洋,刘胜蓝,刘本东,魏华,吴振宇,朱泉国,刘小冬,贾传果,刘洋,王飞龙,袁涛,韩忠,李正良,周末,许晓娟,尹建华,杨震宁	大连理工大学,对外经济贸易大学,北京工业大学,重庆大学
88	厚植情怀,赋能创新,基础教育卓越型教师"四四一"人才培养模式构建与实践	肖立莉,苑晓杰,朱宁波,杜岩岩,李玉斌,闫守轩,杨梅,石竹青,罗文波,王星,李红梅,岳庆荣,薛猛,潘黎,单良	辽宁师范大学
89	"创新导向 四位一体"的电类专业实践教学改革	盛贤君,王开宇,商云晶,高庆华,郭艳卿,马驰,赵权科,崔承毅,周晓丹,秦晓梅,王帅,孙智妍,解永平,王宁,汪德刚,王宇新,刘蓉,龚晓峰,孙长海	大连理工大学

续表

序号	成果名称	完成人	完成单位
90	双创教育深度融入机械工程教育的人才创新能力培养与实践	赵继,于天彪,朱立达,巩亚东,李小号,丛德宏,陆志国,刘杨,罗忠,史家顺,李翠玲,马明旭,刘冲,杨松,谭学飞	东北大学
91	面向行业 赋能学生:地方高校新工科人才培养模式改革与实践	于三三,金志浩,李漫红,李双明,许光文,魏中华,孙延鹏,邹永松,姚慧,孔晓光,于智,伞晓广,战洪仁,孙昊昉,罗杰	沈阳化工大学,北京工业大学,沈阳航空航天大学,昆明理工大学
92	航空航天类地方高校"一心三环"实践链人才培养模式	孙延鹏,张业伟,邱福生,徐世峰,沙云东,孙小平,赵立杰,艾延廷,王明海,卢少微,王龙锋,高长银	沈阳航空航天大学,辽宁通用航空研究院,南昌航空大学,郑州航空工业管理学院
93	面向双碳战略的能源动力类"新工科"创新人才培养体系的建设与实践	宋永臣,唐大伟,刘志军,东明,杨明军,尚妍,段玉平,王晓放,巴雪冰,沈胜强,穆林,隆武强,姜东岳,王璐,吴曦,贺缨,凌铮,刘宏升,冯立岩	大连理工大学
94	能力先导、虚实融合、开放共享——一流医学人才创新培养模式探索与实践	杨清,欧凤荣,于宏,李艳君,崔满华,谭文华,单书繁,许天敏,王光伟,王丹丹,刘学勇	中国医科大学,吉林大学,哈尔滨医科大学,赤峰学院
95	"用理论铸魂育人"的思政教育实践与创新	孙正聿,姚毓春,王庆丰,何志鹏,李龙,高超,刘坤,罗克全	吉林大学
96	指向创造力的卓越教师培养模式探索与实践	刘益春,徐海阳,魏民,王向东,秦春生,李广平,李广,饶从满,赵长明,高夯	东北师范大学
97	厚基础 重实践 严过程 强能力——一流数学人才培养模式改革与实践	张然,汤涛,王春朋,李勇,纪友清,韩月才,生云鹤,李辉来,杜现昆,邹永魁,邸亚娜,魏元鸿,吕俊良,朱复康,朱森,叶挺	吉林大学,北京师范大学-香港浸会大学联合国际学院
98	多维度一体化物理学类课程育人模式的创新实践	张汉壮,王磊,纪文宇,张涵,王鑫,康智慧,迟晓春,王英惠,倪牟翠,杨讴菡,张羽,王海军,王文全,邹勃,马琰铭	吉林大学
99	田野考古实践教学基地建设的改革与创新——以吉大考古山西夏县基地为例	赵宾福,段天璟,方启,冯恩学,权乾坤,林森	吉林大学

续表

序号	成果名称	完成人	完成单位
100	"黄大年精神"引领的融合共享地学野外实践育人体系创新与实践	林君,单玄龙,刘财,郑常青,李伟民,郭威,陈广俊,李晓波,王福刚,何涛,童思友,董永胜,余一欣,李刚,张新荣	吉林大学,北京大学,中国海洋大学,中国石油大学(北京)
101	综合性大学"劳动课程+劳模示范+劳动创造"进阶式劳动教育模式探索	韩喜平,邵彦敏,纪明,梅士伟,张雷生,尹希文,刘洋,郑少鹏,王为全,王文众,陈铎,马景惠,王颖,孙贺,李万君	吉林大学
102	应用型高等工程教育"两面向、三融合、五共同"人才培养模式研究与实践	窦立军,胡明,李长雨,张冀男,侯丽华,张邦成,张志杰,于焱,郭瑞,赵庆明,刘江川,金洪文,李丽娜,杨明,楚永娟	长春工程学院
103	"楷模引领·铸魂培根·重需强能"植物保护类创新型人才培养体系改革与实践	刘淑艳,李玉,孙文献,潘洪玉,陈长卿,王迪,阮长春,欧师琪,刘洋,朱兆香,于寒,刘金亮,于彦华,袁海滨,李长田,付永平,梁爽,张艳华,冀瑞卿,佟鑫,尚妍妍	吉林农业大学,吉林大学
104	工农深融,思政深润,产教深耕——卓越农机人才培养吉大实践	付君,杨印生,任露泉,于海业,张强,从茜,于建群,刘燕,王瑞,张志辉,孙裕晶,隋媛媛,袁洪方,唐心龙,张蕾,田为军	吉林大学
105	"五位一体"融合式心理育人模式的建构与实践	赵山,冯正玉,杨振斌,林崇德,李焰,李桦,朱丽雅,桑志芹,左振鹏,徐凯文,何思彤,白仲琪,樊富珉,金祥雷,汤晓,陈续升	吉林大学,上海交通大学,北京师范大学,清华大学,中山大学,南京大学
106	以临床胜任力为导向的白求恩式卓越医学人才培养体系的构建与实践	吕国悦,刘彬,张松灵,迟宝荣,朴美花,郑杨,武辉,杜玉君,崔俐,汪欣,牛俊奇,李薇,崔久嵬,汪振宇,张强	吉林大学
107	面向学生系统能力的计算机专业贯穿式人才培养模式的构建与实践	魏晓辉,杨博,郭东伟,黄岚,张永刚,陈娟,欧阳丹彤,刘磊,刘衍珩,杨永健,左万利,李雄飞	吉林大学
108	自动化类创新人才培养模式改革与实践	姚郁,赵琳,程建华,张勇刚,赵玉新,丁继成,李慧,胡军,王辉,李冰,叶秀芬,梁洪,严浙平,赵春晖,池海红	哈尔滨工程大学

续表

序号	成果名称	完成人	完成单位
109	行业优势高校一流本科教育:哈工程的改革与实践	吴林志,耿敬,兰海,骆毅,孙荣平,张红岩,杨栩,杨贵彬,井维亮,梁爽,王丽楠	哈尔滨工程大学
110	以大思政理念为指导 多元协同打造基于知识图谱的思政实践育人体系	吴松全,尹胜君,李岩松,李佳杰,赵国亮,王东升,岳会敏,孟晓辉,杨宗义,王芳,孙怿飞,赵爱伦,曲拥措姆,邢朝霞,吕焱,马海鹰,闫金红	哈尔滨工业大学
111	质量文化建设推动高质量中医药人才培养的创新与实践	郭宏伟,闫忠红,张浩,傅文第,杨琳,董维,车琳琳,刘振强,崔志林,殷越	黑龙江中医药大学
112	以"全生命周期健康问题"为导向,建设新时代公共卫生复合型人才培养模式	李颖,孙长颢,靖雪妍,赵亚双,武丽杰,吴永会,李百祥,樊立华,戚佳玥,陈丽丽,李丹娜	哈尔滨医科大学
113	多元融合、固本拓新、数字赋能—电气类工程创新人才培养模式探索与实践	王淑娟,杨春玲,齐超,霍炬,李勇,李琰,刘洪臣,姜三勇,齐明,刘晓胜,廉玉欣,聂秋月,徐永向,翟国富,吴建强	哈尔滨工业大学
114	传承文化 铸就高原 问鼎高峰——文化驱动的创新创业教育改革与实践	夏桂华,史波,殷敬伟,于云亮,张兰勇,苏丽,许德新,朱小亮,徐宝贵,王忠义,尚晓兵,蔡成涛,刘志林,苏智,刘铁	哈尔滨工程大学
115	"教科相长 立德树人"林业工程类拔尖创新人才培养模式的改革与实践	郭明辉,李坚,黄占华,刘学莘,谢延军,刘镇波,李莉,邱兆文,董喜斌,韦双颖,程瑞香,艾曦锋,高振华,戚后娟,刘天	东北林业大学,福建农林大学
116	"三亿人参与冰雪运动"背景下冰雪体育人才培养体系研究与实践	朱志强,姜玉洪,张宏宇,陈文红,兰景力,陈德明,严力,岳清爽,朱佳滨,王飞,赵萱,刘绍武,孙大海	哈尔滨体育学院,中国大学生体育协会
117	面向航天国防重大战略需求的力学专业创新人才培养体系构建与实践	孙毅,甄玉宝,曾凡林,于开平,果立成,张秋华,张莉,赵婕,刘伟,樊久铭,刘彦菊,于红军,刘一志,关威,刘立武	哈尔滨工业大学
118	聚焦国家战略 五位一体协同 能源动力领域"双融合"人才培养实践	帅永,高建民,何玉荣,翟明,温风波,张昊春,赵义军,罗磊,宋彦萍,姜宝成,王洪杰,谈和平	哈尔滨工业大学

序号	成果名称	完成人	完成单位
119	中国立场 外语赋能 文工融合,打造"外语+"复合型国际化人才培养体系	李雪,李文戈,王松,刘颖,李慧杰,韩晓蕙,顾晓乐,丁效,童丹,赵毓琴,张扬,马菊红,杨一博,徐睿,李伟	哈尔滨工业大学
120	大先生·大师剧·大课堂——上海高校大思政课育人新路径十年探索实践	高德毅,谢巍,曹荣瑞,陆军,何小青,陈尚君,王伟明,钱正,顾红亮,刘淑慧,胡敏,孙跃东,张峰,王晓骊,祁明,赵文华,李世涛,徐咏	上海戏剧学院,上海交通大学,上海大学,华东政法大学,上海音乐学院,复旦大学,同济大学,华东师范大学,东华大学,上海理工大学,上海海事大学,上海对外经贸大学,上海交通大学医学院
121	以"本科荣誉项目"为载体的拔尖创新人才培养新范式的探索与实践	徐雷,陈力奋,张力群,楼红卫,徐红,吴晓晖,蒋最敏,袁正宏,杨中芹,孙兴文,陈雁,程训佳	复旦大学
122	新时代机械大类工程科学人才"三通三融"培养改革与实践	奚立峰,胡永祥,彭志科,王丽伟,张执南,陈璐,郭为忠,杨培中,张文明,陈江平,吴艳琼,王新昶,黄宏成,蒋丹,黄靖涵	上海交通大学
123	以"城校共生"为特色的大学创新创业教育体系构建与实践	钟志华,裴钢,雷星晖,周斌,许涛,吴志军,肖小凌,赵宪忠,赵鸿铎,张宇钟,徐竟成,殷俊锋,林思劼,常旭华,许维,杜豫川,许秀锋,徐勤,戴大勇,张建卫,罗烈,贺鹏飞,严骊,李龙翔	同济大学
124	以高校分类评价牵引人才培养结构性改革的探索与实践	平辉,桑标,张慧,冯晖,焦小峰,林炊利,张兴,毛爱群,戴勇,杨雪,王娟,张珏,董秀华,刘苹苹,周江林,史雯婷,周益斌	上海市人民政府教育督导委员会,上海市教育科学研究院,上海市教育评估院,上海市教育督导事务中心,同济大学,上海交通大学,华东师范大学,华东政法大学,上海应用技术大学,上海师范大学,上海理工大学,上海工程技术大学,上海出版印刷高等专科学校,上海公安学院,上海财经大学,上海工艺美术职业学院,上海戏剧学院,上海音乐学院

续表

序号	成果名称	完成人	完成单位
125	"重构重塑、交叉贯通"创新实践育人体系改革的上海交大实践	吴静怡,丁奎岭,陈江平,冷春涛,仝月荣,付宇卓,楚朋志,乐金伟,徐季旻,吴彪,钟兴军,黄宏成,宋绫明,汤淏淏,许焱鑫	上海交通大学
126	以"五育融合"为发力点培育时代新人的探索与实践	姜斯宪,杨振斌,王伟明,胡昊,周凯,丁力,侯士兵,陈哲,钱文韬,陈丽璘,王坤,刘文,徐振礼,卢思语	上海交通大学,上海第二工业大学
127	面向大学各专业学生计算能力培养模式探索与实践	管海兵,林新华,姚建国,奚立峰,朱燕民,孔令体,沈宏兴,苏小明,廖秋承,徐东莲,许志钦,程真,夏虞斌,陈榕,王一超	上海交通大学
128	双激发 两引导,"致远2.0"未来科学家培养体系的设计与实践	章俊良,邵志峰,夏伟梁,洪梅,周莲,郭晓奎,王昊,吴晓玲,何峰,王维克,叶曦,邓涛,金贤敏,郭熙志,梁晓峣	上海交通大学
129	双轮驱动 顶天立地 公共卫生人才培养体系二十年创新实践	何纳,汪玲,吴凡,何更生,姜庆五,陈文,刘岱淞,刘星,贾英男,陈晓敏	复旦大学
130	智能时代未来卓越教师培养及评价的探索与实践	梅兵,雷启立,孟钟捷,丁昱明,黄欣,吴平颐,闫寒冰,吴薇,艾东升,陆蓉蓉,魏非,简菁,齐贵超,张凯,刘俭珍	华东师范大学
131	立足中国实践,打造中国学派:经济学一流本科人才自主培养体系探索与实践	张军,田素华,陈诗一,石磊,陈钊,寇宗来,陈硕,王弟海,程大中,王永钦,孟捷,李粤江,陈梅,段白鸽,徐明东	复旦大学
132	领异标新、兼容并包、知行相资,世界一流创新设计人才培养的中国路径	胡飞,娄永琪,孙效华,马谨,徐江,范圣玺,张雪青,苏运升,张磊,杨皓,丁峻峰,周洪涛,曹楠,柳喆俊,刘震元,张屹南,吴洁,范斐,李彦龙,倪旻卿	同济大学
133	锻造国门卫士 创建中国特色 一流海关本科教育的探索与实践	丛玉豪,岳龙,孙浩,黄丙志,纪昌和,贾亮亭,房莹,王志军,高翔,潘树栋,胡蓉,王轶凡	上海海关学院
134	新时代工科创新型人才培养的数学基础教育	徐建平,李少华,周朝晖,张莉,花虹,周羚君,陈雄达,钱志坚,陈滨,杨筱菡,彭婧	同济大学

续表

序号	成果名称	完成人	完成单位
135	强基—融新—崇德:智能科学实验室群赋能文科人才培养的数智化改革与实践	潘煜,李岩松,王凤华,杨晓兰,马宝君,饶恒毅,李茜,邓莎莎,蒋昕宇,范培华,宋艳,徐永,许宏,张健,陈靖,吴昀桥,金佳,王海峰,诸廉,张明月,潘美芹,罗莉娟	上海外国语大学
136	使命驱动、专创融合、生态赋能——电子信息创新创业人才培养体系构建与实践	关新平,韩韬,张峰,张志刚,周越,贺光辉,黄文焘,刘功申,薛广涛,朱燕民,郭小军,蔡鸿明,刘张鹏	上海交通大学
137	从制度到文化——复旦物理学科创新人才培养模式的探索与实践	侯晓远,蒋最敏,周磊,张新夷,陈焱,陆昉,肖江,沈健,杨中芹,张远波,田传山,Cosimo Bambi,乐永康,陶瑞宝	复旦大学
138	数字时代计算机拔尖人才培养的"一体两翼双引擎"模式	蒋昌俊,苗夺谦,龚沛曾,丁志军,姜育刚,过敏意,卫志华,闫春钢,张亚英,方钰,王成,冯瑞,吴帆,李湘梅	同济大学,复旦大学,上海交通大学
139	以习近平新时代中国特色社会主义思想为核心内容的高校思政课课程群建设	李冉,李国泉,董雅华,高国希,马拥军,韩欲立,严金强,张奇峰,肖存良,吴海江,杜艳华,唐明燕	复旦大学
140	促进高校教师"教学专业化"发展的上海交大实践	黄震,高捷,邢磊,林志新,王力娟,梁竹梅,章晓懿,王丽伟,蒋建伟,袁笃平,黄琪轩,邱意弘,谢艳梅,王竹筠,马莹	上海交通大学
141	绿色工程理念引领的工程教育新体系构建与实践	辛忠,黄婕,张先梅,司忠业,吴艳阳,马新宾,彭孝军,潘鹏举,周玲,王慧锋,顾学红,修光利,栾伟玲,涂善东,华炜,叶俊伟,周浩力	华东理工大学,天津大学,大连理工大学,浙江大学,南京工业大学,中国化工学会
142	打造融合培育模式,创新中国特色法治人才培养体系	郭为禄,王月明,王立民,胡玉鸿,王迁,王晓骊,余素青,何益忠,虞潇浩,石春轩子,章志远,陈赛金,赵运锋,吕红兵,鲁慧	华东政法大学,上海政法学院,华东师范大学,国浩律师(上海)事务所
143	基于卓越教师培养的体育教育专业综合改革理论创新与实践研究	季浏,董翠香,汪晓赟,陈海涛,李世昌,李琳,孙有平,尹志华,杨阳,马德浩,孙洁丽,张震,李富刚,刘桦楠	华东师范大学

续表

序号	成果名称	完成人	完成单位
144	长三角地区学习成果认证和人才培养新机制研究与实践	王宏,阚海斌,陈海建,卢文辉,刘百祥,严宁,郭翠,朱彤,田鹏,吕有伟,吴忠宁,张璇,朱龙博,柴泽英,夏华	上海开放大学,复旦大学,浙江开放大学,安徽开放大学,江苏开放大学
145	守正创新、面向未来的新时代高质量中医人才培养改革实践	陈红专,严世芸,朱惠蓉,胡鸿毅,何文忠,舒静,戴立益,雷启立,仝月荣,林勋,陶思亮,吴平	上海中医药大学,华东师范大学,上海交通大学
146	铸魂 磨砺 赋能——师范大学创新创业教育范式的探索与实践	阮平章,钱旭红,戴立益,汪晓赞,Liu Mingyao,程亚,朱文佳,黄燕,刘侃,庞维国,贾利军,韩春红,蒋逸恣,经雨珠,姚如佳	华东师范大学
147	以衣载道,以文化人:融合中国服饰文化传承创新的设计人才培养探索与实践	卞向阳,刘瑜,周方,周洪雷,李甍,陈彬,马晨曲,王治东,李苏琴,王乐,崔玉梅,刘慧,张顺爱,王晶	东华大学,上海大学
148	交叉赋能、辐射共享的"三堂四端五联动"卓越环境人才培养体系构建与实践	戴晓虎,黄翔峰,刘毅,刘佳,吴烨,彭开铭,贺克斌,陆丽君,王志伟,徐竟成,岳东北,陆伟,李咏梅,刘明贤,刘涛	同济大学,清华大学
149	集成电路领军人才自主培养的"复旦方案"	周鹏,蒋玉龙,胡波,林青,艾竹,张卫,韩军,曾晓洋,宋芳,韩伟力,周嘉,俞军	复旦大学
150	数字时代新闻人才培养模式创新:以数据分析与可视化为例的新文科课程探索	周葆华,徐笛,崔迪,尤莼洁,吕妍	复旦大学
151	面向学科前沿的本科数学课程体系的重构与实践	陈猛,傅吉祥,郭坤宇,嵇庆春,雷震,楼红卫,吕志,沈维孝,王志强,吴泉水,谢践生,徐胜芝,薛军工,姚一隽,应坚刚	复旦大学
152	新理念、新模式、新机制——新时代外语专业拔尖人才培养体系构建与探索	王欣,查明建,孙珊珊,孙会军,许立冰,葛忆翔,于漫,高洁,邓惟佳,廖巧云,王广大,高健,陈琦,肖维青,肖一之,徐海铭	上海外国语大学
153	现代医学影像技术人才"有温度、多维度"能力培养体系的构建与应用	黄钢,吴韬,徐小萍,刘红,肖寒,何培忠,路青,杨智昉,姚旭峰,李哲旭,彭文献,周进祝,李伟,陈珊珊,俞洁莹	上海健康医学院

续表

序号	成果名称	完成人	完成单位
154	大学生系列思政选修课的开发、建设与实施——上海大学之实践	顾晓英,叶志明,刘寅斌,聂永有,忻平,肖俊杰,张新鹏,成旦红,李国娟,陈玺	上海大学
155	深挖校本资源:高校"大思政"育人体系的探索与实践	徐蓉,彭震伟,王鹏,陈城,马万经,王小莉,王少,刘骞,姚莉萍,余倩倩,吴晓培,李雅茹,单烨,崔欣玉,王志伟	同济大学
156	"信息+"和"+信息"需求牵引的基础课程体系重构与实践	韩韬,张峰,李少远,付宇卓,傅育熙,田社平,胡卫生,高晓沨,杨明,殳国华,张同珍,郁美娟	上海交通大学
157	基于知识体系创新和培养模式改革的数据科学与大数据技术专业建设	周烜,周傲英,王伟,钱卫宁,黄定江,高明,徐辰,倪翀,陆雪松,王长波,胡卉芪,李翔,董启文,张召,黄波	华东师范大学
158	"名师引领,四位一体"培养卓越口腔医学创新人才的探索与实践	蒋欣泉,邱蔚六,杨驰,唐子圣,王丽珍,周曾同,张丽莉,冯希平,曹霞,张志愿,张陈平,郑家伟,严晓蕾,朱伟燕,林育华	上海交通大学
159	全方位课程、全球性平台、全社会资源:复旦政治学科全球治理人才培养模式	苏长和,陈志敏,刘季平,方明,朱峰,陈周旺,张骥,敬乂嘉,赵晓惠,吴心伯,郑宇,朱杰进,薄燕,张贵洪,赵剑治	复旦大学
160	信息技术与物理教学深度融合的研究与实践	胡其图,景益鹏,刘世勇,李晟,张小灵,邓晓,陈列文,梁齐,袁晓忠,董兵,顾志霞,王宇兴,朱敏,李翠莲,陈洁	上海交通大学
161	南京大学"十百千"优课计划改革与实践	吕建,王志林,徐骏,王守仁,施佳欢,郑昱,施林森,蔡颖蔚,张亚权,李向东,孙建军,王栋,董婷	南京大学
162	优化专业课程群,构建师生共同体:中文拔尖人才培养内涵提升与实践创新	徐兴无,徐雁平,董晓,刘重喜,高子文,傅元峰	南京大学
163	高端科研平台深层次融入经济学专业本科生研究能力培养的探索与实践	郑江淮,孙宁华,谢建国,巫强,方先明,洪银兴,刘志彪,范从来	南京大学
164	计算机与金融工程交叉复合人才培养模式创新与实践	李心丹,武港山,俞红海,仲盛,李浩,陶先平,肖斌卿	南京大学

续表

序号	成果名称	完成人	完成单位
165	启智润心 哲以成人:哲学素质教育教学体系的构建与实践	张亮,孙乐强,刘鹏,唐正东,胡星铭,周嘉昕,邵佳德,韩玉胜,郭明姬	南京大学
166	前沿驱动 名师引领 平台赋能:构建科教融合新模式 培养电子信息一流人才	施毅,刘斌,王自强,吴培亨,郑有炓,张志俭,黄晓林,张蜡宝,李丽,曹汛,康琳,闫锋	南京大学
167	突出"讲好中国故事"能力培养的外语专业教育创新与实践	杨金才,何宁,张俊翔,高方,陈兵,陈民,彭曦,魏向清,李锦花,张伟劢	南京大学
168	虚实结合的数字化地理人才培养模式创建与实践	李满春,鹿化煜,金晓斌,陈振杰,吴吉春,李岩,刘绍文,陈刚,李徐生,王玮,徐志伟,夏南,周琛,程亮,柯长青,王结臣,杜培军,杨康,王腊春,姜朋辉,黄秋昊,佘江峰,张永光,占文凤	南京大学
169	行业驱动、科教联动、学科推动——交通运输类创新人才培养改革与实践	刘攀,陈峻,杨敏,王炜,陈怡,黄晓明,曲栩,马涛,李铁柱,耿艳芬,吴文清,王卫,丁建文,于斌,李大韦,许映红	东南大学
170	新型建筑工业化战略背景下土木类创新人才培养改革与实践	吴刚,陆金钰,李启明,郭正兴,乔玲,张建,谈超群,王燕华,刘静,李德智,王景全,童小东,邱洪兴,姚一鸣,孙泽阳,邓温妮,李霞,管东芝,王玲艳,袁竞峰	东南大学
171	德育铸魂、四维联动、多方协同——培养紧合国家需求的信息工程一流人才	张在琛,王蓉,孟桥,崔铁军,王婧菲,李潇,张川,杨晓辉,李文渊,孙威,王志功,张圣清,戚晨皓,党建,吴亮,赵安明	东南大学
172	三链并举·多维协同·双驱联动——计算机类人才培养供给侧改革与实践	耿新,董永强,张敏灵,王贝伦,金嘉晖,李骏扬,杨全胜,王帅,凌振,倪庆剑,倪巍伟,东方,漆桂林,吴巍炜,吕美香	东南大学
173	数智理工赋能、产教研创贯通——数字时代智慧会计人才培养的变革性实践	陈志斌,陈良华,陈菊花,吴斌,吴芃,江其玟,胡汉辉,韩静,王亮亮,陈洪涛,汪敏达	东南大学
174	"双螺旋、四联动、全链合"创新创业教育生态体系构建与实践	金保昇,邱文教,沈孝兵,孙伟锋,熊宏齐,秦霞,杨文燮,陆金钰,胡汉辉,贾方,徐春宏,邓蕾,刘慧	东南大学

续表

序号	成果名称	完成人	完成单位
175	面向数智时代的卓越影像医师培养模式创新与实践	居胜红,滕皋军,谢波,彭新桂,崔莹,王远成,张建琼,李嘉,卢瞳,赵振,王玲,陈月,李惠明,王雨晴,汤天宇	东南大学
176	空天科技竞争时代电子信息复合创新人才培养生态体系构建与实践	吴启晖,雷磊,王成华,张小飞,洪峰,黎宁,江爱华,皮德常,李雪飞,昂海松,潘时龙,刘伟强,臧春华,孔莹莹,黄彬,牛臻弋,徐燕明,张璐	南京航空航天大学
177	集成学科优势 融汇产教资源 构建卓越工程师创新实践教育体系	孔垂谦,施大宁,陶勇,朱建军,王成华,朱如鹏,侍旭,李君,梁文萍,王静,刘长江,袁磊,钱钰,贾佳丽,赵子玥,高存法,毛军逵,陈兵	南京航空航天大学
178	理工文复合的新型知识产权人才培养体系的构建与实践	廖文和,戚湧,曾培芳,武兰芬,刘婷婷,施君,董新凯,赵兆,梅术文,郝世博,锁福涛,吴广海,朱力影,夏立	南京理工大学
179	面向国防英才培养的"贯通递进"式素质教育课程体系构建与实践	梅锦春,吴晓蓓,黄爱华,陈光,吴志林,胡访,张相炎,周双喜,王存扣,袁军堂,车剑飞,周琳	南京理工大学
180	多元协同,交叉融合,水利类专业人才培养体系"三维度一体化"改革与实践	董增川,郑金海,王建,李国芳,朱金秀,陈元芳,陈磊,刘平雷,吴志勇,鲁扬,吴红,王沛芳,张蔚,王玲,任黎,丁坤,袁赛瑜,周林,黄波,王晓燕,徐斌,张珂,王卫光	河海大学
181	基于大思政观、大工程观的土木一流人才"三维三融"培养体系建构与实践	沈扬,高玉峰,刘云,刘汉龙,曹平周,汪基伟,潘静,吴宝海,陈磊,孙其昂,朱永忠,赵引,李锐,张华,张勤,陈育民,郑长江,仇文岗,蒋菊,王锦国,丁小庆,王璐,孙洪广,张洁	河海大学
182	"一核两翼三融合"复合型园艺人才培养模式的研究与实践	陈发棣,侯喜林,吴巨友,陈劲枫,韩键,吴震,房伟民,高志红,上官凌飞,房经贵,柳李旺,郭世荣,张清海,陈素梅,文习成	南京农业大学
183	"守正创新 中西融合",培养中药现代化创新型人才二十五年的研究与实践	孔令义,谭宁华,寇俊萍,余伯阳,戴岳,王欣然,马世平,李炜	中国药科大学

续表

序号	成果名称	完成人	完成单位
184	药学生"懂医精药，善研善成"实践能力培养体系的构建与实践	唐伟方，冯锋，寇俊萍，王欣然，高新柱，花春阳，明广奇，濮社班，胡巍	中国药科大学
185	共建共享 共生共赢：全国高校地理信息科学专业教学共同体构建与实践	汤国安，张书亮，杨昕，党安荣，刘慧平，赵军，张丰，吴浩，李发源，熊礼阳，王春，邵怀勇，刘小平，朱红春，黄震方，黄昌春，陈旻	南京师范大学，清华大学，北京师范大学，西北师范大学，浙江大学，华中师范大学，滁州学院，成都理工大学，中山大学，山东科技大学
186	数字经济时代"四融三阶"一流商科人才培养体系的构建与实践	潘镇，李金生，易志高，王露璐，顾建平，周晓静，卞曰瑭，李晋，王刚	南京师范大学
187	笃学经典、立足临床、融通师承，"三全程"中医思维培养体系创新与实践	吴勉华，方祝元，黄桂成，唐德才，王明强，闵文，杨帆，王亮，张犁，魏凯峰，陈理，陈明	南京中医药大学
188	新时代新体育教育改革"南体方案"的创新与实践	杨国庆，彭国强，王龙飞，陈海波，李英，王怀旭，夏菁，宋燕，刘峰，王凯，赵琦，汤强，支川，于翠兰，葛翠柏	南京体育学院
189	美术学人才培养模式的建构与实践	刘伟冬，李彤，章文浩，商勇，费泳，束新水，杨娜	南京艺术学院
190	小学教育专业师范生教育情怀培养的"四位一体"路径创新	张波，顾富民，严开宏，佘林茂，刘霞，彭亮，王本余，曹慧英，刘娟娟，冯军，白薇，贾学军	南京晓庄学院
191	高校思想政治理论课"启拓(QITO)"教学模式设计与实践	徐玉生，朱庆葆，唐忠宝，刘焕明，亓光，侯勇，朱娅，郑宇，顾益，阎国华，顾琦一，程洋，陈志宏，万长松，李博，陈绪新，蔡瑶，戴月波，张云霞，徐礼红，潘加军，李绍军	江南大学，中国矿业大学
192	立足中国实践，多维协同的设计类一流本科人才培养体系创新与构建	魏洁，张凌浩，过伟敏，曹鸣，廖曦，张明山，邓嵘，王峰，张毅，殷俊，王宏付，李春艳，付少海，赵军华，马志强	江南大学
193	贯通融合、多维协同——轻工特色的化工类自主创新人才培养体系的构建与实践	陈明清，东为富，董玉明，陆双龙，罗静，孙子文，徐学明，魏取福，刘晓亚，丁玉强，魏玮，董亮亮，王新华，王利强，马丕明，顾志国，周雪晖，田卫平，施冬健，王峰	江南大学

序号	成果名称	完成人	完成单位
194	食以生强、生以食特,培养面向未来的生物食品类多元复合型人才	许正宏,刘元法,陈献忠,陈敬华,王立,堵国成,东为富,李会,谢云飞,陈旭升,徐丽广,陈鹏程,董玉明,刘龙,傅莉莉,丁重阳,王维,张旦旦	江南大学
195	基于"两优"理念的"四融合、三协同"实践育人体系探索与实践	屠世浩,曹德欣,吴祝武,谢广元,谢发国,罗萍嘉,黄军利,马占国,杨得利,冯震,李伟,曹洪军,陈文,程志红,王文顺	中国矿业大学
196	思想先导和知识变革驱动的新文科人才培养探索与实践	杨亦鸣,孙茂松,穗志方,胡伟,吴燕京,王为民,王仁法,张强,朱祖德,耿立波,刘洋,刘知远,李素建,欧阳文珍,钱进,满在江,梁琳琳,鄢格斐,潘震,沙先一	江苏师范大学,清华大学,北京大学
197	优化素养 强化实践 深化研学:综合性大学师范人才培养模式构建与实践	蒋星红,秦炜炜,曹永国,张佳伟,陈书洋	苏州大学,苏州市教育局
198	应用型高校项目化"专创融通"课程模式构建与实践	冀宏,张根华,邵千钧,徐健,徐惠钢,伏广伟,郑书华,李伟平,费志勇,王雪锋,张晞,刘龙飞,陈梦玲,许广举,马军伟,黄文祥,陶国彬	常熟理工学院,宁波工程学院,中国纺织工程学会,浙江吉利汽车有限公司
199	校地联合 产教融合 知行耦合:面向地方产业的应用型人才培养创新与实践	倪自银,方海林,王伟,陆勇,孙爱东,洪林,陈青,蔡小平,刘振海,孔剑锋,吕立斌,杨婧,吴发红,余晓红,严金龙,奚新国,王建冈,戴勇,王如刚	盐城工学院
200	师范性、学术性、高阶性——综合性大学英语师范专业教学卓越框架构建与实践	俞洪亮,王金铨,何山华,秦旭,缪海涛,田德新,丁晓丽,张强,张清,唐慧玲,李斌	扬州大学
201	植物生产类"四全程四提升"人才培养模式创构与实践	严长杰,张洪程,刘巧泉,杨泽峰,刘芳,郭文善,王军,陆江峰,高辉,陆大雷,许如根,陆建飞,缪旻珉,杨国庆,熊飞	扬州大学
202	转型·契合·重塑:地方高校本科教学卓越框架的创建与实践	俞洪亮,焦新安,王承堂,叶柏森,杨国庆,严长杰,张清,刘拥军,黄金林,史宏灿,林刚,李庆钧,李斌,彭大新,胡立法,黄强联	扬州大学

续表

序号	成果名称	完成人	完成单位
203	"以工强农、以融兴农"涉农工科专业集群人才培养体系构建与实践	袁寿其,贾卫东,李洪波,薛宏丽,杨启志,施进华,杨道建,李新朝,高波,高国琴,陈权,周存山,许小红,韩飞,耿国庆,金玉成,董秀娜,路欣,杨德勇	江苏大学
204	工程实践能力导向的"三维开放融通"机械类卓越人才培养模式构建与实践	鲁金忠,丁建宁,许桢英,王宏宇,黄娟,王玲,程广贵,徐坤,蔡杰,耿国庆,潘红军,樊薇,王晓东,张新洲,周王凡	江苏大学,中国机械工程学会
205	产业伴生与企业嵌入:船海制造业信管专业人才培养模式重构	葛世伦,苏翔,王念新,潘燕华,李文昌,尹隽,任南,苗虹,王平,王志英,尹洁,李正华,叶涛锋,刘新波,魏晓卓,鞠可一,李迁	江苏科技大学
206	船海类高校大学生"1621"素质培养模式的构建与实践	王济干,汤建,周春燕,洪波,郭昭昭,程荣晖,温华兵,姚允柱,戴跃伟,毛晖,刘占超,王念新,周宏,薛泉祥,崔祥民,钱伟,朱伟俊,周远全	江苏科技大学
207	"人格、素质、能力、知识"融合一体的本科教育浙大理念、模式与实践	张光新,吴健,葛坚,邱利民,郭文刚,朱佐想,金娟琴,徐晓峰,罗建红,陆国栋,刘向东,胡吉明,张波,刘鹏,顾颖杰	浙江大学
208	多学科交叉驱动"医学+"复合型拔尖创新人才培养的探索与实践	罗建红,徐凌霄,柯越海,韩魏,马振秋,李晓明,徐骁,许正平,方向明,王建安,范骁辉,富祯祯,阮恒超,王兆品,陈俭,巴德年	浙江大学
209	质量导向、评价驱动、多方联动的本科高校竞赛治理优化及其成效	陆国栋,吴英策,何钦铭,赵春鱼,颜晖,阚阅,陈临强,张克俊,张聪,魏志渊,李基拓,张炜,朱琦,赵燕,孙永乐	浙江大学,中国高等教育学会,中国计量大学,杭州电子科技大学,浙大城市学院,杭州简学科技有限公司
210	思创融汇 专创融合 师创融通——师范院校创新创业教育体系的探索与实践	郑孟状,王淑娉,温建明,魏梦璐,郑文哲,叶志雄,马莉,陈海峰,陈乃启,朱哲成,徐展斌,陈佳伟	浙江师范大学
211	中国特色基层全科医学人才培养体系的二十年探索与实践	吕帆,曹建明,朱雪波,李章平,林瑾,黄陈平,王世泽,苏强,许冬武,周健民,金伟琼,季国忠,李思进,谢协驹,叶军明	温州医科大学,南京医科大学,山西医科大学,海南医学院,赣南医学院

序号	成果名称	完成人	完成单位
212	三跨协同、四教融合、三链递进：新时代纺织"三创"人才培养模式改革与实践	陈文兴,周赳,于斌,陈建勇,许慧霞,盛清,傅雅琴,祝成炎,邹奉元,王尧骏,苏淼,冯荟,陈敏之,朱茹华,胡毅	浙江理工大学
213	结构设计竞赛20年促进大学生创意创新创造能力培养的改革和实践	金伟良,袁驷,李国强,陈云敏,徐世烺,李宏男,范峰,王湛,张川,方志,熊海贝,丁阳,曹双寅,吴涛,陆国栋,段元锋,赵羽习,肖岩,刘峥嵘,吕朝锋,丁元新,毛一平,姜秀英,张威,邹道勤,余世策	浙江大学,同济大学,清华大学,东南大学,哈尔滨工业大学,大连理工大学,重庆大学,天津大学,长安大学,湖南大学,华南理工大学,全国结构设计竞赛委员会
214	跨界融合、强化关联、激发活力的机械工程学生创新实践能力培养	刘振宇,谭建荣,顾大强,杨将新,傅建中,汪延成,裘乀,段桂芳,李基拓,王庆九,朱新杰,高宇	浙江大学
215	"中国近现代史纲要"课程推进"五个一工程"建设的创造性探索与实践	段治文,任少波,尤云弟,赵晖,刘召峰,张立程,董海樱,程早霞,庞毅	浙江大学
216	数智驱动的以学生成长为中心全链路一体化教学支撑体系构建与实践	陈文智,董榕,张紫徽,江全元,李艳,黄莘,杨玉辉,张宇燕,卜佳俊,董世洪,李敏,张宏,黄健,李萌,袁书宏,云霞,翟雪松,陈默,沈丽燕,留岚兰,刘多,陈亮,周泓	浙江大学
217	"四课融通、六措并举"农科实践实训教学体系的构建与成效	陈学新,马忠华,喻景权,张国平,陈云,孙崇德,叶庆富,吴佳雨,汪以真,张颖,邱慧,马永芳,吴琼,李肖梁,张建英,蒋梦汝,王涛,潘鹏路	浙江大学
218	"三协同驱动、四平台支撑"光电专业开放融合育人新生态的创建与实践	刘向东,刘旭,付跃刚,郁道银,时尧成,毕卫红,林远芳,张敏明,郑臻荣,秦石乔,樊仲维,刘智颖,郑晓东,金鑫,祝宇慧	浙江大学,长春理工大学,天津大学,燕山大学,华中科技大学,国防科技大学,空天信息创新研究院
219	以创新能力提升为导向的科技设计人才培养模式与生态建设	孙凌云,孙守迁,张克俊,韩挺,罗仕鉴,潘云鹤,柴春雷,应放天,陈为,彭韧,董占勋,汤永川,王冠云,徐雯洁,常丹妮	浙江大学,上海交通大学
220	"一本四化"中华优秀传统文化涵育体系的构建与实践	楼含松,冯国栋,楼艳,陶安娜,郑英蓓,张凯,董平,沈玉,胡可先,陶然,叶添阁,段园园,陈文丽	浙江大学

续表

序号	成果名称	完成人	完成单位
221	以人民为中心——高等艺术教育"同轴双向"育人体系建构与实践	许江,高世名,封治国,何红舟,邬大勇,班陵生,杨奇瑞,盛天晔,黄骏,刘智海,张春艳,郭健濂,付帆,杨晨曦	中国美术学院
222	三维耦合 三链融合,培养生物产业工程科技创新人才	郑裕国,郑仁朝,王启要,吴石金,胡永红,王亚军,庄英萍,王方,郭凯,钟卫鸿,汤晓玲,章银军,张烽,王远山,汪钊	浙江工业大学,华东理工大学,南京工业大学
223	以科研驱动式教学为核心的经济学人才研究创新能力提升范式的探索与实践	方红生,黄先海,潘士远,陆菁,朱柏铭,张子法,黄勇,卢飞霞,沈杰,周江洪,俞洁芳,叶建亮	浙江大学
224	基于"RICH理念"的地方师大英语师范生培养探索与实践	胡美馨,骆传伟,俞明祥,竺金飞,胡伟杰,黄爱凤,郑志恋,叶志雄,吴本虎,罗晓杰,张亚萍,俞燕明,孔菊芳	浙江师范大学
225	螺旋递进、多维联动、能力为重——食品保藏课程群20年教学改革与实践	罗自生,叶兴乾,郭慧媛,陈芳,郑晓冬,任发政,李莉,徐艳群,傅达奇,陈士国,叶尊忠,李阳,茅林春,曹建康,徐惠荣	浙江大学,中国农业大学
226	需求牵引、实践驱动、数字赋能——电子信息类专业创新人才培养体系构建及成效	陈龙,史治国,程知群,李文钧,齐冬莲,高明煜,孙玲玲,姚缨英,黄继业,王光义,何志伟,章献民,马学条,郑鹏,刘圆圆	杭州电子科技大学,浙江大学
227	以"创新药物研发链"为主线的生物制药人才培养模式的构建与实践	林丽,李校堃,卫涛,蔡琳,田海山,王晓杰,黄志锋,王文秀,惠琦,叶发青,梁广,丛维涛,金子,龚方华,吴疆	温州医科大学
228	传承·践行·创新:红船精神"五化"育人体系的构建与实践	卢新波,黄文秀,吕延勤,陈立力,彭冰冰,富华,李蕾,洪坚,徐永良,张琦	嘉兴学院
229	地方综合性大学"一核四轴"美育体系的改革与实践	俞子正,王蕾,屠春飞,张真柱,乐传永,徐进,戚家超,徐仲偶,王自东,孙芬娜,梁卿,张晶晶,刘子彧,沈浩杰,沈法	宁波大学
230	基于"四力驱动、智财融合"的新时代管理型财会人才培养创新与实践	胡国柳,谢诗蕾,罗金明,许永斌,曾爱民,吴少波,马文超,王帆,姚瑶,万鹏	浙江工商大学

续表

序号	成果名称	完成人	完成单位
231	面向本科课程提质的"三联动三分类三协同"研究生助教制度改革与实践	胡吉明,江全元,方文军,金娟琴,王彦广,盛为民,杨旸,赵华绒,赵道木,王晓莹,刘召峰,盛况,汪蕾,陈宝梁,王英芳,赵爱军	浙江大学
232	健康中国背景下医学人文教育体系的构建与实践	朱雪波,吕一军,林文诗,刘燕楠,洪晓畅,阮积晨,金伟琼,郑节霞,陈巍,卢中秋,陈先建,陈洁	温州医科大学
233	专业催生行业,创业促成职业——开创中国听力专业教育先河的二十年探索与实践	应航,肖永涛,李志敏,徐飞,张国军,苏俊,王永华,田成华,胡旭君,赵乌兰,张婷,王一鸣,王枫,阮心明,金丽霞	浙江中医药大学,杭州惠耳听力技术设备有限公司
234	地方高校"中国心、数字魂、全球范"数字人才在地国际化培养模式构建与实践	郑宁,徐红,伍超,苏强,吴薇,林国浒,洪宇翔,胡保亮,孔万增	杭州电子科技大学
235	"四化四融"知识产权人才培养模式的探索与实践	陈永强,朱一飞,宋明顺,冀瑜,陶丽琴,乐为,吕璐,徐楠轩,刘文献,刘斌,范晓宇,赵明岩,刘义,温慧辉,汪湖泉	中国计量大学
236	全科教学、研训一体、多维协同 定向乡村小学教师培养的20年探索与实践	孙德芳,王利琳,方亮,曾文婧,肖正德,严从根,郑生勇,叶哲铭,潘巧明	杭州师范大学,丽水学院
237	以开放教育生态为抓手的地方师范院校工科人才培养的改革与实践	胡文军,蒋云良,李祖欣,黄旭,唐培松,唐卫宁,李树勇,朱立才,马志勇,张永,岳峰,邹洪伟,苗敏敏	湖州师范学院,盐城师范学院,绵阳师范学院
238	弘扬"和合思想",培养高素质中医药人才的探索与实践	范永升,陈忠,阮叶萍,方剑乔,李范珠,黄真,陈建真,熊阳,廖广辉,楼航芳,朱乔青	浙江中医药大学
239	艺技融合、三课联动、多元协同——青瓷应用型创新人才培养体系改革与实践	季忠苑,周武,竺娜亚,彭倩,周莉,周绍斌,陈小俊,季雨林,徐朝兴,杨吴伟,吴艳芳,李德胜,蓝岚,全敏瑛,王卉,张龙,李薇,陈池	丽水学院,中国美术学院,浙江省青瓷行业协会
240	以新文科为导向的西方音乐课程体系建设与创新	朱宁宁,杨九华,瞿枫,李鹏程,董晨阳,郭一涟,李燕	浙江音乐学院
241	提升亲和力 增强时代感:高校智慧思政育人大格局的探索与实践	蔡敬民,王佩刚,胡小松,潘金刚,王后林,李明,郑健,吴学琴,秦楠,吴磊,吴家华,余照务,李学俊,卞光文,李峰,钟小要,朱涛,周祥,姚江龙,高贵和,钱宝平	安徽大学,安徽省高校网络思想政治工作中心,中国科学技术大学,合肥工业大学,合肥学院,巢湖学院

续表

序号	成果名称	完成人	完成单位
242	"宽厚基础、系统实践、创新思维"三位一体的信息拔尖创新人才培养探索实践	吴枫,李斌,陈雪锦,李厚强,陆伟,陈彦,叶中付,王永,康宇,田新梅,周文罡,李礼,陈勋,王杰,查正军,杜宏伟,徐旭	中国科学技术大学
243	科教结合、所系结合、理实结合——中国科大拔尖人才培养模式的探索与实践	陈初升,刘斌,蒋一,周丛照,曾长淦,韦巍巍,臧建业,安虹,欧阳毅,袁军华,汪文栋,林晓立,陈发来,许胤龙,朱文光,白永胜,黄微,叶雅兰	中国科学技术大学
244	传承红专基因,实践新生养成教育新路径——"科学与社会"研讨课的十年探索	曾长淦,周丛照,潘建伟,左达峰,王晓燕,杨阳,邓继胜,马运生	中国科学技术大学
245	"传承创新、医药融合",二十载临床药学专业人才培养体系的构建与实践	李俊,吕雄文,解雪峰,程益群,朱倩,陈飞虎,金涌,王华,张磊,许杜娟,孟晓明,吴繁荣,吴红燕,臧洪梅	安徽医科大学
246	塑造·改造·再造·锻造:地方财经高校新经管人才培养改革创新与实践	丁忠明,周加来,朱红军,经庭如,廖信林,夏万军,方鸣,时大银,赵长娟,万光彩,储德银,宋马林,胡登峰,戴道明,张国海,李刚,邢孝兵,张卫彬,张华	安徽财经大学
247	数智赋能、虚拟仿真:工商管理类专业实践能力培养模式探索	杜鹏程,汪传雷,刘金培,白琳,王绍武,赵洁,李东和,周泽将,叶江峰,刘宏伟,洪功翔,刘景东,倪清,陈欣,李敏,王红艳,宋锟泰,张志明	安徽大学,安徽工业大学,安徽工程大学,宿州学院
248	引领·保障·服务:国家级教师教学发展示范中心建设的十年实践	邬大光,计国君,薛成龙,朱水涌,郭祥群,林亚南,谢作栩,郑宏,吴凡,郭建鹏	厦门大学
249	以实践为核心的生命科学一流人才培养体系探索	韩家淮,李勤喜,左正宏,徐虹,周大旺,程喆,邓贤明,侯学良,邬小兵,石艳,江子扬	厦门大学
250	"德育为先、交叉融合"的化学类专业建设与实践	吕鑫,朱亚先,郑兰荪,黎朝,任艳平,曹晓宇,邓顺柳,黄加乐,刘俊杰,任斌,李军,王翊如,杨家麒,刘恩恩,谢兆雄	厦门大学

续表

序号	成果名称	完成人	完成单位
251	以国家战略和公众健康需求为导向,构建学—练—战的公共卫生教育厦大模式	张军,夏宁邵,林忠宁,张琥,赵莳,李红卫,陈田木,袁权,方亚,陈静威,郑铁生,葛胜祥,庄曦,雷照,安然	厦门大学
252	会计学教学模式创新与教材体系改革:AI技术冲击、中国文化嵌入与伦理关注	杜兴强,李建发,刘峰,张国清,蔡宁,郭晓梅,林涛,曾泉,计国君,章永奎,刘潇肖,沈哲,叶军,杨绮,郑伟民	厦门大学
253	中国特色公共政策课程建设30年探索:系统设计与教学实践	陈振明,陈芳,魏丽艳,吕志奎,李德国,李艳霞,周茜,林雪霏,林艾	厦门大学
254	海洋思政:学思行的统一	蔡明刚,陈敏,黄邦钦,陈建明,于鑫,张宜辉,蔡笑霜,蔡毅华,王文卿,柯宏伟,刘丽华,曾隆隆,李扬帆,王春卉,周孔霖	厦门大学,闽江学院
255	传承·传播·重塑:华文教育人才全球胜任力培养创新与实践	胡培安,袁媛,潘夏星,胡建刚,沈玲,贾益民,林宏宇,王建华,陈海蛟,蔡丽,李晓洁,陈旋波,张娜	华侨大学
256	科产教融合、项目制牵引的工程实践教育体系改革	于岩,胡文平,李凌云,耿延候,林文雄,何春年,张友坤,王浩,周训胜,夏岩,何炳蔚,黄少钦,陈坚民,洪茂椿	福州大学,天津大学,中国科学院福建物质结构研究所
257	传承"C3H3"嘉锡教育理念培养化学创新人才的探索与实践	王心晨,袁耀锋,阳灿,林彩霞,王文峰,汤儆,孙燕琼,林伟,刘旺,付贤智	福州大学
258	十年磨一剑:福建师范大学"卓越教师"培养的综合改革实践	郑家建,宋原,吴文哲,杨发福,温志嵩,林伟川,陈新凤,鄢奋,王英暎,兰春寿,许文鑫,陈水源,陈松林,沈建和,祁峰	福建师范大学
259	中文师范生"闽派"培养模式的建构与实践	林志强,李小荣,叶祖森,涂秀虹,冯直康,陈鸿,谢刚,颜桂堤,陈瑶,林婷,滕翠钦	福建师范大学
260	赓续·创新·发展:体育学类本科专业人才培养"中国模式"的探索与实践	黄汉升,方千华,王家宏,季浏,陈作松,许文鑫,张加林,魏德样,王润斌,范峰,贾明学	福建师范大学,苏州大学,华东师范大学,首都体育学院,高等教育出版社,温州大学

续表

序号	成果名称	完成人	完成单位
261	"深耕细作—双轨融进—薪火相传"物理卓越教师实践能力培养的实践与创新	黄志高,郑卫峰,黄树清,冯卓宏,林钦,郑勇平,林应斌,林秀敏,张健敏,叶晴莹,王素云,王丽丽,郑渊方,翁存程,蒋丽钦	福建师范大学
262	"四史"教育融入高校思政课的探索与实践	傅慧芳,李颖,朱新屋,缪姝,汪炜伟,李雪梅,鄢奋,叶青,张梅,杨小霞,吴长锦,杨晶,黄雯	福建师范大学
263	深耕科技特派员制度的"三融合三链条"卓越农林人才培养改革与实践	朱朝枝,林占熺,曾芳芳,江汉森,刘国坤,胡开辉,孙威江,吴良泉,肖顺,潘鹤立	福建农林大学
264	基于生命周期健康照护理念的临床护理课程群建设及教学改革成效	胡荣,姜小鹰,张旋,肖惠敏,胡蓉芳,宋继红,林婷,庄嘉元	福建医科大学
265	优势学科引领下康复治疗一流本科专业建设的改革与实践	何坚,陈立典,黄佳,陶静,江征,柳维林,王艻斌,张琪,罗佳,刘雪枫,曾奕,吴劲松,陈少清,杨珊莉,关君一	福建中医药大学
266	遵循"但求最优 但求适应社会需要"的应用型人才培养20年探索与实践	刘运娟,陈兴明,张静,林文忠,刘建萍,林棋,穆景利,陈宏炜	闽江学院
267	传统乐种高校办学样本——"四共 四全 四位"南音专业教学体系创新与实践	陈恩慧,林立策,王丹丹,郑长铃,陈强岑,苏统谋,庄丽芬,王青,陈锡,黄月萍	泉州师范学院
268	三维度、四融合、五联动:新时代红色基因传承的大思政课教学改革与实践	黄恩华,周利生,曹开华,左功叶,尤琳,彭坚,方旺春,钟业喜,曾振华,魏日盛,张业振,刘小明,揭安全,吕建星,邹生根	江西师范大学
269	四方协同·项目驱动·全程融入:地方院校产品设计创新创业人才培养探索实践	韩吉安,徐志华,吴艳丽,陈向鸿,汤舒俊,李民,黄金发,刘俊杰,邹晓松,况宇翔,谢九生,李扬,刘爱华,夏莹,张哲	江西师范大学,景德镇陶瓷大学,江西理工大学,江西财经大学
270	核事业引领 创新驱动 多元协同地方行业院校一流核专业建设探索与实践	刘义保,刘云海,魏强林,乐长高,李然,张怀强,杨波,王爱星,李小燕,吴和喜,黄德娟,赵剑锟,刘玉敏,花榕,杜艳军	东华理工大学

续表

序号	成果名称	完成人	完成单位
271	红色资源融入课程育人的教学体系构建与18年实践	张泰城,肖发生,胡春晓,黄俭根,肖宜安,胡达道,蔡海红,昌庆钟,曾晓云,王伟年,胡文海,康永平,仰和芝,龚奎林,戚燕	井冈山大学
272	科学选才,创新培养,多元评价——基础学科拔尖人才培养探索与实践	彭实戈,吴臻,刘振美,徐孝刚,黄宗媛,潘旭,王蓓,刘梦嘉	山东大学
273	厚基深融、探索前沿、铸魂育人——数学创新人才培养20年探索与实践	吴臻,王光辉,王鹏辉,黄宗媛,刘守民,刘丙强,聂天洋,张德涛,蒋晓芸,刘京慧	山东大学
274	打造高校"两创"高地:中华优秀传统文化融入人才培养体系的研究与实践	戚万学,胡凡刚,胡钦晓,张茂聪,高伟,安燕,苏守波,王焕良,曹莉,吴佩林,谭维智,宋立林,曹志平,苏庆华,张惠	曲阜师范大学,山东师范大学,江苏师范大学,喀什大学,山东理工大学,临沂大学
275	"一体两翼":以《公共财政概论》教材为核心的课程建设研究与实践	樊丽明,石绍宾,杨志勇,李齐云,马海涛,朱青,孙开,陈东,李华,毛捷,姜爱华	山东大学,中国社会科学院大学,中央财经大学,中国人民大学,东北财经大学,对外经济贸易大学
276	基于课程结构及形态创新的KAPIV一体化工程人才培养改革与实践	孙康宁,梁延德,刘会霞,张景德,于化东,李爱民,林建平,朱华炳,李双寿,韩建海,李晓东,朱瑞富,罗阳,刘新,齐乐华,吴承格,范胜波,赵冬梅,杨平,徐向纮,王佑君,庄红权,付铁,刘甜甜,陈刚,宋晓,齐炳和,钱俊,李卫国,张庆,黎振华	山东大学,大连理工大学,江苏大学,长春理工大学,同济大学,合肥工业大学,清华大学,河南科技大学,中国石油大学(华东),四川大学,西北工业大学,山东交通学院,天津大学,新疆大学,电子科技大学,中国计量大学,南京航空航天大学金城学院,陆军炮兵防空兵学院,清华大学出版社,北京理工大学,高等教育出版社有限公司,浙江大学,太原理工大学,南京航空航天大学,昆明理工大学

续表

序号	成果名称	完成人	完成单位
277	面向未来技术创新人才培养的新工科教育模式研究与实践	徐晓飞,姜永远,王英龙,刘宏伟,钟诗胜,曾庆田,张龙,崔江涛,曹新方,李建波,张策,初佃辉,姜杰,王大方,桂洪斌,谷松林	哈尔滨工业大学-哈尔滨工业大学(威海),齐鲁工业大学,高等教育出版社有限公司,西安电子科技大学,山东科技大学,青岛大学,华为技术有限公司
278	30年坚守与创新——矿井通风与安全课程体系建设与实践	程卫民,王刚,刘音,孙路路,刘震,聂文,陈静,陈连军,潘刚,于海明,李威君,周刚,胡相明,倪冠华,孟祥豹,邵谦,辛嵩	山东科技大学
279	"三融一化"的拔尖创新软件人才培养模式探索与实践	崔立真,何伟,刘士军,鹿旭东,周元峰,周广鹏,许信顺,万熠,侯孟波,闫中敏,孔兰菊,史玉良,徐庸辉,林军	山东大学
280	学科交叉 产科教融合:资源勘查工程专业升级建设的探索与实践	张立强,蒋有录,操应长,刘华,董春梅,邱隆伟,林承焰,张世奇,张宪国,刘景东,袁静,李理,吴春雷	中国石油大学(华东)
281	实施"四维升级"工程 构建"四位一体"双创育人新模式	盛振文,别敦荣,王桂云,王洪才,孔令桂,李建,徐会吉,丁祥政,胡恒基,朱辉,李凤燕,盛明,盛智,蒋博文,马小雪,秦海丽,王素琴,杨霄雯,孙晓明,韩洁,邓晓阳	山东协和学院
282	基于信息化的多层次、多模式基础物理课程群的建设与实践	刘建强,于淑云,刘凤芹,宋洪晓,苏文斌,吕英波,郭亮,张加驰,胡绍明,陈峰,李玉香,蔡阳健,张海鹍,冷建材,缪可可,盖志刚,王春明,韩广兵	山东大学,喀什大学,兰州大学,山东师范大学,济南大学,齐鲁工业大学,高等教育出版社有限公司
283	交叉联动、双向协同、三型融通的地方高校信息技术创新人才培养探索与实践	李建波,杜祥军,李琳,杨艳,樊建聪,吴锡,丁军航,宿杰,周强,孙英华,孙仁诚	青岛大学,山东科技大学,成都信息工程大学
284	"供需反转、互融互促"产教融合培养动物生产类应用型创新人才的研究与实践	姜世金,林海,殷子惠,商营利,赵鹏,吴连军,李显耀,潘广臣,杨萍萍,纪春景,张方爱,李国锋,王群,刘传孝,邵彩梅,郭龙宗	山东农业大学,禾丰食品股份有限公司,山东益生种畜禽股份有限公司
285	"智能+"自动化类新工科专业高素养人才培养体系探索与实践	陈阿莲,段彬,朱文兴,张承慧,李岩,李珂,秦静,孙波,张伟,荣海林,吴皓,陈桂友,宋锐,张天德,姚福安	山东大学

续表

序号	成果名称	完成人	完成单位
286	学研结合、训创一体，打造系统化工程实践平台，提升学生工程应用及创新能力	李晓东，马建民，刘振东，陈晖，李雪琴，曲本全，朱传同，郭卫萍，马少华，赵玉明，刘冬冬，靳纪军，苑得鑫，荆正军	中国石油大学（华东）
287	基于"双轴联动"的全过程、模块化管理学科实验教学体系建设	孟庆春，戚桂杰，盖建华，杨海军，李扬，黄潇婷，戎晓霞，朱方伟，任晓阳，张江华，刘冰	山东大学，大连理工大学，湖北经济学院
288	"数字转型、五维重构"的土建类专业新形态课程探索与实践	崔艳秋，孔亚暐，宋德萱，王亚平，杨倩苗，周学军，牛盛楠，宁苡，房涛，何文晶，蔡洪彬，陈清奎，刘寒芳，安巧霞，杜书廷，刘琦，魏瑞涵	山东建筑大学，同济大学，山东大学，塔里木大学，济南大学，许昌学院
289	理工融合与多学科驱动的地方高校化学化工类一流专业群建设与实践	颜梅，刘宗明，魏琴，黄加栋，王霞，邱立平，周春华，邓荣，罗川南，李辉，张杰，郑庚修，崔玉，王雪，王琦，王雪莹，刘继涛，杨红晓，赵辉，段广彬	济南大学，山东京博控股集团有限公司
290	"知识为经、能力为纬、价值为纲"线上线下混合式教学模式探索与实践	王震亚，刘传勇，张聪，胡俊红，张克俊，王克芳，邱龙辉，李玉丽，袁凯，党宁宁，薛艳敏，李民，魏天迪，张树楠，徐彩，范华，付鹏程，李娜，李海彬	山东大学，湖南工业大学，浙江大学，青岛科技大学，山东第一医科大学，西安理工大学，江西财经大学，山东青年政治学院，广西艺术学院，山东财经大学
291	以工程设计为主线的化工装备创新人才培养模式构建与实施	蒋文春，杨朝合，王宗明，刘欣梅，王增丽，李军，万娱，刘会娥，罗云，李强，王振波，刘义，赵东风，马文忠，郝木明，赵东亚，左海强，孙治谦	中国石油大学（华东）
292	三维联动·3+聚合——省域高校教材建设"河南模式"的构建与实践	王天泽，汤涛，文旭，季双丽，李虎，郭瑾莉，刘丽丽，田伟丽，秦耀辰，赵军，李小建，张修宇，刘定平，易媛，李志萍，张道庆，桂黄宝	华北水利水电大学，河南财经政法大学，河南大学，郑州大学，西安交通大学，西南大学，北京师范大学-香港浸会大学联合国际学院，河南省高等学校教材管理服务中心
293	地方高校产科教融合的高质量应用型人才培养模式构建与实践	丁梧秀，张锐，王淑珍，陈岩，刘国际，屈凌波，王资生，贾碧，张丽娟，林海燕，王洪刚，武超，曲红升，王战民，王新昌，王北方，卢爱新，王鸿毅，石念峰，黄强	洛阳理工学院，盐城工学院，重庆科技学院，中钢集团洛阳耐火材料研究院有限公司，中信重工机械股份有限公司

续表

序号	成果名称	完成人	完成单位
294	地方应用型本科院校理工科学生创新能力培养的"OPCE"体系构建与实践	郑直,郭涛,贾晓红,张艳鸽,贡汉生,徐红玉,李品将,谢智宇,刘培蕾,吴国玺,郭珊珊,贾会敏,韩延伦,王建瑞,徐文龙,鞠志宇,何伟伟,殷志锋,高远浩,李慧娜	许昌学院,鲁东大学,河南科技大学
295	砥砺奋进三十载,工程项目驱动工科卓越人才培养模式的创新与实践	王永华,王延峰,江豪,张省,张文忠,李琰琰,张焕龙,赵素娜,陈志武,曹卫锋,邱洪波,郑安平,张保威	郑州轻工业大学
296	新农科背景下人才培养模式融合创新与实践	张改平,尹新明,赵鹏,代莉,吴刘记,胡选振,冯建灿,焦有宙,宋保胜,王瑞琳,周红飞,郭世保,郭红祥,秦英林,王鸿章,赵鹏飞	河南农业大学,信阳农林学院,牧原食品股份有限公司,正大投资股份有限公司
297	工程教育专业认证视域下工科专业学生非技术能力培养的研究与实践	张新民,杨瑞玲,吴志强,董晶颖,孙静,魏绍亮,焦锋,王华,黄俊杰,闫勇刚,董丽敏,薛铜龙,张小明,王静,李洪宇	河南理工大学,哈尔滨理工大学,山东科技大学
298	高校思想政治理论课"四位一体"立体化实践教学模式研究	马福运,蒋占峰,汪青松,蒋笃君,李金铠,常素芳,赵扬,焦丹,侯丽羽,王含,马二杰,曲嘉,陶利江,李玉杰,郑蓓,洪玉娟	河南师范大学,郑州航空工业管理学院,河南工业大学,开封大学,漯河食品职业学院
299	基于专业高质量发展的地方高校教育学类一流本科课程建设与实践	杨捷,岳亚平,郝兆杰,王晋,王慧君,林德全,吴洪富,周珂,李申申,张新海,王星霞,段晓明,肖磊,孟艳,兰国帅,冯永华	河南大学
300	医科虚拟仿真教学资源共建共享模式创新与实践	赵俊强,李根强,徐永涛,娄岩,张国俊,赵章红,邱峰,于毅,张业宏,杨楠,刘燕,王川川,刘东华,李振新,常金龙	新乡医学院,中国医科大学,河南恒茂创远科技股份有限公司,上海师范大学,山东中飞科技有限公司
301	基于再师范化转型的地方师范大学一流本科教育理论建构与改革实践	罗红艳,赵国祥,赵申苒,唐香玉,卜彩丽,张利远,卫倩平,苗学杰,张银付,崔振成,王君健,万运京,郁涵阳,刘一夫,董华明	河南师范大学
302	以文化遗产教育培育大学生文化自信的路径研究与实践	苏小燕,梁留科,李江敏,高亚芳,苏晓智,张建忠,刘弘涛,秦艳培,吴涛,毛阳光,张体,付帅,李志晓	洛阳师范学院,中国地质大学(武汉),兰州文理学院,西安外国语大学,山西财经大学,西南交通大学

续表

序号	成果名称	完成人	完成单位
303	成人·知天·铸魂:人文精神、科学精神和中国精神三位一体的通识理念与实践	周叶中,李建中,桑建平,张绍东,彭华,潘迎春,苏德超,左亚文,文建东,姜昕,陈学敏,黄舒	武汉大学
304	回应国家重大需求的战略型法治人才培养模式实践与探索	冯果,何荣功,项焱,崔晓静,武亦文,秦天宝,肖永平,祝捷,冯洁菡	武汉大学
305	思政引领 目标导向 多方协同—土木类高素质新工科人才培养体系构建与实践	刘泉声,徐礼华,吴志军,方正,胡衡,傅旭东,谢献谋,李杉,汪洋,张晓平,胡志根,余亮,杨荷	武汉大学
306	育家国情怀,做经世学问——新文科背景下历史学人才培养模式探索	杨国安,王萌,郑威,刘安志,薛梦潇,鲁家亮,魏斌,黄楼,潘迎春,李英华,李涛,张士伟	武汉大学
307	立德铸魂、理工医交叉、前沿问题牵引,构建生命学科拔尖创新人才培养体系	余龙江,卢群伟,付春华,鲁明波,占艺,刘亚丰,栗茂腾,杨英,刘笔锋,付玲,马聪,杨广笑,丁明跃,金文闻	华中科技大学
308	融通教学—科研—思政的"四新三高二化"能源动力专业创新人才培养模式	陈刚,姚洪,方庆艳,成晓北,孙伟,张燕平,王晓墨,杨军,罗小兵,张立麒,杨昆,叶晓明,张成,何国庚,张师帅	华中科技大学
309	面向新工科的研究型大学电气专业创新人才培养体系创建与实践	文劲宇,李红斌,韩小涛,张蓉,杨勇,尹仕,贺恒鑫,杨凯,罗珺,郭卉,姚伟,朱秋华,王康丽,陈霞,李大伟	华中科技大学
310	面向数字经济的工程管理复合型人才"非线性学习"培养模式研究与实践	丁烈云,骆汉宾,高飞,孙峻,周诚,王元勋,徐学军,苗雨,龙晓鸿,钟波涛,李斌,周迎,刘有军	华中科技大学
311	以临床能力与创新潜质为导向的医教研三融合临床教学体系构建与实践	陈孝平,马丁,刘继红,周琦,岳静,王海灏,陈亮,陈刚,万宝俊,朱明欣,高庆蕾,袁响林,张志伟,陈倩,李科珍,张斌豪	华中科技大学
312	数字人文实践中的"云上中文"平台构筑与应用	胡亚敏,余一骄,刘云,王洪涌,徐敏,张筱南,苏晖,舒江波,李炜,苏小露	华中师范大学
313	基于多元协同的汽车行业一流人才培养模式研究与实践	颜伏伍,华林,侯献军,汪怡平,汪云,张红霞,王志红,张洪昌,余晨光,田哲文,潘秋子,辜志强,吴华伟,杨亚会,张国方,韩爱国,张璇,魏晓旭,詹涛,严岢,冯樱,黄妙华	武汉理工大学,湖北文理学院,湖北汽车工业学院

续表

序号	成果名称	完成人	完成单位
314	一流材料类专业"三卓越""三引领"人才培养模式创新与实践	麦立强,林元华,谢峻林,李正操,赵春霞,吕瑞涛,张清杰,南策文,王发洲,姚可夫,卢少平,罗小寒,罗雯	武汉理工大学,清华大学
315	赋能高校创新创业人才培养的"一核双擎三融通"体系创新与实践	肖静,袁艳斌,郭顺生,杨应平,张晓盼,魏超,史彬,范小春,王如意,刘振元,王秀梅,刘志平,郭永琪,章嵩,王超	武汉理工大学
316	高水平团队引领资源类专业群建设的实践与创新	李建威,姚光庆,王华,王占岐,姜涛,刘刚,周刚,沈传波,高复阳,张建华,吕新彪,解习农,张夏林,徐枫,严德天	中国地质大学(武汉)
317	新文科背景下财经政法深度融通的一流人才培养改革与实践	杨灿明,李志生,龚强,张虎,李俊,董邦俊,胡川,伍施乐	中南财经政法大学
318	新时代卓越园艺专业人才培养改革与实践	程运江,邓秀新,王春潮,徐强,张宏荣,周继荣,马兆成,张俊红,蔡江,袁芳亭,曹震,王媛媛,黄远,柴利军,王鹏蔚	华中农业大学
319	科教融合、产教融通培养新时代卓越农牧人才	陈焕春,刘兴斌,任竹青,卢禧东,常帅,晏向华,彭贵青,代金贵,胡丽华,刘小磊,左波,刘榜,孙铝辉,马立保,刘涛	华中农业大学
320	新型农林人才"三融合"耕读教育模式的研究与实践	青平,成协设,罗小锋,李大鹏,刘震,彭小川,程华东,朱龙付,吕叙杰,蒋思文,谭文峰,徐晓云,宗望远,姚家玲,傅廷栋	华中农业大学
321	"铸钢魂 深交融 重挑战 强协同"冶金类新工科人才培养体系探索与实践	倪红卫,王炜,张华,朱航宇,李建立,盛建龙,赵惠忠,吴怀宇,张志清,赵雷,张晓龙,黄峰,郑琼梅	武汉科技大学
322	四维融合三优同创:基于国家级科研平台的大学生创新能力培养模式构建与实践	姜卫平,郭迟,刘经南,郭文飞,杜博,李必军,楼益栋,牛小骥,张沪寅,汪志明,涂卫平,罗斌	武汉大学
323	"理工并举、双轮驱动"的地理信息科学专业创新人才培养模式探索与实践	杜清运,蔡忠亮,任福,沈焕锋,李霖,苏世亮,费腾,田晶,刘潇,李连营,翁敏,沈元春	武汉大学

续表

序号	成果名称	完成人	完成单位
324	面向地理信息强国战略的测绘类专业新工科建设与实践	姚宜斌,李建成,邹进贵,闫利,黄声享,袁强强,李英冰,史俊波,詹总谦,张小红,邹贤才,郭斐,黄劲松,王甫红,刘万科	武汉大学
325	科教深度融合,"四位一体"材料类创新人才培养体系的构建与实践	周华民,李元元,廖敦明,樊自田,李德群,黄云辉,李毅,蒋文海,翟天佑,张云,单斌,蒋文明,金俊松,范淑媛,张诚	华中科技大学
326	价值引领、能力驱动,自主培养集成电路创新人才	邹雪城,柯昌剑,雷鑑铭,杨晓非,唐江,李玲,江建军,姜胜林,缪向水,邹志革,姜波,项林川,张林,游龙,刘冬生	华中科技大学
327	铸魂强基:新闻传播基础理论课程群综合改革探索与实践	张昆,张明新,李华君,唐海江,陈薇,郭小平,刘洁,徐明华,何志武,余红,李卫东,王创业	华中科技大学
328	"药学科学家"潜质创新人才培养体系的构建与实践	张勇慧,朱虎成,向明,厉岩,项光亚,周正航,黄锐,吴瞳勃,何炜玮,汪建平,王小刚,陈春梅,费瀚雨,上官小芳,谢可意	华中科技大学
329	面向海洋与制造强国战略的创新型设计人才培养模式改革与实践	潘长学,吕杰锋,李卓,韩少钦,黄雪飞,吴卫国,王双全,周艳,童彦婷,方卫,袁晓芳,吴瑜,管家庆,李万军,曹献馥	武汉理工大学,武汉科技大学,武汉纺织大学,琼台师范学院
330	"三维"沉浸"四域"融合:政府会计人才培养模式创新与实践	张琦,唐国平,钱学锋,李小平,张广科,王华,汤湘希,王芳,吴德军,王金秀,谭艳艳,潘晓波	中南财经政法大学
331	新时代"冶金+"一流人才培养模式创建与实践	柴立元,唐崇俭,杨建广,郭学益,陈爱良,王雅琳,刘咏,王云燕,闵小波,成琼文,王庆伟,韩响玲,邹滨,李青竹,梁彦杰,王志兴,秦毅红,李劼,赖延清,纪效波,魏秋平,李昆,刘恢,颜旭,雷望红	中南大学
332	深耕有色金属资源特色,培养应用化学创新人才	刘又年,黄健涵,宋相志,钟宏,陈立妙,张寿春,丁治英,杨鹰,王微宏,李亚娟,卢红梅,刘有才,金一粟,刘广义,阳华,罗永忠,邹应萍,喻桂朋,刘艳飞,徐海,韩凯,王曼娟,罗一鸣,王一凡	中南大学

续表

序号	成果名称	完成人	完成单位
333	校企协同、三化并举,服务国家战略的轨道交通创新人才培养改革与实践	何旭辉,王卫东,高广军,高亮,罗文俊,韩峰,陈维亚,陈春阳,王薇,闫斌,纪晓飞,杨鹰,陈治亚,虞庐松,肖宏,易亮,罗意平,蒋琦玮,谢友均,张劲枫,张文锦	中南大学,北京交通大学,兰州交通大学,华东交通大学,中国中铁股份有限公司,中国土木工程集团有限公司
334	激发潜能 个性化培养 持续深化创新创业教育改革的实践探索	杨芳,韩雷,何军,郭学益,周科朝,李启厚,邹金锋,龚艳萍,许中缘,徐富新,刘正宗,段吉安,白毅,许源源,刘玲武,甘雪萍,徐德刚,陈明淑,李敏	中南大学
335	以专业群建设为抓手,构建多元融合的信息类人才培养体系	陈志刚,奎晓燕,邹北骥,彭军,段桂华,王建新,龙军,石金晶,刘佳琦,胡志刚,郭克华,史建权,王伟平,刘卫国,任胜兵,费洪晓,陈再良,漆华妹,邓磊,张晓勇,杨迎泽,姚鑫,孙龙志,许宁	中南大学
336	"强魂筑基高拓"三驱并进化学拔尖学生培养模式探索与实践	王玉枝,宦双燕,李永军,谭蔚泓,蒋健晖,张晓兵,王双印,梁志武,郭栋才,王兮,刘松,吴英鹏,江国防,刘强,罗伟平	湖南大学
337	智能赋能,跨界创新——新工科背景下机械类专业进阶式转型升级的探索与实践	姜潮,杨旭静,张屹,王文格,刘江南,龙湘云,彭晓燕,蔡立军,黄晶,钟翔,刘杰,刘坚,周加喜,易洪波,李茂君,黄帅,张冠军,任莹晖,张海成,任毅如,柴天,熊天丽	湖南大学
338	"双核贯通"的高质量复合型电气信息类创新人才培养体系改革与实践	滕召胜,李勇,黄守道,帅智康,许加柱,张小刚,温和,张子娇,罗隆福,唐求,汪泛,谭阳红,何赟泽,马子骥,王华	湖南大学
339	"一本三能,四梁八柱"——土木类经世致用拔尖创新人才培养模式探索与实践	陈仁朋,邓露,张国强,周云,邵旭东,张恒龙,彭晋卿,黄立葵,华旭刚,张玲,施周,方志,易伟建,樊伟,周石庆,张望喜,李念平,陈大川,刘晓明,赵明华,陈美华,秦鹏	湖南大学
340	构建双重环链 强化系统能力 培养新时代高质量计算机人才	赵欢,李肯立,罗娟,荣辉桂,肖德贵,肖国庆,杨科华,秦云川,刘楚波,汪忠,周旭,刘璇,阳王东,段明星	湖南大学

续表

序号	成果名称	完成人	完成单位
341	面向新文科的基于"6C"要素的经济类大学生创新创业能力培养探索与实践	许和连,李曼,祝树金,肖皓,谢锐,邓玉萍,范子杰,蔡婕萍,吴志明,汪忠,吴占涛,祝由	湖南大学
342	新时代"文化引领·数智赋能"的设计创新领军人才培养体系探索与实践	季铁,袁翔,刘芳,刘永红,何人可,王巍,王海宁,肖懿,卢继武,张汗灵,蒋友燏,郭寅曼	湖南大学
343	基于"移动课堂"的高校思想政治理论课实践教学创新与实践	龙兵,唐珍名,柳礼泉,张君,罗仲尤,吴增礼,刘光斌,曾兰,喻玲,刘莉萍	湖南大学
344	守正创新 多维融通:根植中国传统的新时代"书院制"育人模式探索与实践	肖永明,杨代春,潘彬,陈仁仁,谢丰,吴增礼,朱汉民,邓洪波,陈宇翔,夏金龙,罗宗宇,殷慧,余露,付湘龙,马华华,蔡建国,李小波,陈岘,于月,李清良	湖南大学
345	传道济民 经世致用——优秀传统文化育时代新人的探索与实践	李树涛,汪卫斌,章兢,唐珍名,许和连,陈宇翔,邓洪波,龚完全,全松柏,刘杰,蔡立军,李智勇	湖南大学
346	双核驱动、五维协同的金融类一流课程群闭环式建设与探索	吴志明,王修华,张强,张宁,王敏,刘晓兰,刘晓剑,张立军,马勇,胡荣才,杨晓临,许传华,王兰,刘昊虹,于明	湖南大学,重庆工商大学,湖北经济学院,广东金融学院,高等教育出版社有限公司
347	培根铸魂,返本开新:"两创"视域下中国哲学教学改革的探索与实践	张怀承,郭园兰,肖平,邹啸宇,马俊,邓名瑛,周慧,丁小平,伍屏芝,彭婷	湖南师范大学
348	扎根伟人故里,传承红色基因,构建"一引领两转化三融入"的立德树人新模式	李佑新,黄云清,李雅兴,廖永安,刘建平,喻祖国,刘中望,赵猛,杨小军,李伏清,岳慧君,孙明辉,张月朗,周慧,王晖,邝倩,彭斌,谢芳	湘潭大学,衡阳师范学院
349	面向公路交通高质量发展的高素质复合型人才"三化四通"培养模式创新实践	郑健龙,王磊,杜荣华,张军辉,李传习,胡林,袁剑波,张建仁,刘朝晖,杨伟军,尹来容,王正武,马亚飞,周和平,陈伏彬,钱国平,张玉平,胡宏伟,周访滨,付果,唐宏宾,肖杰,黄阜,周爱莲,戴理朝	长沙理工大学
350	卓越农科人才培养的湘农模式构建与实践	邹学校,高志强,官春云,刘仲华,陈弘,唐文帮,段美娟,朱育锋,高倩文,易图永,肖文军,阳会兵,秦玉芝,肖化柱,李尚群	湖南农业大学

续表

序号	成果名称	完成人	完成单位
351	地方综合性大学临床医学人才"特色"培养改革与实践	张灼华,姜志胜,王丹玲,刘江华,汤永红,肖德涛,何淑雅,唐志晗,曾国,何平平	南华大学
352	"新工科+新商科"引领数智型管理人才培养供给侧改革的探索与实践	陈晓红,刘国权,潘煜,张玲,刘导波,姜曙光,王风华,寇纲,杨水根,周敏,马宝君,胡春华,唐爱国,刘利枚,曾晶	湖南工商大学,上海外国语大学,西南财经大学
353	面向产业发展,校企融合创新,地方高校电类卓越工程人才培养探索与实践	万琴,易兵,唐勇奇,陈岳堂,吴迪,刘婷,李婷,林愿,魏克湘,林国汉,方正军,李珍辉,曾永卫,曾赛峰,肖岳平	湖南工程学院
354	"大思政"育"大先生":新时代红色师魂培育的"一师"实践	罗成翼,贺汉魂,钟佩君,刘丽群,欧阳斐,阮东彪,陈明,谭凯,李昱,罗燕,姜明芳,刘立勇,谭彩霞,陈阳	湖南第一师范学院
355	"水土交融,场网共享"新时期大土木实践育人模式构建与示范	王复明,杜彦良,周福霖,陈湘生,邓铭江,唐洪武,许唯临,刘加平,朱合华,周建庭,王宗敏,何川,吴智深,李庆斌,冯平,周颖,林凯荣,方宏远,杨俊,陈红,丁选明,谢红强,雷冬,罗尧治,王玉银,刘斌,李冬生,王述红,余志武,刘勇,杨健,刘云贺,罗蓉,王召东,陈雷,张玉清,刘雪梅,贾永胜,谭平,张吾渝,陈秀云,吴曙光,郦伟,包小华,高占凤,徐慧宁,龚之冰,孙金山,赵新宇,郭成超	中山大学,四川大学,郑州大学,河海大学,重庆交通大学,石家庄铁道大学,同济大学,大连理工大学,山东大学,清华大学,天津大学,中国交通建设股份有限公司,中国电力建设集团有限公司,中国铁建股份有限公司,中国中铁股份有限公司,中国长江三峡集团有限公司,中建地下空间有限公司,浙江大学,东南大学,哈尔滨工业大学,东北大学,深圳大学,广州大学,西安理工大学,江汉大学,重庆大学,华南理工大学,中国海洋大学,上海交通大学,中南大学,西南交通大学,青海大学,武汉理工大学,吉林建筑大学,华北水利水电大学,河南师范大学,河南城建学院,新余学院,惠州学院,黄淮学院,坝道工程医院(平舆)

续表

序号	成果名称	完成人	完成单位
356	医学教育"三阶段四贯穿"一流医学人才培养模式创新与实践	肖海鹏,匡铭,王庭槐,冯劭婷,王淑珍,梁玲,杨达雅,胡文杰,张昆松,肖莉华,王晓桃,陈淑英	中山大学
357	大学英语课程思政内涵建设与教学实践	钟书能,黄国文,韩金龙,李昀,战双鹃,朱献珑,汤琼,徐鹰,周娉娣,张晓红,杨枫,潘海英,刘芳,彭静,苏娉,冯军霞,徐玲,陈金诗,常少华	华南理工大学,华南农业大学,暨南大学,深圳大学,上海交通大学,吉林大学,北京理工大学,重庆大学,中山大学,广州理工学院,广东技术师范大学,广东外语外贸大学,高等教育出版社
358	"认证驱动、德识能三联动"的土木工程国际化卓越人才培养模式创新与实践	季静,吴波,苏成,陈庆军,张海燕,潘建荣,李静,王湛,吴建营,胡楠,康澜,张晓晴,郭文瑛,虞将苗	华南理工大学
359	新时代港澳台侨学生"两融三浸"型国情教育模式创新与实践	胡军,张小欣,程京武,谷世乾,颜海波,李玉平,熊卫华,王昱,杨泽铭,李伟	暨南大学
360	培根铸魂,融合贯通:"三平台三课堂"经济学育人模式创建与实践	王春超,冯帅章,郑贤,王贤彬,李琼,蒋海,史炜,吴祖剑,唐庆峰	暨南大学
361	纵向整合 横向延伸 立体评价 促进深度学习的医科院校课程综合改革实践	文民刚,佟矿,朱汉祎,张春辉,黄巧冰,谢小燕,董为人,郑维扬,李晓丹,秦再生,夏欧东,黄文华,刘杰,张卫珍,刘辉	南方医科大学
362	"三思四能"高性能计算卓越人才培养体系构建与实践	卢宇彤,吴迪,陈志广,江颖,周晓聪,万海,郑伟诗,吴维刚,马啸,杨宏奇,肖侬	中山大学
363	面向新时代乡村振兴国家战略的旅游人才创新创业培养体系	保继刚,徐红罡,罗秋菊,张骁鸣,张朝枝,孙九霞,刘逸,梁增贤,饶勇,黎耀奇	中山大学
364	以学生成长为中心的经济学专业"1+3"融合教学模式	周先波,李善民,黄新飞,林建浩,刘彦初,李兵,陈增祥,刘毓芸,张一林,李胜兰,张学志,王彩萍,李捷瑜,杨海生,徐现祥,杨子晖	中山大学
365	为功十三载扶智扶志,精准赋能西部高校复合型商科人才培养的探索	田宇,冷志明,漆小萍,李新春,李仲飞,谭劲松,王克,蒋辉,龙海军,张怀英	中山大学,吉首大学

续表

序号	成果名称	完成人	完成单位
366	新时代"一核心三板块六计划"大思政育人体系的构建与实践	章熙春,李正,李卫青,解丽霞,项聪,文宏,晋刚,王应密	华南理工大学
367	研究型大学创新创业教育与专业教育深度融合的探索与实践	项聪,李正,林镜亮,张卫国,卢开聪,李琳,黄敏	华南理工大学
368	国际标准 湾区实践:"5A卓越"新闻传播人才培养体系改革创新探索	林如鹏,支庭荣,刘涛,张晋升,杨先顺,林爱珺,陈伟军,彭伟步,麦尚文,朱磊,赵建国	暨南大学
369	粤港澳大湾区高校在线开放课程共建共享机制的创建与实践	张荣华,郑文,姜琳,潘伟贤,黄国贤,李正,陈文海,文民刚,吴开俊,王嘉祺,袁磊,张焕明,张小欣,周红春,谢舒潇,谷世乾,张雁,刘泽奖,莫逊男,张春辉,杨七平,刘情情,曹畅	暨南大学,香港中文大学,澳门大学,广东省教育厅,香港理工大学,中山大学,华南理工大学,华南师范大学,南方医科大学,广州大学,深圳大学,惠州学院
370	以中华优秀文化培根铸魂的中医药守正创新人才培养模式的构建与实践	马民,颜显欣,刘红杰,张桂娟,秦佳佳,孙立,马义,朱晓峰,陈家旭,陈利国,苏运生	暨南大学
371	现代农业工程人才双向驱动"六融合"培养模式的创新与实践	罗锡文,王海林,闫国琦,林伟波,朱鸿运,高锐涛,李君,王红军,郭涵,陆永超,胡炼,齐龙,杨文武,孙振刚,施娜柯	华南农业大学
372	依托三个支撑的"一贯穿二融合"物理师范卓越人才培养体系的构建与实践	吴先球,唐志列,张军朋,熊建文,王恩科,许桂清,俞开智,唐小煜,李丰果,李铭,朱诗亮,刘朝辉	华南师范大学
373	服务国家战略,以生为本,三导共育,三师合一,心理学创新型人才培养二十年	何先友,刘学兰,范方,田丽丽,张卫,莫雷,陈俊,叶苑秀,王瑞明,攸佳宁,贾艳蕾,黄喜珊	华南师范大学
374	基于一流课程群建设的英语师范专业卓越人才培养"三协同"生态圈构建与应用	黄丽燕,徐曼菲,谷红丽,刘晓斌,金檀,曾娟,许悦婷,周榕	华南师范大学
375	"南山精神"引领的"三化三合三体系"卓越医学人才培养模式改革与实践	冉丕鑫,赵醒村,李建华,吴他凡,王新华,罗健东,刘世明,黄锦坤,郑建民,林爱华,张慧群,张辉	广州医科大学
376	上下求索40年——基于教育数学思想的大学数学"三创"教学改革与实践	张景中,王卿文,饶永生,聂衍刚,丛玉豪,李尚志,钟育彬,李进,管皓,邹宇,何卓衡,王捍贫,唐春明,陈联,汤茂斌	广州大学,上海大学,中国高等教育学会教育数学专业委员会

序号	成果名称	完成人	完成单位
377	计算思维和信息素养并重的计算机基础课程体系重构与实践	王志强,陈国良,李廉,董荣胜,徐红云,毛睿,李坚强,梁正平,朱泽轩,杜智华,杨烜,蔡平,贾森,李延红,张艳,周虹,龚黎旰	深圳大学,兰州大学,桂林电子科技大学,华南理工大学,深圳北理莫斯科大学
378	善用社会大课堂,巧手仁心育英才:以劳动教育赋能"五育融合"育人新模式	姜虹,蔡映辉,刘祥玲,黄静霞,孙泽伟,成海鹰,姚溱,凌学敏,黄博津,卓燕淳	汕头大学
379	面向企业智能化改造需求的自动化复合型人才培养模式改革与实践	任斌,胡耀华,胡文龙,丁文霞,孙泽文,韩清涛,赵洋,赖树明,胡亚伟,黎山峰	东莞理工学院
380	根植本土 面向东盟——民族地区音乐舞蹈特色人才培养创新与实践	蔡央,侯道辉,谢斌,韦金玲,姚冰,华山,曾诚,李娜,温泉,梁寒琰,邱晨,楚卓,梁戈里,李志雄,吴霜,吕军辉,莫晓文,陈坤鹏,戴丽霞,黄磊,潘林紫,蒋燮,王莉萍,邱玉兰,杨志晓,戴伟,陈雪,侯君,贺翔,赖伟伟,凌晨	广西艺术学院
381	双跨融合,旺工淡学:海南自贸港新型旅游人才培养体系的创新与实践	郭强,马勇,谢彦君,何彪,谢祥项,侯佩旭,刘莉莉,刘军,郭田田,余力力,王琳,董林峰,耿松涛,冯翔,游曼	海南大学
382	浚源固本,知行融创:整体工程观引领的卓越土木工程人才培养探索与实践	周绪红,李正良,华建民,陈朝晖,谢强,石宇,李百战,杨庆山,王志军,文俊浩,严薇,刘红,卢黎,刘纲,康明,刘猛,文海家,喻伟,夏洪流,黄国庆	重庆大学
383	自主定位,实践立信,个性发展——电子信息人才培养1133模式探索与实践	曾孝平,曾浩,唐枋,颜芳,林英撑,于彦涛,周喜川,张玲,印勇,韩庆文,周建林,陈新龙,陈建军,宋焱翼	重庆大学
384	迈向工程强国的土建类学生非技术能力培养体系——工程管理专业教学团队的实践	刘贵文,何继善,向鹏成,王孟钧,毛超,严薇,曾德珩,徐鹏鹏,叶堃晖,杨宇,周滔,洪竞科,蔡伟光,王青娥,华建民,任宏,陈辉华	重庆大学,中南大学

续表

序号	成果名称	完成人	完成单位
385	校企合作十年 同守育人初心:土建类跨学科多专业联合毕业设计教学实践	刘汉龙,胡学斌,杨宇,黄海静,陈娜,卢峰,徐波,陈金华,甘民,谢安,刘艺,郭炜,张亮,卿晓霞,曾旭东,刘宝,张海滨,顾湘,周智伟,张勤	重庆大学,中国建筑西南设计研究院有限公司,华东建筑设计研究院有限公司
386	新工科视域下机械工程卓越人才多维融合培养模式与实践	汤宝平,罗远新,杜静,王时龙,宋朝省,曹华军,陈晓慧,魏静,金鑫,刘飞,陈永洪,江桂云,张志清,冉琰,李雪梅	重庆大学
387	精准服务国家战略的涉外法治人才培养西政实践	付子堂,岳彩申,王怀勇,张建文,陈咏梅,张春良,马知罕,龚暄杰,杨国华,胡尔贵,曹志建,孟庆涛,张波,佘杰新,李满奎	西南政法大学
388	法学教育从司法面向到社会面向转型,推动法治人才供给侧结构性调整	孙鹏,龙大轩,唐力,谭宗泽,张力,侯国跃,黄忠,徐银波,曹兴权,李兆玉,黄汇,李媛	西南政法大学
389	小儿科,大使命:培养高素质儿科医学人才的重医实践	李秋,华子瑜,刘恩梅,朱静,张志勇,程茜,许红梅,翟瑄,张高福,黄曦,梁平,唐雪梅	重庆医科大学
390	社会主题统揽,艺术磨砺赋能——塑造"人民设计师"的川美实践	段胜峰,吕曦,蒋金辰,皮永生,汪泳,骆玉平,吴菡晗,辛向阳,焦兴涛,王天祥,苏永刚,曾敏,谢亚平,魏勇,胡永攀,陈勇,周宗凯	四川美术学院
391	新医科引领,"口腔医学+"卓越人才培养模式的创新与实践	叶玲,张凌琳,赵志河,何苗,王了,岳莉,袁泉,罗恩,林云锋,于海洋	四川大学
392	"登攀铸魂·实践强能·多元协同"新时代西部地学创新人才培养的改革与实践	倪师军,龚灏,刘清友,曾英,花海燕,程孝良,周菲,邓辉,何计蓉,何志华,曾国强,巨能攀,周仲礼,曹俊兴,裴向军	成都理工大学
393	精进·深研·笃行——新时代中国特色社会主义政治经济学育人新体系十年探索	丁任重,刘灿,盖凯程,李萍,韩文龙,赵磊,廖春华,唐晓勇,吴垠,徐舒,陈涛,陈秋生,孙大光,赵劲松,袁正	西南财经大学

续表

序号	成果名称	完成人	完成单位
394	多元浸润 精准培育 大学生创新创业能力培养体系探索与实践	张林,兰利琼,叶玲,梁伟波,吴迪,严斌宇,邓富民,冉桂琼,李华,李卡,李昌龙,肖先勇,武梅,卢莉,贾舜宸,何露,翟硕,邓屹立,张艳霞,张怡,龚小刚,王君	四川大学
395	学科引领专业、科研促进教学——电子类专业新工科创新人才培养模式探索与实践	樊勇,陈万军,贾利军,何松柏,李雪梅,蒙林,于奇,金立川,李恩,曾葆青,张万里,徐岩,李朝海,任敏,程钰间	电子科技大学
396	重融合 强实践 促创新——一流卫生检验本科人才培养模式的改革与实践	裴晓方,李永新,邹晓莉,汪川,王国庆,曾红燕,孙成均,史莹,郑波,左浩江,许欣,蒋莉华,杨淑娟,唐田,曾沛斌,夏莹,熊静远,游佳,曾菊梅,周琛,李雯雯,陈嘉熠,郑田利,张翔凌,孙睿	四川大学
397	构建"三堂互融"教学模式,培养机械类学生创新能力	张祖涛,董大伟,周仲荣,潘亚嘉,罗大兵,袁艳平,钱林茂,李静波,田怀文,康锐,刘朝晖,张则强,王衡,邹喜华,李恒超	西南交通大学
398	大学生财经素养通识教育的文综实验教学体系创建与实践	徐玖平,李小平,卢毅,应千伟,牛永革,胡知能,吴鹏,张攀,刘海月,郑洪燕,黄勇,孟致毅,吴邦刚,贾西猛,王凤娟	四川大学
399	激发创新潜能导向的工科院校美育体系二十年探索与实践	申小蓉,刘惠,杨菁,杜卫,李书简,黄廷祝,祝小宁,彭岷,徐世中,唐勇,沈倩,蔡晓鸥,郝云超,岳路鹏,骆德渊,汤羽,潘锦,杨阳	电子科技大学
400	医教研协同,"两个递进"推进卓越医学创新人才培养的川大华西实践	李为民,卿平,万学红,王坤杰,姚巡,柴桦,张猎,曾静,王星月,程春燕,蒲丹,谢红,贺庆军,王涵,周昀,曾波,王澎,田安宁	四川大学
401	思政引领,质量为魂,创新性研究型交通运输专业人才培养体系的构建与实践	彭其渊,罗霞,朱健梅,闫海峰,殷勇,李力,汤银英,鲁工圆,文超,陶思宇,王蔚,蹇明,蒋阳升,张晓梅,龚迪	西南交通大学

续表

序号	成果名称	完成人	完成单位
402	以弘扬江姐精神为引领的四川大学红色文化育人体系构建与实践	曹萍,张红伟,李建华,党跃武,徐海鑫,毕玉,张学昌,陈森,赵露,焦阳,冯兵,张洪松,王彬彬,鲍成志,赵云,杜小军,蔚钰,卿平	四川大学
403	"以量谋大"到"以质图强"专业内涵发展的路径与实践	李华,梁斌,张红伟,李怡,严斌宇,洪玫,赵云,徐友才,梁伟波,兰中仁,夏志强,黄崇湘,林江莉,王鹏,杨利琴,胡廉洁,梁中和,杨频,李长松,李娟	四川大学
404	医工融合跨界人才"五维五贯"培养模式的探索与实践	尹光福,张兴栋,林江莉,王云兵,赵长生,杨为中,苟立,李昌龙,刘肖珩,樊渝江,李娟,蒲曦鸣,陈艳雯,张仕勇,李向锋	四川大学,中国生物材料学会,四川省生物医学工程学会
405	强化价值引领、重构核心课程、创新实践体系,培养高质量软件工程人才	周世杰,廖勇,赵洋,聂旭云,王瑞锦,吴祖峰,朱国斌,任立勇,方曼,管庆,汤羽,吴劲,洪磊,刘辉,傅翀,蔡竟业,雷航,陈佳,徐旭如,谢梦雅	电子科技大学
406	集群共建高校财经慕课联盟 构筑优质教学资源共享体系	汤火箭,蒋先玲,李志生,李桂君,江晓东,李永强,廖国琼,李政辉,王伦刚,王铭娴,高晋康,欧李梅,陈昊,刘凌冰,叶林祥,张军,王海芳,李海龙	西南财经大学,对外经济贸易大学,中南财经政法大学,中央财经大学,上海财经大学,江西财经大学,浙江财经大学,东北财经大学,南京财经大学,广东财经大学,新疆财经大学,中国高教学会高等财经教育分会
407	服务"一带一路"重大需求,深化工程教育改革,培养铁路国际工程卓越人才	冯晓云,郝莉,葛兴来,李成坚,张铎,代宁,王平,张锦,宋文胜,欣羚,宋爱玲,杜博文,马征,朱军,李君,郭永春,韩效,张方,孙鹏飞,孔祥彬	西南交通大学
408	校城融合 中外融汇 多维融通——地方高校国际化应用型人才培养探索与实践	叶安胜,王清远,王小军,杜洁,李萍,冉毅嵩,冯威,吴启红,邓丽娜,刘晓,孙雁霞,刘茜,刘彤,赵倩,于曦	成都大学

续表

序号	成果名称	完成人	完成单位
409	行业高校创新创业教育改革"西南石大方案"的构建与实践	张磊,赵正文,陈玉祥,李德海,姚远,秦启荣,唐乐,李婕,李凯,肖鸿运,李媛媛,朱原,覃鸿飞,梁琳,白杨,熊健,黄泽皑,张安安	西南石油大学
410	数智化环境下领军型管理人才培养模式的创建与实践	陈旭,马永开,李平,刘蕾,雷东,吕明,祝小宁,赵卫东,艾兴政,夏晖,李强,陈宏	电子科技大学
411	以卓越学术为引领的研究型大学教师教学发展模式的构筑与实践	张红伟,李正良,兰利琼,王清远,黄宗贤,周加贝,黄璐,赵长生,刘黎,袁东智,张露露,卿平,龚勤林,向勇,杨立为,蒋明霞,林祎,刘皓,张同修,杨皓岚	四川大学,重庆大学
412	"三个代入":虚拟仿真技术助推高校思政课提质增效探索实践	唐晓勇,马骁,吴玉平,李春梅,雷栋良,袁上,郭文,廖春华,杨楹,刘世强,魏星,盖凯程,张梦,曹旭斌,龚松柏,黄世坤	西南财经大学
413	行业特色高校工程教育创新实践能力培养体系的构建与实施	崔凯,康国政,沈火明,蒲黔辉,陈辉,贺剑,沈中伟,田怀文,陈民武,杨燕,王坤,张玉春,王小敏,何畏,姬晓旭,冷伟,吕宝雨,雷雳,樊亚琪	西南交通大学
414	面向生物质利用国家战略需求的轻化工程本科教育改革与实践	石碧,彭必雨,刘晓虎,陈意,林炜,冯国涛,何有节,王亚楠,周建飞,祝蔚,曾运航,廖学品,黄鑫,杨璐铭	四川大学
415	中医药院校"一协同三融合"创新创业教育体系的构建与实践	王世宇,杨帆,刘贤武,马雪梅,田晓放,陈林,章津铭,吴丽娟,王海,郑勇凤,侯杰,杨峰,胡婷婷,蒋丽施,李阳倩	成都中医药大学,四川金诚易教育科技有限公司
416	"化学+"多维协同育人模式构建与实践	王玉忠,郑成斌,宋飞,游劲松,苏燕,姜林,祝良芳,胡常伟,陈思翀,谢均,李梦龙,肖波,王健礼,夏传琴	四川大学
417	植物保护专业"农生化交叉、产教研融合"人才培养模式的构建与实践	宋宝安,向嵩,杨松,吴剑,潘学军,金林红,龙友华,乙天慈,陈卓,刘治军,郏军锐,先桁,丁龙	贵州大学

续表

序号	成果名称	完成人	完成单位
418	基于认证评估的"四驱两测、四梯三融"工程人才培养昆工探索与实践	邹永松,王鹏,秦雅琴,束洪春,易健宏,沈韬,范开涛,刘荣佩,李法社,翟辉,郭荣鑫,曾和平,童雄,许蔚,李彬	昆明理工大学
419	基于脱贫攻坚的农科应用型人才培养体系构建与实践	朱有勇,吴伯志,何霞红,陈斌,朱书生,唐滢,胡先奇,蔡红,黄惠川,刘屹湘,于德才,杨生超,舒相华,李作森,施蕊	云南农业大学,西南林业大学
420	课堂革命 五维育人——民族学新文科建设模式的探索与实践	何明,李晓斌,王越平,李伟华,谭同学,陈学礼,覃延佳,和奇,陈浩,马翀炜,郑宇,黄彩文,郝国强,陈敦山,朴今海,李莲,乌日陶克套胡,图登克珠,高卉,寸云激,陶琳	云南大学,广西民族大学,云南民族大学,西藏民族大学,普洱学院,延边大学,石河子大学,西藏大学,大理大学
421	PDCA-SE驱动的德才兼备高质量人才培养体系创新与实践	张英杰,束洪春,瞿广飞,董鹏,李志义,宁平,邹永松,殷国禺,李祖来,董洋,吴顺川,许蔚,王鹏,那靖,冯晶,范开涛,刘荣佩,陈庆华,任金凤,王雷	昆明理工大学,大连理工大学
422	根植于中国大地的"大思政"教育创新与实践——云南大学"理解中国"育人计划	林文勋,王启梁,张岳,钱发维,孙信茹,张波,李维昌,高万红,胡凤益,李伟华,光映炯,郑茗戈,高娲,成希	云南大学
423	梯度联盟聚教研资源,三实进阶育创新人才——公共管理TTO模式的云南实践	邓崧,樊博,马桑,罗红霞,张吟梅,李重照,木永跃,李娟,彭艳,梁昕,谢和均,李宇卫,阚超,陈涛,董云川	云南大学,上海交通大学,云南财经大学,云南师范大学,保山学院,昭通学院
424	创建"新生态"育人体系:生态环境类人才培养综合改革探索与实践	段昌群,肖蘅,张志明,周睿,苏文华,方精云,付登高,朱章明,刘嫦娥,贾东瑞,王焕冲,杨琼,何严萍,和兆荣,王文礼	云南大学
425	中国心·民族魂·西藏情:西藏民族大学思想政治理论课教学品牌探索与实践	王彦智,刘权政,曹水群,胡敏,杨周相,李荟芹,卢少鹏,葛晓莉,葛数金,张云霏,胡美娟,李岩,邓新星,刘俊杰,徐万发,王勇	西藏民族大学
426	隐姓埋名、为国铸剑,构建国防特色高校拔尖创新人才培养体系的西工大实践	汪劲松,张炜,万小朋,杨益新,王海鹏,张开富,孙中奎,傅茂森,李春林,吴闻川,赵超,牟蕾,姚如贵	西北工业大学

续表

序号	成果名称	完成人	完成单位
427	交叉融合型电子机械卓越人才培养探索与实践	段宝岩,黄进,陈晓龙,梁玮,李团结,朱敏波,周金柱,张强,李智奇,陈武,王飞	西安电子科技大学
428	建基地 创模式 搭平台 聚资源,打造"一带一路"工程科技人才培养新体系	郑庆华,田锋,锁志海,刘均,刘俊,徐墨,李娟,王扬,李睿,杜海鹏,高瞻,陈灵,罗敏楠,王齐,邸德海	西安交通大学
429	服务"一带一路"、双元培养、文化融入,来华留学交通人才高质量培养改革与实践	沙爱民,蒋玮,张伟,申爱琴,汪海年,杜强,陈希,葛楠,胡力群,王旭昊,李程,陈红	长安大学
430	创新育人理念,创建整合课程,创立"全融合沉浸式"临床医学人才培养体系	颜虹,吕毅,杨晋,王县成,闫剑群,臧伟进,张明,刘水,王渊,李宗芳,吕社民,刘昌,刘进军,施秉银,刘原	西安交通大学,人民卫生出版社有限公司,国家医学考试中心
431	融合中国城市营建智慧的城乡规划一流本科专业教学体系建构与实践	王树声,李小龙,周庆华,刘克成,尤涛,任云英,段德罡,陈晓键,高元,田达睿,张中华,颜培,徐玉倩,严少飞,朱玲	西安建筑科技大学
432	能力导向、机制创新、示范引领,印刷包装特色专业一流人才培养的探索与实践	黄颖为,方长青,曹从军,刘琳琳,郑元林,杜斌,王德法,谢利,郭彦峰	西安理工大学
433	高校数字化转型推动教育教学深化改革的探索与实践	杨宗凯,王泉,苗启广,赵静,苏涛,张国良,夏立新,吴砥,林波,张玉振,裴庆祺,李晖,侯彪,孔宪光,顾新	西安电子科技大学,华中师范大学
434	思政铸魂、平台托举、教师引领,一流微电子本科人才培养的改革与实践	郝跃,马晓华,冯晓丽,郑雪峰,马佩军,康海燕,张玉明,于磊,许晟瑞,蔡觉平,史江义,胡辉勇	西安电子科技大学
435	铸红烛·塑师表·育良师:西部基础教育卓越教师培养的体系构建与实践探索	游旭群,党怀兴,李贵安,郭建中,陈新兵,傅钢善,张新科,薛东,刘全国,李永明,李瑛,董辉,冯军,侯西科,张文芳	陕西师范大学
436	交叉融合 全程贯通 共建共享 地方综合性大学实践教学体系构建与实践	曹蓉,郭立宏,倪小勇,张志飞,马健,吴振磊,宋进喜,李学骞,程婉,王欣亮	西北大学
437	打造一流资源,融通德知能创,国防特色机械类创新人才培养模式创建与实践	齐乐华,蒋建军,罗俊,周计明,牟蕾,吕冰,李自伟,耿俊浩,禹亮,付佳伟,宁方立,苏华,李发元,陈华胜	西北工业大学

续表

序号	成果名称	完成人	完成单位
438	国家教学团队担纲、规划教材引领、一流课程筑基,构建大学数学教学新体系	李继成,赵小艳,李换琴,吴慧卓,王宁,高安喜,张永怀,王峰,李萍,刘峰	西安交通大学
439	延安精神"一体两翼"铸魂育人体系的构建与实践	张金锁,武忠远,吕磊,侯业智,杨伟宏,高布权,韩琳,王东维,贾翠玲,王进,刘江,王璐,李军靠,王华,高瑛	延安大学
440	一流在线课程集群驱动的多维融通教学模式创新与实践	徐忠锋,张俊斌,梅红,顾敏哲,吴宁,兰剑,卢晓云,李慧,唐玉海,田高良,张莹莎,李柯廷,高腾,段琛,谢涛	西安交通大学
441	"三大协同、一站集成"高校学生社区综合管理育人新模式的探索与实践	周远,孙早,张萍,李新安,徐墨,张丹,郑旭红,贺进,苏翔,苗洁,罗军锋,顾蓉,岳娅萍,孙丹,包凯	西安交通大学
442	面向三航的创新型数学人才培养模式构建与实践	许勇,聂玉峰,张莹,都琳,周旷,贾万涛,谢文贤,赵俊锋,唐亚宁,岳晓乐,潘璐璐,焦哲哲	西北工业大学
443	筑工科基础、塑系统思维、强人文素养,创钱学森班2+4+X人才培养新模式	杨森,王娟,罗先觉,王秋旺,李蓬勃,罗新民,段玉岗,王一鸣,田博,龙建纲,师斌,李德成,杨潇,郝明,钱永刚	西安交通大学
444	理论引领,模式革新,资源筑能:高校一流教师教育教学发展体系构建与实践	李辉,宣建林,郑江滨,李贵安,王贵荣,武忠远,卢光跃,田锦,徐根玖,张富利,王莉芳,姚聪莉	西北工业大学,陕西师范大学,西安科技大学,延安大学,西安邮电大学,陕西省高等教育学会
445	公路隧道工程拔尖创新本科人才培养的改革与实践	陈建勋,罗彦斌,张久鹏,王传武,陈丽俊,赵鹏宇,李尧,王永东,刘伟伟,贺宏斌,胡涛涛,王亚琼	长安大学
446	国防人才人文素养培养体系探索与实践	刘晨光,李娜,张清江,许燕,袁晓军,蔡琳,王克勤,王莉芳,宋丁博男,席建成,杨云霞,王劲,李小聪,陈建有	西北工业大学
447	学科交叉赋能、科教协同育人,现代生物技术提升农科人才培养质量探索与实践	韦革宏,张涌,徐炎,谢寿安,姜在民,史鹏,陈鹏,陈树林,陈宏,宋广林,穆养民	西北农林科技大学
448	师德引领,四维一体:十五年汉语言文学专业公费师范生培养体系的构建与实践	张新科,李跃力,柯西钢,刘生良,王伟,李军亮,贺卫东,柏俊才,赵学勇,周淑萍	陕西师范大学

续表

序号	成果名称	完成人	完成单位
449	通专融合,理实融通,科创融智,培养航空强国领军人才	邓子辰,张超,万方义,张凯,范玮,高正红,叶正寅,李斌,王掩刚,张群	西北工业大学
450	固本强基 能力培养 价值塑造 构建一流理工科基础物理教学育人新体系	王小力,李宏荣,李福利,徐忠锋,张沛,方爱平,蒋臣威,冯俊,高博,张胜利,夏明岗,赵铭姝,王蓓,拓婷,杨建科	西安交通大学
451	"规划—改革—建设—评价"一体化专业结构调整和内涵建设改革与实践	荣命哲,郑庆华,兰剑,陆根书,张俊斌,高腾,李慧,郑娟,薛琦扬,王倩,许超	西安交通大学
452	工程能力导向的地方高校"133进阶式"创新型人才培养模式探索与实践	杨海波,李志健,王学川,黄剑锋,杨帆,王海花,张辉,林营,陈英,赵睿,王玥芳,刘毅,刘新华,袁启斌,韩斌	陕西科技大学
453	思政引领 课程创新 平台拓升:考古学"一三三"实践育人体系构建与实践	豆海锋,马健,冉万里,翟霖林,梁云,李伟,任萌,王振,习通源,张华岭,于春	西北大学
454	"铸魂·赋能·聚力",工科高校创新创业人才培养体系探索与实践	王泉,苏涛,朱伟,赵岩松,刘毅,尹鹏,傅超,石光明,王林雪,崔江涛,余博,张文博,顾华玺,蔡觉平,杨超	西安电子科技大学
455	立足产业、强基拓专、聚源提质、赋能平台,打造集成电路拔尖人才培养新模式	耿莉,伍民顺,程军,张鸿,雷冰洁,张瑞智,张莉丽,张国和,李高明,桂小琰,刘小峰,王晓飞,郭卓奇	西安交通大学
456	"一主线二融合三牵引"的现代制造人才工艺创新能力培养新体系	卢秉恒,洪军,赵万华,梅雪松,张俊,段玉岗,李宝童,吕盾,王永泉,严如强,桂亮,李旸,尹昱东,霍婧琦	西安交通大学
457	新建—新兴—新型:光电智能领域交叉复合型人才培养模式改革与实践	李学龙,袁媛,王琦,姜学锋,王震,刘君瑞,侯成义,马单丹,周果清,姜志宇,汪芳,赵阳,王雪,张园林	西北工业大学
458	新时代建筑学专业人才培养体系创新与实践	刘加平,雷振东,叶飞,李昊,张倩,何文芳,梁斌,李志民,王怡,杨柳,杨辉,高博,冯璐,贾雷刚,杨雯	西安建筑科技大学

续表

序号	成果名称	完成人	完成单位
459	农工交叉,多维协同的农科人才工程能力培养的探索与实践	陈遇春,陈军,黄玉祥,李书琴,李论,赵友亮,张永,张宏鸣,冯永忠,姚军虎,李国龙,冯涛,杨沛	西北农林科技大学
460	深化通专融合普遍提升表达思辨素养,依托国家平台精准赋能拔尖双创人才	管晓宏,罗新民,李凡,韩德强,陈希,孙鹤立,谭文疆,曹猛,鄢超波,周迪,符均,陶敬,唐亚哲,张爱民,杜清河	西安交通大学
461	平台支撑,创新驱动,思政赋能,构建材料专业实践育人新模式	孙军,单智伟,王小华,王红洁,宋忠孝,孙巧艳,李成新,马飞,魏炜,刘峰,丁向东,陈凯,杨冠军,彭康,李烨飞	西安交通大学
462	提内涵 强平台 筑生态,构建面向双创教育的地方高校工程训练新范式	李言,华灯鑫,张晓晖,刘青,刘永,李淑娟,黑新宏,高新勤,杨明顺,孔令飞,黄军勤,尚军,徐瑾,李余峰,刘玮	西安理工大学
463	新时代新需求牵引,管工文理融合,塑锻一流工业工程人才探索与实践	吴锋,苏秦,李刚,汪应洛,刘树林,贾涛,张盛浩,高杰,刘雅,杨臻,李健,何正文,肖忠东,孙新宇,孙健红	西安交通大学
464	协同提质、持续改进的"三级五类"本科人才培养内部质量保障体系创新与实践	郭建中,党怀兴,李贵安,田振军,马俊,梁广,毋兆鹏,徐振军,雒朝梁,蒋毓新,许广玺,曹宇巍,王伟	陕西师范大学,青海师范大学,海南师范大学,新疆师范大学,赤峰学院
465	创建三大机制 落实三大理念 具有"三全"特色省级审核评估模式研究与实践	陆根书,徐菲,李珍艳,贾小娟,牛梦虎,李运福,田博,李宏荣,李黎明,苏翔,张亚红	西安交通大学
466	六重强基,知能并重:国家中文基地二十八年拔尖创新人才培养体系探索与实践	李西建,尤西林,张新科,陈越,杨国庆,程世和,苏仲乐,李跃力,邢向东,李继凯,刘生良	陕西师范大学
467	创新型化学专业人才培养体系与多层次实训平台的构建与实践	惠新平,梁永民,沈永雯,王薇,唐瑜,张海霞,景欢旺,柳明珠,刘鹏,李茸,樊衍昕	兰州大学
468	扎根西部 六位协同 精耕细作——新时代轨道交通人才培养路径的探索与实践	李引珍,刘振奎,张友鹏,闫浩文,王海涌,张丽萍,商跃进,张睿,苏程,马元琳,武晓春,李敏之,李海军,杨军,王电建,陈永刚,赵庶旭,麻艳香,张国锦,杨宗仁	兰州交通大学

续表

序号	成果名称	完成人	完成单位
469	"五互"融通、十年磨砺:甘肃地方高校协同育人体系创新与实践	赵凯,马国军,汪精海,张文政,林栋,亢凯,文洁,康燕霞,李生英,郑高键,颉录有,丁莹,王雅梅,卢少波	甘肃农业大学,西北师范大学,兰州交通大学,甘肃政法大学,兰州城市学院
470	践行"七育"理念,培养全面发展的拔尖人才	许鹏飞,龙瑞军,冯虎元,张稳刚,杜生一,方艳,马树超,徐鹏彬,赵春晖,傅丽萍,马垚青	兰州大学
471	新时代水业人才实践育人体系重构及应用:协同助力·智慧赋能·多元驱动	李伟光,张洪伟,张智,王宝山,严子春,梁恒,时文歆,戴红玲,蒋柱武,周添红,毕学军,荣宏伟,李金成,冯萃敏,李思敏,马立艳,张炜,白朗明,姚娟娟	兰州交通大学,哈尔滨工业大学,重庆大学,华东交通大学,福建工程学院,青岛理工大学,广州大学,北京建筑大学,河北工程大学
472	新时代思政课教学质量提升"六协同"模式的探索与实践	王学俭,马小洁,李东坡,蔡文成,蒙慧,杨宏伟,吴王锁,宫长瑞,李晓莉,李睿,张建荣,彭舸珺	兰州大学
473	扎根西北数十载,潜心耕耘创特色:西部地方高校土木工程专业建设探索与实践	朱彦鹏,韦尧兵,王秀丽,马天忠,韩建平,郭彤,王文达,陈志华,李万润,熊海贝,殷占忠,吴长,王永胜	兰州理工大学,东南大学,天津大学,同济大学
474	中国高质量师范生培养的西部模式——基于教学团队建设的青海经验	马俊,冶成福,武启云,韩芳,张淑敏,吴用,周晖,赵海兴,刘德铭,陈桂秀,铁生兰,袁亚丽,柯丽萍,崔月香,张永涛	青海师范大学
475	基于临床前构架"双结合三维四融五步"基础医学实验教学模式的创新与实施	刘娟,张鸣号,徐涛,王佩,孙玉宁,党洁,常越,王大军,彭涛,李建宁,秦毅	宁夏医科大学
476	新疆地方思政课中华民族共同体意识教育的实践与创新	孟楠,遇恒勇,邓娟,阿依登·卡斯拉汗,李乐,张建军,张子青,王玉平,潘彤,沙炳杰,杨清	新疆大学
477	兵团精神育人课程体系建设	卿涛,管欣,任新农,张婷婷,马永泽,王小云,穆晓央,曹连莆,王振华,单爱兰,楚世哲,肖志强,陈洪军,吕新,王需,张凡,陈平	石河子大学,塔里木大学
478	"学术诚信与道德——扩增实境技术"项目(简称"诚信智径")	王周绮华,邝福宁,张小燕,江绍祥,蓝澧铨,吴旻珊,梁建强,柳发文,罗英娥,余英杰,何观升	香港浸会大学,香港教育大学,香港中文大学
479	联校心理健康推广计划	郭黎玉晶,黄富强,陶兆铭,潘佳雁,梁美娟,郭启晋,方思琪,林青慧,陈慧琳	香港城市大学,香港大学,香港教育大学,香港中文大学,香港浸会大学

续表

序号	成果名称	完成人	完成单位
480	爱国爱澳人才培养的创新模式——澳门特色"大思政"育人格局的构建与实践	甘春妍,李雁莲,张咏蓝,李燕萍	澳门理工大学
481	新时代新体系政治理论课教育教学改革与实践	俞红,吴清江,陈聪,李颖,孙天威,朱玮,朱小林,徐羿,武善彩	陆军工程大学
482	"军事运筹学"课程混合式教学改革与实践	刘华丽,屠义强,朱万红,卢厚清,赵云凯,李宏伟,邢英	陆军工程大学
483	面向合成营军官指挥素养培育的兵棋推演课程创新与实践	汤再江,徐享忠,郭齐胜,赵战彪,谭亚新,闫科,孙万国,高恒,王刚	陆军装甲兵学院
484	装甲兵初级指挥军官融合式培养探索——"一线四阶"铸魂砺剑育人体系创新与实践	李胜利,刘建敏,赵智勇,黄应清,钦茂光,张丹阳,高玉琳,冀伟,亢金龙	陆军装甲兵学院
485	军校本科学员创新能力培养方法研究与探索	张小明,刘忠民,赵战彪,纪伯公,高恒,宗艳桃,王思捷,张国辉,汤再江	陆军装甲兵学院
486	陆军侦察分队指挥专业建设改革与实践	邓立建,杜奇才,姚永伦,葛广超,李雄杰,江成能,李民贵,李志友	陆军特种作战学院
487	以提升"军医岗位胜任力"为导向的心血管系统疾病混合式课程建设与实践	晋军,王江,黄岚,赵晓辉,于世勇,谭虎,贾情羽,秦浙学,钱德慧	陆军军医大学
488	军队全科军医职业教育课程体系、教学内容及教学平台的构建与实践	周来新,张倩,王丽华,刘刚,唐康来,赵平,熊玮,邹丽琴,江旭品	陆军军医大学
489	突出能力培养的"精确制导原理"课程改革实践	张静远,顾宏灿,张洪刚,张志强,吴巍,刘方,王鹏,谭波,孙世岩	海军工程大学
490	兵种类高等教育院校转型重塑的探索与实践	朱兴动,曲亮生,周坚毅,徐伟勤,周益名,李世改,王红丽,胡玉利,胡俊明	海军航空大学
491	建设新型军用航空工程专业一流课程的创新实践	解武杰,董文瀚,孙权,赵罡,于锦禄,刘勇智,程邦勤,黄伟,苏新兵	空军工程大学
492	空天预警人才培养体系一体化构建研究与实践	马晓岩,谭贤四,高燕,杨瑞娟,姚海荣,武文,宋宁哲,王志斌,尉志文	空军预警学院
493	临床医学优秀青年教员培养的创新与实践——"金牌教员—国家团队—一流课程—优秀学员"临床医学育人模式的构建与实践	梁蓉,雷伟,黄亚渝,王德盛,董沐含,王秉文,胡雪慧	空军军医大学

序号	成果名称	完成人	完成单位
494	火箭军生长军官学历教育与首次任职培训融合培养体系研究与实践	李华,敖正军,戚振东,毕义明,孙宁,胡一全,刘君	火箭军工程大学
495	深化科教融合,创新教学内容,提升全球地理信息保障人才培养质量	孙群,徐青,温伯威,刘新贵,郭文月,钱海忠,季晓林,李少梅,赵天明	战略支援部队信息工程大学
496	围绕实战,着眼能力,构建电子信息精品教学体系	雷菁,黄春琳,杜湘瑜,吴京,程江华,刘继斌,罗笑冰,李德鑫,杨威	国防科技大学
497	以"三个面向"为牵引,构建大学数学"四化两性"教育体系	李建平,朱健民,杨文强,屈龙江,王晓,黄建华,周敏,刘吉英,刘春林	国防科技大学
498	面向实战装备的机电虚拟仿真资源建设与教学实践创新	尚建忠,潘孟春,徐晓红,洪华杰,张连超,肖军浩,文晓希,徐明,王光明	国防科技大学
499	深化"联教联训联研联战"协同育人机制,超常培养网络安全拔尖人才	王勇军,卢凯,刘晓元,解培岱,赵文涛,赵亮,马行空,夏竟	国防科技大学
500	"主线贯通、三维融合、六位一体"新型密码人才培养模式的创新与实践	张敏情,韩益亮,张明书,张震,李秀广,魏彬,刘龙飞,杨海滨,吴旭光	武警工程大学

二、2022年高等教育(研究生)国家级教学成果奖获奖项目名单

特等奖(1项)

序号	成果名称	完成人	完成单位
1	面向农业绿色发展的知农爱农新型人才培养体系构建与实践	张福锁,张宏彦,王冲,张卫峰,陈范骏,张朝春,焦小强,黄成东,侯勇,程凌云,江荣风,李晓林,崔振岭,申建波,米国华	中国农业大学

一等奖(35项)

序号	成果名称	完成人	完成单位
1	高质量应用心理专业硕士培养模式创新与实践	乔志宏,刘春荣,孙舒平,刘伟,王芳,徐建平,李非寒,王娟	北京师范大学
2	植根国家级多学科交叉科研基地的高层次创新人才培养生态的构建与实践	赵沁平,王莉莉,郝爱民,樊瑜波,段海滨,王党校,梁晓辉,刘虎,沈旭昆,刘红,周忠,王琼华,赵罡,戴树岭	北京航空航天大学

续表

序号	成果名称	完成人	完成单位
3	支撑高铁名片构建"三高四方五环节"行业特色型高校研究生培养质量保障体系	余祖俊,李国岫,朱晓宁,刘世峰,林葵,冯海燕,荆涛,绳丽惠,刘吉强,唐涛,郭盛,林友芳,吴命利,韩冰,刘畅	北京交通大学
4	思政铸魂、知识扩容、内外融通 以习近平法治思想引领课程体系改革	王轶,张龑,高圣平,王旭,杜焕芳,张吉豫,彭小龙,朱虎,丁晓东	中国人民大学
5	工科高校经管类拔尖创新人才培养供给侧改革	魏一鸣,刘平青,孟凡臣,唐葆君,张祥,王月辉,李勇	北京理工大学
6	基于胜任力的"8+3"一贯式高层次复合型医学人才培养体系的探索与实践	张抒扬,朱惠娟,罗林枝,潘慧,李玥,赵峻,郭超,梁乃新,龙笑,薛华丹,魏怡真,石羽茜	北京协和医学院
7	造就国家急需后备人才导向的马克思主义理论学科本硕博一体化培养体系建设	齐鹏飞,靳诺,张雷声,王易,郗戈,赵淑梅,刘建军,张秀琴,王海军,张晓萌	中国人民大学
8	知行合E 厚育良师:互联网+循证教师教育模式	朱旭东,宋萑,王晨,刘立,张春莉,武法提,刘伟,赵娜	北京师范大学
9	中国现当代文学和创造性写作贯通教学与立德树人培育实践	孙郁,程光炜,杨庆祥,杨联芬,姚丹,张洁宇,宋声泉,张悦然,梁鸿	中国人民大学
10	面向材料基因工程的跨学科高层次人才培养创新体系	谢建新,冯强,宿彦京,班晓娟,王鲁宁,付华栋,王沿东,钱萍,董超芳,李静媛,杜强,黄海友,姚超	北京科技大学
11	坚持"四为"立体多元 高层次应用型金融专业硕士人才培养体系建设	吴晓球,庄毓敏,张成思,赵锡军,汪昌云,谭松涛,钱宗鑫,王芳,郭彪,何青	中国人民大学
12	健康中国战略背景下医学高层次应用型人才培养体系构建与探索实践	段丽萍,姜辉,崔爽,王青,徐明,王志锋,沈宁,王凤清,律颖,李晨曦,杨英,侯淑肖,杨延砚,汪偌宇	北京大学
13	面向国家国防重大战略需求的应用数学高层次人才开放式培养模式	郑志明,刘铁钢,王东明,张筱,唐绍婷,姜鑫,韦卫,郭炳晖,单宝松,丁琴,张颖	北京航空航天大学
14	"揭榜挂帅"引领的"教学赛研用"五维一体国防双领人才培养模式探索与实践	林德福,宋韬,王伟,王江,龙腾,唐胜景,王辉,刘新福,张福彪	北京理工大学
15	着眼"未来教育家"的教育博士培养模式探索与实践	邬志辉,马云鹏,饶从满,吕立杰,秦春生,唐丽芳,秦玉友,盖笑松,石艳,焦海艳	东北师范大学

序号	成果名称	完成人	完成单位
16	面向仪器强国建设的仪器科技创新领军人才培养模式与实践	谭久彬,邹丽敏,王伟波,陆振刚,胡鹏程,付海金,马惠萍,刘永猛,崔俊宁,刘辰光,杨宏兴,王赫岩,孙传智,刘炳国,杨彬	哈尔滨工业大学
17	服务需求、提高质量——医学研究生教育改革研究与创新实践	吴凡,汪玲,樊嘉,束金龙,胡鸿毅,葛均波,毛颖,江孙芳	复旦大学
18	服务国家重大需求,构科学工程并举培养体系,育顶天立地材料创新人才	丁文江,孙宝德,张荻,王浩伟,周永丰,张书宇,邓涛,朱申敏,李铸国,张鹏,沈小丹,王晓东,杭弢	上海交通大学
19	"顶天立地"研究生创新人才培养——"于同隐模式"的探索与实践	彭慧胜,杨武利,王芳,丁建东,冯嘉春,邵正中,汪长春,郭佳,张红东,杨东,何军坡,刘顺厚,江明,杨玉良	复旦大学
20	以需为引、以新为矢、以质为核,过程工业自动化高层次人才培养的探索与实践	钱锋,杜文莉,阳春华,邵之江,钟伟民,李少远,黄德先,庄英萍,赵玲,桂卫华,赵春晖,和望利,陈曦,邹媛媛,吕文祥	华东理工大学,中南大学,浙江大学,清华大学,上海交通大学
21	构建分类培养体系 践行"四个面向"使命——复旦一流研究生培养的创新实践	金力,张人禾,陈焱,楚永全,先梦涵,胡安宁,周鲁卫,顾云深,陆昉,汪玲,杨长江,高帆,储以微,陈玉刚	复旦大学
22	全程贯通式"国家实验室实验班"物理学拔尖创新人才培养模式探索与实践	邢定钰,吴小山,王振林,王炜,吴兴龙,王骏,鞠艳,李建新,王伯根,黄凤珍,吴迪,周安,孙亮,刘辉,缪峰	南京大学
23	基于"工程师学院"破零散、破壁垒、破同质化的专业学位研究生培养探索实践	严建华,柯映林,韦巍,张泽,包刚,薄拯,任其龙,吴汉明,董辉跃,赵张耀,张朝阳,俞小莉,王高峰,曲巍葳,喻嘉乐	浙江大学
24	打造"商学+"教育生态系统,构建全球嵌入式商科研究生培养模式	魏江,谢小云,窦军生,汪蕾,吴晓波,王重鸣,朱原,周伟华,莫申江,刘洋,瞿海东,杨翼,瞿文光,高晨,李贤红	浙江大学
25	"中国美术学"高层次创新人才培养体系建设与实践	许江,余旭红,张捷,何红舟,沈浩,封治国,班陵生,管怀宾,刘海勇,闵罕,韩亮,沈乐平,高世强,郑靖	中国美术学院

续表

序号	成果名称	完成人	完成单位
26	企业出题·高校解题·政府助题 工程类硕士专业学位研究生培养"浙江模式"	胡旭东,陈文华,向忠,李秦川,吴震宇,钱淼,程晓颖,傅雅琴,袁嫣红,彭来湖,潘骏,应志平,杨徽,汝欣,张华	浙江理工大学,新昌县人民政府
27	基于科技特派员制度4.0的农林专业学位研究生培养改革与实践	黄坚钦,沈希,应义斌,童再康,魏玲玲,罗黎敏,赵光武,邹双全,陈胜伟,宋丽丽,徐爱俊,斯金平,杨胜祥,洪昀,郑荣泉	浙江农林大学,浙江大学,福建农林大学,遂昌县人民政府,森宇控股集团有限公司,浙江省林业产业联合会
28	面向世界科技前沿,服务国家发展战略,打造量子科技交叉人才培养体系	潘建伟,郭光灿,张永德,杜江峰,陈宇翱,周正威,韩正甫,张永生,韩永建,陈凯,周祥发,苏吉虎,徐飞虎,易为,邹旭波	中国科学技术大学
29	两融合 三并用 六协同——专业学位研究生实践创新能力培养新模式	刘心报,洪日昌,程文娟,陈从贵,黄飞,牛漫兰,解光军,吴红斌,王磊,汪萌,季斌	合肥工业大学
30	新时期考古学研究生创新能力培养的探索	霍巍,王煜,白彬,李映福,吕红亮,周静,董华锋	四川大学
31	励志铸国之重器 打造国防科技领军人才"一三四"培养新范式	张卫红,汪劲松,张艳宁,李春林,王鹏,李圣,牛茂贵,宁昕,张富利,汪焰恩,肖敏,林鑫	西北工业大学
32	面向智能汽车产业链,建多学科交叉融合大团队大平台,培养拔尖创新人才	赵祥模,马建,张毅,赵轩,汪贵平,杨澜,陈轶嵩,黄鹤,王鹏,胡坚明,徐志刚,龚贤武,仝秋红,王润民,张静晓	长安大学,清华大学,西安工业大学
33	价值塑造、前沿引领、产教融合、团队协同的人工智能高层次人才培养新体系	郑南宁,辛景民,龙建纲,孙宏滨,薛建儒,兰旭光,王飞,程洁,魏平,杜少毅,刘剑毅,张雪涛,刘龙军,杨勐,陈霸东	西安交通大学
34	面向航空强国的"三维五链"卓越试飞人才协同培养体系构建与实践	高正红,詹浩,张景亭,袁东,傅金华,李斌,宣建林,米百刚,丁团结,张炜	西北工业大学,中国飞行试验研究院
35	依托国家重大工程,创新"三助推"育人模式,培养空天军事领域拔尖人才	王振国,罗亚中,雷勇军,赵玉新,梁彦刚,张洪波,揭锦亮,赵勇,汪元	国防科技大学

二等奖（248项）

序号	成果名称	完成人	完成单位
1	哲学博士核心课"当代哲学前沿问题研究""三导向"课程设计与教学实践	王庆丰,李慧娟,孙正聿,孙利天,曲红梅,李龙	吉林大学
2	中国应用经济学学科建设示范项目	郑新业,宋东霞,张可云,魏楚,黄隽,刘瑞,林晨,陈占明,宋枫,虞义华	中国人民大学
3	瞄准世界前沿、扎根中国实践:应用导向的经济学研究生培养模式改革与创新	吕炜,王维国,齐鹰飞,胡蓉,谷宏伟,王伟同,周学仁,范丹,孔宪丽,周闯,鲍洋	东北财经大学
4	国民经济学专业研究生教材体系、课程体系和教学体系构建研究	赵德起,林木西,王璐,张虹,张华新,王青,柳清瑞,吴云勇,李伟民,杨爱兵	辽宁大学
5	财经类国际组织后备人才培养的上财实践	姚玲珍,李劲松,徐龙炳,李宏,魏航,朱小能,曾庆生,乔晓妹,宋晓燕,周文萍,陈旭东,闫欢	上海财经大学
6	本土和全球职业胜任与领导力引领的金融专硕培养模式探索	朱小能,刘莉亚,闵敏,曾旭东,秦文佳,杨金强,胡乃红,李曜,徐浩宇,李科,马文杰,刘福忠,徐龙炳,罗丹,冯玲	上海财经大学
7	财经类专业学位硕士研究生"全程双元"培养模式的创新与实践	程永波,秦伟平,卞志村,陈耀辉,胡晓明,姚文韵,宣烨,张成,朱军,刘小峰,叶林祥,殷华方,余泳泽,李召敏,钱坤	南京财经大学
8	融合发展、交叉创新:新文科背景下统计学学科交叉人才培养的创新与实践	方颖,林明,钟威,杨灿,李木易,刘婧媛,李迎星,许杏柏,方匡南,郑挺国,陈海强,王健,王菡子,刘云霞,冯峥晖	厦门大学,福建师范大学
9	以"扎根本土 服务需求"为导向的经济学类研究生"三链并举"培养新模式	刘耀彬,邵汉华,况学文,李汝资,聂长飞,温湖炜,李建强,万建军,彭迪云,何筱,周德才	南昌大学
10	面向国家城乡发展战略的经济学研究生导师团队育人新模式探索与实践	白永秀,吴振磊,吴丰华,王颂吉,郭俊华,岳利萍,马小勇	西北大学
11	国家急需法学交叉人才培养模式探究——以区块链与数字经济为例	杨东,袁勇,朱大旗,贺荣强,孟雁北,姚海放,周鑫,陈晋川,许伟,肖源	中国人民大学

续表

序号	成果名称	完成人	完成单位
12	用新思想铸魂育人 推动马克思主义理论类研究生教育高质量发展	王新生,刘凤义,付洪,余一凡,孙寿涛,刘一博,马梦菲,陈永刚,王雪杨,王友江	南开大学
13	贯穿研究生思政课教学全过程的制度自信教育模式创新	任鹏,田鹏颖,段炼,朱丽颖,金钟哲,曾薇,张志元,陈佳,程海东,杨山木	东北大学
14	地方大学卓越法治人才培养模式的研究与实践	胡东,董玉庭,哈书菊,丁玉翠,孙磊,魏双,李岩松,贾旭杰,李幡,董凯,尤晓红,康琳娜	黑龙江大学
15	"信专跨通"卓越涉外法治人才培养创新与实践	叶青,洪冬英,屈文生,伍巧芳,杜涛,贺小勇,丛立先,史红光,朱彦,孙嘉伟,于南	华东政法大学
16	新时代复合型立法人才培养的模式创新与实践	宋方青,廖益新,徐崇利,郭春镇,施余兵,姜孝贤,程庆栋,王翔	厦门大学
17	四真引领·四环相扣·四维融合:培养高层次马克思主义理论人才的实践探索	潘玉腾,李建平,许耀桐,郑传芳,杨林香,赖海榕,陈志勇,李瑞德,陈一收,蔡华杰,苏剑,涂莹,朱国鹏	福建师范大学
18	"经典"和"经验"双轮驱动的法学研究生培养模式	陈柏峰,姚莉,胡弘弘,龚春霞,刘杨,于龙刚,梁永成,刘筱彤,郭俊霞,胡向阳,肖志远,张宝	中南财经政法大学
19	知行合一:"双课堂、双导师、多维参与、多元协同"田野教学模式创新实践	徐勇,邓大才,郝亚光,刘金海,朱敏杰,黄振华,胡平江,张大维,唐丹丹,任路,张利明,刘筱红,陈军亚,徐刚,张晶晶	华中师范大学
20	"双统筹五位一体"涉外法治人才培养模式的创新与实践	蒋新苗,肖北庚,李双元,黄文旭,何燕华,郑远民,刘健,李爱年,王葆莳,蒋懿,刘杨	湖南师范大学
21	聚焦国家战略,服务地方发展,构建"1+N"特色法律硕士人才培养模式	洪永红,廖永安,肖冬梅,顾敏康,吴建雄,欧爱民,吴勇,李蓉,张立平,蔡高强,王国征,穆远征,张小虎,文禹衡,刘功奇	湘潭大学

续表

序号	成果名称	完成人	完成单位
22	塑造职业胜任力的法律专业学位研究生"岗位+课堂"一体培养模式创新与实践	李燕,付子堂,唐力,陈亮,黄汇,卢代富,高星阁,常烨,王朝辉,唐慧,袁小彬,谢鹏,孙晓明,梁小平,侍慧宇	西南政法大学,中华人民共和国最高人民法院第五巡回法庭,重庆市高级人民法院,重庆市人民检察院第五分院,重庆市第一中级人民法院,重庆市第五中级人民法院,重庆两江新区人民法院(重庆自由贸易试验区人民法院),重庆市律师协会
23	"创新驱动、追求卓越、融合育人"研究生教育人才培养创新与实践	王战军,李明磊,周文辉,王茹,黄明福,刘欣,陈玲,王超,王贞惠	北京理工大学
24	新时代中国特色竞技体育拔尖人才培养模式改革与创新	蔡有志,王英春,武文强,米靖,李卫,陈世阳,徐刚,魏宏文,高顾,邱招义,孙平	北京体育大学
25	"三维联动"的中小学教材建设专业人才的培养模式	石鸥,张增田,王攀峰,李敏,樊磊,张菁,刘艳琳,张景斌,蔡可,张倩	首都师范大学
26	教师教育与基础教育融合互动下的3S教育硕士培养改革实践	王光明,苏丹,孙琳,陈玳玮,宋飏,李伟	天津师范大学
27	正心·积学·砺行·联评——高师院校教育硕士培养模式的探究与实践	刘艳清,杨小天,吴振利,姚玉香,常喜,范士龙,郝连明,于子舒,王桂波,王晶,赵东方,程晓亮,王丹,毕景刚,刘树仁	吉林师范大学
28	言语听觉康复科学本硕博贯通式人才培养体系的探索与实践	黄昭鸣,万勤,王勇丽,卢海丹,刘巧云,陈东帆,赵航,KIM HA KYUNG,金野,徐灵芝,杨三华,周林灿	华东师范大学,上海慧敏医疗器械有限公司
29	交叉融合创新·服务健康中国——运动健康高层次人才培养模式的构建与实践	陈佩杰,王小春,王茹,郑智魏,熊静,吴坚,刘宇,周成林,于新凯,吴卫兵,郑鑫焱,徐昕,徐畅,鲍芳,章建成	上海体育学院
30	指向"学科名师"的教育硕士培养:模式创新与实践探索	周彬,占小红,汪晓勤,蒋瑾,华春燕,董蓓菲,徐斌艳,郭宝仙,裴新宁,潘苏东,王祖浩,郑晓蕙,沈晓敏,李月琴,苏小兵	华东师范大学

续表

序号	成果名称	完成人	完成单位
31	教育学研究生高品质研究素养培养体系建构与实践	顾建军,莫少群,邵泽斌,张新平,姚继军,吴晓玲	南京师范大学,江苏省教育类研究生教育指导委员会
32	跨建制科教融合协同育人模式的探索与构建	龚流柱,杨金龙,王俊峰,刘岗,吴雪峰,杨小牛,秦进,夏清泉,李金龙,李芳平,朱玉春,万洪英,潘楠,姚华建,李思敏	中国科学技术大学,中国科学院合肥物质科学研究院,中国科学院金属研究所,中国科学院紫金山天文台,中国科学院长春应用化学研究所
33	扎根中国大地造就一流教育学研究生的20年改革探索	潘懋元,别敦荣,覃红霞,刘振天,王洪才,王伟宜,吴薇,陈兴德,郑若玲,陈武元,徐岚,乔连全,王璞,陈斌,洪志忠	厦门大学,福建师范大学
34	"本硕一体 四式联动":综合性大学卓越教师培养体系创新	李桂荣,刘志军,姚松,王洪席,王萍,苗琛,肖磊,张鹏君,张元双	河南大学
35	多元路径 四实一体——实践导向下教育学研究生育人体系创新	雷万鹏,毛齐明,钱佳,马红梅,郭元祥,杜时忠,郑刚,徐添喜,申国昌,陈佑清,邹义欢,唐斌	华中师范大学
36	乡村工匠之师"全息共振"育训新体系——涉农专业硕士教育15年改革实践	周明星,周先进,高涵,吕长平,肖化柱,祁型雨,胡扬名,吴松江,江维国,熊春林,于勇,赵文平,杨年,谭星驰,李煦阳	湖南农业大学,湖南科技大学,沈阳师范大学,天津职业技术师范大学,重庆电讯职业学院,长沙县职业中专学校
37	强研务需追卓越,培养新时代"研究者+实践者"复合创新型心理学高层次人才	张卫,王瑞明,莫雷,何先友,叶苑秀,刘学兰,田丽丽,郑希付,范方,曾祥炎,陈俊,余可可,孙广宇	华南师范大学
38	厚植家国情怀 涵养人文精神——高校本硕一体化人文素质教育体系创新实践	孙杰远,叶蓓蓓,王彦,杨茂庆,闫若婻,刘远杰,温雪,覃泽宇,马焕灵,柳谦,徐乐乐,张璟,刘天,张薇,熊西蓓	广西师范大学
39	国别和区域研究复合型人才分层分类培养体系的创新与实践	宁琦,陈明,吴杰伟,王丹,黄燎宇,付志明,孙建军,吴冰冰,宋扬,王斯秧	北京大学
40	服务国际传播战略的多语种拔尖翻译人才培养体系构建与实践	任文,张威,李长栓,许家金,徐滔,夏登山,顾牧,薛庆国,刘滢,邵炜,常福良,苗澍	北京外国语大学

序号	成果名称	完成人	完成单位
41	以提升国际学术交流能力为导向的博士学术英语写作课程探索与实践	郑飞,夏历,郭巍,闫莉,孙洪丽,邢春丽,杨丽,刘巍巍,张毓	北京航空航天大学
42	基于价值引领的外语学科"五协同"育人模式创新与实践	杨连瑞,陈士法,任东升,鞠红梅,陈颖,曲金良,郭培清,李海英	中国海洋大学
43	目标倒逼与过程引导:新闻与传播专业学位研究生培养模式改革创新研究	张淑华,张举玺,周志勇,邓元兵,熊杰,张晴,程显,周宇豪,孙保营	郑州大学
44	新文科背景下的中国语言文学类拔尖研究生培养模式改革与实践	刘云,余一骄,匡鹏飞,李炜,廖继莉,陈秀玲,陆方喆,陈蓓,吴桐,饶琪	华中师范大学
45	需求导向、交叉融合、协同创新:语言类研究生培养模式的二十年湖南实践	唐贤清,沈敏,姜礼立,阳旺,曾炜,陈山青,瞿建慧,李康澄,蔡颂,刘文正,李星辉,徐朝红,林海云,刘光成,蒋冀骋	湖南师范大学,中南大学,湖南大学,湘潭大学,湖南科技大学,吉首大学,湖南理工学院
46	区域联动 思政铸魂 学科交叉 创新引领:外语学科研究生培养的探索与实践	赵永峰,董洪川,王仁强,文旭,王欣,祝朝伟,胡安江,刘玉梅,王寅,冯亚琳,姜孟,苏杭,吴淑琼,熊木清,陈明志	四川外国语大学,西南大学,四川大学
47	学术传承、文明互鉴与话语构建 ——中文研究生人才培养理念创新与实践	曹顺庆,李怡,项楚,赵毅衡,张弘(普慧),杨清,傅其林,胡易容,周维东,王彤伟,庄佩娜,王一平	四川大学
48	"亚洲艺术、宗教与历史研究"课程体系建设与实践	葛兆光,杨志刚,章清,李星明,吴玉贵,董少新,刘震,朱溢,Rostislav Berezkin,邓菲,张佳佳,许全胜,朱莉丽,王鑫磊,段志强	复旦大学
49	民间历史文献学课程体系建设与实践教学创新	郑振满,饶伟新,郑莉,张侃,黄向春,梁勇,杨帆,陶继平,Kenneth Dean,Michael Szonyi	厦门大学
50	以文明交往论构建世界史研究生"三位一体"培养模式的探索与实践	彭树智,王铁铮,黄民兴,韩志斌,王新刚,闫伟,蒋真,李福泉	西北大学
51	国家重大需求牵引的"双式一化"核聚变创新人才培养模式	吕广宏,张颖,金硕,周洪波,袁悦,朱开贵,舒小林,梁林云,周苗,李博	北京航空航天大学
52	厚基础 重交叉 强支撑:数学创新人才培养的探索与实践	方复全,李海梁,徐飞,马雪松,邝向雄,胡卓玮	首都师范大学

续表

序号	成果名称	完成人	完成单位
53	立足国家发展需求,开创和引领金融数学应用人才培养	吴岚,杨静平,黄海,徐恺,何洋波,程雪,李东风	北京大学
54	基于新物质创造大型仪器平台建设,培养创新型研究生人才的探索与实践	朱守非,周其林,席真,孔祥蕾,汤平平,苏循成,孙平川,崔春明,程方益,牛志强,杨茵,宋海斌,张新星,章炜	南开大学
55	面向国家深空、深地战略的地球物理学德才兼备高层次人才培养创新与实践	吴小平,陆全明,雷久侯,王水,汪毓明,刘斌,姚华建,申成龙,黄金水,张海江,吴忠庆,薛向辉,王宝善,毛竹,刘睿	中国科学技术大学
56	依托国际一流问题研究的数学物理学科建设和领军人才培养30年研究与实践	葛墨林	南开大学
57	一引领三保障五机制——地方院校生物学研究生培养体系构建与实践	孙大业,刘敬泽,周春江,段相林,常彦忠,李亮,杨小龙,郭毅,孙颖,赵宝华,张晓红	河北师范大学
58	基础学科卓越研究生培养体系的构建与实践——以物理学为例	张国权,王菲斐,常雷,孔勇发,薄方,张学良,王巍,李川勇,张晓鹏,赵玮璐	南开大学
59	潜心长周期育人,执着高水平创新,构建数学基础学科高层次人才卓越培养体系	叶向东,李嘉禹,麻希南,陈发来,陈卿,盛茂,刘利刚,张土生,黄文,叶郁,王毅,张希,徐岩,刘世平,王作勤	中国科学技术大学
60	矢志"谋海济国"的高层次海洋创新人才培养体系探索与实践	闫菊,刘海波,林霄沛,张猛,邵长江,史宏达,赵玮,高会旺,王付欣,王毅,吴慧,周春,刘秦玉,车晓飞	中国海洋大学,中国海洋大学三亚海洋研究院
61	卓越文化引领水稻生物学一流博士生培养	张启发,熊立仲,欧阳亦聃,余四斌,何予卿,邢永忠,林拥军,祁婧,唐铁军,肖景华,赵毓,袁猛,李一博,李兴旺,殷平	华中农业大学
62	潜心立德树人,构建面向世界科技前沿和国家战略需求的地球化学人才培养体系	郑永飞,高晓英,赵子福,倪怀玮,周根陶,戴立群,陈福坤,杨晓勇,肖益林,黄方,秦礼萍,张少兵,陈仁旭,陈伊翔,夏琼霞	中国科学技术大学
63	"战略驱动、平台支撑、高峰引领"——化学学科创新型研究生培养模式探索	谭蔚泓,王柯敏,蒋健晖,张晓兵,聂舟,宦双燕,王双印,王玉枝,段曦东,梁志武,楚霞,尹双凤,陈卓,江国防,赵万祥	湖南大学

序号	成果名称	完成人	完成单位
64	沉积地质学研究生系列教材持续建设与应用	田景春,文华国,张翔,陈安清,林小兵,胡作维,李祥辉,李凤杰,陈洪德,梁庆韶,施泽进,郑荣才,黄思静,向芳,王峰	成都理工大学
65	赓续黄大年精神,立足为学为事为人,创新地理学多层次人才培养体系与实践	周忠发,赵宇鸾,罗娅,朱大运,闫利会,熊康宁,王济,周旭,李阳兵,杨广斌,李森,刘智慧	贵州师范大学
66	"思政引领,援培协同"的边疆民族地区生态环境类研究生培养模式创新与实践	布多,拉琼,吕学斌,旦增,熊健,刘怡萱,金永兵,方江平,普顿,郭明雄,张强英,平措,张广亮,李伟,王玉国	西藏大学,天津大学
67	"素养为要 能力为本"物理化学类研究生五维一体培养模式的探索与实践	房喻,丁立平,刘静,杨鹏,彭军霞,边红涛,刘凯强,刘太宏,彭浩南,苗荣,刘忠山	陕西师范大学
68	传承中华文化、践行生态文明:建筑类创新型工程人才HN-CDIO培养模式	宋昆,冯骥才,张春彦,单小麟,关静,徐苏斌,汪丽君,许熙巍,郭平,苑思楠,赵伟,张秦英,王其亨,张玉坤,贡小雷	天津大学
69	"培根铸魂,创建一流"在西北荒漠锤炼领军人才的研究生培养模式	黄建平,张镭,管晓丹,刘玉芝,黄忠伟,葛觐铭,李积明,陈思宇,王鑫,胡淑娟,闭建荣,王天河,陈斌,周天,何永利	兰州大学
70	面向世界前沿和国家需求的免疫生物学硕博连读研究生教培体系及二十年实践	田志刚,孙汭,魏海明,周荣斌,陈永艳,郑晓东,孙昊昱,傅斌清,彭慧	中国科学技术大学
71	新时代民族高校基础学科双"五位一体"驱动的高层次人才培养模式创建与实践	马少娟,高岳林,高义,万仁霞,朱立军,袁学刚,胡军浩,李春光,杨叙,韦海成,许昌林,张光晨	北方民族大学,大连民族大学,中南民族大学
72	践行胡杨精神 聚焦服务需求——新疆高校化学学科高质量研究生培养探索与实践	贾殿赠,曹亚丽,刘浪,柴卉,黄玉代,许贯诚,郭继玺,吴冬玲,阿布力孜·伊米提,吐尔逊·阿不都热依木	新疆大学
73	研究生工程数学教育创新与实践	蔡占川,兰霆,叶奔	澳门科技大学
74	五学通达的信息类研究生高阶学习模式探索与实践	陶然,龙腾,赵维谦,高梅国,武楠,邢成文,费泽松,陈禾,李荣华,辛怡,单涛,李伟	北京理工大学

续表

序号	成果名称	完成人	完成单位
75	传承永恒的陀螺精神,培养惯性技术与导航领域高层次创新人才的探索与实践	房建成,樊尚春,张春熹,刘刚,李建利,韩邦成,钱政,宋凝芳,全伟,宁晓琳,王新龙,张京娟	北京航空航天大学
76	面向国家能源战略需求的高质量创新型工程人才培养新体系构建与实践	吴小林,金衍,詹亚力,张广清,岳大力,刘坚,刘伟,陈春茂,王玮,饶莹,王琳琳,牛花朋,雍太军,赵弘,耿娇娇	中国石油大学(北京),中国石油集团工程技术研究院有限公司,中海油研究总院有限责任公司,中国石化石油工程技术研究院,中国石油集团安全环保技术研究院
77	"养德润人、融艺启人、创新育人"的自动化专业人才培养探索与实践	吕金虎,王磊,王田,刘克新,胡晓光,李伯虎,李广玉,王艳东,刘金琨,蒋苗,张宝昌,王薇,石存,贾子超,岳昊嵩	北京航空航天大学
78	具有深厚网络背景的特色化计算机学科人才培养体系及实践	马华东,邝坚,张雷,刘亮,邱雪松,王文东,罗红,程渤,刘辰,王柏,郑艳,潘忠明	北京邮电大学
79	新工科形势下基于能力培养的力学专业本科—研究生贯通教育模式的探索与实践	赵颖涛,胡海岩,胡更开,刘青泉,洪家旺,马沁巍,朱睿,周萧明,刘广彦,王学云	北京理工大学
80	面向制造强国战略的"智造"人才培养体系探索与实践	郭盛,房海蓉,蒋增强,李建勇,方跃法,李强,李国岫,田龙梅,史红梅,任尊松,蔡永林,程卫东,常秋英,朱晓敏,王公臻	北京交通大学
81	"高精尖产业、高精尖学科、高精尖人才"三位一体研究生培养体系构建与实践	宋志飞,王建稳,王玉全,刘侠,史运涛,王力,董哲,苑国锋,李建林,张永昌,庞中华,张晓光,范晶晶,王晶	北方工业大学
82	高层次应用创新人才"产学研联盟+全行业平台"培养模式探索	王震坡,陈昷明,张照生,张雷,邓钧君,刘鹏	北京理工大学
83	产教深度融合的创新型软件工程技术领军人才培养体系探索与实践	杨芙清,吴中海,李影,王平,张兴,陈向群,林慧苹,张世琨,沈晴霓	北京大学
84	"创新驱动"赋能国际一流化工研究生拔尖创新人才培养	马新宾,元英进,巩金龙,张香文,范晓彬,齐崴,赵金铎,贺文杰,王志,夏淑倩,王世荣,王军,李晶,刘国柱,李彬	天津大学

续表

序号	成果名称	完成人	完成单位
85	以"四型"人才为导向的材料类研究生"三元五段"分类培养模式	金海波,王浩宇,刘艳,庞思平,孙秋红,吴川	北京理工大学
86	面向国家急需的"四位一体"卓越集成电路人才培养模式改革与实践	徐江涛,胡文平,马凯学,贾果欣,刘强,史再峰,韩旭,刘开华,赵毅强,罗宇,李锵,谢生,冯枫,张珊,王玥	天津大学
87	价值引领—战略驱动—五融并举的机器人领域研究生拔尖人才培养探索与实践	王耀南,刘敏,张辉,张小刚,孙炜,江未来,谭浩然,刘立成,梁桥康,李智勇	湖南大学
88	面向"智能+"的德才兼备高层次研究生人才培养路径探索与实践	喻梅,魏建国,李晓红,胡清华,冯伟,王文俊,于策,赵娜,孙佳,柴婷婷,葛惠莹,李克秋,赵义,董会丽,孙媛	天津大学
89	从"衣被天下"到"编织世界"——纺织类专业学位研究生培养体系的构建与实践	刘雍,钱晓明,肖志涛,王瑞,陈利,陈汉军,梅思琦,巩继贤,王春红,康卫民,刘建勇,马崇启,何崟,权全,姜勇	天津工业大学
90	面向能源环境领域的"四位一体"研究生育人生态探索与实践	程芳琴,郝艳红,王琦,田俊梅,郭彦霞,成怀刚,郭芳芳,王申,秦成兵,宋慧平,张红,张圆圆,王菁,王欣峰,董秀清	山西大学
91	"育人育己"导学理念引领,培养煤炭清洁高效利用高层次人才的模式与实践	谢克昌,王宝俊,李文英,王建成,李瑞丰,黄伟,李晋平,吕永康,常丽萍,李忠,鲍卫仁,廖俊杰,闫晓亮,章日光,姚晓红	太原理工大学
92	卓越为标 创新为纲 融合为径——重型装备领域高质量研究生培养路径探索实践	权龙,王涛,王学文,熊晓燕,葛磊,王志华,吕明,韩建超,谢嘉成,赵敬伟,吴娟,宋桂珍,夏连鹏,黄家海,张瑞亮	太原理工大学
93	针对工科研究生的辛力学教学探索与实践	钟万勰,吴锋,高强,彭海军,姚伟岸,李刚,郭旭,郑勇刚,张小钢,张睿	大连理工大学
94	面向创新型自动化工程科技人才的研究生培养模式改革与实践	柴天佑,唐立新,杨光红,杨涛,李鸿儒	东北大学

续表

序号	成果名称	完成人	完成单位
95	新工科背景下的冶金工程学科"3—3—4—4"研究生培养新模式构建与应用	刘承军,王强,张耀伟,沈峰满,姜茂发,张廷安,杨洪英,姜鑫,刘铁,袁磊,邵磊,李建中	东北大学
96	大型工程创新领军人才培养体系的构建与实践	余建星,程雪松,余杨,郑刚,卢铮松,刘坤,杜尊峰,刘宝珑,谷钰,段庆昊,李焱,李振眠,张学同,黄焱,张寿行	天津大学
97	重大装备制造领域全日制专业学位研究生协同创新培养模式探索与实践	李经民,贾振元,刘冲,王永青,杨睿,段春争,刘永刚,孙伟,王德伦,康仁科,刘新,张伟,孙吉宁,毕胜,刘海波	大连理工大学
98	新兴工业产业下智慧建筑领域研究生国际化培养模式创新与实践	张吉礼,赵天怡,赵千川,马良栋,吴国伟,陈宏俊,邱天爽,王慧莉,韩宝国,于洁,王鹏,李祥立,赵宇,唐洪,梁若冰	大连理工大学,清华大学,中设数字技术股份有限公司
99	"3M"模式培养航天领域新时代卓越工程师的创新与实践	曹喜滨,高栋,吴晓宏,王健,刘冰峰,刘钢,何玉荣,于航,李杨,孙兆伟,苑世剑,韦明川,吴健,宋平,李均	哈尔滨工业大学
100	重大项目驱动、融—促双轨并行,构建机械类研究生创新能力培养新模式	邓宗全,潘旭东,李建广,刘宏,王耀兵,岳洪浩,杨立军,赵学增,刘荣强,姜生元,杨建中,杨庆俊,姜力,王振龙,高海波	哈尔滨工业大学,北京空间飞行器总体设计部
101	使命引领、科研驱动、多元赋能,船海国防特色卓越创新人才培养改革与实践	殷敬伟,杨德森,杨士莪,乔钢,周天,李秀坤,孙大军,张海刚,生雪莉,肖妍,黄益旺,陈洪娟,张揽月,刘淞佐,高明生	哈尔滨工程大学
102	十年再铸剑:服务纺织强国战略的研究生培养改革与实践	舒慧生,俞昊,丁明利,徐效丽,刘晓艳,覃小红,赵涛,张翔,查琳,张慧芬,孙增耀,单丹,陈晓双,郭琪,田顺利	东华大学
103	铸大国重器,育行业英才——船海工程"五大一卓越"人才培养体系创新与实践	杨建民,薛鸿祥,廖世俊,谭家华,王鸿东,余龙,陈俐,彭涛,夏利娟,王磊,田新亮,林志良,陈震,肖龙飞,周薇	上海交通大学

续表

序号	成果名称	完成人	完成单位
104	守正创新、交融成艺,道路交通领军人才培养改革与实践	方守恩,凌建明,张兰芳,钱劲松,白玉,吴兵,杨轸,赵鸿铎,陈素文,李林波,孙立军,杨晓光,刘黎萍,叶建红,余博	同济大学
105	面向重大工程产教深度融合的工程类专业学位研究生培养体系创新与实践	黄宏伟,赵鸿铎,章小清,关佶红,林思劼,刘春,赵治国,陈清军,于颖,王玮,吴鹏凯,廖冠琳,黄建业,袁媛,谢永生	同济大学
106	对接国家制造业需求,创新"三深三实"产教融合模式,培育卓越工程专业人才	杜朝辉,李玉阳,张执南,熊振华,刘英翠,张小丽,赵勇,欧阳华,夏唐斌,马涛,顾汉洋,夏天娟,蔡小春,倪霓,陈旦玥	上海交通大学
107	交叉融合、自主学创——面向冶金创新发展需求的研究生培养体系构建与实践	任忠鸣,王江,鲁雄刚,董瀚,邹星礼,邹秀晶,黄健,尤静林,张捷宇,周全,张登松,尚兴付,屠挺生	上海大学
108	从地球到深空:新时代测绘领军人才培养的传承与创新	谢欢,童小华,楼立志,冯永玖,李博峰,陈义,王正涛,张珂瑜,邹贤才,乔刚,金雁敏,冯甜甜,吴杭彬,王超,许雄	同济大学,武汉大学
109	平台群支撑,多链条赋能——环境类"顶天立地"型人才培养探索与实践	毕军,任洪强,周庆,张炳,刘建萍,李爱民,周媛,袁增伟,张全兴,谷成,刘苗苗,张磊,史薇,吴兵,李梅	南京大学
110	生物医学工程拔尖创新人才"三融合、一贯通"培养模式的探索与实践	顾忠泽,顾宁,陆祖宏,张宇,涂景,耿有权,冷玥,万遂人,谢建明,孙啸,周平,徐春祥,汪丰	东南大学
111	计算思维赋能的"一贯穿、两融合、三平台"新工科研究生培养模式创新与实践	张强,魏小鹏,谭建荣,刘璐,葛宏伟,王宇新,齐恒,马瑞新,魏子麒,杨鑫,张冬瑜,周东生,刘倩,王鹏飞,候亚庆	大连理工大学,大连大学,浙江大学,清华大学
112	面向建筑文化传承与创新的国际研究生教育共同体构建与实践	张彤,江泓,David Leatherbarrow,葛明,鲍莉,董卫,朱渊,史永高,唐芃,淳庆,成玉宁,朱雷,李华,张愚,李新建	东南大学
113	高端制造业卓越研究生培养模式的创新与实践	李迎光,朱荻,郝小忠,陈蔚芳,隋少春,朱如鹏,毛军逯,游希鹏,徐九华,楼佩煌,何宁,江爱华,朱增伟,丁文锋,卢文壮	南京航空航天大学,成都飞机工业(集团)有限责任公司

续表

序号	成果名称	完成人	完成单位
114	需求引领 价值塑造 能力提升,航空科技高质量研究生培养体系的构建与实践	冯绍红,高存法,陆洋,郑祥明,佘明,许静,韩楚,钱征华,沈星,魏小辉,吕宏强,胡挺	南京航空航天大学
115	"重大项目牵引,育能育魂融合"材料类研究生培养模式与实践	曾海波,陈光,李建亮,邹友生,王克鸿,朱和国,薄煜明,江芳,张琨,缪乾	南京理工大学
116	创新引领 四链融合——信息学科研究生创新人才培养的改革与实践	蒋国平,李飞,马延文,吴蒙,王昆,邓艳,孙蓓蓓,赵强,肖梅宁,胡芳仁	南京邮电大学
117	基于协同创新理念化工学科研究生培养模式的探索与实践	管国锋,顾学红,王磊,张治宇,陈静,万辉,张华,张翔,周佳栋,沈海霞	南京工业大学,淮阴工学院
118	安全科学与工程一流创新人才培养体系构建与实践	周福宝,王恩元,王亮,仲晓星,秦波涛,王凯,时国庆,刘晓斐,林柏泉,程远平,程健维,王雁鸣,裴晓东,刘洪永,孙留涛	中国矿业大学
119	全员联动 全过程融通 全方位会聚——厚植家国情怀的机械工程卓越研究生培养	杨华勇,梅德庆,项淑芳,刘振宇,居冰峰,王晓莹,闫小龙,王芳官,俞磊,叶建芳,赵朋,金娟霞,王柏村,邱艺欣,张小平	浙江大学
120	直面需求、持续迭代、产学研联动的化工人才培养四十载探索实践	王靖岱,任聪静,赵玲,袁晴棠,任其龙,周兴贵,谢在库,阳永荣,卞凤鸣,奚桢浩,庄毅,陈丰秋,潘鹏举,李伯耿,袁渭康	浙江大学,华东理工大学,中国石油化工股份有限公司
121	以"两个基地"建设引领的"立地登峰"机械类研究生培养模式探索与实践	姚建华,张立彬,朴钟宇,李研彪,潘柏松,柴国钟,计时鸣,彭旭东,陈存法,李其朋,金伟娅,章嫡华,林洁,谭大鹏,陈勇	浙江工业大学,浙江省机电集团有限公司,浙江科技学院
122	行业特色高校"多维融合"的高水平研究生人才培养体系构建与实践	吴玉程,吕珺,王岩,夏豪杰,陆杨,黄海宏,刘健,刘家琴,张大伟,周如龙,罗来马,张进,徐光青,张勇,朱晓勇	合肥工业大学
123	产教、科教、学科交叉三融合协同育人的电子类研究生培养模式的创新与实践	张荣,陈忠,沈桂平,石江宏,李晓潮,吕毅军,屈小波,朱锦锋,郭文熹,游佰强,陈华宾	厦门大学

续表

序号	成果名称	完成人	完成单位
124	"一融三创"打造自主实践平台，"科产教"协同构建化工类研究生培养新模式	江莉龙，鲍晓军，侯琳熙，袁珮，梁诗景，施卫华，詹瑛瑛，杨臣，郑辉东，李玲，张进	福州大学，福建省能源石化集团有限责任公司，泉州市泉港区人民政府
125	从基础研究到产业化有机衔接的"企业化科教融合"培养模式	江风益，全知觉，黄志繁，许祥云，徐龙权，曹盛，方芳，王立，王光绪，饶武元，钟贞山	南昌大学
126	党建铸魂，实战育才——面向国家重大需求的土木工程研究生培养模式探索与实践	李术才，李利平，张庆松，刘健，许振浩，杨为民，蒋金洋，李典庆，周勇，刘国亮，葛智，韩勃，王汉鹏，刘人太，石少帅	山东大学，东南大学，武汉大学，山东高速集团有限公司
127	行业导向、工程牵引、多元并举——智能制造时代控制工程研究生培养创新与实践	于金鹏，于海生，原明亭，赵林，刘旭东，刘华波，高军伟，许涛，刘振，王保防	青岛大学
128	聚焦计算机系统创新能力的"一基两翼全链"研究生培养模式探索与实践	冯丹，秦磊华，李瑞轩，吴涛，李国徽，施展，李剑军，谭志虎，胡迪青，胡燏翀	华中科技大学
129	聚焦国家重大需求，校企协同研究生工程能力培养的探索与实践	郏继贵，刘铁根，林嘉睿，蒋佳佳，胡春光，王鹏，杨凌辉，黄田，段发阶，孙岩标，张宇，封皓，陈文亮，任永杰，吴腾飞	天津大学
130	三维交融、五链贯通：水路交通卓越研究生人才培养体系探索与实践	袁成清，严新平，白秀琴，李志峰，吴超仲，张彦，郭智威，董从林，孙玉伟，安江涛，张笛，刘克中，张凌云，李焰，张安富	武汉理工大学
131	"校—工研院—企业"有组织创新机械工程研究生培养体系建设与实践	许剑锋，高亮，史铁林，彭芳瑜，张芬，赵欢，何岭松，严思杰，蒋平，黄禹，廖广兰，张建国，崔炳凤，李新宇，肖峻峰	华中科技大学
132	紧扣国家需求、引领交叉前沿——控制学科博士生创新能力培养的探索与实践	陈积明，孙优贤，苏宏业，张宏建，贺诗波，齐冬莲，杨秦敏，史治国，程鹏，邓瑞龙，邵雪明，孟文超，赵成成，徐巍华，陈征	浙江大学
133	"三位一体"培养光电学科高层次人才，支撑战略高技术产业发展	唐明，张新亮，孙琪真，邓磊，董建绩，张敏明，唐江，李玲，张虎，国伟华，王超，余宇，熊伟，韩道，朱芮	华中科技大学
134	基于学科交叉的世界一流材料学科研究生培养体系创建与实践	董丽杰，傅正义，沈华东，刘韩星，华林，关帅锋，张扬，李旭巍，田仕，韩婷	武汉理工大学

续表

序号	成果名称	完成人	完成单位
135	"三链并举—四维递进"电气类"五有"创新人才培养模式与实践	罗安,段献忠,陈燕东,帅智康,何志兴,周乐明,徐千鸣,褚旭,谭阳红,周小平,伍文华,刘绚,许加柱,荣飞,黄守道	湖南大学
136	国家需求引领、产学研用融通——土木类研究生全程多维递进式培养体系	陈政清,陈仁朋,史才军,邵旭东,华旭刚,邓露,彭晋卿,周云,李寿英,樊伟,李念平,周石庆,牛华伟,刘志文,张恒龙	湖南大学
137	红色传承、需求引领、能力为本、多维评价:材料类研究生培养模式探索与实践	欧阳晓平,王金斌,林建国,孙立忠,马增胜,李江宇,刘金刚,杨雪娟,胡义伟,蒋文娟,钟向丽,唐明华,朱旺,齐福刚,张德闯	湘潭大学
138	内改外放,创新协同——工程专业学位卓越研究生教育"重大模式"建构与实践	王时龙,李英民,李宏,毛万标,张法涛,黄宗明,任亨斌,谢开贵,柴毅,张志清,方祯云,郑小林,何培,裴光术,李彦	重庆大学,西昌卫星发射中心,重庆长安汽车股份有限公司
139	汽车产业链—创新链—人才链多元融合的复合型领军人才培养体系探索与实践	郭钢,刘庆,王旭,罗禹贡,胡晓松,贺岩松,张财志,王俊,万鑫铭,韩维建(美籍),胡建军,石晓辉,张志飞,褚志刚,程安宇	重庆大学,清华大学,重庆长安汽车股份有限公司,中国汽车工程研究院股份有限公司,重庆邮电大学,重庆理工大学
140	创新培养模式,打造顶尖平台,为实现我国轨道交通引领发展培养领军人才	翟婉明,刘建新,易思蓉,彭其渊,周先礼,曾京,凌亮,邱延峻,庞烈鑫,吴积钦,丁国富	西南交通大学
141	搭平台建课程汇双师,电子信息专业学位研究生培养模式改革的成电探索与实践	胡皓全,罗光春,兰中文,田蜜,董刘杨,许之,熊彩东,廖云,汪利辉,苟灵	电子科技大学
142	空间材料科学高层次人才培养体系的建设与实践	魏炳波,翟薇,解文军,阮莹,耿德路,胡亮,闫娜,常健,陈长乐,包萌鸢	西北工业大学
143	重大项目与重大工程双驱联动的地学工科研究生创新能力培养体系构建与实践	彭建兵,李同录,黄强兵,张勤,钱会,李振洪,李荣西,白波,李猊,王万银,焦建刚,卢全中,李萍,朱兴华,占洁伟	长安大学

序号	成果名称	完成人	完成单位
144	面向航空航天重大需求和学科前沿,培养复合材料拔尖创新人才	成来飞,张立同,李贺军,郑锡涛,梅辉,顾军渭,刘永胜,付前刚,张程煜,王永欣,李金山,曾庆丰,栾新刚,张磊磊,张雨雷	西北工业大学
145	战略需求牵引、重大项目支撑、产教深度融合,培养国家急需电气工程一流人才	邱爱慈,汤广福,别朝红,王锡凡,吴坚,杨旭,彭宗仁,李兴文,李盛涛,孙凤举,马西奎,谢彦召,梁得亮,祝令瑜,方丽	西安交通大学,国网智能电网研究院有限公司,西北核技术研究所
146	产教融合,需求导向,工程类专业学位研究生培养模式探索与实践	姬红兵,田聪,魏峻,张玉明,李青山,丁金闪,李龙	西安电子科技大学
147	价值引领、本研贯通、多元支撑的"总师型"航天科技人才培养体系探索与实践	岳晓奎,宁昕,郭建国,樊会涛,孟中杰,韩冬,秦飞,唐硕,黄越,黄河,凡永华,周军,史新兴,孙军,于辉	西北工业大学,航天科工集团第三研究院,北京航天飞行控制中心
148	国家战略牵引,优势学科协同,电子材料与元器件研究生培养模式探索与实践	徐卓,姚熹,周济,邓龙江,李飞,朱京平,王晓慧,朱建国,魏晓勇,冯玉军,李勃,吴家刚,毕磊,胡庆元,王政	西安交通大学,清华大学,电子科技大学,四川大学
149	依托国家双一流学科,培养适应新质战斗力快速生成的军事智能化信息类人才	毛晓光、沈立、唐晋韬、祝恩、付绍静、李莎莎	国防科技大学
150	创建雷达电子战一体化培养模式,锻造新型作战力量高端人才	肖顺平、赵锋、艾小锋、罗鹏飞、潘小义、张文明、谢晓霞、徐振海、陈思伟	国防科技大学
151	新时代作物学德才兼备高层次人才培养模式研究与实践	陈温福,于海秋,周宇飞,赵新华,马殿荣,徐铨,张文忠,唐亮,孟军,王晓光,敖雪,孙健,刘喜波,王术,杜万里	沈阳农业大学
152	"思政引领、一流支撑、三链融合"的农林生物学拔尖创新人才培养研究与实践	滕春波,李杰,李玉花,张阿英,詹亚光,刘经纬,史金铭,栾非时,苍晶,张国财,郑宝江,施喜军,宋兴舜,蓝兴国,王鹏超	东北林业大学,东北农业大学,南京农业大学
153	共建共融共享,知渔爱渔强渔,培养"海洋渔业+X"高层次专业人才	陈新军,李纲,钱卫国,初文华,陈锦淘,徐海龙,邹晓荣,王学锋,许巍,齐遵利,江卫平,宋利明,胡松,刘必林,孔祥洪	上海海洋大学,浙江海洋大学,天津农学院,广东海洋大学,河北农业大学

续表

序号	成果名称	完成人	完成单位
154	基于科研创新团队的植物保护学科研究生培养模式的探索与实践	王源超,叶永浩,邵刚,张正光,吴益东,洪晓月,董莎萌,陶小荣,华修德,王备新,黄绍华,岳丽娜	南京农业大学
155	面向畜牧业现代化的高质量新农科三创研究生培养模式探索与实践	陈国宏,李碧春,吴锋,常国斌,张钰,王莉,吴信生,陆建飞,徐琪,赵海涛	扬州大学
156	基于"双循环"驱动的农业资源与环境学科研究生培养模式创新与实践	徐建明,何艳,马斌,林咸永,史舟,陈丁江,刘杏梅,王珂,包永平,陈学新,赵和平,卢玲丽,林道辉,陈昳舟,武秀梅	浙江大学
157	真题真解:水产学科研究生"三三三"实践育人体系的创新与应用	王春琳,蔡真亮,母昌考,屠春飞,戚家超,冯志敏,汪浩瀚,戴世勋,陈炯,李成华,谢冰蕾,李政,包红燕,史西志	宁波大学
158	"四位一体 三链协同 双向联动"科教产教融合培养农科研究生的安徽范式	姜家生,李升和,蔡永萍,张华建,祁克宗,李大祥,叶新新,张子军,李建超,昌蔚,李贵明,王晓波,陈黎卿,张从合,马晓辉	安徽农业大学,安徽科技学院,中国科学院合肥物质科学研究院,安徽荃银高科种业股份有限公司
159	基于科技小院的本硕贯通人才培养模式探索与实践	叶优良,孙笑梅,张书红,付文,汪洋,赵亚南,栗滢超,代莉,陈景红,黄玉芳,邵瑞鑫,赵鹏,王宜伦,李宁,张志华	河南农业大学,河南省土壤肥料站,河南心连心化学工业集团股份有限公司,许昌市农业技术推广站
160	"四循环"一体培养兼具"两家"素养的牧医领军人才	赵书红,黄飞若,曹罡,徐学文,彭大鹏,谭臣,滑国华,陈焕春,李家奎,申邦,刘嘉,侯顺,陈泊宁,王瑞斌,蒋朝常	华中农业大学
161	农科研究生"四融合"培养体系构建与实践	张献龙,王满囷,郭亮,姜道宏,金双侠,李博,曹凑贵,李斌,涂礼莉,谢甲涛,洪登峰,李林,谢卡斌,杨万能,孙超	华中农业大学
162	兴牧立心·圈学厚识·筑台强能"新疆子牛"畜牧学科研究生培养模式创新实践	贺喜,张佩华,贺建华,印遇龙,陈清华,何俊,宋泽和,冉茂良,方热军,陈斌,黄兴国,范志勇,杨玲媛,尹德明,柳小春	湖南农业大学,中国科学院亚热带农业生态研究所,唐人神集团股份有限公司
163	精准招生 靶向培养 溯源质控:助力乡村振兴的农业硕士培养模式创新与实践	刘雅红,孟成民,陈翱,庄楚雄,谢青梅,吴鸿,彭新湘,罗明忠,徐汉虹,王曙光,王忠,侯辉萍,陈华全,徐江	华南农业大学

续表

序号	成果名称	完成人	完成单位
164	基于"多年生稻科技小院"的"四轮驱动"农学类研究生培养模式改革与实践	胡凤益,黄光福,张玉娇,张石来,廉小平,秦世雯,何飞飞,陈蕊	云南大学
165	涉农专业学位研究生"四链融合、五项衔接、六维贯通"教育模式研建与实践	张静,陈玉林,陈帝伊,康振生,赵延安,韩娟,霍学喜,戴开军,胡晓辉,石宝峰,张蚌蚌,王玉环	西北农林科技大学
166	消化内镜"四级"培训体系的建立	张澍田,李鹏,吴咏冬,朱圣韬,乔新伟	首都医科大学
167	以思政教育为魂、学科交叉为导、数字技术为线,培养新时代口腔医学创新人才	周永胜,郭传瑸,李铁军,刘云松,王勇,侯建霞,董美丽,王冕,刘杰,颉慧菲,邓媛媛	北京大学
168	立足国家需求,构建以"PMGE"为核心的药学研究生国际化培养机制	胡文平,冯翠玲,Jay Siegel,张玲,杜云飞,陈乐,周艳,吴晶,张雁,高文远,高清志,陈海霞,姚婷,李霞,李楠	天津大学
169	医教协同背景下临床医学专业学位硕士"里程碑"式胜任力培养模构建与实施	赵玉虹,宫福清,常青,张相苏,李晓娜,刘彩刚,孙宝志	中国医科大学
170	创新力·导学力·引领力:一流综合性大学临床医学研究生导师队伍建设与实践	秦彦国,赵国庆,张学文,柳克祥,李玉林,瞿文瑞,吴敏飞,王旻,张志辉,徐昊,张全超,王晰巍,崔银秋,陈鹏,刘忠良	吉林大学
171	反脆弱理念下的全科医学研究生"价值—能力—岗位胜任力"培养体系创新实践	王永晨,潘永惠,常广明,时宇,任菁菁,王鹏鹏,付玉,韩冰,姜礼红,孟佳,刘颖,王秋军,王莉,姜睿,姚如姣	哈尔滨医科大学
172	面向健康中国战略的干细胞基础与转化研究未来领军人才培养体系探索与实践	裴钢,高绍荣,康九红,孙方霖,郑加麟,张军,刘中民,章小清,王红兵,张敬,汪世龙,徐晶莹,李珊	同济大学
173	临床医学专业学位博士"实践与研究融合"培养模式的创新与实践	胡翊群,董艳,单炯,王颖,梅文瀚,张杰,蔡霞,袁俊,刘玮,邵新华,张晓俊,陈丽红,刘天法,雷钧,张勇	上海交通大学
174	"厚德惟新、融贯协同"的中药学高层次人才培养方式的建构与实践	王峥涛,张彤,沈岚,徐宏喜,葛芳芳,陶建生,李医明,杨莉,王长虹,郑秀棉,冯怡,吴晓俊,沈漫,丁越,鲁岚	上海中医药大学

续表

序号	成果名称	完成人	完成单位
175	药学专业学位研究生培养体系的创建与实践	陆涛,丁锦希,胡庆华,陆冷飞,顾洁,杨涓,康迪,路亮,石莹	中国药科大学
176	医教协同背景下"联盟+"临床专硕课程建设的创新与实践	陈峰,胡志斌,夏彦恺,段昌柱,焦红兵,富伟能,雷丽萍,方明,凌志海,周建伟,鲁翔,孔祥清,苗毅,张慎忠,刘莹	南京医科大学,重庆医科大学,天津医科大学,中国医科大学,首都医科大学,哈尔滨医科大学,南方医科大学
177	眼科专业学位研究生"Dry-to-Wet Lab"教学改革的探索与实践	姚克,徐雯,申屠形超,杨亚波,叶娟,方肖云,汤霞靖,张丽,鱼音慧,王凯,朱亚楠,俞一波,陈佩卿,王玮	浙江大学
178	面向生物医药国家重大战略需求的药学研究生人才培养模式创新与实践	黄志锋,李校堃,林丽,蔡跃飘,滕乐生,张翼,周鑫,赵应征,于湘晖,陈高帜,王周光,叶文才,滕利荣,郭亚军,杨宝峰	温州医科大学,暨南大学,吉林大学,哈尔滨医科大学,上海张江生物技术有限公司
179	德术一体、潜明合予:中医内科专硕人才"三式融通"培养模式创新与实践	刘红宁,姚梅龄,刘英锋,石强,聂瑞华,廖东华,张光荣,袁富强,聂国林,朱卫丰,陈俊杰,郭荣传,徐道富,章新友,艾志福	江西中医药大学
180	服务国家急需,公共卫生应急管理博士人才培养体系构建与实践	管英俊,梁淑娟,鞠学红,张建华,冯子健,李群,李伟,郑文贵,王明玲,王春平,孙嘉斌	潍坊医学院,中国疾病预防控制中心
181	"四位一体"能力导向的中医学研究生传承创新人才培养43年探索与实践	彭清华,喻嵘,胡志希,谢雪姣,刘旺华,姚小磊,陈小平,尤昭玲,周小青,袁肇凯,胡淑娟,臧家栋,孙国辉,陈青,肖碧跃	湖南中医药大学
182	红专并进、双轨共振——护理专业学位研究生培养模式创新与实践	陈偶英,唐四元,彭清华,张静平,王红红,陈燕,罗尧岳,李东雅,秦莉花,朱海利,潘晓彦,廖若夷,朱丽辉,谌永毅,朱红英	湖南中医药大学,中南大学
183	"疾病导向,临床融合,创新引领"医学研究生培养体系的构建与实践	宋尔卫,高国全,李春海,林天歆,匡铭,兰平,王淑珍,郭开华,宋斌,杨霞,陈穗俊,周家国,沈君,齐炜炜,祁方昉	中山大学
184	构建"学科领军人才自主培养"的眼科研究生教学体系	刘奕志,卓业鸿,葛坚,余敏斌,郑丹莹,林浩添,梁凌毅,李轶擎,林智,刘念	中山大学

续表

序号	成果名称	完成人	完成单位
185	中药学"本硕博"贯通式拔尖创新人才培养模式的构建与实践	彭成,韩波,裴瑾,刘世云,胡媛,曾南,严铸云,杨敏,邓晶晶,吴小唯	成都中医药大学
186	临床牵引,知识重构,模式创新,医工交叉复合型研究生培养体系的创建与实践	吕毅,刘昌,张明,陈腾,马锋,李涤尘,邵金友,郭卉,吴小健,吴荣谦,张谓丰,陈莉娜,王渊,王浩华,孟列素	西安交通大学
187	从传统教育到当代高等教育新格局,藏医药学本硕博教育教学体系的构建与实践	李先加,华欠桑多,三智加,贡却坚赞,王虹,多杰,艾措千,切羊让忠,普措多杰,万玛拉旦,卡着杰	青海大学,青海省藏医院,青海省藏医药研究院,青海金诃藏医药集团有限公司,青海藏医药文化博物馆
188	军事装备论证与试验学科创新发展研究与实践	王凯,郭齐胜,董志明,罗建华,孙万国,李亮,张宏江,彭文成	陆军装甲兵学院
189	新体制下军事后勤学学科建设与发展研究	郭继坤,陈智,牛永界,李斌,李平俊,陈新文,朱柯,慈晓强,杨和平	中国人民解放军陆军勤务学院
190	做人做事做研究:培育××人才的研究与实践	吴旭升,肖飞,杨波,叶志浩,易祥烈,李伟,赵镜红,孙盼,孙兆龙	海军工程大学
191	军事课程专业化教学创新与实践	邰舟,阳曙光,周强,沈沉,龙海,楚桂华,李刚,林洪涛,刘世清	国防大学
192	多元交叉、虚实结合的土地资源管理"新文科"人才培养与教学模式创新	严金明,吕萍,丰雷,张占录,张正峰,夏方舟,张秀智,张书海	中国人民大学
193	从无到优:我国公司治理人才培养模式创建与发展	李维安,武立东,马连福,李建标,周建,林润辉,张耀伟,郝臣	南开大学
194	面向VUCA变革的管理类专业学位研究生教育质量保障体系	冯楠,卢铮松,张维,何桢,马寿峰,李敏强,李磊,王媛,解晶,陆明远,孙慧,邹高峰,郑春东,袁婷,张晗悦	天津大学
195	上海MBA教学案例共建共享共融创新实践	许鑫,冯学钢,马爱民,陈世敏,侯丽敏,张峥,姚占雷,许雷平,陈万思,刘勤明,邵志清,董明,施骞	华东师范大学(上海工商管理专业学位研究生教育指导委员会挂靠单位),中欧国际工商学院,华东理工大学,上海理工大学
196	全周期实战型工商管理硕士创业人才培养体系构建	陈方若,刘少轩,董正英,彭云峰,赵旭,周颖,陈建科,王晓蔚,马文玉,周道力,施凯	上海交通大学

续表

序号	成果名称	完成人	完成单位
197	构建基于中国发展与治理的公共管理人才自主培养体系:浙大MPA教育20年	郁建兴,谭荣,高翔,钱文荣,徐林,王诗宗,谭永忠,杨国富,赵志荣,冯军,黄萃,沈永东,吴结兵,茅锐,岳文泽	浙江大学
198	国之问 研知趣 志致远——地方高校社科类研究生学术志趣培养探索与实践	吴宝,池仁勇,吴向明,郭元源,程惠芳,曹東,虞晓芬,贾侃,李正卫,陈衍泰,周亚越	浙江工业大学
199	管理科学与工程一流学科研究生培养的模式创新与能力建设研究与实践	杨善林,梁昌勇,蒋翠清,焦建玲,张强,李霄剑,任明仑,余本功,丁帅,周开乐,裴军,彭张林,马华伟,冯南平,邵臻	合肥工业大学
200	用案例讲好中国管理故事:江财5W模式赋能专业学位研究生教育改革与创新	胡海波,胡宇辰,谌飞龙,曹国新,胡京波,吴群,郭英	江西财经大学
201	学科交叉、科教融合引领的土地资源管理研究生复合型创新人才培养探索与实践	刘耀林,何建华,焦利民,刘艳芳,沈焕锋,刘殿锋,孔雪松,江平,唐旭,胡石元,赵翔,王海军	武汉大学
202	双一流背景下经济与管理类研究生教育质量保障体系创新与实践	方德斌,宋敏,曾国安,潘敏,邹薇,汪涛,郭凜,李燕萍,李青原,陈植元	武汉大学
203	公共管理硕士人才培养"耕读研习"案例教学理论与实践	李燕凌,章文光,杨宏山,陈弘,刘仲华,王薇,刘鹏,徐晓林,许源源,郭跃,王丛虎,刘志鹏,谢方平,贺林波,李立清	湖南农业大学,中国人民大学,北京师范大学,中南大学
204	产教深度融合的MPAcc"财经素质链"人才培养模式创新与实践	罗勇,孙芳城,钟廷勇,程文莉,李定清,顾飞,陈欢,唐文秀,王鹏,黄辉,王宏波,潘理科	重庆工商大学,浪潮通用软件有限公司,天健会计师事务所(特殊普通合伙)
205	国防科技工程管理创新人才"四维一体"培养体系的构建与实践	车阿大,张映锋,乔彩燕,郭云涛,贾明,杨乃定,赵嵩正,白思俊,欧立雄	西北工业大学
206	依托管理科学与工程优势学科,培养联合作战装备管理高素质人才的创新与实践	谭跃进,郭波,杨克巍,李孟军,赵青松,吕欣,姜江,程志君,葛冰峰	国防科技大学
207	建设全球创新设计研究生培养项目,培养国际化创新设计领导者	赵超,臧迎春,吴琼,刘新,蔡军	清华大学

续表

序号	成果名称	完成人	完成单位
208	立美筑基,立术研智,立学养材,美术学艺术硕士三立法拔尖人才培养模式	甄巍,古棕,喻建辉,熙方方,王鹏,韩慧荣,李岩,黎加多,季海洋,苏典娜	北京师范大学
209	机制驱动,协同发展:上海艺术设计领域专业学位研究生教育探索与实践	冯信群,刘晓东,丁明利,张鑫,黄更,周武忠,徐江,江滨,李光安,陈庆军,魏劭农,陈青,丁伟,张展,王梦琦	东华大学,上海艺术专业学位研究生教育指导委员会
210	作曲技术理论研究生人才培养模式创新与实践	徐孟东,钱仁平,周湘林,贾达群,张巍,尹明五,张千一,彭志敏,王中余,陈牧声,姜之国,吴基学,沈叶,叶思敏,孙剑	上海音乐学院
211	跨文化交流实践能力的特色培养 —— 戏剧专业硕士教学的十年建设	孙惠柱,沈亮,司徒嘉怡,宫宝荣,厉震林,伊天夫,彭勇文,俞建村,张云蕾,邹昊平,于翔,储飞,宗玉,徐佳丽,韩爽	上海戏剧学院
212	以实践教学为核心的MFA艺术专业硕士人才培养模式改革与实践	魏劭农,陈金明,陈澜,徐娴雅,倪志琪	华东师范大学
213	"艺科融合,协同育人":数字技术驱动创新设计人才培养模式探索与实践	李立新,詹和平,邹烈炎,何晓佑,熊嫕,张明,蒋杰,周庆,盛瑨,陆斌,何方,童芳,丁治宇,姬益波	南京艺术学院
214	陶瓷艺术研究生"艺匠合一"人才培养模式探索与实践	黄胜,吕金泉,吕品昌,詹伟,赵兰涛,郭玉川,邹晓松,李伟,王清丽,周彤,吴国剑,罗小聪	景德镇陶瓷大学
215	面向文化自信与自主创新的设计类研究生领军人才培养体系	何人可,谭浩,张朵朵,吴雪松,季铁,王宝升,胡莹,李怡,袁翔,张军,赵丹华,俞准,崔进山	湖南大学
216	面向医工融合特色学科群的复合型拔尖创新人才培养体系探索与实践	明东,顾晓松,刘爽,李振宇,侯世科,冯远明,倪广健,何峰,朱华,庞博,余辉,李伟锋,万亮,孟琳,王仲朋	天津大学
217	学科交叉催化 产学研用聚合 服务纤维强国之研究生培养模式创新与实践	朱美芳,廖耀祖,马敬红,王华平,王宏志,戴蓉,余木火,游正伟,李耀刚,成艳华,张清华,莎日娜,李斌荣,陈惠芳,于俊荣	东华大学

续表

序号	成果名称	完成人	完成单位
218	课程育人、田野育人、智库育人——新时代区域国别人才培养体系构建与实践	姜锋,李岩松,查明建,郭树勇,杨成,于漫,程彤,邓惟佳,张帆,张爱玲,郭可,金慧	上海外国语大学
219	交叉融合·共享共生:人工智能+信息学科"一体两翼"创新人才培养模式实践	瞿中,高新波,王国胤,姬红兵,李宏,李伟生,肖斌,于洪,张祖凡,夏书银,王恒,袁春艳,王诗言,赵超莹,曾宪华	重庆邮电大学,西安电子科技大学,重庆大学
220	以"维"破"唯"、四维一体,轨道交通特色大信息类研究生培养改革与实践	闫连山,邹喜华,马征,潘炜,郝莉,李天瑞,陈维荣,王克贵,马琼,戴齐,范平志,刘明慧,冯全源,唐小虎,吕彪	西南交通大学
221	服务国家安全战略的涉藏警务硕士人才培养模式探索与实践	田显俊,周长明,唐雪莲,杜乾举,陈瑛,代勇,汪小林,龙兵,张晨煜,宋薇,何君燕,颜志刚,钟云华,刘黎明,王兴国	四川警察学院,公安部藏区研究所
222	需求导向、创新牵引、开放发展的高层次卓越人才培养综合改革探索与实践	郑刚,王树新,何芳,贾宏杰,齐崴,卢铮松,胡明列,张立迁,孙鹤,关静,刘庆岭,蔡建爽,赵红星,初飞,秦朝霞	天津大学
223	服务需求 四措并举:地方高校硕士专业学位研究生实践能力培养路径探索实践	毕兆明,陈英松,郎卫红,岳园,王强,张天资,杨金戈,郝建辉,张博	内蒙古民族大学
224	基于科教产融合的"四转化"研究生培养体系探索与实践	王兴伟,丁义浩,徐新阳,卢万杰,贾东风,马元,孙晶,修佳夫	东北大学,辽宁工程技术大学
225	校企合作、产教融合、双基地、双导师,培养大湾区创新人才	周玉,甄良,姚英学,张钦宇,朱宁,张敏,周超英,马广富,金晶,邹虹,赵艺,吴晓丹,孙明健,姜宇,顾佳慧	哈尔滨工业大学
226	坚持三个追求,践行三个融合,船海核领域卓越研究生人才培养模式研究与实践	陈恒,王伟,王秦辉,李婉红,尹航,高璞珍,李冰,谭思超,凌焕章,李茹民,何巍,陈明灿,马佳男,丁小强,蔡元沛	哈尔滨工程大学
227	数据赋能:学位论文质量控制体系的构建与实践	汪小帆,田立君,魏峭巍,叶志明,刘文光,陈立群,张建华,张勇安,何小青,张文红,彭艳,王刚,盛万成,应时辉	上海大学

续表

序号	成果名称	完成人	完成单位
228	服务国家创新人才需求,构建具有国际竞争力的博士生拔尖培养体系	徐学敏,王亚光,郑震,归琳,董艳,陈谦斌,任瑞宝,邓涛,过敏意,孔令体,赵长颖	上海交通大学
229	中德合作"三融合"理念下研究生培养国际化生态体系构建与实践	霍佳震,雷星晖,李奕滨,卞永明,张立军,吴志红,陈翌,郑春荣,王继平,闵峻英,蔡黎明,张丽华,殷文,韩政	同济大学
230	面向能源革命,能源电力行业特色高校研究生教育产教融合双赢模式创新与实践	唐忠,汤乃云,朱瑞,陈凌,王路,何健,顾晋,钱莹,陈静,朱阳,王化更,魏为,于会群	上海电力大学,国家电网有限公司华东分部,中国电力工程顾问集团华东电力设计院有限公司,江苏省扬中高新技术产业开发区管理委员会
231	价值引领卓越,卓越彰显价值——华东师范大学本研贯通的课程思政实践与创新	陈卫平,梅兵,谭红岩,文贵良,瞿骏,李政涛,杜德斌,田阳,吕长虹,曾和平,阎恩荣,郭源源	华东师范大学
232	"支部建在最基层学术组织上"——卫生健康领域研究生思政教育创新实践	史慧静,汪玲,吴晓晖,蒋泓,包涵,尤小芳,何珂,江培翃,许晓茵,包江波,陆柳,姜友芬,陈兆君,谭晖,钱序	复旦大学
233	"高峰学科引领、多维协同驱动"涉林学科研究生培养模式创新与实践	尹佟明,杨平,韩建刚,梅长彤,汪贵斌,施季森,孙建华,杨红强,盛江梅,应晨希	南京林业大学
234	以优化学科生态为基础,构建卓越博士研究生学位质量保障体系	叶恭银,周文文,蒋笑莉,王家平,衣龙涛,林成华,郑羿,王征,陈良,倪加旎,张雨迪,汪海飞,王树正,梁君英,周天华	浙江大学
235	长效协同,多元融合,面向行业发展需求的研究生培养体系建构与实践	俞晓平,李海芬,张勇,李战国,王义康,孙坚,冯爱明,李运堂,梁晓瑜,王新庆,王乐,卫国英,包福兵,王一,陈春	中国计量大学
236	发挥海洋学科优势,提升"一带一路"来华留学生教育质量的探索与创新实践	李华军,宋文红,刘进,秦尚海,李景玉,郭培清,刘检华,刘海波,李剑,孙喜莲,赵静,汪岷,唐庆娟,刘欣	中国海洋大学,北京理工大学,青岛市教育局

续表

序号	成果名称	完成人	完成单位
237	"卓越引领,融合创新"能源领域研究生核心竞争力培养模式构建与实践	郝芳,阎子峰,梁琳,俞继仙,卢虎胜,李兆敏,周鹏,叶立国,王学彩,季林海,何利民,王殿生,蒋文春,李克文,淳柳	中国石油大学(华东)
238	需求导向,学科引领,提升河南省研究生教育服务社会发展能力的研究与实践	朱遵略,薛万新,刘玉芳,刘科,万运京	河南师范大学
239	研究生教育"模式+机制+保障"三位一体要素式综合改革研究与实践	梁传杰,范涛,李辉鹏,张联盟,童泽望,谢中清,宋英华,颜伏伍,陈伟,王秀梅,徐言民,罗熹,水晶晶,熊彬,徐亚	武汉理工大学
240	聚焦急需 智联东西——"四化一体"提升研究生培养质量的模式探索与实践	魏建国,赵美蓉,白海力,郑刚,刘彤彤,傅利平,王晓静,王小盾,侯庆志,张立迁,潘峰,沈妍,陈涛,陈天凯,吴潇	天津大学,青海民族大学
241	"五创为核、双重保障"研究生创新能力培养体系构建与实践	田红旗,戴吾蛟,蒋丽忠,黄伯云,朱学红,姜涛,孙伟,湛利华,田庆华,王建新,王雅琳,谢日安,彭忠益,刘光连,刘民忠	中南大学
242	新时代研究生培养"四维一体"实践育人体系的构建与应用	李旭锋,石孝均,吴文杰,白显良,张弛,潘洄,王进军,田阡,唐斌,曾鸣鸣,董小玉,胡娟,黄大宏,邱江,陈志友	西南大学
243	西部兵工类高校专业硕士研究生"五个三"校企共同育人模式的构建与实践	许俊强,廖林清,苏平,罗云云,邓国红,肖蕙蕙,程平,朱革,陈韵如,丁军,杨朝龙,邹霞,刘成龙,刘小洋,唐艳	重庆理工大学,中国兵器工业第五九研究所
244	以"研"为中心的工程类研究生创新能力培养体系构建与实践	周先礼,艾长发,邹洋,何正友,袁艳平,朱志武,高峰,王永杰,龚正君,温泽峰,王锋,刘艳,陈志伟,陈怡露,华宝玉	西南交通大学
245	研究生"三好三有"导学思政育人体系的创新与实践	杨银堂,任小龙,秦荣,张君博,霍学浩,付凯元,朱文凯,于磊,张海战,高宇星,史耀媛,杨坤,李昱良,梁玮,豆谊博	西安电子科技大学

续表

序号	成果名称	完成人	完成单位
246	打造"一主体双导师三保障"的校企深度协同新范式,培养高层次工程技术人才	吴宏春,郑庆华,南文海,张四聪,刘明,薛周利,曹良志,陈永华,高健雪,罗婧,徐渭,吴红苇,武欣,宓欣,贾丽萍	西安交通大学
247	"知华友华"农科高素质来华留学研究生教育模式探索与实践	裴志超,罗军,康振生,黄丽丽,程尚志,王玉环,郑粉莉,夏显力,刘学波,陈帝伊,单卫星,昝林森,强百发,张杰,于瑛	西北农林科技大学
248	经管研究生"一核两翼三平台"分轨培养模式创新与实践	杨兴全,张朝辉,王蕾,谭伟荣,崔登峰,白俊,张杰,胡海晨	石河子大学

浙江省教育厅文件

浙教函〔2022〕10号

浙江省教育厅关于公布
2021年省教学成果奖名单的通知

各市、县(市、区)教育局,各高等学校:

　　为奖励取得教学成果的集体和个人,鼓励广大教育工作者积极开展教育教学研究,提高教学水平和教育质量,根据《浙江省教学成果奖励办法》,经认真评选并报省人民政府同意,确定550项教学成果为2021年浙江省教学成果奖,其中:基础教育教学成果奖特等奖15项、一等奖50项、二等奖100项,中职教育特等奖5项、一等奖20项、二等奖50项,高职教育教学成果奖特等奖15项、一等奖40项、二等奖50项,高等教育教学成果奖特等奖25项、一等奖80项、二等奖100项。现将获奖名单(详见附件)予以公布。

希望受奖励的成果完成单位和个人珍惜荣誉、再接再厉，努力在教育教学改革中创造新的业绩。全省各级各类学校、广大教师和教育管理工作者要认真学习、借鉴、推广应用优秀教学改革研究和实践成果，不断提高人才培养质量，切实把党的教育方针和立德树人根本任务落实到教育教学的每一个环节，为加快推进浙江教育现代化、高质量发展建设共同富裕示范区作出新的更大贡献。

附件：2021年浙江省教学成果奖名单

浙江省教育厅

2022年1月29日

（此件公开发布）

附件

2021年浙江省教学成果奖名单(高等教育)

特等奖(25项)

序号	成果名称	主要完成人	推荐单位
1	"知识、能力、素质、人格"并重的KAQ2.0新时代一流本科教育体系	吴朝晖、张光新、胡吉明、李恒威、罗建红、陆国栋、刘向东、邬小撑、郭文刚、邱利民、金娟琴、刘鹏、顾颖杰、杨旸、王英芳	浙江大学
2	"力学3.0"导向的工程科学前沿拔尖创新人才培养体系构建与实践	杨卫、赵沛、李振华、王永、曲绍兴、王惠明、王宏涛、金肖玲、吴昌聚、庄表中	浙江大学
3	"以我为主、一对多、高水平"打造国际合作教育样板区	何莲珍、欧阳宏伟、李尔平、傅强、诸葛洋、王玉芬、周金其、屈利娟、瞿海东、Susan Welburn、Philip Krein	浙江大学
4	新医科视阈下的"医学+"交叉融合卓越人才培养新模式探索与实践	周天华、徐凌霄、马振秋、韩魏、徐骁、李晓明、许正平、柯越海、方向明、林卓清、应婧倞、沈思思、丁萌琪、赵丽娜、张莎、邢沁青、许士琪、冯吉好	浙江大学
5	评估牵引、声誉导向、多方联动的竞赛治理优化及其成效	陆国栋、赵春鱼、何钦铭、陈临强、吴英策、颜晖、张炜、张克俊、顾大强、魏志渊、王进、张聪、赵燕、阚阅、孙永乐	浙江大学、中国高等教育学会、中国计量大学、杭州电子科技大学、浙大城市学院、杭州简学科技有限公司
6	以科研驱动式教学为核心的经济学人才研究创新能力提升范式的探索与实践	方红生、黄先海、潘士远、陆菁、朱柏铭、黄勇	浙江大学
7	新时代背景下的全面助教制度改革与实践:从理科公共基础课程试点开始	胡吉明、方文军、王彦广、赵华绒、盛为民、赵道木、王晓莹、杨旸、吕萍、彭笑刚、刘占祥、吴百乐、张嘉捷、谭桂娥	浙江大学
8	以生为本、整合创新、科教互促——食品保藏课程群教学改革与实践	罗自生、茅林春、叶兴乾、张良、刘鹏、李莉、陈士国、应铁进、吴丹、李阳	浙江大学
9	厚植家国情怀的机械工程全员、全过程、全方位育人体系探索与实践	杨华勇、梅德庆、项淑芳、刘振宇、王晓莹、闫小龙、王芳官、宋晓云、叶建芳、张瑜彬、金娟霞	浙江大学
10	基于Wet Lab平台、以临床能力为导向的眼科专业学位研究生教学改革与实践	姚克、申屠形超、杨亚波、方肖云、叶娟、徐雯、汤霞靖、张丽、朱亚楠、鱼音慧	浙江大学

续表

序号	成果名称	主要完成人	推荐单位
11	卓越博士研究生学位质量保障与监督体系的构建与实践	叶恭银、蒋笑莉、衣龙涛、郑巎、陈良、汪海飞、王树正、张君、韩淑云、凌正鸯、朱丹薇、王岐琦、梁君英、王家平	浙江大学
12	直面产业复合交叉工程类专业学位硕士研究生培养模式系统性改革方案	韦巍、严建华、吴健、陈丰秋、江全元、章献民、周文文、赵阳、赵张耀、陈智峰、刘翔、俞小莉、喻嘉乐、陈金飞、张聪、任洪波、林志红	浙江大学
13	以人民为中心——高等艺术教育"同轴双向"的育人体系建构与实践	许江、高世名、封治国、何红舟、邬大勇、杨奇瑞、班陵生、黄骏、盛天晔、张春艳	中国美术学院
14	课程思政、专业思政、教师思政一体化建设的探索与实践	虞晓芬、蓝汉林、江颉、陈冲、方学礼、袁旦、孙建强、邢乐勤、许伟通、杨克勤	浙江工业大学
15	地方工科院校以能力为导向的大学物理教学新范式	施建青、徐志君、林强、魏高尧、李珍、童建平、王俊杰	浙江工业大学
16	三维耦合·三链融合 培养生物产业工程科技创新人才	郑裕国、郑仁朝、吴石金、王亚军、钟卫鸿、汤晓玲、章银军、余志良、王远山、应向贤	浙江工业大学
17	思创融汇 专创融合 师创融通——师范院校创新创业教育体系的探索与实践	郑孟状、王淑娉、温建明、魏梦璐、郑文哲、叶志雄、马莉、陈海峰、陈乃启、朱哲成	浙江师范大学
18	基于RICH理念的中学英语卓越教师培养模式15年探索与实践	胡美馨、骆传伟、俞明祥、竺金飞、胡伟杰、俞燕明、孔菊芳、张亚萍、郑志恋、罗晓杰	浙江师范大学
19	"三化·三教"培养面向纺织新经济的"三创"人才	陈文兴、周剶、陈建勇、盛清、傅雅琴、祝成炎、邹奉元、陈敏之、于斌、胡毅	浙江理工大学
20	面向工程创新能力培养，构建电子类专业实践育人新体系	陈龙、程知群、李文钧、高明煜、黄继业、王光义、马学条、郑鹏	杭州电子科技大学
21	经济统计人才一体多元"CAMP"能力培养模式的探索与实践	苏为华、陈钰芬、陈骥、张崇辉、陈宜治、徐蔼婷、浦国华、曾慧、向书坚、朱贺	浙江工商大学
22	长效协同，多元融合，培养适宜行业发展需求的高层次创新人才的探索与实践	俞晓平、李海芬、张勇、李战国、孙坚、冯爱明、李运堂、梁晓瑜、王义康、陈春	中国计量大学
23	以"创新药物研发链"为主线的生物制药人才培养模式的构建与实践	林丽、卫涛、蔡琳、田海山、王晓杰、黄志锋、王文秀、惠琦、叶发青、李校堃	温州医科大学
24	专创融合 分层递进：以岗位创业为导向的创新创业育人体系20年探索与实践	黄兆信、黄扬杰、罗志敏、李雨蕙、翁灵丽、温怀德、章瑞智、丁放、钱波	杭州师范大学、温州医科大学、华南师范大学

续表

序号	成果名称	主要完成人	推荐单位
25	红船精神育人体系的构建与实践	卢新波、黄文秀、吕延勤、陈立力、彭冰冰、富华、李蕾、洪坚、徐永良、张琦	嘉兴学院

一等奖（80项）

序号	成果名称	主要完成人	推荐单位
1	大学生结构设计竞赛20年与创新人才培养	金伟良、罗尧治、陆国栋、吕朝锋、丁元新、毛一平、姜秀英、魏志渊、邹道勤、余世策	浙江大学、全国大学生结构设计竞赛委员会秘书处
2	荣誉学院拔尖创新人才跨学科交叉培养模式的探索与实践	葛坚、张帆、章志英、侯迪波、刘振宇、盛为民、陈为、方红生、马忠华、俞自涛、陈俊、唐晓武、金一平、王越	浙江大学
3	跨界整合、产教研深度融合的机械工程学生创新实践能力培养体系探索与实践	刘振宇、顾大强、杨将新、傅建中、汪延成、朱新杰、裘㤵、段桂芳、王庆九、高宇	浙江大学
4	药学拔尖人才培养体系的十年探索与实践	范骁辉、杨波、朱卡林、高建青、吴昊姝、王芳、何俏军、张翔南、沈丽娟、徐潇	浙江大学
5	"中国近现代史纲要"课程推进"五个一工程"建设的创造性探索与实践	段治文 赵晖、尤云弟、张立程、董海樱、刘召峰、程早霞、庞毅	浙江大学
6	数学拔尖创新人才"二制三化"培养模式的近三十年探索与实践	包刚、盛为民、苏德矿、卢兴江、黄正达、张挺、熊晶蕾、邵䪩	浙江大学
7	学科协同 五位一体 卓越导学——农业工程专业学生实践创新体系创建与实践	泮进明、叶尊忠、徐惠荣、岑海燕、韦真博、蒋焕煜、王俊、冯雷、应义斌、何勇、朱松明、郭亚芳、华向理	浙江大学
8	大学（非生物专业）生物学实践类通识课程的教学改革与探索	吴敏、曹阳、郭卫华、黄爱军、杨志坚、徐程、霍颖异、孙益、杨帆、史影、张霞	浙江大学、上海交通大学、山东大学
9	支持跨域全过程超大规模线上线下实质等效的教学创新体系构建	陈文智、董榕、张紫徽、胡吉明、江全元、李艳、姚青、沈丽燕、杨玉辉、张宇燕、黄健、李萌、袁书宏、云霞、留岚兰、杨旸、刘多、翟雪松	浙江大学
10	创设软硬件可重构"个人实验室"，促进电子信息类系统创新人才培养	史治国、杨建义、李建龙、楼东武、陈积明、卓成、吴叶飞、杨冬晓、冯志强、宫先仪	浙江大学、依元素电子科技（南京）有限公司

续表

序号	成果名称	主要完成人	推荐单位
11	以强身塑心为靶向的普通高校"三全体育"教育教学课程体系构建与实践	吴叶海、张光新、傅旭波、余保玲、潘雯雯、金娟琴、董育平、陈志强、潘德运、金鸥贤	浙江大学
12	固本强基　达才成德——"三全育人"助力新生转型的探索与实践	邱利民、郭文刚、谭芸、陈立明、徐晓峰、翁亮、黄任群、郑玲玲、郑尧甫、董业凯、陈翠苹、王海贵、孙大雁、刘玉娥、刘帅、蔡明远、潘临灵、钟翼	浙江大学
13	"四课融通、四化同步"新农科实践实训教学体系的建构与实践	陈学新、马忠华、喻景权、张国平、赵建明、吴佳雨、金敏、祝水金、孙崇德、张颖、邱慧、叶庆富、马永芳、肖建富、蒋梦汝、王涛、许霁玉、陈云文	浙江大学
14	复合创新型海洋拔尖人才培养模式探索——海洋学院"1+5+N"	王立忠、王晓萍、陈鹰、王瑞飞、马忠俊、黄豪彩、陈庆、冀大雄、张朝晖、吴锋、潘先平、陈家旺、胡小倩、张涛、郝帅、高楚清	浙江大学
15	全国高校光电专业优质教育资源共享模式的创建及十年实践	刘向东、刘旭、郁道银、付跃刚、毕卫红、时尧成、林远芳、郑臻荣、郑晓东、吉玲	浙江大学
16	新3H卓越医学人才临床培养体系的构建与实践	王建安、吴志英、谢小洁、范让、张琳、方驰、郑芬芳	浙江大学
17	多轨协同、多专融通的国际组织人才培养模式	李媛、邬小撑、董世洪、徐雪英、李佳、郑瑞、朱晓宇、胡洁、高晓洁、陈立影	浙江大学
18	以创新能力为导向的科技设计人才培养模式与生态建设	孙凌云、张克俊、柴春雷、陈实、孙守迁、陈为、应放天、罗仕鉴	浙江大学
19	基于"一本四化"的中华优秀传统文化涵育体系构建与实践	楼含松、冯国栋、楼艳、段园园、陶安娜、陈文丽、沈玉、胡可先、陶然、叶添阁、孙福轩	浙江大学
20	扎根铸魂实践育人共同体的二十年探索与构建	薄拯、刘艳辉、沈黎勇、卓亨逵、梁艳、吴维东、夏雷、叶盛珺、王巍贺、任立娣、卢思颖、任帅	浙江大学
21	注重传承开拓、引领前沿交叉——控制学科博士生学术创新能力培养方法与实践	陈积明、孙优贤、张光新、宋执环、程鹏、徐贞、贺诗波、邓瑞龙、杨秦敏、赵春晖、侯迪波	浙江大学
22	基于产教融合新模式的引领式软件工程技术人才培养体系构建	卜佳俊、陈丽、黄启春、杨小虎、陈纯、蔡亮、柳栋桢、方红光、苏腾、余建挺	浙江大学

续表

序号	成果名称	主要完成人	推荐单位
23	基于质量全面提升的研究生学制改革	周文文、叶恭银、林成华、王征、王凯、倪加旎、张雨迪、李华静、王美青、胡承亮、许湘琴、吴可、吕雅兰	浙江大学
24	基于"双循环"驱动的农业资源与环境学科研究生培养模式创新与实践	徐建明、何艳、马斌、林咸永、史舟、陈丁江、刘杏梅、王珂、包永平	浙江大学
25	基于政策企业家精神塑造的MPA教育模式创新	郁建兴、谭荣、高翔、钱文荣、徐林、王诗宗、谭永忠、冯军	浙江大学
26	联合培养塑栋梁、产教融合育英才——化工领域工程创新人才联合培养体系探索与构建	王靖岱、黄正梁、任聪静、孙婧元、杨遥、廖祖维、庄毅、蒋斌波、历伟、王益然、王丽军、陈志荣、阳永荣、李伯耿、范小强、陈毓明、吕德伟	浙江大学、中国石油化工股份有限公司
27	基于"平台+项目"全球嵌入型研究生培养体系:管理学院十五年探索	魏江、汪蕾、周伟华、谢小云、吴晓波、莫申江、瞿文光、朱纪平、邬爱其、杨翼、黄晓雯、高晨	浙江大学
28	面向国家重大战略需求的航空制造领域卓越工程人才培养模式创新与实践	柯映林、董辉跃、毕运波、曲巍崴、王国雄、王青、朱伟东、俞慈君、李江雄、宋小文、徐强、程亮、郭英杰、汪海晋、刘玉勇	浙江大学
29	以乡土为学院——扎根中国大地的艺术实践教学	高世名、曹晓阳、陈正达、邵健、姜珺、李梅、刘智海、佟飚、刘益红、王宁逸	中国美术学院
30	"中国美术学"高层次创新人才培养体系建设与实践	许江、余旭红、张捷、何红舟、封治国、班陵生、管怀宾、刘海勇、闵罕、韩亮	中国美术学院
31	"扎根—融通—铸魂"的创新创业教育体系探索与实践	李小年、王卫红、计伟荣、汤智、王建胜、陶鹏、许伟通、戴光麟	浙江工业大学
32	多层递进、多元协同、数字赋能——地方高校工程实践教育体系的探索与实践	计伟荣、顾容、张建勇、方学礼、江颉、金伟娅、袁旦、贾侃、陈小玲、章群山	浙江工业大学、浙江校友邦科技有限公司
33	地方高校社科类研究生"顶天立地"学术志趣的培育机制创新与实践探索	吴宝、池仁勇、吴向明、郭元源、贾侃、周亚越、李正卫、陈衍泰、张玉倩、王旭	浙江工业大学
34	面向区域先进制造产业集群的机械类硕士协同创新培养探索与实践——十五年总结	姚建华、朴钟宇、李研彪、潘柏松、彭旭东、章嫡华、林洁、金伟娅、谭大鹏、陈勇	浙江工业大学
35	"三链融合、开放共享"的跨境电商人才培养体系构建与创新实践	李文博、邹益民、许德武、包中文、郑文哲、黄海斌、张俊岭	浙江师范大学

续表

序号	成果名称	主要完成人	推荐单位
36	标准化、协同化、智能化:高质量师范生培养的"浙江经验"	周跃良、庄华洁、林一钢、张家华、舒志定、蒋永贵、陈伟鸿、黄晓、唐恒钧、徐展斌	浙江师范大学、杭州师范大学、湖州师范学院、绍兴文理学院、浙江省卓越教师培养协同创新中心
37	一流非洲区域国别人才培养的"三四五"体系构建与实践	刘鸿武、王珩、孙炳海、徐薇、郭建玲、郑文哲、吴卡、万秀兰、孙春颖、徐微洁	浙江师范大学
38	聚焦信仰共同体建设的"四位一体"本科生思政课教学改革	李小兰、刘友女、孟献丽、李包庚、曲蓉、刘举、袁玲儿、王玉鹏、郑善庆、邓小冬	宁波大学
39	地方综合性大学"一核四轴"美育教学体系的构建与实践	俞子正、王蕾、徐进、王自东、张晶晶、沈法、刘子彧、沈浩杰、廖松清、刘畅	宁波大学
40	本土国际、工贸兼修、个性定制——机械专业分类化人才培养体系的建设与实践	方志梅、李国平、邓益民、叶飞帆、黄海波、于爱兵、马剑强、王英	宁波大学
41	"企业出题、高校解题、政府助题"专业学位研究生培养新昌模式探索与实践	胡旭东、向忠、武传宇、钱淼、应志平、彭来湖、吴震宇、程晓颖、袁嫣红、汝欣	浙江理工大学
42	地方特色高校"中国心、全球范"数字人才在地国际化培养模式的研究与实践	郑宁、徐红、伍超、苏强、吴薇、林国浒、洪宇翔、胡保亮	杭州电子科技大学
43	专业复合、实践创新、产教融合——面向数字经济的人才培养模式改革与实践	徐江荣、戴绍港、吴颖、陈志平、范影乐、冯建文、贾勇、胡保亮、田穗、陈懿	杭州电子科技大学
44	适应学科发展和产业需求的计算机类创新型人才培养体系的探索与实践	林菲、龚晓君、马虹、章复嘉、夏涛、樊谨、包健、韩建平、刘春英、张纪林	杭州电子科技大学
45	"三位一体、智财融合、多元协同"——新时代管理型财会人才培养模式创新	胡国柳、谢诗蕾、罗金明、许永斌、曾爱民、吴少波、马文超、王帆、姚瑶、万鹏	浙江工商大学
46	基于多元融合的新时代知识产权人才培养模式的探索与实践	陈永强、朱一飞、冀瑜、陶丽琴、吕璐、刘文献、刘斌、范晓宇、刘义、温慧辉	中国计量大学
47	"三牵引、三协同、三推进"机电类本科创新人才培养模式探索与实践	孙坚、李运堂、吴霞、许素安、李孝禄、陈锡爱、富雅琼、高坚、李青、杨玉书	中国计量大学
48	行业院校通用工科专业特色建设与实践	孙卫红、梁喜凤、赵春鱼、宁顺兰、沈常宇、孙坚、金宁、刘辉、唐高、葛洪良	中国计量大学

续表

序号	成果名称	主要完成人	推荐单位
49	专业催生行业,创业促成职业——开创中国听力学教育先河的二十年探索与实践	应航、肖永涛、李志敏、徐飞、苏俊、田成华、张国军、赵乌兰、张婷、王一鸣	浙江中医药大学、杭州惠耳听力技术设备有限公司
50	基于"和合"思想的中药学专业人才培养模式的创新与实践	陈忠、阮叶萍、李范珠、黄真、陈建真、熊阳、廖广辉	浙江中医药大学
51	蓝色领航·国防铸魂·协同育人:海大国防教育体系的构建与实践	严小军、卢海英、黄永良、吴中平、傅纪良、杨宁、王湖滨、王瑞、魏汝领、张同宽	浙江海洋大学
52	"需求引领、一流导向"的海洋工程类人才培养体系的建设与实践	谢永和、余杨、龚希武、余建星、张吉萍、段庆昊、白兴兰、王瑞、王健鑫、王立军	浙江海洋大学、天津大学
53	立足行业 跨界融合 地方高校食品科学与工程专业实践教学体系的改革与实践	邓尚贵、韩志、王斌、陈小娥、霍健聪、宋茹、张宾、应晓国、袁鹏翔、高元沛	浙江海洋大学
54	地方高校"鱼—船—港"海洋人才培养体系创新实践	陈建孟、殷文伟、竺柏康、朱淑华、李凡、王利明、程继红、金武州、郭志平、陈东之	浙江海洋大学
55	"两山"理念引领下的新农科人才培养改革与实践	沈月琴、郭建忠、蔡细平、代向阳、吴鹏、梅亚明、王正加、尹国俊、刘庆坡、董杜斌	浙江农林大学
56	基于科技特派员的农林类专业学位硕士研究生人才培养体系改革与实践	沈希、童再康、赵光武、魏玲玲、罗黎敏、黄坚钦、斯金平、唐慧丽、田海涛、郑荣泉	浙江农林大学、浙江师范大学
57	健康中国背景下医学人文素质教育体系的构建与实践	吕一军、朱雪波、林文诗、阮积晨、刘燕楠、陈永霖、陈先建、郑节霞、陈鳃	温州医科大学
58	中国特色基层全科医学人才培养体系的二十年探索与实践	吕帆、曹建明、朱雪波、李章平、林瑾、黄陈平、王世泽、苏强	温州医科大学、海南医学院、南京医科大学、赣南医学院
59	以"懂医精药"为导向的"三融合"药学研究生创新培养模式构建与实践	李校堃、林丽、黄志锋、蔡跃飘、肖健、张翼、周鑫、赵应征、田海山、张秀华	温州医科大学
60	"一核二创三层四维"新型数据科学类人才培养模式创新与实践	李金昌、洪兴建、周银香、李时兴、段雪辉、刘波、郑彦、何露霞、李杰、陈玉娟	浙江财经大学
61	从复合到融合:新时代财经高校人才培养模式的创新与实践	钟晓敏、李永友、李政辉、林亚芳、沃健、邱风、曹桢	浙江财经大学

续表

序号	成果名称	主要完成人	推荐单位
62	基于中德深度合作的"三化"应用型工程人才培养模式的探索与实践	徐理勤、Frank Kemper、范佳静、文献民、杨志卫、张云莲、戴芹、单建奋、王兆义、陈军统	浙江科技学院
63	影视传媒类专业多场景融合教学体系的构建与创新	姚争、胡一梁、陈永斌、陈佩芬、冯建超、李琳、余军	浙江传媒学院、成都华栖云科技有限公司
64	"课证贯通、专创融合、数智增强"管理型会计人才培养模式探索与实践	孟祥霞、唐丰收、徐玲、李成艾、赵彩虹、高巧依、冯雪琰、吴瑞勤、程洋、李刚	浙江万里学院
65	依托产业学院"四元协同、双向融通、交叉复合"的产教融合模式探索与实践	马建荣、李凤、林怡、杨亚萍、傅立新、朱仲杰、陈志强、盛钢、张琰慧、李晓鸣	浙江万里学院
66	全科教学、研训一体、多维协同定向乡村小学教师培养的20年探索与实践	孙德芳、王利琳、方亮、曾文婧、肖正德、郑生勇、叶哲铭、潘巧明	杭州师范大学、丽水学院
67	"博爱雅艺"涵养师范气质：地方综合性大学卓越教师培养体系创新与实践	何毅、孙芙蓉、林琛琛、彭小媚、郑信军、杨刚、叶新东、章园园、蒋金崇、陈楠	温州大学、温州理工学院
68	基于"产业群—院所群—专业群"共同体的地方高校应用型人才培养探索与实践	赵敏、赵燕、夏春雨、姜锐、顾任飞、罗建利	温州大学
69	基于地方产业升级的"人工智能+"机械类新工科人才培养探索与实践	薛伟、陈亚绒、黄沈权、周宏明、付培红、张祥雷、綦法群、刘洋	温州大学
70	交叉强基·科教强新·产教强能——制笔行业复合型人才培养模式的创新与实践	王舜、王兆伦、陈锡安、夏远志、李鹏、熊琳、潘明初、周敬业、周永强	温州大学、温州理工学院
71	地方高校化工类新技术应用型人才"一构三创"培养模式的改革与实践	郑启富、赵俊华、苏国栋、雷宏、陈晓彬、任浩明、吕亮、胡静	衢州学院
72	以开放教育生态为抓手的地方师范院校新工科人才培养的改革与实践	蒋云良、李祖欣、胡文军、黄旭、唐培松	湖州师范学院
73	地方高校"多元协同、艺技融合"的应用型青瓷人才培养模式改革与实践	季忠苑、杨吴伟、周莉、季雨林、李德胜、吴艳芳、竺娜亚、蓝岚、全敏瑛、王卉	丽水学院

续表

序号	成果名称	主要完成人	推荐单位
74	基于"产教科创"融合的港口物流应用型人才培养研究与实践	王任祥、邵万清、傅海威、杜运潮、朱占峰、赵亚鹏、秦华容、贾春梅、郭春荣、蔡荣江	宁波工程学院
75	面向社会数字化转型的"1+2+3"新公安人才培养模式的探索与实践	金诚、余湘青、俞秋明、薛姣、代东旭、叶涛、徐永胜	浙江警察学院、杭州市公安局萧山区分局、浙江大华技术股份有限公司
76	涉外警务专业国际化人才培养"内外协同三措并举"模式的探索与实践	许韬、陈晓济、林艺聪、薛姣、韦益毅、何毅、叶宁、王鑫、葛悦炜、傅海燕	浙江警察学院
77	以新文科为导向的西方音乐课程体系建设与创新	杨九华、朱宁宁、瞿枫、李鹏程、董晨阳、郭一涟、李燕	浙江音乐学院
78	"学演贯通、舞台淬砺、产学相融"的表演类专业实践教学改革与探索	张云良、申想真、王滔、陈声钢、王维平、安怡、董德君、王甫建、徐颀、蒋巍	浙江音乐学院
79	"行走的新闻":行、访、叙、写实践教学改革与课程思政育人的创新探索	刘建民、王军伟、胡晓梅、李炜、吴飞、李义杰、彭增军、陈雪军、朱小红、文娟	浙大宁波理工学院
80	数字化背景下的"包装机械设计"国家一流课程十年建设范式与实践	高德、张炜、张学昌、陆俊杰、许少锋、裴磊、王炳涛、查支祥、陈根浪、孙智慧	浙大宁波理工学院、哈尔滨商业大学

二等奖(100项)

序号	成果名称	主要完成人	推荐单位
1	一横两竖,纵横协同:综合型大学管理类本科生培养体系改革与实践	汪蕾、魏江、潘健、陈熹、陈俊、马弘、邢以群、王小毅、张世琪、朱纪平、周伟华、吴为进、高晨、陈璞	浙江大学
2	生物医学创新人才国际联合培养模式	欧阳宏伟、鲁林荣、王青青、陈晔、王玉芬、周金其、周婕、薛倩	浙江大学
3	环境类本科生多维创新能力培养模式的探索与实践	胡宝兰、陈宝梁、沈超峰、杨坤、郑平、张建英	浙江大学
4	走进"一带一路"沿线国家的中国高等化工教育实践	潘鹏举、徐国华、李伯耿、王益然、任其龙、胡远华、孙方娇、蔡祖森、沈黎勇、余凯琳、陈丰秋、张红、何奕、沈律明、沈文华、邢华斌	浙江大学、浙江恒逸集团有限公司

续表

序号	成果名称	主要完成人	推荐单位
5	"一体两翼、创新驱动"的新工科自动化专业人才培养模式探索与实践	侯迪波、梁军、熊蓉、冯毅萍、邵之江、叶松、戴连奎、谢依玲、王酉、周春琳、刘勇、黄平捷、杨亮、赵豫红、谢颖峰	浙江大学
6	基于TBL的医学教育课程体系探索与实践	柳华、沈静、宓旭峰、张园园、肖希斌、余沛霖、王伟斌、白晓霞、徐骁、韩魏、吕寒冰、王迪、夏强、孙熠、沈炜亮、杨海萍	浙江大学
7	食品专业研究生国际竞争力提升培养模式创新与实践	刘东红、程焕、卢黄娉、王晓燕、程萌、丁甜、陈士国、陈启和、冯水娟、章宇	浙江大学
8	全球化背景下土建类研究生培养国际化提升	吕朝锋、罗尧治、吴越、陈喜群、王卡、胡安峰、路琳琳、陈辰星、张莹砾	浙江大学
9	儿科专业人才创新培养模式的探索与实践	舒强、杜立中、陈志敏、洪云霞、张园园、毛建华、傅君芬、赵正言、邹朝春、陈青江、谈林华、徐玮泽、朱智瑞	浙江大学
10	"查研展赛"——艺术院校教学质量保障机制的构建和实践	曹晓阳、陈正达、王一飞、沈乐平、段卫斌、余晨星、于朕、宣学君、胡敏、韦乐	中国美术学院
11	以卓越设计人才培养为目标的视觉传达多维教学体系的构建与实践	陈正达、毕学锋、方舒弘、王弋、胡珂、吴炜晨、郭锦涌、石建航、郑朝、周峰	中国美术学院
12	"东方设计语境下的"中国独立设计师培养模式	吴海燕、陶音、郎青、姜图图、徐燚、凌雅丽、黄思文、安郁汐、王小丁、王书莹	中国美术学院
13	中国当代本土建筑设计本科教学体系	王澍、陆文宇、陈立超、宋曙华、蒋伟华、阮昊、刘畅、王欣、任天	中国美术学院
14	面向中国制造战略转型的设计智造协同创新人才培养体系	王昀、刘征、杭间、王菁菁、严增新、谷丛、章俊杰、熊娜、朱发运、陈赟佳	中国美术学院
15	面向数字经济的计算机类创新人才培养模式探索与实践	范菁、江颉、王万良、朱李楠、戴光麟、陈朋、毛诗焙、雷艳静、王卫红、陈蓉蓉	浙江工业大学
16	企业创新需求导向的工业设计人才培养体系改革与实践	卢纯福、朱意灏、傅晓云、吴剑锋、唐智川、王建胜、张露芳、朱昱宁、华尔天、朱上上	浙江工业大学
17	"四融合四转变"机械类创新人才培养模式探索与实践	潘柏松、金伟娅、姚建华、章嫦华、林洁、梁利华、谭大鹏、朴钟宇、鲁建厦、王秋成	浙江工业大学
18	工程化多态化立体化多元协同,培养自动化专业创新人才	俞立、南余荣、杨东勇、戴光麟、贾立新、仇翔、吴根忠、屠佳、张有兵、杨马英	浙江工业大学
19	课程链·实践链·研究链·竞赛链 四链协同培养材料类学生创新能力探索实践	胡晓君、侯广亚、王旭、陈耀、车声雷、张林、李涓、郑国渠、唐谊平、周成双	浙江工业大学

续表

序号	成果名称	主要完成人	推荐单位
20	地方高校土木类专业工程能力"浸润式"培养探索与实践	蔡袁强、许四法、刘宏远、卢成原、付传清、彭国军、夏才安、张豪、王建东	浙江工业大学
21	"创新引领、协同育人"——地方高校博士研究生培养机制改革与实践	郑华均、俞立、王哲、艾宁、方喆、何晓英、仇翔、李研彪、陶新永、郑仁朝	浙江工业大学
22	"大文学教育":汉语言文学专业人才培养模式新探索	吴翔宇、汤汤、邱江宁、葛永海、吴述桥、李蓉	浙江师范大学
23	全域融通·和合共生:卓越幼儿园教师人才培养模式探索	李伟健、朱宗顺、赵一仑、秦金亮、刘宝根、董文明、王丽燕	浙江师范大学
24	本土国际化、国际本土化:商科国际人才培养模式的宁大探索	邱妘、钱树静、盛沛锋、周新苗、汪娓娓、朱一鸿、陆智强、施颖燕、彭新敏、陈涛	宁波大学
25	高校与中小学"双轮驱动"的卓越教师培养体系研究与实践	贺国庆、冯铁山、张宝歌、张林、邵光华、吴小鸥、周勇、刘希伟	宁波大学
26	"一核两翼三协同"文化育人模式的十五年探索与实践	张真柱、屠春飞、梁卿、李包庚、孙欢欢、张乐、汪盛科、孙善根、张义廉、胡斌	宁波大学
27	"渔业发展"专硕研究生"三三三"复合型人才培养的研究与实践	王春琳、蔡真亮、母昌考、屠春飞、戚家超、陈炯、李成华、李政、包红燕、史西志	宁波大学
28	对接国家发展战略、服务港城经济需求:多元化MBA人才"四新"培养模式	周新苗、盛沛锋、陈涛、邱妘、彭新敏、杨丽华、张向群、张聪群、应志芳、何跃军	宁波大学
29	学科引领、平台构建、社会服务——红色文化协同育人探索与实践	渠长根、陶伟华、肖香龙、贺俊杰、王艳娟、范冰川、仰滢、胡坚、何凡	浙江理工大学
30	五为引领,课程融贯,平台联动:行业特色高校国际化人才培养改革与实践	吴锋民、郜正荣、季晓芬、陈敏之、任宁、傅翔、胡文斌、楼盛华	浙江理工大学
31	全产业链、集产研院、跨学科链"一体两翼"纺织研究生培养的探索和实践	于斌、祝成炎、郭玉海、陈建勇、王晓蓬、徐阿进、朱斐超、刘国金、于张颖、王成龙	浙江理工大学
32	"科学评估、精准监控、持续改进"地方高校教学质量保障体系的构建与实践	陈建华、胡海滨、刘建、黄鹤、赵晓东、夏涛	杭州电子科技大学
33	地方高校创新型计算机系统能力培养体系的改革与实践	冯建文、包健、赵伟华、赵建勇、严义、周旭、邬惠峰、谌志群、刘鹏、贾刚勇	杭州电子科技大学

续表

序号	成果名称	主要完成人	推荐单位
34	基于新文科理念的"四链联动"金融科技创新人才培养模式探索与实践	都红雯、田穗、郑海味、张辽、李淑锦、高蓉、申琳、李甫伟、薛文忠、胡文彬	杭州电子科技大学
35	需求引领，协同育人，具有创新能力和国际视野的研究生培养模式构建与实践	程知群、刘国华、王光义、程瑜华、游彬、关阳阳、陈科明	杭州电子科技大学
36	培养"智工商"型创造者：数智时代工商管理人才培养新模式的探索与实践	俞荣建、岑杰、项丽瑶、叶庆燕、向荣、郝云宏、江辛、楼天阳、王永跃、肖迪	浙江工商大学、浙江财经大学
37	基于产教深度融合的"三化"新金融人才培养模式改革与实践	柯孔林、方霞、施建祥、邓弋威、古昕、韦宏耀、傅利福、吕凯波、钱水土、马丹	浙江工商大学
38	艺商融合、双轨三阶：设计类复合型人才培养模式创新与实践	高颖、许晓峰、赵侃、陈岫、王怡、陶伦、蓝辉、贺程飞、李磊、邹宁	浙江工商大学、浙江省文化产业创新发展研究院、浙江大学现代工业设计研究所、天目传媒有限公司
39	"五育并举、多元融合、数字驱动"——新时代商科院校人才培养体系构建与实践	赵英军、厉小军、江辛、裴蓓、伍蓓、马丹、郑晓春、谢满德、陈宜治	浙江工商大学
40	通识四法：地方高校通识教育十年的探索与实践	陈寿灿、厉小军、施建祥、裴蓓、郑晓东、王歆玫、李蓉、于希勇、赵霞	浙江工商大学
41	基于BSP理念的统计学研究生应用能力培养模式探索与实践	陈振龙、苏为华、程开明、郭宝才、向书坚、徐蔼婷、陈钰芬、王伟刚、陈庭贵、王江峰	浙江工商大学
42	深耕特色，平台支撑，内外协同：标准化教育的国际化创新与实践	宋明顺、余晓、周立军、黄乐富、王鉴棋、胡静、郑素丽、乐为、吴宏宽	中国计量大学
43	竞赛赋能数模育人：构建大学生创新能力培养体系的研究与实践	王义康、刘学艺、李有梅、蒋伟峰、柴中林、赵承业、王成、陈玲玲、杨静华、张艳	中国计量大学
44	产教融合、多元协同——生物检验检测类本科创新人才培养的探索与实践	叶子弘、张拥军、郝培应、李红亮、徐鎏、方结红、申屠旭萍、管峰	中国计量大学
45	新工科视角下个性化人才培养模式的改革与实践——以中国计量大学工试班为例	毛成、赵春鱼、李一星、孙卫红、蔡晋辉、王晓娜、于兹瀛、吴昕、杨娜、沈忠伟	中国计量大学

续表

序号	成果名称	主要完成人	推荐单位
46	读经典 跟名师 强临床 善创新——中医优秀人才培养"浙江模式"的探索与实践	范永升、吴承亮、吴建浓、张翼宙、陈健、包素珍、夏永良、卢建华、来平凡、丁曦	浙江中医药大学
47	"双通双融"针灸推拿学专业人才培养模式的探索与实践	方剑乔、马睿杰、林咸明、王樱、张全爱、吕立江、许丽、孙晶、陈晓军、梁冬艳	浙江中医药大学
48	基于"六位一体"卓越护理人才培养模式的创新与实践	孙秋华、沈翠珍、何桂娟、汪国建、林觐民、方年根、裘秀月、马小琴、沈勤、王俊杰	浙江中医药大学
49	创新村医培养、服务乡村振兴——新时代"赤脚医生"培养的浙江模式	阮叶萍、陈忠、来平凡、刘英超、黄建波、季旭明、张芯、邬元曦、李贵洪、薛峰	浙江中医药大学
50	尚德重能、传承创新、交叉融合——大健康理念下的中医药院校研究生培养体系	温成平、张翼宙、夏道宗、杨伟吉、张文恺、葛琳仪、袁强、陈健、曹岗、许正浩	浙江中医药大学
51	浪尖上的体育：基于海洋地域的特色体育课程创新与实践	傅纪良、王裕桂、刘伯煜、刘小虎、卢海英、魏汝领、黄永良、张同宽、黄玲、黄晓东	浙江海洋大学
52	下海问道、科教融合——海洋科学类专业校际联合实习模式的探索与实践	王健鑫、郑爱榕、吴克俭、李培良、范美华、刘丽华、李铁、魏永亮、王龙樟、黄永良	浙江海洋大学、厦门大学、中国海洋大学、上海海洋大学、浙江大学
53	以"规划引领，资源集约，评价驱动"筑牢人才培养中心地位的探索与实践	梅亚明、陈方、李燕、钱光辉、杜春华、梅雨晴、董杜斌、郭建忠、孙伟圣	浙江农林大学
54	"产研教赛"深度融合的农林院校电子信息类人才培养改革与实践	徐爱俊、冯海林、戴丹、吴达胜、方陆明、任俊俊、曾松伟、周素茵、徐达宇	浙江农林大学
55	"卓越引领、素养为本"的林业新工科人才培养模式探索与实践	金春德、李光耀、姚立健、张晓春、俞友明、何振波、余肖红、李松、苏小菱、吴水根	浙江农林大学、江山欧派门业股份有限公司
56	基于卓越农林计划的"124"复合应用型农科人才培养体系的创新与实践	刘庆坡、甘毅、饶琼、戎均康、刘兴泉、董杜斌、庞林江、赵光武、张传清、吕尊富	浙江农林大学
57	经济转型背景下非诉法律人才培养模式改革	李占荣、李政辉、童志锋、李海龙、康莉莹、曾章伟、孟涛、王俊、冯姣、严城	浙江财经大学
58	一核多能 层级递进的融通式新商科人才培养模式创新与实践	董进才、王建明、沈渊、陈颖、叶舟、倪文斌、赵昶、吴丽民	浙江财经大学

续表

序号	成果名称	主要完成人	推荐单位
59	卓越新闻传播人才"三结合、两保障"培养模式探索与实践	李文冰、崔波、李欣、黄寒冰、张博、郭璇、焦俊波、周玉兰、李灵革、李新祥	浙江传媒学院
60	传媒"三创"育人生态系统构建与实践探索	徐小洲、张雷、梅伟惠、傅梅烂、黄寒冰、俞定国、卢炜、戴运财、黄巧玲、刘召鑫	浙江传媒学院、浙江大学
61	基于校台校企深度合作的播音主持卓越人才培养的改革与实践	杜晓红、石艳华、倪琦珺、刘力军、周甄陶、王一婷、鲍芳、邱蔚、郎君、任彬彬	浙江传媒学院
62	理念·课程·实践：高校生命教育体系的十五年探索与实践	何仁富、汪丽华、张方圆、马九福、王国雨、李琼瑶、袁蕾	浙江传媒学院
63	数智化情境牵引下"业财融合"型会计人才培养路径的探索与实践	潘煜双、李郁明、崔晓钟、王筱萍、杨行翀、毕华书、蒋定福、童建华	嘉兴学院、中国会计学会会计教育专业委员会
64	一专多能·交叉融合·共建共赢——地方高校应用型跨界人才培养模式创新与实践	杨培强、王敏、张辉、徐利平、邢博、喻锋平、李郁明、孙德发、黄立新、彭文利	嘉兴学院、嘉兴南湖学院
65	基于化工与制药大类人才培养的"突破·构建·融合"实验教学体系探索与实践	李蕾、刘海清、曹红、宗乾收、李以名、刘丹、朱连文、曾延波、李加友、朱长俊	嘉兴学院
66	"青年学子学青年习近平"学习教育"三进四融"大思政育人体系的探索与实践	宣勇、徐勇、傅尧力、方浩、毛振华、周明宝、田俊杰、陈锋、尹铁、屠立达	浙江外国语学院
67	基于"生活思政"互嵌融合的高校思政课教学改革与创新	蒋建军、王伟忠、林德操、孙叶飞、朱美燕、向娴华、周娟、丁守年、林怡、汪源	浙江万里学院
68	应用型高校创业人才"双循环、全链条"培养模式的探索与实践	应敏、蒋建军、王伟忠、林德操、吴章健、向娴华、芦群、陈清升、陈金龙、黄文军	浙江万里学院
69	"三链对接、双向嵌入、六阶推进"的应用型人才培养改革与实践	李鲁、姜文杰、金建昌、陈慰浙、陈丹维、朱红缨、楼五艳、傅利泉、王洪林、徐小卫	浙江树人学院、浙江大华技术股份有限公司、物产中大金石集团有限公司、七彩文化科技集团有限公司
70	以艺育德·以美润教：以"新六艺"提升师范生综合素质的教育改革与实践	戴丽敏、许建美、严从根、蒋璐敏、陈继旭、杨茜、赵立、丁星、叶剑波、刘勇	杭州师范大学
71	"五位一体、四个整合"——构建创新型复合型应用型药学人才培养新模式	谢恬、张丽慧、隋新兵、曾昭武、殷晓浦、周建良、陈功星、唐婷、王丽薇、李成檀	杭州师范大学

续表

序号	成果名称	主要完成人	推荐单位
72	"一站六环":名师引领下小学教育硕士培养模式探索与实践	严从根、童富勇、王晨、肖正德、周佳、徐洁、程建坤	杭州师范大学
73	"三轮递进"的网络工程人才培养共同体探索与实践	施晓秋、刘军、徐赢颖、金可仲、黄辉、徐玉、唐震洲、厉旭杰、励龙昌、王咏	温州大学
74	"一体两翼"下土木工程专业实践教学改革与探索	王军、蔡袁强、吴冬雁、孙林柱、刘谨、谷川、郭林、赵俊亮	温州大学
75	适应乡村学校小规模化趋势的全科教师培养十年探索与实践	余小红、章味珍、周兴平、翁琴雅、陈川、汪伟俊、徐国群、卢晓文、王工一、许玲俊	衢州学院、柯城区大成小学、开化县教育局、衢州求是科技联合会
76	新建本科高校"四融三通两化"新技术应用人才培养体系的构建与实践	周兆忠、周建强、谢志远、林峰、吴以莉、方兴、叶虹、邓小雷、杨娥、兰章宣	衢州学院
77	"三表•四阶•五协同":专业课实施课程思政路径的研究与实践	沈赤、张宏、陈均土、陈伟鸿、张颖、谷江稳、章越松、梁瑜、李黎、冯晟	绍兴文理学院
78	"三维一体"地方高校集成电路人才实践创新能力培养的探索与实践	方泽波、李志彬、朱敏杰、吴海飞、盛锡红、姚博、于梅、余庆、方小利、赵伟强	绍兴文理学院、绍兴市职业教育中心、中芯集成电路制造(绍兴)有限公司
79	竞赛牵引、产教融合、一二课堂联动——纺织服装创意设计人才培养12年探索	段亚峰、陈伟鸿、钱红飞、纪晓峰、朱昊、李旭明、邹专勇、洪剑寒、孟旭、占海华	绍兴文理学院、中国纺织服装教育学会
80	三阶嵌合、三维耦合、三方协同——综合性高校医学人文教育路径的探索与实践	柳国庆、孙一勤、陈三妹、黄丹文、陈小萍	绍兴文理学院
81	固本强基•校地融合:"一体双核三阶"中学数学师范教育体系的探索与实践	唐笑敏、刘太顺、唐恒钧、赵建平、吴利敏、褚水林、刘东、唐矛宁、吕小芬、黄韬	湖州师范学院、浙江师范大学、吴兴区教育局教学研究与培训中心、南浔区教育教学研究和培训中心
82	"三协三融":大陈岛垦荒精神融入当代大学生思政育人体系的探索与实践	崔凤军、周良奎、金松、盛跃明、林杰、张梅芬、潘垚、周瑶、李仲斐、沈星虎	台州学院、中共台州市委宣传部、大陈镇党委
83	校地共生三对接•产教协同六融合——应用型人才培养体系创新与实践	陈光亭、李银丹、王小岗、张永炬、李钧敏、金燕仙、苏岐芳、杜才平、褚孔志、范剑	台州学院

续表

序号	成果名称	主要完成人	推荐单位
84	地方高校医药化工类应用型人才"三院协同"培养模式的探索与实践	金燕仙、韩得满、陈基根、武承林、余彬彬、吴建波、李银丹、黄国波、李嵘嵘、张杰	台州学院、台州生物医化产业研究院、头门港产业学院
85	音乐学专业"民族+"创新型人才培养模式改革与实践	罗俊毅、夏伟涛、程远、吴士祥、谢华丽、黄丽群、王茜、刘志强	丽水学院
86	地方高校"三色嵌入、四维联动"培养山区特色人才探索与实践	李俊杰、刘克勤、张龙、胡锋吉、高树昱、朱银法、陈一艳	丽水学院
87	"三园融合"应用型汽车人才培养模式的探索与实践	徐可明、程晓民、陈晓平、李发宗、尚伟燕、张爱群、郑书华、韩玉、严子期	宁波工程学院
88	"思想政治理论综合实训"课程"两融三全"教学模式改革与实践	龚正荣、朱建一、魏长青、王雅君、谢林淙、武鹏、傅雅婷、江涛、朱潇婷、吴心怡	浙江警察学院、浙江省长兴县公安局、海宁市公安局、萧山区公安分局
89	"一带一路"视域下汉语国际教育专业"汉语+"双栖人才培养模式探索与实践	朱文斌、刘家思、杨锋、孙永红、姜兴鲁、王海红、刘召明、李巧兰、余群、曹笑玮	浙江越秀外国语学院
90	标准引领·能力主线:大宗商品流通领域人才培养的宁波实践	王瑞、魏麒、周巧萍、王芬、叶素文、范春风、王叶峰、张福健、韩庆军	宁波财经学院、中基宁波集团股份有限公司、宁波港东南物流集团有限公司、新湖期货股份有限公司宁波营业部、绍兴市新宇资产管理有限公司
91	全要素融入、全流程重塑、全过程监测:构建课堂教学新形态的探索和实践	李羽、叶伟剑、李晓文、章秋红、叶静、葛云锋、吴用、施晓珍、王琦、陈文颖	宁波财经学院
92	创意点亮乡村:艺术设计类专业人才"三真合一"实践能力培养路径探索与实践	漆小平、樊嶷琴、刘岚、梁伟、漆菁夫、王楠、吕焕琴、陈欢、余毅	宁波财经学院
93	面向中小企业发展需求"创产教一体化"人才培养模式的探索与实践	王云儿、李羽、李继芳、宣葵葵、朱凤梅、王媛、董超、赵迎军、李晓蕾、李书进	宁波财经学院
94	室内乐(Ⅰ—Ⅵ)系列课程"四维联动"的教学改革与实践	董德君、刘瓅元、李艺花、李佳胤、杨光、付珍珍、王丹迪、吉祥、王佳琪、翟星星	浙江音乐学院

续表

序号	成果名称	主要完成人	推荐单位
95	跨学科交融的"中国音乐理论课程体系"建构之探索实践	林林、南鸿雁、杨成秀、吴凡、温和、洪艳、孙焱	浙江音乐学院
96	"双链融合、三方协同"的新药研发技术服务型药学人才培养的改革与实践	梁广、施菁、杜文婷、陈婷、王欣、李军、吕海峰、张信岳、黄文海、倪晓莉	杭州医学院
97	地方高校思政课"微"教学改革与实践	伍醒、聂迎娉、冯建波、顾琼莹、吴新林、代玉启、陈伟、刘炳辉	浙大宁波理工学院
98	公益创业驱动的创新创业人才培养模式	鞠芳辉、余志伟、袁彦鹏、刘艳彬、疏礼兵、苗青、李萍萍、周国红、张雪晶、姜卫韬	浙大宁波理工学院
99	"三创融合 四轮驱动 五链协同":创新创业人才培养模式的二十年探索实践	王大将、吴飞霞、毛传雨、温长秋、苏忠根、薛玉香、连新泽、孙小红	温州理工学院
100	基于产教协同的时尚智造类"二三四六"人才培养模式的探索与实践	徐光辉、李叔君、钟炳伟、李文莉、王钟、王丽、姚文斌、吴延熊、晨晓、汪永奇	浙江农林大学暨阳学院